개정 4판

지 방 재 정 론

손 희 준
강 인 재
장 노 순
최 근 열

도서출판 대영문화사

개정 4판 머리말

그동안 지방재정론이 판을 거듭하면서 많은 전문가와 학자들이 과분한 성원과 관심을 가져준 데 대해 깊은 감사를 하면서도, 동시에 막중한 책임감을 느끼는 것이 저자들의 공통된 생각이다. 그러나 그럼에도 불구하고 시시때때로 변화하는 제도와 관련 법령의 개정 등은 늘 저자들에게 큰 부담으로 다가오고 있다.

2011년 올해는 지방자치가 도입된 지 20년이 되는 해다. 과연 우리나라의 지방재정이 성공적인 지방자치를 보장할 만큼 성장했는지 되새겨볼 필요가 있다. 말로는 성년에 걸맞은 자치를 요구하지만, 그동안 제대로 '자율과 책임'이 주어졌는지 반성해볼 필요가 있으며, 특히 지방재정에 대해서는 일반 국민의 시선이 곱지 않음을 알고 있다.

게다가 오늘날 우리 사회는 그 어느 때보다 급격한 변화와 근본적인 변모를 나타내고 있으며 지방재정의 여건과 환경 역시 급변하고 있다. 2010년 7월 1일 출범한 민선 5기는 단체장과 지방의회 및 시·도 교육감과 단체장의 출신 정당 등이 상이하여 갈등과 견제가 그 어느 때보다 심하다. 게다가 '저출산 고령화 사회'의 복지재정 수요와 성남시의 모라토리엄 선언 이후 강화되고 있는 지방재정의 건전화 및 재정 위기에 대한 우려는 더욱 지방재정에 대한 관심을 촉발하고 있다. 게다가 현재 진행 중인 지방행정체제 개편 논의와 올해 9월부터 본격적인 도입이 예정되어 있는 '주민참여예산제도'와 2013년에 도입 예정인 '지방 성인지(性認知) 예산제도' 등도 많은 영향을 미칠 것이다.

또한 올해부터 적용된 지방세법의 분법화 및 본격적으로 적용되는 지방소비세제 등 많은 제도적인 변화는 당연히 많은 부분의 수정을 요하게 되었다. 물론 3정판을 발간한 지 이미 3년이 지나다 보니, 대부분의 통계자료 등도 최신 자료로 바꿔야 했다. 그러나 그럼에도 불구하고 새로운 장의 추가보다는 과거의 골격은 유지한 채, 제도 변화와 내용의 추가적인 보완 등이 이루어진 점이 4정판의 한계인 동시에 장점이라고 할 수 있다. 그러나 언제나 그랬듯이 공저로서 한계와 부족도 쉽게 극복하지는 못했다.

따라서 향후 좀 더 '바람직한 지방재정의 방향'을 어떻게 설정하고 모색할 것인지는 저자들의 숙제라고 생각하며, 추후의 개정판에서는 이러한 측면을 보완할 것을 약속한다.

최근 들어 중앙정부의 일방적인 취득세 인하 조치와 자치구의 복지재정 난으로 인한 재정 압박 등으로 인해 많은 국민이 지방재정에 대한 인식과 관심이 증가하게 되었다. 이러한 지방재정에 대한 관심이 지방재정에 대한 적극적인 참여로 지방재정이 중앙재정에 비해 더 투명하고 책임 있게 사용되기를 기대해 본다.

또한 항상 저자들을 진정으로 후원하고, 과감하게 판을 수정하고 보완할 것을 요구하는 대영문화사의 임춘환 사장님께 특별한 감사를 드리며, 항상 바쁜 일정에도 멋진 디자인과 편집 및 교열 등 세심하게 모든 일을 꼼꼼하게 마무리해 준 임직원 여러분께도 심심한 사의를 표한다.

무엇보다 지금까지 지속적으로 이 책을 아껴 주신 독자들에게 감사드리며, 앞으로 더욱 아낌없는 질책과 애정 어린 성원을 다시 한 번 기대한다.

2011년 8월
저자 일동

개정 3판 머리말

지난 참여정부 시절 많은 지방재정제도가 변화되었다. 왜냐하면 지방분권을 하나의 국정과제로 삼아 추진해 왔기 때문이다. 지방예산편성 지침서의 시달 폐지와 기채승인제도의 폐지와 함께 상한제의 도입 등 주로 재정통제 수단이 개혁되었으며, 수많은 재정관리 수단이 도입되었다. 그러나 그 중에서도 2005년의 국가균형발전특별회계의 신설에 따른 지방양여금의 폐지와 지방교부세제도의 근본적인 변화는 중앙과 지방 간 재정조정제도의 근간을 흔들어 놓았으며, 지방교부세제도에 분권교부세와 부동산교부세 등 이질적인 교부세가 도입되어 재원 조정에 혼란을 초래하고 있는 것이 사실이다. 최근에 다시 (가칭)성과교부세와 (가칭)지역발전교부세 등의 도입 등이 논의되고 있으며, 지난 정부에서 가장 지지부진했던 국세의 지방세로의 이양 방안도 급물살을 타고 있다. 이러한 제도 변화는 저자들에게는 또 다른 부담이며 책무로 작용하고 있다. 그러나 그럼에도 불구하고 개정판을 발간한 지 3년의 시간이 흐르다 보니, 어느덧 대부분의 내용이 현행 제도와는 많은 차이를 보이고 있다.

따라서 향후 지방세와 지방교부세 등의 제도 개편 후, 대대적인 개정작업을 할 것인지 아니면 지금이라도 변화된 내용의 수정작업을 시도해야 하는지는 모든 저자의 고민이라고 생각된다. 그러나 다시 한 번 개정을 하더라도 현재가 항상 가장 중요한 시점이라고 판단하여 시도했다.

이번 개정판 역시 그동안 관련된 지방재정 통계를 모두 수정·보완하여 새롭게 했고, 새로운 법률 체계와 조문 등을 대조하여 설명의 근거를 충실히 하고자 했다. 그러나 언제 그랬듯이 나름대로의 한계와 부족함을 쉽게 극복하지는 못했다. 이는 전적으로 편집을 맡은 사람의 능력 부족과 세심한 주의와 집중력의 부족 때문이다. 아쉽지만 추후의 개정작업을 통해 지속적으로 수정·보완할 것을 다시 한 번 독자들에게 약속하는 바다.

지방재정이 단순히 특정 지방의 이야기가 아니라 근본적인 국가 발전의 초석이 되고, 우리들의 동네 이야기가 되기를 바라면서 더 많은 관심과 애정 어린 질책을 기대한다.

또한 항상 저자들을 끊임없이 후원하고 학문적인 자극과 열성적인 대응을 늘 촉구하는 대영문화사의 임춘환 사장님께 특별한 감사를 드리며, 원고는 항상 늦게 보내면서도 다른 작업과 동시에 마무리하게 하여 늘 시간에 쫓기는 임직원 여러분께도 심심한 사의를 표하고 싶다.

2008년 8월
저자 일동

개정판 머리말

행정학의 모든 분야가 공통으로 겪고 있는 바와 마찬가지로 지방재정론 역시 관련 제도의 변화와 근거 법령의 제·개정 등으로 인해 저서를 발간하는 순간, 이미 그것은 새로운 것이 아니라 낡은 것으로 전락하고 만다는 사실을 알고 있다. 우리들의 초판이 발간된 지도 4년의 시간이 흘렀고, 그간 지방재정제도 역시 엄청난 변화와 분권화의 물결 속에서 내용은 많은 차이를 보여 왔다. 그동안 저자들은 강의할 때마다 새롭게 변화된 부분들을 개인적으로 강의안 등을 통해 보완해 왔으며, 늘 개정판의 발간을 위해 수차례 토의를 갖기도 했으나, 더 나은 원고의 작성과 충실한 내용의 수록을 위해 개정판의 발간을 미루어 왔었다.

그러나 참여정부 출범 이후 지속되어 온 정부혁신과 지방분권은 재정분권화의 이름으로 지방재정제도의 근간을 송두리째 변화시켰으며, 국세인 종합부동산세의 신설에 따른 재산과세의 변화 등 지방세제 개편 및 지방양여금의 폐지와 지방교부세의 법정률 인상, 국가균형발전특별회계의 설치 등 지방재정조정제도의 근본적인 변화 등으로 나타났다. 따라서 저자들은 더 이상 개정판의 발간을 늦출 수 없다는 생각에서 분권화 시대에 걸맞은 지방재정론의 개정판을 내기에 이르렀다.

2005년은 민선 지방자치제의 도입 10주년이 되는 해이고 그간 지방자치제의 도입 성과에 대한 엇갈린 평가가 있음을 잘 알고 있다. 특히 2005년 6월 지방재정법의 전면 개정을 통해 알 수 있듯이 그간의 지방재정 구조와 틀이 근본적으로 변화했다. 이러한 점을 감안하여 중앙재정과 지방재정 간의 바람직한 관계 정립을 위한 지방재정의 이해를 높이고자 했으며, 그동안 관련된 지방재정 통계를 모두 수정·보완하여 새롭게 했고, 새로운 법률 체계와 조문 등을 대조하여 설명의 근거를 충실히 했으며, 기본 체계는 유지하되, 지방 조달과 구매를 새로이 한 장으로 추가했다.

그러나 그럼에도 불구하고 개정작업을 추진하면서 초판에서 이미 밝혔던 한계와 부족함을 많이 개선하려 했으나 여전히 많은 문제점이 그대로 남아 있는 점은 역시 공저의 한계이며, 편집을 맡은 사람의 능력 부족과 세심한 주의와 노력이 모자람을 느끼게 한다. 부족하고 아쉬운 부분은 추후개정작업을 통해 지속적으로 수정·보완할 것을 다시 한 번 독자들에게 약속드린다.

그동안 지방재정에 대한 관심이 매우 증대되어 많은 전문가와 연구자들이 양산된 것은 크게 고무할 만한 현상이나, 아직까지 지방재정을 단순히 국가재정의 일부분으로만 이해하거나, 지방재정에 대한 인식 자체가 낭비적이고 불필요하며 부적절하다고 여기는 일종의 중앙집권적인 사고방식이 우리 사회에 팽배해 있음도 또한 사실이다. 이는 지방이 국가라는 사실을 부정하는 것이며 지역에 대한 애정이 없음을 보여주는 것이다.

이에 우리들의 작은 노력이 지방재정에 대한 이해를 높이고 지방분권의 성공적인 착근에 도움이 되었으면 한다.

또한 항상 저자들을 후원하고 격려해 주는 대영문화사의 임춘환 사장님께 특별한 감사를 드리며, 항상 여러모로 고생하는 임직원 여러분께도 깊은 사의를 표하고 싶다.

2005년 8월
저자 일동

초판 머리말

본격적인 지방자치 시대를 맞이하여 지방재정에 대한 관심이 높아진 것은 사실이다. 이는 한국지방재정학회가 독자적으로 설립되어 운영되고 있으며, 지방재정을 전공한 학자와 연구자들이 급증하고 있는 것이 그 증거다. 그러나 아직도 지방재정은 문제의 핵심이라기보다는 주변이며 변두리에 속한다. 그나마 다행스럽게도 이러한 일반적인 관심의 소외 속에서도 꾸준히 지방재정을 연구 대상으로 천착해 온 많은 지방재정학자들이 최근 수많은 저서를 발간했다.

그럼에도 불구하고 이번에 이 책을 저술하게 된 근본적인 동기는 다음과 같다

첫째, 그동안의 많은 저서가 지방재정의 영역을 명확히 하고 이론화·체계화하는 데에는 많은 공헌을 한 게 사실이지만, 지방재정에 대해 더 나은 이해와 인식을 심어주기보다 지방재정은 매우 복잡하고 어렵다는 인상을 주어 왔기 때문이다. 따라서 저자들은 어떻게 하면 지방재정을 좀 더 쉽고 간략하게 이해시킬 수 있을까를 고민하면서 저술하게 되었다.

둘째, 기존의 저서들은 교과서라기보다는 해설서에 가깝고, 그 분량이 대단히 많아 강의하기에는 부담이 적지 않았다. 따라서 저자들은 그동안의 강의 경험을 되살려 한 학기 동안에 『지방재정론』을 충분히 강의할 수 있는 교재 개발의 필요성에 동감하여 내용을 대폭 축소하여 강의 일정에 맞추고자 했다.

셋째, 최근 들어 지방재정의 환경과 제도가 극심하게 변화했다. 대표적으로 2000년에 지방교부세의 교부율과 교부 방법 등이 전면 개편되었으며, 지방세제 역시 개정되었다. 따라서 이러한 지방재정 관련 변화를 가능한 한 빨리 정확하게 반영한 교재의 개발이 요구되었다.

이러한 필요에 따라 저술되었으나, 이 책 역시 많은 한계와 부족함을 드러내고 있다. 우선 구성의 체계성과 논리의 일관성이 미비하다는 점이다. 대부분의 공저가 피

할 수 없이 내포하게 되는 필연적인 문제로, 저자 중의 한 사람이 최종적으로 전체적인 편집 과정을 통해 보완했지만 문장의 표현과 스타일뿐만 아니라 지방재정을 이해하고 분석하는 데 필수적인 전체적인 틀과 이론을 연결시키는 데에는 부족함을 느낀다. 또한 독창성이나 참신성에서도 아쉬움이 남는다. 독자들에게 쉬워야 한다는 점을 강조하다 보니, 기존의 많은 저서와 논문들을 저자들이 이해하고 이것을 다시 재해석하거나 편집한 부분이 많았음을 솔직히 고백한다. 이러한 문제점들은 이후에 지속적인 개정작업을 통해 수정·보완할 것을 약속드린다

그러나 이러한 문제점에도 불구하고 이 책은 특히 대학의 학부 과정 학생들과 지방재정에 대해 관심을 갖고 있는 일반 독자들에게는 지방재정의 구조와 현실을 이해하고 파악하는 데에 많은 도움이 되리라 확신한다.

끝으로 저자들이 전국적으로 분포되어 있는 지역적 한계로 인해 원고 수합과 최종원고의 제출이 매우 늦어졌음에도 불구하고, 짧은 시일 내에 훌륭한 책으로 태어날 수 있었던 것은 전적으로 대영문화사의 임춘환 사장님과 임직원 여러분의 덕택임을 다시 한 번 강조하며 감사의 마음을 표한다.

2001년 2월
저자 일동

차 례

제 1 편

지방재정론 서설

제 1 장 지방재정의 의의

제 1 절 지방재정의 의의와 특징

1 지방재정의 의의

1) 지방재정의 개념

지방재정(local public finance)이란 각 지방자치단체의 재정활동 및 과정이며, 이를 좀 더 상술하면 각 지방자치단체가 관할 행정구역 내 지역 주민들의 공적인 수요(public needs)를 충족하기 위해 재화와 서비스를 생산·공급하기 위해 행하는 재원(financial resources)의 동원(mobilization)과 관리(management) 및 배분(allocation) 등 일련의 공경제적(public economic) 활동(activities)과 과정(process)이라고 할 수 있다.

그러나 실제로 우리나라의 경우 2011년도 현재 지방자치단체는 1개 특별시, 6개 광역시, 8개 도, 1개 특별자치도,[1] 73개 시,[2] 86개 군, 69개 자치구 등 모두 244개에

---

1) 2006년 7월 1일 기존의 제주도와 제주시, 서귀포시, 북제주군, 남제주군 등이 통합하여 제주특별자치도가 출범했다.

2) 2010년 7월 1일 창원, 마산, 진해시가 자율적으로 현재의 창원시로 통합했다.

달하고 있어, 흔히 말하는 지방재정의 활동과 내용은 이를 모두 집합적으로 파악해야 한다.

따라서 많은 사람이 지방재정이라는 용어를 사용하면서 중앙재정에 대비되는 개념으로 사용하는 것인지,[3] 그렇지 않으면 개별 지역의 특수한 재정 여건이나 특징을 지방재정으로 이해하는지 용어의 사용 맥락을 통해 이해해야만 한다. 그러나 일반적으로 지방재정이라고 하면 중앙재정과는 대비되는 개념으로, 모든 지방자치단체의 재정활동과 내용을 포괄하는 개념으로 이해해야 할 것이다.

2) 지방자치와 지방재정

본래 지방재정의 기능과 활동이 본질적으로 지방자치단체의 고유 권한인지 그렇지 않으면 중앙정부에 의해 주어진 것인지에 따라 그 범위와 활동 내역 및 원리 원칙 등이 규명될 수 있다. 즉 이는 지방자치와의 연계 속에서 그 의의를 찾아볼 수 있다.

지방자치(local autonomy)란 "일정한 지역의 주민들이 지방공공단체를 구성하여 국가의 일정한 감독 아래 그 지역 안의 일정한 공공문제를 자기 부담에 의해 스스로 또는 그 대표자를 통해 처리하는 것"으로 정의하는데(최창호, 1995), 일반적으로는 일정한 지역의 주민들이 자치단체(自治團體)를 구성하여 그 지역의 공공문제(自治事務)를 자신의 부담으로(自治財政) 스스로 또는 그 대표자를 통해 처리하는 것으로 정의하고, 지방자치의 자치권을 자치입법권, 자치행정권, 자치재정권으로 구분하기도 한다.

이와같이 지방자치는 자기 부담 또는 자주재정이 필수라고 주장할 수도 있으나, 자체 재원의 비중이 낮다 하더라도 분권화의 정도와 주민들의 자치 역량 및 국가의 재정 지원 여부에 따라 지방자치는 얼마든지 가능하다. 이러한 지방자치와 지방재정의 관계는 집권(集權)과 분권(分權)에 대한 시각에 따라 두 가지로 구분할 수 있다.

(1) 중앙집권적 관점

지방자치를 위해 지방정부가 주민들의 복지 증진에 필요한 지출을 증대시켜야 한다는 점에서 세출의 분권화는 인정하지만, 세입은 반드시 지방정부가 조달할 필요가 없으며, 중앙정부가 징수하여 재정 지원 제도를 통해 충당할 수 있다는 주장이다.[4]

---

3) 중앙재정에 대비되는 개념으로 이해해도, 지방재정의 범위를 지방교육양여금까지 포함해야 한다는 주장과 교육재정은 제외하는 입장이 상반되고 있으며, 일반적으로는 교육양여금은 제외하고 지방정부 부문만을 지방재정의 범위로 파악하고 있다. 좀 더 자세한 논의는 박정수(1999)를 참조할 것.

이러한 주장의 근거는 첫째, 세원의 편재(偏在) 때문이다. 즉 세원의 편재는 지방정부 간 재정 격차를 더욱 심화시킬 것이고, 이는 자주재원의 보장을 통해서는 해결할 수 없다고 본다. 둘째, 세무행정의 능률성이다. 지방정부에 비해 중앙정부의 세무행정이 훨씬 능률적이고, 조세의 성격상 중앙정부가 징수하는 것이 비용이 적게 들 수 있다는 것이다.

(2) 지방분권적 관점

건전한 지방자치의 발전을 위해서는 지방정부의 자주재원 확보와 재정 운영의 자율성 확보가 필수 요건이라고 주장하며, 근거는 다음과 같다.

첫째, 징수 책임과 지출 권한은 일치되어야 한다. 이는 지방정부가 징수한 세금을 그 자치단체가 지출할 때, 비로소 책임 있는 의사 결정이 이루어지고, 만약 중앙정부가 징수한 조세 수입을 지방정부에 교부할 경우에는 자칫 책임 있는 징수행정과 지출의 효과성을 확보할 수 없게 된다는 것이다.

둘째, 주민 참여의 활성화가 이루어진다. 특히 자주재원인 지방세는 주민들에게 조세 납부를 통해 참여 의식과 관심을 증대시키게 되며, 이에 따라 지방정부의 의사 결정 과정에 관심을 갖고 좀 더 적극적으로 참여하게 된다는 것이다.

이러한 지방자치와 지방재정의 관계는 각 나라마다 지방자치의 역사와 재정 여건 등에 따라 다양하게 결정되어 왔다. 따라서 우리나라도 지방자치의 본질과 지방재정 여건 등을 감안하여 더욱 발전적인 관계 정립이 요구된다. 특히 참여정부 이후 지방분권과 정부혁신이 국정과제로 채택되면서 재정분권에 대한 요구가 급증하고 있다(정부혁신지방분권위원회, 2004; 2005).

2 지방재정의 특징

재정(public finance)을 중앙재정과 지방재정으로 구분하는 것을 그렇게 의미 있는 것으로 보지 않는 입장도 있다. 왜냐하면 중앙재정과 지방재정 모두가 공공 목표를 달성하기 위해 유기적인 상호작용을 하고 있어서 지방재정만을 분리하여 논의하는 것은 제약이 있고, 중앙집권적 특성이 남아 있는 우리나라에서 과연 지방재정이 독립

4) 이러한 주장을 유훈 교수는 '세입의 집권화와 세출의 분권화'로 설명하고 있다(유훈 2000: 24-26).

적인 논의의 대상이 될 수 있는가에 대한 의문을 제기하기 때문이다.

그러나 지방재정은 공공적 목표 달성을 위해 국가재정과 유기적인 연계가 필수적이기는 하지만, 지역 주민들과 밀접한 지방정부의 재정 현상이라는 점에서 중앙재정과는 다른 고유한 특성을 지니고 있다.

1) 재정 주체의 복수성

중앙재정이 중앙정부라는 단일 주체의 재정인데 비해, 지방재정은 상호 독립된 다수의 지방정부 재정을 총칭한다. 따라서 지방재정에 관한 제도나 운영 측면을 살펴볼 경우, 총체적으로 인식하더라도 지방재정의 실체를 파악하기 어려우며, 반면에 각 지방정부별로 나타나는 특수한 모습만을 가지고서는 지방재정 전체를 파악하기 힘들다.[5]

2) 재정구조의 다양성

지방재정은 재정 주체의 복수성으로 인해 다양성이라는 특징을 갖는다. 이러한 다양성은 다음과 같은 측면에서 찾아볼 수 있다.

(1) 사회 · 경제적 여건의 다양성

지방정부는 각각 그 위치, 지형, 기후 등 자연적 조건이 다를 뿐만 아니라 인구 규모나 밀도, 산업구조, 소득 수준 등 사회 · 경제적 조건이 서로 다르다. 이러한 지역의 자연적 또는 사회 · 경제적 조건의 차이는 지방정부가 수행해야 하는 행정의 내용뿐만 아니라 그 정도 등에서 많은 차이를 가져오게 하고, 나아가 지방정부에 미치는 영향도 매우 다양하게 나타난다.

(2) 재정력과 재정 수요의 다양성

사회 · 경제적 조건의 차이는 지방정부 간 재정력의 다양성으로 나타난다. 특히 재정 규모면에서 보면 광역자치단체와 기초자치단체 간 수직적 불균형뿐만 아니라 동급 자치단체들 간에도 상당한 차이를 나타내고 있다. 물론 이러한 다양성은 지방정부의 담세력 차이와 세출 능력의 차이로 이어져 지역 간 재정 격차는 더욱 심화될 가능성이 높다.

또한 이러한 재정력의 다양성은 지방정부 간 재정 수요의 내용이나 정도에서도 큰 차이를 초래하게 한다. 예를 들어 도서(島嶼) 지역에서는 급수 · 보건 · 의료 등 기반

5) 우리나라는 244개 지방자치단체의 개별적인 지방재정 현상과 활동이 존재한다고 이해해야 한다.

시설의 설치가 중요한 반면, 도시 지역에서는 교통 및 상하수도, 생활폐기물 처리시설 등 시설의 유지·관리와 정비를 위한 막대한 재원 조달이 중요한 관심사다.

3) 재정구조의 복잡성

지방재정은 재정 주체가 다양할 뿐만 아니라, 우리나라는 [그림 1-1]과 같이 지방자치단체를 광역자치단체와 기초자치단체로 구성되는 2계층제 (two-tiered system)를 채택함으로써 복잡성을 더욱 가중시키고 있다.

즉 우리나라의 광역지방자치단체는 서울특별시와 부산, 대구, 인천, 광주, 대전, 울산 등 6개 광역시 및 8개 도 및 1개 제주특별자치도로 구성되어 있고, 기초지방자치단체는 특별시와 광역시에는 기본적으로 자치구가 있으나, 광역시의 경우 행정구역 개편을 통해 군 지역이 편입된 광역시에는 군이 포함되어 있으며, 8개 도는 관할구역 내에 시와 군으로 구성되어 있으나, 제주특별자치도는 기초자치단체가 없이 행정시를 두고 있다. 이러한 자치단체 외에 행정계층으로는 각 자치단체의 관할구역 내에 동과 읍·면을 두고 있다.

이처럼 지방자치단체의 계층구조가 2계층제로 구성되다 보니, 계층 간 의존 재정의 흐름이 중앙정부로부터 광역자치단체로, 그리고 광역자치단체에서 다시 기초자치단체로 배분되는 이중 구조를 나타내게 되며, 광역과 기초 간 재원배분 역시 도와 시·군 간의 재원배분 양태와 특별시·광역시와 자치구 간의 재원배분 형태가 상이

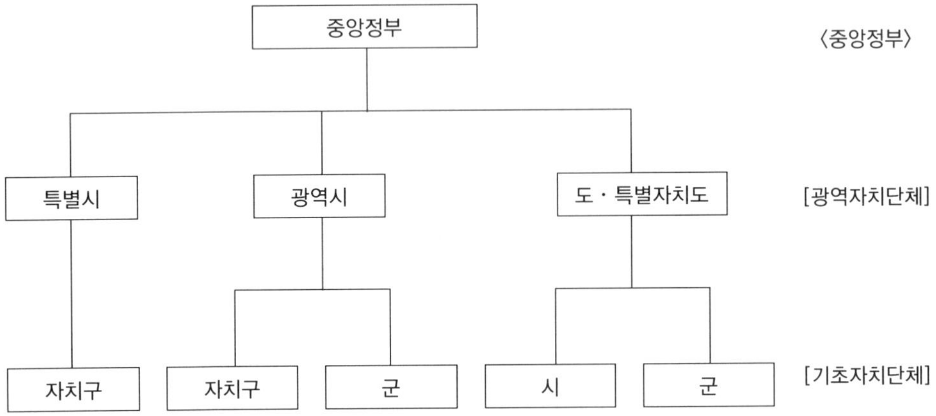

그림 1-1 우리나라 지방자치단체의 계층구조

하여 전문가들조차 지방재정의 흐름을 명확히 이해하는 데 많은 어려움을 초래하고 있다.

또한 동일한 자치단체 내에서도 일반회계와 특별회계 간의 전·출입이 많으며, 심지어는 특별회계 간에도 전·출입이 있다. 따라서 이들에 대한 집계와 구분이 용이하지 않다.

4) 재정 운영의 종속성

지방재정은 중앙재정에 비해 자율성이 미약하다. 즉 중앙재정은 재정활동 전반에 걸쳐서 스스로 조세수입의 규모와 내용을 결정할 수 있고, 필요한 경우에는 공채를 발행하거나 국고자금을 민간 투자로 돌려서 재정 지출의 규모와 방향을 설정하는 등 자율적인 조정과 통제가 가능하다. 그러나 지방재정은 지방정부에만 전속되는 것이 아니라 중앙정부도 그 권한의 일부를 공유하고 있어서 지방재정은 지방정부 자신이 자율적으로 움직이는 한편 중앙정부에 의해 간섭과 관여를 받는 등 종속적이다.

지방자치의 선진국에서도 지방세에 대한 통제, 보조금의 교부, 지방채 발행에 대한 승인 등 여러 가지 장치를 통해 지방정부는 재정정책을 입안하거나 수행할 경우에는 중앙정부의 통제와 제약을 받고 있는 실정이다.

제 2 절 지방재정의 범위와 기능

1 지방재정의 위상과 범위

지방재정이 담당해야 할 범위는 우선 공공 부문과 민간 부문과의 구분에 의해 공공 부문(public sector)에 해당하고, 공공 부문 내에서는 정부 부문(governmental sector)에 속하며, 정부 부문 내에서는 중앙정부 부문이라기보다는 지방정부가 담당해야 할 영역으로 파악할 수 있다.

따라서 지방재정은 지방자치단체의 기능과 사무 및 활동을 수행하는 데 필요한 재정 수요를 충족시키는 것이기 때문에, 주로 지방행정 기능 및 지방공공재와 공공 서비스의 생산과 공급이 주요 활동 영역이라고 할 수 있다. 이러한 지방재정의 범위와

자료: 오연천(1993: 13)을 재구성.

그림 1-2 지방재정의 범위와 영역

영역을 간단히 나타내면 [그림 1-2]와 같다.

즉 중앙재정이 좀 더 공공성이 강한 순수공공재를 생산, 공급하기 위한 재정이라면, 지방재정은 중앙재정보다 약한 공공성을 가지며 반면에 민간기업이나 공기업 등 정부기업보다는 상대적으로 공공성이 더 강한 지방공공재를 생산하거나 공급하기 위한 재정이라고 할 수 있다.

특히 우리나라는 국가와 지방자치단체 간의 사무배분을 우선 성질상 국가가 담당해야 할 사무, 즉 지방자치단체가 처리할 수 없는 사무를 제외하고는 모두 지방자치단체가 수행하도록 지방자치법에 규정하고 있는데, 국가가 담당해야 할 사무를 예시하면 다음과 같다(지방자치법 제11조).

① 외교, 국방, 사법, 국세 등 국가의 존립에 필요한 사무

② 물가정책, 금융정책, 수출입정책 등 전국적으로 통일적 처리를 요하는 사무

③ 농림 · 축 · 수산물 및 양곡의 수급 조절과 수출입 등 전국적으로 통일적 처리를 요하는 사무

④ 국가종합 경제개발계획, 직할하천, 국유림, 국토종합개발계획, 지정 항만, 고속도로, 일반국도, 국립공원 등 전국적 규모 또는 이와 비슷한 규모의 사무

⑤ 근로 기준, 측량 단위 등 전국적 기준의 통일 및 조정을 요하는 사무

⑥ 우편 · 철도 등 전국적 규모 또는 이와 비슷한 규모의 사무

⑦ 고도의 기술을 요하는 검사 · 시험 연구, 항공관리, 기상행정, 원자력 개발 등 지방자치단체의 기술 및 재정 능력으로 감당하기 어려운 사무 등

한편 지방자치단체는 그 관할 구역의 자치사무와 법령에 의해 자치단체에 속하는 사무를 처리하도록 되어 있으며, 그 사무를 예시하면 다음과 같다(지방자치법 제9

조).

① 지방자치단체의 구역, 조직 및 행정관리 등에 관한 사무
② 주민의 복지 증진에 관한 사무
③ 농림·상공업 등 산업 증진에 관한 사무
④ 지역 개발과 주민의 생활 환경시설의 설치·관리에 관한 사무
⑤ 교육·체육·문화·예술의 증진에 관한 사무
⑥ 지역 민방위 및 소방에 관한 사무

결국 지방재정은 위의 지방행정사무와 기능을 수행하기 위해 소요되는 비용을 충당하고, 지출하는 활동이므로 이러한 행정사무의 종류는 활동 범위에 포함된다.

2 지방재정의 기능

머스그레이브(R. A. & P. B. Musgrave)는 재정의 3대 기능으로 자원배분, 소득재배분, 경제 안정화를 제시했다(Musgrave & Musgrave, 1984). 이러한 기능은 재정의 기능인 동시에 재정이 추구하는 목표이기도 하다. 이러한 재정의 기능은 중앙재정과 지방재정이 분담하여 수행한다. 그러나 중앙정부와 지방정부는 관할 범위가 상이하기 때문에 기능에서도 차이가 난다.

1) 자원배분 기능

자원배분(resources allocation) 기능이란 사회에서 재화와 용역이 필요한 곳에 적절히 배분되어 생산과 공급 및 소비활동이 이루어져야 함을 말한다. 즉 자본주의 경제 체제에서는 시장을 중심으로 소비자와 생산자들 간에 자발적인 교환과 경쟁을 통해 자원배분이 이루어진다. 따라서 효율적인 자원배분은 사회적으로 바람직한 생산과 소비가 이루어지는 상태를 가리키며, 만약 특정 재화가 사회적으로 바람직한 생산수준이나 소비 수준을 충족시키지 못하게 되면 자원은 과다 생산되거나 과소 생산되어 사회 전체의 효용이 감소하게 된다. 따라서 공공 부문의 경제활동인 재정은 이러한 자원배분이 효율적으로 이루어질 수 있도록 해야 한다는 것이다.

이론적으로 가장 효율적인 자원배분 상태를 '파레토 최적 상태(Pareto's optimum)'

라고 하는데 현실 세계에서는 공공재, 외부효과, 비용체감 산업과 같은 독점적 요인 등으로 인해 시장실패(market failure)가 일어나고, 이 경우 자원은 효율적으로 배분되지 않는다. 따라서 재정은 이러한 시장의 실패를 치유할 수 있는 방향으로 이루어져야 한다.

즉 재정을 통해 사회적으로 바람직한 공공재와 공공 서비스를 제공해야 하는데 국방과 외교, 고속도로 등 파급효과(spillover effects)가 전국적인 순수공공재는 중앙재정이 담당해야 하지만, 상·하수도나 공원, 교육, 지방도로 등 지방공공재는 그 파급범위가 지방자치단체로 국한되기 때문에 지방재정이 담당해야 한다. 따라서 지방재정은 이와 같은 지방공공재의 적절한 생산과 공급을 통해 사회 전체적으로 자원이 효율적으로 배분되도록 해야 한다.

2) 소득재배분 기능

재정은 재화와 용역이 얼마만큼 생산·소비되었는가의 자원배분에 대해서 영향을 미칠 뿐만 아니라, 재화와 용역이 어떻게 분배되었는가의 소득재배분에 대해서도 영향을 미친다. 자원배분이 효율적으로 이루어졌다는 것이 결코 소득이 공정하게 배분되어 있다는 것을 의미하지는 않는다. 따라서 재정은 가급적 소득배분이 바람직한 방향으로 이루어지도록 소득재배분(income redistribution) 기능을 수행해야 한다.

순수한 시장경제 하에서 소득은 다음과 같은 두 가지 요인에 의해 결정된다. 하나는 개인이 소유하고 있는 자원(생산 요소)의 양이고, 다른 하나는 그러한 자원에 대한 시장의 평가, 즉 그 자원의 한계생산력이다. 그러나 이러한 각 개인이 소유하고 있는 자원의 양은 유산이나 상속, 노력 등에 따라 차이가 있고, 시장의 평가도 자원의 종류와 질에 따라 차이가 많으며, 그 격차가 시장경제 하에서는 더욱 커지는 경향이 있다(김동건, 2005: 6).

따라서 정부는 재정활동을 통해 소득배분의 상태를 바람직한 방향으로 개선하기 위해 시장에 개입하게 된다. 물론 바람직한 방향에 대해서는 이의가 있을 수 있지만, 각종 소득 관련 조세에 누진세율을 적용하고, 봉급생활자와 농어민, 중소기업 등에 조세 감면 등을 통해 기존의 소득배분 상태를 변화시키며, 직접적인 사회보장 지출을 통해 소득재배분 기능을 수행한다.

그러나 이러한 기존의 소득 분포 상태를 재조정하는 소득재배분 기능은 기본적으로 중앙정부의 기능에 속한다. 왜냐하면 소득재배분 활동은 어느 한 지역에만 국한되는 것이 아니라 전국적인 차원에서 통일적으로 이루어져야 하기 때문이다. 만약 지역적으로 차별적인 조치가 이루어진다면 주민들의 이동성(mobility)으로 인해 소득재배분 기능을 원활히 수행할 수 없게 될 것이기 때문이다. 그러나 최근 선진국에서 고령화 사회로의 진입과 정보화, 세계화 등의 변화는 소득재배분 기능에서도 지방정부의 역할 증대가 나타나고 있다. 왜냐하면 과거의 국경과 같은 국가에 대한 개념보다는 지방이 경쟁 주체로 부각되고 있기 때문이다.

3) 경제안정화 기능

정부 지출과 조세 규모 등은 고용과 물가 등 거시경제 지표에 많은 영향을 준다. 높은 고용과 생산 수준을 유지하면서도 물가를 안정시킨다는 것은 현대 정부의 중요한 책임이며, 재정이 갖고 있는 가장 중요한 기능이기도 하다.

재정의 경제안정화(economic stabilization) 기능은 고용 안정과 물가 안정이라는 두 가지 측면으로 구성되는데, 거시경제적 측면에서 총수요를 조절함으로써 경기 조절을 하는 것을 말한다. 즉 정부는 총수요의 부족으로 경기 침체와 실업이 우려되면 세수(稅收)를 줄여 민간 수요를 증대시키거나 직접 정부 지출을 증대시키고, 반대로 총수요가 과다하여 인플레이션이 우려되면 세수를 늘리거나 정부 지출을 줄여 총수요를 억제한다. 이를 '재량적 재정정책(discretionary fiscal policy)'이라고 하며, 반면에 누진세율 구조와 같이 정부가 정책 수단을 쓰지 않아도 경기가 상승하면 과열을 방지하고, 경기가 하강하면 자동적으로 차단하는 장치를 '자동안정 장치(built-in stabilizer)'라고 한다.

한편 개발도상국의 경우는 이러한 경제안정화 정책과 함께 경제 성장(economic growth) 기능도 수행해야 한다. 그러나 이러한 경제안정화 기능과 경제 성장 기능도 근본적으로 중앙정부의 재정 기능에 속한다. 왜냐하면 지방정부가 총수요와 유효수요를 조절하기 위해 사용할 수 있는 정책 수단은 매우 제약되어 있고 누출 효과가 발생하기 때문이다.

따라서 실제로 지방정부는 경제안정화 기능과 관련해서는 지역별 물가 동향의 조사와 실업률의 파악 등 기초 통계자료의 조사 등으로 국한되어 왔으나 이 역시 지역경제의 안정화가 국가경제의 밑바탕이 되기 때문에 과거에 비해 지방재정의 경제안정화 기능 역시 확대되고 있다고 할 수 있다.

제 3 절 지방재정의 구조와 관련 제도

1 지방재정의 세입구조

지방재정의 세입 항목은 지방세수입, 세외수입, 지방교부세, 국고보조금, 지방채, 조정교부금 등 다양한 수입원으로 구성되어 있다.

1) 지방세

지방세[6]는 지방세법에 의해 부과·징수되는 지방자치단체의 보통세와 목적세를 가리킨다. 보통세는 취득세, 등록면허세, 레저세, 지방소비세,[7] 재산세, 주민세, 자동차세, 담배소비세, 지방소득세이며, 목적세는 지역자원시설세, 지방교육세[8] 등 모두 11개 세목이다.

2) 세외수입

지방자치단체가 자주적으로 징수하는 세입 중에서 지방세 수입을 제외한 수입이라는 의미의 세외수입은 일반회계의 경우 경상적 수입과 임시적 수입, 특별회계는 사업수입과 사업외 수입으로 구분된다. 경상적 수입에는 사용료, 수수료, 재산 임대 수입, 사업장 수입, 징수교부금, 이자수입 등이 있고, 임시적 수입은 주로 회계 처리상 여타의 수입 항목으로 처리하기 곤란한 잡수입, 이월금, 융자금 회수 등을 포함하는 과년도 수입, 부담금, 융자금, 기부금, 재산 매각 수입 등이 포함된다.

3) 지방교부세

의존재원의 하나인 지방교부세는 보통교부세와 특별교부세 및 분권교부세와 부동

---

6) 2011년부터 지방세 체계가 급격하게 개편되었다.
7) 2010년부터 국세인 부가가치세의 5%를 시·도세인 지방소비세로 도입했으며, 2013년부터는 10%로 인상할 예정이다.
8) 지방교육세는 2001년 1월 1일부터 새로 도입된 시·도의 목적세로 과거 국세였던 교육세를 지방교육재원을 확충하기 위해 지방세로 개편·도입한 것이다.

산교부세 등으로 구성된다. 보통교부세는 다른 의존재원과는 달리 지출 용도에 대한 제한이 없는 일반재원인 반면 특별교부세는 지출 용도가 지정되어 있는 특정 재원이다. 분권교부세와 부동산교부세는 일부 지출 용도가 정해진 재원이다.

과거 내국세의 17.6%이던 법정 교부율이 1972년 8·3조치에 따라 매년 국가 예산에 의해 임의로 결정되다가, 1983년 13.27%로 법정화되었으며, 2000년에는 15%로 상향 조정되었고 2005년 지방양여금이 폐지되면서 다시 상향 조정되었다.

즉, 개정된 지방교부세법에 의해 2005년부터 내국세 수입의 19.13%를 교부세 재원으로 하되, 보통교부세는 분권교부세와 종전의 지방양여금의 도로사업 보전분(8,500억 원)을 제외한 교부세 총액의 96%로 하고, 특별교부세는 나머지 4%로 하여 보통교부세 산정 방법으로는 포착할 수 없는 재정수요나 연도 중에 발생하는 각종 재해, 공공복지시설 복구 등 예측이 불가능한 특별한 재정 수요가 발생할 경우 교부하도록 했다. 그러나 2006년에 분권교부세율이 인상(0.83%→0.94%)되어 현재는 19.24%로 늘어났다.

2005년부터 새로이 도입된 분권교부세는 내국세 수입의 0.83%를 재원으로 하되, 국고보조사업 일부를 지방자치단체로 이양함에 따라 발생한 이양사업을 수행하는 데 필요한 재원을 보전하기 위한 것이다. 그러나 분권교부세의 재원 규모가 지나치게 작게 반영되었다는 비판에 따라 2006년부터는 분권교부세의 비율을 내국세의 0.94%로 인상했다.

또한 2005년에 부동산 투기를 잠재울 목적으로 부동산에 대한 보유과세의 비중을 높이기 위해 국세로 신설된 종합부동산세의 경우, 세입 전액을 부동산교부세로 지방에 배분하고 있는데, 그 이유는 부동산에 대한 거래과세인 취득세와 등록세의 세율을 인하하고 종합토지세를 재산세로 통합함으로써 발생하는 지방자치단체의 세수 결함을 보전하기 위해서다.

4) 국고보조금

국가가 지출 용도를 지정하여 지방자치단체의 특정 사업을 시행하도록 중앙정부의 일반회계 또는 특별회계에서 지원하는 보조금이다. 이는 주로 기관위임사무와 단체위임사무의 시행을 위해 국고에서 지원한다고 하여 국고보조금이라 한다. 또한 도(道)에서도 규모가 작기는 하지만 시·군에 보조금을 지급하는데, 이를 도비보조금이라고 한다.

5) 지방양여금

지방양여금은 1991년부터 도입되었다가 2004년 국가균형발전회계의 신설로 인해 2005년부터 폐지되었다. 지방양여금의 재원으로는 국세인 주세, 전화세, 토지초과이득세, 농어촌특별세의 일정 부분이었으며, 대상 사업은 지방의 도로사업과 농어촌지역개발사업, 수질오염방지사업, 청소년육성사업 등으로 확대되었다. 도입 당시 토지초과이득세의 위헌 결정에 따라 재원 규모가 급격히 감소하자 주세의 양여 비율을 증대시켜 보전함으로써 어느 정도 일정 비중을 유지하고 있다. 2004년까지 주세와 전화세의 100%와 농어촌특별세 수입의 19/150를 재원으로 했다.

6) 조정교부금

조정교부금은 광역자치단체인 특별시·광역시와 기초자치단체인 자치구 간의 재원 조정 및 보전을 위해 취득세와 등록세의 일정 비율을 자치구에 이전하는 재원이다.

7) 지방채

지방채는 일종의 채무로서 과거에는 세외수입으로 분류하여, 지방채 발행 규모가 클수록 지방재정 자립도가 증가하는 문제를 야기시킨 재원이다. 그러나 현재는 별도의 항목으로 분류하고 있다. 이러한 지방세입의 구성 요소들을 중심으로 각 단체별 지방세입 현황을 파악하면 <표 1-1>과 같다.

2009년 말 세입결산 총계 규모로 지방재정 규모는 230조 2,630억 원에 달하며, 이 중에서 지방세 수입은 45조 560억 원으로 19.5%를 차지했는데 이는 거의 매년 감소하고 있는 실정이며, 세외수입은 74조 5,330억 원으로 32.3%에 달한다. 이와같이 세외수입의 비중이 지방세 수입보다 매우 높게 나타난 이유는 세외수입에서 높은 비중을 차지하는 특별회계의 사업수입이 포함되었기 때문이다. 이 밖에 의존재원인 지방교부세는 28조 4,510억 원으로 12.3%, 조정교부금은 7조 3,120억 원으로 3.1%, 보조금은 63조 1,510억 원으로 31.7%를 차지하고 있으며, 지방채 수입은 11조 7,570억 원으로 5.1% 규모다.

이를 자치단체별로 파악하면 서울시와 광역시 및 도가 107조 4,570억 원으로 전체의 46.6%를 차지하는 반면 228개 기초자치단체는 53.4%를 차지하고 있는 실정이다. 도의 경우 보조금의 비율이 41.7%로 대부분을 차지하고 있으며, 자치구의 경우도 35.3%인 반면, 군의 경우 지방세수입이 겨우 5.8%에 불과하다.

표 1-1 지방세입구조 현황(2009년 결산)

(단위: 10억 원, %)

구분	합계	특별·광역시	도	시	군	자치구
합계	230,263 (100.0)	55,305 (100.0)	52,152 (100.0)	64,182 (100.0)	35,598 (100.0)	23,024 (100.0)
지방세	45,056 (19.5)	19,256 (34.8)	11,374 (21.8)	10,205 (15.9)	2,076 (5.8)	2,144 (9.3)
세외수입	74,533 (32.3)	17,764 (32.2)	8,940 (17.1)	27,555 (42.9)	12,879 (36.1)	7,394 (32.1)
지방교부세	28,451 (12.3)	3,607 (6.5)	5,731 (10.9)	8,881 (13.8)	9,598 (26.9)	632 (2.7)
조정교부금, 재정보전금	7,312 (3.1)	–	–	2,229 (3.4)	497 (1.3)	4,586 (19.9)
보조금	63,151 (31.7)	10,090 (18.2)	22,289 (42.7)	12,754 (19.8)	9,879 (27.7)	8,138 (35.3)
지방채와 예치금 회수	11,757 (5.1)	4,587 (8.2)	3,816 (7.3)	2,555 (3.9)	668 (1.8)	129 (0.5)

주: 일반회계와 특별회계의 세입 총계 규모임.
자료: 행정안전부, 『지방재정연감』, 2010.

이러한 지방세입의 구조를 연도별로 그 추이를 파악하면 <표 1-2>와 같다.

즉 1991년에는 일반회계의 세입 규모가 19조 9,035억 원이었으며, 자주재원인 지방세와 세외수입은 각각 40.4%와 30.5%로 총 70.9%를 차지했으나, 2007년에는 63.8%로 그리고 2009년에는 57.8%로 그 비중이 가장 낮아졌다. 그 이유는 지방교부세와 보조금 등 의존재원의 규모가 증가했기 때문이다. 전반적으로 지방세수 규모는 1993년 46.5%를 정점으로 계속 감소하다가 2001년 반짝 다시 증가했으나 다시 감소하더니 2007년에는 회복세를 보였으나 2009년은 가장 낮은 수준을 보이고 있다.

의존재원의 하나인 지방교부세가 제도 변화로 인해 2007년 21.3%까지 늘어났다가 2009년에는 19.6%인데 이는 지방채의 비중이 급증했기 때문이다. 보조금의 비중 역시 1995년을 최저점으로 계속 증가하다가 1999년을 정점으로 다소 낮아지다가 2003년을 기준으로 계속 증가하여 2009년에는 18.3%로 1991년의 9.0%의 2배 이상 증가했다.

지방채는 1995년을 정점으로 계속 감소하다가 2009년 갑자기 높은 비율을 나타내고 있는데 이는 최근 '경제살리기' 정책을 위한 지방예산의 조기 집행 및 국세의 감세 기조에 의한 채무 증가로 이해된다(손희준, 2010).

표 1-2 지방세입 구조의 추이(일반회계 순계결산)

(단위: 억 원, %)

구분	1991	1995	1999	2001	2003	2005	2007	2009
합계	199,035 (100.0)	366,671 (100.0)	537,724 (100.0)	715,088 (100.0)	965,039 (100.0)	997,142 (100.0)	1,182,428 (100.0)	1,449,205 (100.0)
지방세	80,350 (40.4)	153,169 (41.8)	185,685 (34.5)	266,397 (37.3)	330,619 (34.3)	359,769 (36.1)	435,315 (36.8)	450,565 (31.0)
세외수입	60,716 (30.5)	90,324 (24.6)	157,593 (29.3)	183,375 (25.6)	319,263 (33.1)	291,046 (29.2)	319,733 (27.0)	388,562 (26.8)
지방 교부세*	34,524 (17.3)	56,713 (15.5)	69,187 (12.9)	123,499 (17.3)	149,634 (15.5)	200,182 (20.1)	252,294 (21.3)	284,298 (19.6)
지방 양여금	5,570 (2.8)	18,701 (5.1)	29,061 (5.4)	46,281 (6.5)	42,808 (4.4)	–	–	–
보조금	17,875 (9.0)	32,189 (8.8)	78,912 (14.7)	90,387 (12.6)	117,157 (12.1)	137,978 (13.8)	167,264 (14.1)	265,310 (18.3)
지방채	–	15,575 (4.2)	17,286 (3.2)	8,146 (1.1)	5,555 (0.6)	8,165 (0.8)	7,819 (0.6)	60,488 (4.1)

주: * 증액교부금도 포함.
자료: 행정안전부, 『지방재정연감』, 각 연도.

2 지방재정의 세출구조

우리나라 지방재정의 세출구조는 일반적으로 행정 목적에 의한 기능별 분류와 경제 성질에 의한 성질별 분류가 있다.

1) 기능별 분류 체계

지방세출을 지출 목적에 따라 분류한 기능별 분류 체계[9]는 과거에 비해 세분하여 분류하고 있는데 일반공공행정, 공공질서 및 안전, 교육, 문화 및 관광, 환경 보호, 사회복지, 보건, 농림해양수산, 산업·중소기업, 수송 및 교통, 국토 및 지역개발, 과학

9) 기능별 분류는 과거에 의회비, 일반행정비, 사회복지비, 산업경제비, 지역개발비, 문화 및 체육비, 지원 및 기타 경비 등 7대 분류 체계가 적용되었으나, 1996년부터 일반행정비, 사회개발비, 경제개발비, 민방위비, 지원 및 기타 등 5대 분류 체계로 변경되었으며, 현재는 2008년부터 새로 적용된 기준에 따라 14분야 52개 부문으로 분류하고 있다.

기술, 예비비, 기타 등이다. 이를 회계별로 파악하면 <표 1-3>과 같다.

2009년 지방세출 순계 결산 규모는 149조 6,588억 원으로 세입 총계 결산 230조 2,630억 원의 65.0%에 불과하고, 세출 총계 결산은 200조 2,654억 원으로 세입결산의 87.0%다. 결국 세출결산은 세입에 비해 그 규모가 작은 것을 알 수 있고, 총계와 순계의 차이가 무려 50조 6,066억 원으로, 대부분 삽입 중복 계산 또는 회계 간 거래임을 알 수 있다.

우선 회계별로 보면, 일반회계가 118조 4,637억 원으로 전체의 79.1%를 차지하며, 공기업 특별회계는 11조 6,322억 원으로 7.7%, 기타 특별회계는 19조 5,628억 원으로 13.2%를 차지한다.

이를 다시 기능별 각 항목별로 보면 사회복지비가 27조 9,394억 원으로 18.6%를 차지하여 가장 높은 비중을 나타내고 있으며, 그 다음은 수송 및 교통이 22조 2,539억 원으로 14.8%, 국토 및 지역개발이 16조 5,253억 원으로 11.0%, 환경 보호가 15조 5,866억 원으로 10.4% 등의 순으로 나타났다.

회계별 비중을 보면 일반회계도 유사하게 나타나고 있는데, 사회복지비가 18.8%, 수송 및 교통이 13.3%, 국토 및 지역개발이 9.5%, 농림해양수산이 9.2% 등의 순서로 나타난 반면, 지방공기업특별회계는 기타를 제외하면 7개 분야에만 지출을 하고 있는데, 그 중에서 환경 보호가 전체의 54.2%, 국토 및 지역개발이 19.7%, 일반공공행정이 12.1% 등 특정 분야에 집중되어 있음을 알 수 있다. 이와는 달리 기타 특별회계는 과학기술을 제외한 모든 분야에 골고루 지출을 하고 있는데, 수송 및 교통이 32.8%로 가장 높게 나타났으며, 그 다음으로 사회복지 28.8%, 국토 및 지역개발 14.8%, 환경 보호 11.6% 등으로 나타났다.

다만 용도가 뚜렷하지 않은 기타의 비중이 전체 12.4%, 일반회계는 14.3%, 공기업특별회계는 10.4%, 기타 특별회계는 1.6% 등으로 나타나 비중이 다소 높은 것을 알 수 있다.

2) 성질별 분류

지방세출을 성질별로 파악하면 인건비, 물건비, 이전경비, 자본 지출, 융자 및 출자, 보전재원, 내부거래, 예비비 및 기타로 구분된다. 우리나라의 『지방재정연감』에는 이러한 성질별 분류 체계를 각 자치단체별, 회계별로 분류하여 자세한 통계 자료를 수록하고 있다.

성질별 각 항목별 현황을 단체별로 파악해 보면 <표 1-4>와 같다.

표 1-3 기능별 지방세출 현황(2009년)

(단위: 억 원, %)

구분	합계	일반회계	공기업 특별회계	기타 특별회계
합계	1,496,588 [100.0] (100.0)	1,184,637 [79.1] (100.0)	116,322 [7.7] (100.0)	195,628 [13.2] (100.0)
일반공공행정	107,415 (7.1)	91,165 (7.7)	14,106 (12.1)	2,144 (1.1)
공공질서 및 안전	26,531 (1.7)	26,044 (2.2)	–	487 (0.2)
교육	82,370 (5.5)	78,574 (6.6)	–	3,795 (1.9)
문화 및 관광	85,263 (5.6)	81,242 (6.8)	342 (0.3)	3,677 (1.8)
환경 보호	155,866 (10.4)	70,026 (5.9)	63,092 (54.2)	22,746 (11.6)
사회복지	279,394 (18.6)	222,962 (18.8)	28 (0.0)	56,403 (28.8)
보건	24,739 (1.6)	21,775 (1.8)	–	2,963 (1.5)
농림해양수산	112,441 (7.5)	109,934 (9.2)	21 (0.0)	2,485 (1.2)
산업·중소기업	43,443 (2.9)	38,890 (3.2)	–	4,552 (2.3)
수송 및 교통	222,539 (14.8)	158,418 (13.3)	–	64,121 (32.8)
국토 및 지역개발	165,253 (11.0)	113,323 (9.5)	22,981 (19.7)	28,948 (14.8)
과학기술	5,591 (0.3)	2,020 (0.2)	3,571 (3.0)	–
예비비	–	–	–	–
기타	185,738 (12.4)	170,258 (14.3)	12,177 (10.4)	3,302 (1.6)

주: 세출 순계 결산 규모임.
자료: 행정안전부, 『지방재정연감』, 2010.

표 1-4 성질별 지방세출 현황(2009년)

(단위: 억 원, %)

구분	합계	특별·광역시	도	시	군	자치구
합계	1,496,588 [100.0] (100.0)	331,447 [22.1] (100.0)	204,511 [13.6] (100.0)	493,393 [32.9] (100.0)	278,692 [18.6] (100.0)	188,544 [12.6] (100.0)
인건비	175,000 (11.7)	33,488 (10.1)	19,820 (9.7)	53,720 (10.9)	29,946 (10.7)	38,023 (20.1)
물건비	91,630 (6.1)	14,553 (4.4)	9,974 (4.8)	35,617 (7.2)	17,245 (6.2)	14,239 (7.5)
경상이전	419,701 (28.0)	86,921 (26.2)	45,651 (22.3)	142,926 (28.9)	61,155 (21.9)	83,046 (44.0)
자본지출	665,979 (44.5)	125,516 (37.8)	76,435 (37.3)	250,467 (50.7)	165,234 (59.3)	48,327 (25.6)
융자 및 출자	17,866 (1.2)	10,158 (3.0)	5,747 (2.8)	969 (0.2)	931 (3.3)	59 (0.0)
보전재원	21,208 (1.4)	7,317 (2.2)	9,493 (4.6)	3,115 (0.6)	1,129 (0.4)	152 (0.0)
내부거래	94,289 (6.3)	52,488 (15.8)	34,614 (16.9)	3,315 (0.6)	1,474 (0.5)	2,397 (12.7)
예비비 및 기타	10,911 (7.3)	1,004 (0.3)	2,774 (1.3)	3,261 (0.6)	1,574 (0.5)	2,297 (12.3)

주: 일반회계와 특별회계의 세출결산 순계 규모임.
자료: 행정안전부, 『지방재정연감』, 2010.

2009년 세출결산 순계 규모는 149조 6,588억 원이며, 이 중에서 특별 · 광역시는 33조 1,447억 원으로 22.1%, 도는 20조 4,511억 원으로 13.6% 등 광역자치단체가 전체의 35.7%를 차지하는 반면, 시는 49조 3,393억 원으로 32.9%, 군이 27조 8,692억 원으로 18.6%, 자치구가 18조 8,544억 원으로 12.6%를 차지한다.

항목별로는 인건비가 17조 5,000억 원으로 전체의 11.7%를 차지하고 있으며, 물건비는 9조 1,630억 원으로 6.1%. 경상이전은 41조 9,701억 원으로 28.0% 등 주로 경직성 경비에 해당하는 비중이 총 세출 규모에서 45.8%나 차지한다. 반면 자본지출은 66조 5,979억 원으로 전체의 44.5%에 달하고 융자 및 출자는 1조 7,866억 원으로 1.2%, 보전재원은 2조 1,208억 원으로 1.4%, 내부 거래는 9조 4,289억 원으로 6.3%, 예비비 및 기타는 1조 911억 원으로 0.7%를 차지한다.

이를 다시 자치단체별로 구분하여 파악해 보면 인건비 비중이 대부분의 자치단체는 모두 10% 내외를 나타내고 있는 반면, 자치구의 경우는 거의 2배인 20.1%에 달하고, 경상이전 역시 전체의 44.0%를 차지하여 세출구조가 매우 취약한 것을 단적으로 보여 준다.

3 지방재정 관련 법 체계

우리나라 지방재정의 법적 근거는 많은 법률에서 찾을 수 있다. 지방재정에 관한 일반적인 재정 운영 원칙과 예·결산, 수입과 지출에 관한 규정 등은 '지방자치법'에 규정하고 있으며, 이 법에 의거하여 '지방재정법'이 지방재정의 기본적인 법적 토대를 제공하고 있다.

또한 지방자치단체의 자주재원인 지방세에 관해서는 '지방세법'과 '지방세기본법', '지방세특례제한법'이 있고, 중앙재정과 지방재정의 관계인 재정조정 제도에 관해서는 '국세와 지방세의 조정 등에 관한 법률', '지방교부세법', '보조금의 예산 및 관리에 관한 법률' 등이 있으며, 이 밖에 지방직영기업과 지방공사, 지방공단에 관해서는 '지방공기업법'이 있다

여기에서는 '지방자치법'의 재무 장(章)과 '지방재정법', '지방세법', '지방공기업법' 등 주요 법에 대해서만 간략히 파악해 보고자 한다.

1) '지방자치법'

'지방자치법'은 지방자치제의 실시와 관련된 법적 요건과 규정을 포함하고 있는데, 제7장 재무에서 지방재정에 관한 일반적인 사항을 규정한다. 이러한 재무의 장은 제1절 재정 운영의 기본 원칙, 제2절 예산 및 결산, 제3절 수입 및 지출, 제4절 재산 및 공공시설, 제5절 보칙으로 구성되어 있다.

가장 기본적인 재정 운영 원칙으로 '수지 균형의 원칙'과 국가의 부담을 지방자치단체에 전가해서는 안 된다는 '건전재정 운영의 원칙'을 천명하고 있으며, 제117조는 회계의 구분, 제126조는 지방세의 부과 및 징수, 제133조는 재산 및 기금의 설치, 보칙인 제136조는 지방재정 운영에 관한 법률 제정, 제137조는 지방공기업의 설치와 운영에 관한 규정 등을 두고 있다.

2) '지방재정법'

지방자치단체의 재정에 관한 모법(母法)이라고 할 수 있는 '지방재정법'은 제1조에서 동법의 목적을 "지방자치단체의 재정 및 회계에 관한 기본 원칙을 정하여 지방재정의 건전한 운영과 엄정한 관리를 도모하기 위함"이라고 밝히고 있다. 지방재정법은 제1장 총칙부터 경비의 부담, 예산, 결산, 수입, 지출, 계약, 현금과 유가증권, 시효, 재산, 회계 관계 공무원 및 제12장 보칙까지 총 12장으로 구성되어 있다.

이러한 '지방재정법'이 2005년 6월 재정 운영의 자율성과 책임성을 강화하고 재정분권을 촉진하기 위해 지방재정, 지방계약, 지방기금, 공유재산 및 물품관리의 4개 분야로 분법(分法)하게 되었다. 따라서 현재는 지방재정 관련 규정이 존치되고, '지방자치단체를 당사자로 하는 계약에 관한 법률', '지방자치단체기금관리기본법', '공유재산 및 물품관리법' 등이 제정되었다.

3) '지방세법'

'지방세법'은 지방자치단체의 지방세 부과 및 징수 절차, 지방세의 종류, 과세 물건, 과표, 세율 등을 주로 징수 주체별로 구분하여 규정한 법으로서 지방세 행정의 기초가 된다. 또한 2011년부터 과거의 지방세 체계를 매우 단순화하여 세목의 수를 줄이고 동일 세원에 대한 중복 과세(tax on tax)를 정비하고, 유사 세목을 통폐합하고 세수 규모가 영세한 세목은 폐지했다.

또한 2010년 '지방세법' 역시 지방세제의 선진화와 전문화를 지향하기 위해 분법(分法)하게 되어 2011년부터 적용하고 있는데, 국세의 경우 '국세기본법'과 '국세징수법' 등으로 구분되어 있는 점을 고려하여, 지방세법도 '지방세기본법', '지방세법', '지방세특례제한법' 등으로 분리했다.

4) '지방세기본법'

'지방세기본법'은 기본적으로 납세자의 권익을 보호하는 데 초점을 두고, 납세 협력과 징세 비용의 절감 등을 위해 수정신고 제도, 경정청구 제도, 기한 후 신고, 성실납세자에 대한 체납처분 유예, 관허사업 제한 요건 강화, 지방세 우선제도 개선, 미납지방세 열람제도, 지방세 세무조사의 투명성 강화 등의 내용을 담고 있다(이보환, 2010).

5) '지방세특례제한법'

'지방세특례제한법'은 그동안 지방세법 및 조례로 규정했던 과세 면제 및 경감에 관한 규정, 각 세목별로 감면 성격이 강한 비과세 규정 및 지방자치단체의 감면에 관한 조례 중에서 전국 공통으로 적용되는 감면 사항을 일괄하여 규정하고자 한 법이다. 따라서 지방자치단체의 과세 자율성 제고를 위해 감면 조례 허가제를 폐지하고, 지방세 지출예산제도의 도입 근거를 마련하며, 2009년 12월 31일 일몰(sunset)이 도래하는 감면 정비 결과 등을 반영하기 위해 제정되었다.

6) '지방교부세법'

'지방교부세법'은 1999년 전면 개정되었다. 지방교부세의 재원인 내국세 수입의 법정교부율이 2000년부터 과거의 13.27%에서 15.0%로 상향 조정되었으며, 그동안 문제점으로 지적되어 왔던 교부 방식도 대폭 수정했다.

그러나 2004년에도 급격한 변화를 보여 2005년부터 증액교부금과 지방양여금이 폐지되면서 법정교부율이 19.13%로 상향 조정되었고, 분권교부세가 신설되었으며, 2006년부터는 분권교부세율이 0.83%에서 0.94%로 상향 조정되어 교부율이 19.24%로 조정되었다.

7) '지방양여금법'

지방양여금법은 1991년 제정되었으나, 수 차례의 개정을 겪었다. 지방양여금의 재원인 특정 국세가 '국세와 지방세의 조정 등에 관한 법률'에 의해 정해지고, 초창기 '지방양여금 특별회계법'으로 분리되었다가 일반회계로 흡수되어 통합 관리되었다.

2004년 국가균형발전특별회계의 신설에 맞추어 2005년에 지방양여금 제도가 폐지되었으며, 기존의 양여금사업은 성격에 따라 도로 정비 및 지역개발사업은 지방교부세에 통합하고, 수질오염방지사업은 국고보조금으로 합쳤으며, 농어촌지역개발사업과 청소년육성사업은 국가균형발전특별회계 사업으로 전환되었다(기획예산처, 2005).

지방양여금 도로사업 보전분(8,500억 원)은 2008년까지만 한시적으로 지원하기로 했으나 최근에 2011년까지로 재연장했다.

8) '지방공기업법'

'지방공기업법'은 지방공기업 대상 사업의 확대, 지방공사와 공단의 설립 단체에 대한 범위 확대 등 시대적 요청에 따라 많은 변천을 겪어 왔다.

최근에는 민관공동출자사업으로 알려진 제3섹터의 활성화와 관련해서 법적·제도적 보완이 많이 요구되는 분야이기도 하다.

9) '지방자치단체를 당사자로 하는 계약에 관한 법률'

2005년 6월에 국회를 통과하여 새로 제정된 법률로서 수의계약의 절차를 투명하게 하고, 내역을 전면 공개하게 했으며, 긴급 재해복구 공사에 대해서는 개산(槪算)계약제도를 도입했으며, 계약심의 기구의 설치를 의무화하는 등의 규정을 마련했다.

10) '지방자치단체기금관리기본법'

2005년 6월에 국회를 통과하여 새로 제정된 법률로서 지방자치단체기금의 설치 및 운용에 관한 기본법으로, 주요 내용은 기금의 존속 기한을 설정하고, 기금 운용의 성과를 분석하고, 통합관리기금 및 지역발전협력기금의 설치 운용 등을 제시하고 있으며, 법률에 의한 기금 설치를 제한하게 했다.

11) '공유재산 및 물품관리법'

2005년 6월에 국회를 통과하여 새로 제정된 법률로서 공유재산 및 물품관리에 관한 기본법으로, 주요 내용은 자치단체 공유재산의 교환 조건을 완화했으며, 재산관리 담당 공무원의 전문성을 제고하기 위한 성과급 제도의 마련과 수당 등을 신설했고, 행정안전부의 특별재물조사를 폐지했다.

제 2 장 지방재정과 중앙재정

제 1 절 공공 부문과 민간 부문

1 공공 부문과 민간 부문의 특징

공공 부문(public sector)과 민간 부문(private sector)은 근본적으로 성격이 다르지만, 최근 그 차이가 점차 모호해져서 뚜렷하게 구분되지 않는 부분도 있다. 하지만 일반적으로 구분하면 다음과 같다.

공공 부문은 공익의 실현을 목표로 하는데 반해, 민간 부문은 이윤극대화라는 사익의 실현을 목표로 하며, 이러한 목표를 실현하기 위해 공공 부문은 강제적인 권력을 이용하는 반면 민간 부문은 시장에서 가격을 통해 재화를 교환하는 방식을 이용한다. 또한 공공 부문과 민간 부문은 각각 공공재(public goods)와 민간재(private goods)를 생산하는데, 이러한 생산을 위한 재원을 공공 부문은 조세를 통해 조달하는 반면, 민간 부문은 소비자가 지불하는 가격 수입으로 충당한다. 이러한 재원 조달과 재화 및 서비스 제공 간의 관계를 공공 부문은 일반적 보상 관계로, 민간 부문은 개별적 보상 관계로 설명할 수 있다. 의사 결정 방식은 공공 부문에서는 다수결에 의한 투표라는 집단적 결정 방식을 취하지만, 민간 부문은 기업과 소비자가 시장을 통해 개별적인 의사 결정 형태를 취한다. 아울러 공공 부문은 세입세출의 결정을 확보

표 2-1 공공 부문과 민간 부문의 특성

특성	공공 부문	민간 부문
목표	공익의 실현	사익(이윤)의 추구
수단	권력	시장 기구
산출물	공공재	민간재
재원	조세	가격 수입
보상 관계	일반적 보상 관계	개별적 보상 관계
의사 결정 방식	집단적 의사 결정 (다수결 투표제)	개별적 의사 결정
수입 · 지출의 결정 방식	총량적 결정	한계적 결정
지도 이념	형평성 우선	효율성 우선

자료: 오연천(1993: 12).

될 세입에 따라 세출을 결정하거나, 필요한 세출에 따라 세입을 결정하는 등 총량적 개념에 따라 재정 규모를 결정하는 반면, 민간 부문은 한계비용과 한계수입을 일치시켜 자원의 최적 배분을 모색하는 한계 개념에 의한 의사 결정을 한다. 또한 공공 부문은 형평성을 강조하는 반면에 민간 부문은 자원배분의 효율성을 강조한다. 이러한 각 부문의 특성을 비교해 보면 <표 2-1>과 같다.

넓은 의미에서 공공 부문은 우리가 일상생활에서 정부라 부르는 좁은 의미의 정부뿐만 아니라 정부투자기관으로 구성된 공공기관까지 포함된다. 그러므로 서울지하철공사나 한국방송공사 같은 정부투자기관도 넓은 의미에서 보면 정부의 일부라고 말할 수 있다. 정부투자기관은 공기업이라고 부르기도 하는데, 그 활동 내용을 보면 민간 부문의 기업과 거의 차이가 없고 단지 정부가 투자해 운영한다는 점에서만 차이를 갖는다(이준구, 2008: 12).

2 공공 부문에서 지방재정의 위상

우리나라의 공공 부문 체계를 간략하게 나타내면 [그림 2-1]과 같다.

이러한 분류 체계는 국제통화기금(International Monetary Fund: IMF)의 지침에 따라 재정 통계를 작성하는 기준으로 사용하는 것이며, 공공 부문은 크게 나누어 비금융공공 부문과 금융공공 부문으로 분류되는데 다 같이 정부활동이나 기능을 포괄

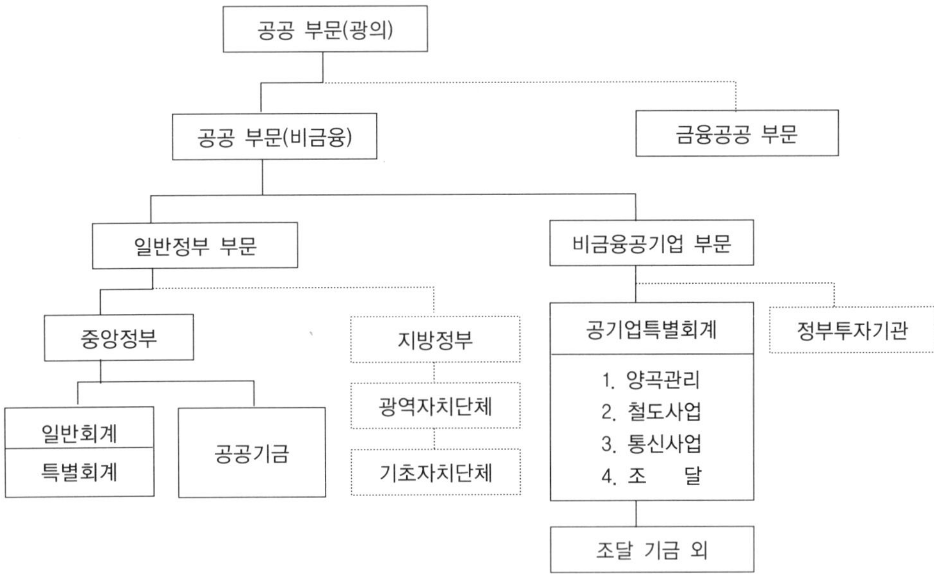

주: …선은 통합재정 범위에서 제외되는 부분임.
자료: 재정경제원(1995); 한국개발연구원(1996: 16).

그림 2-1 공공 부문 체계

하는 것이지만, 정부의 재정활동과 더 밀접하게 관련되는 부문은 비금융공공 부문이다. 비금융공공 부문은 다시 일반정부 부문과 비금융공기업 부문으로 구분되고, 일반정부 부문은 중앙정부와 지방정부로 구분된다. 이 중 지방정부 부문은 특별시·광역시·도·시·군·구의 일반회계, 특별회계 및 교육비 특별회계가 포함된다(강신택, 2000: 143-144).

그러나 이러한 지방정부의 재정 부문은 재정에 대한 가장 큰 포괄 범위인 통합예산(unified budget)에도 포함되지 않아 그 크기와 구조 등을 파악하기가 용이하지 않다.[1)]

이처럼 전체 공공 부문 내에서 지방정부가 차지하는 위상은 <표 2-2>와 같다.

중앙재정과 지방재정 규모를 모두 합한 총 재정 규모는 1991년 61조 2,160억 원에서 2009년에는 결산 기준으로 401조 8,400억 원으로 6.5배나 증가했다. 그 중에서 중

1) 통합예산은 정부예산 규모를 정확히 파악하여 이것이 국민경제에 미치는 영향을 분석하기 위한 분류 체계다. 더 자세한 개념과 범위는 신무섭(2003)을 참조할 것.

표 2-2 지방재정 규모의 위상

(단위: 10억 원, %)

구분 연도	국민총생산 (GNP)	재정 규모	중앙재정[1]			지방재정
			합계	일반회계	특별회계	총세출 규모[2]
1991	231,428 (100.0)	61,216 (26.4)	39,366 (17.0)	31,283	8,083	21,850 (9.4)
1995	409,653 (100.0)	109,579 (26.7)	72,915 (17.8)	51,498	21,416	36,664 (8.9)
1999	549,005 (100.0)	168,527 (30.6)	114,548 (20.8)	73,226	41,322	53,979 (9.8)
2001	651,415 (100.0)	240,867 (36.9)	161,758 (24.8)	98,668	63,090	79,109 (12.1)
2003	767,113 (100.0)	285,528 (37.2)	188,003 (24.5)	117,222	70,780	97,525 (12.7)
2005	865,240 (100.0)	299,461 (34.6)	192,399 (22.2)	134,207	58,192	107,062 (12.4)
2007	975,013 (100.0)	309,904 (31.7)	196,904 (20.2)	154,330	42,573	113,000 (11.5)
2009	1,063,059 (100.0)	401,840 (37.8)	252,182 (23.7)	199,875	52,306	149,658 (14.1)

주: 1) 세출결산 기준이며, 재정 규모는 단순 합계임.
2) 일반회계와 특별회계의 세출 순계 규모임.
3) 괄호 안의 비중은 국민총소득에 대한 비율이며, 1995년부터는 GDP에 대한 비율임.
자료: 기획재정부(2010); 한국은행(2010), 홈페이지 재정통계.

앙재정의 총 규모는 1991년 39조 3,660억 원에서 2009년에는 252조 1,820억 원으로 6.4배 증가했고, 중앙재정이 같은 기간 내 국민총생산(GNP)과 국내총생산(GDP: gross domestic products)에서 차지하는 비중은 17.0%에서 23.7%로 증가했다. 반면에 지방재정 일반회계와 특별회계의 총 세출 순계 규모는 1991년 21조 8,500억 원에서 2009년에는 149조 6,580억 원으로 6.8배 증가했고, 국민총생산과 국내총생산에서 차지하는 비중은 9.4%에서 14.1%로 증가했다.

그러나 지방재정이 국내총생산에서 차지하는 비중은 중앙재정의 증가율에 비해 그리 크지 않지만, 재정 규모의 증가율은 매우 큰 것을 알 수 있다.

결국 지방재정의 위상은 최근 들어 자체적으로는 많이 증가했으나, 중앙 재정과 특히 우리나라의 경제 수준과 규모와 비교할 경우에는 상대적으로 더 큰 증가와 확대를 초래했다고 평가하기는 어려운 실정이다(손희준, 1999).

제 2 절 지방재정과 중앙재정

1 지방재정과 중앙재정의 특징

지방재정과 중앙재정은 모두 정부활동을 위한 재정활동과 현상이라는 점에서 공통적인 부분이 많다. 그러나 중앙정부와 지방정부는 그 존립 기반이 상이하고 각기 그 기능과 역할이 상이하여 각각 서로 다른 특징들을 내포하고 있다. 여기에서는 주로 지방재정의 특징과 관련하여 중앙재정과 지방재정 간의 비교를 시도하고자 한다.

우선 지방재정은 기본적으로 중앙재정에 비해 규모가 작고 구조도 단순하며, 지역주민들에게 좀 더 밀접한 지방정부의 활동을 지원하는 재정 현상이라는 점에서 중앙재정과 다른 특징을 갖는다(오연천, 1993: 14-18).

첫째, 재정의 기능적인 측면에서 중앙재정은 자원배분 기능, 소득재배분 기능, 경제안정화 기능 등 포괄적인 기능을 수행하는 반면, 지방재정은 주로 자원배분 기능에 치중하게 된다. 왜냐하면 지방재정은 소득재배분 기능과 경제안정화 기능을 수행하는 데 한계가 있기 때문이다.

둘째, 지방정부가 생산·공급하는 지방공공재의 특성은 공공재의 본질적 특성인 '비경합성과 비배제성'이 상대적으로 작은 공공재다. 즉 일종의 준공공재(quasi-public goods)에 속한다.

셋째, 중앙정부의 재원 조달은 주로 공권력적·일방적 형태인 조세수입에 의존하는 반면, 지방정부는 조세뿐만 아니라 사용료와 수수료 등 세외수입과 각종 의존재원 등 다양한 세입원에 의존한다.

넷째, 중앙정부에 의해 제공되는 서비스와 재원 부담의 관계는 대부분 일반적이고 포괄적인 관계인데 비해, 지방정부에 의해 제공되는 서비스와 재원 부담의 관계는 주로 개별적 보상 관계를 띠고 있다. 이는 각기 제공하는 서비스의 특징에 기인한 것이기도 하다.

다섯째, 중앙정부의 재원 조달 방식은 능력 중심의 응능 부담 원칙이 중시되어 누진세율 구조를 가지는 소득세와 같은 세목이 조세 체계의 중심이 되나, 지방정부의 재원 조달 방식은 편익 중심의 응익 부담 원칙의 적용 가능성이 높다.

표 2-3 지방재정과 중앙재정의 비교

비교 기준	중앙재정	지방재정
재정의 기능	포괄적 기능	자원 배분 기능에 치중
서비스의 성격	순수공공재적 성격이 강함	순수공공재적 성격이 약함
재원 조달 방식	조세 의존적	다양한 세입원
보상 관계	일반적 보상 관계 위주	개별적 보상 관계 첨가
부담 구조	응능 부담 원칙 중시	응익 부담 원칙의 가미
평가 기준	공평성	효율성
대표성의 수준	일반적 대표성	지역적 대표성

자료: 오연천(1993: 15).

여섯째, 재정 제도와 운용을 평가하는 기준으로서 공평성과 효율성을 들 수 있는데, 지방재정은 중앙재정과 비교할 때 공평성보다는 자원배분의 효율성이 상대적으로 더 중시된다고 하겠다.

일곱째, 작은 단위의 정부일수록, 그리고 정부 단위의 구성원들이 동질적일수록 해당 정부가 주민들의 선호를 더욱 민감하게 수용할 수 있다는 티부 가설(Tiebout hypothesis)에 의해, 지방정부의 재정 운용은 중앙정부에 비해 주민대표성이 더욱 민감하게 작용한다고 할 수 있다.

이러한 지방재정과 중앙재정 간의 특징을 비교하면 <표 2-3>과 같다.

2 지방재정과 중앙재정의 규모

지방재정 규모와 중앙재정 규모를 비교해 보면 <표 2-4>와 같다.

우선 국내총생산에 대한 비중을 비교해 보면, 중앙재정 규모의 경우 1991년에는 17.0%이던 것이 2009년에는 23.7%로 6.7% 증가했다. 반면 지방재정 규모는 1991년 9.4%에 불과하던 것이 2009년에는 14.1%로 4.7% 증가하는 데 그쳤다. 또한 중앙재정 대비 지방재정 규모 역시 1991년에는 55.5%이던 것이 2005년에는 55.6%로 0.1% 증가했다. 따라서 중앙재정에 대한 지방재정 규모는 1999년부터 급격히 감소하다가 2005년에 비로소 1991년의 수준을 회복하고 최근 들어 그 비중이 증가함을 알 수 있다.

이러한 변화 추이를 통해 우리나라는 국내총생산 규모와 중앙재정 규모 및 지방재

표 2-4 지방재정과 중앙재정 규모의 비교

(단위: 10억 원, %)

구분		1991	1995	1999	2001	2003	2005	2007	2009
국내총생산(GDP)		231,428	409,653	549,005	651,415	767,113	865,240	975,013	1,063,059
규모	중앙재정(A)	39,366	72,915	114,548	161,758	188,003	192,399	196,904	252,182
	지방재정(B)	21,850	36,664	53,979	67,504	97,525	107,062	113,000	149,658
비중	A/GDP	17.0	17.8	20.8	24.8	24.5	22.2	20.2	23.7
	B/GDP	9.4	8.9	9.8	12.1	12.7	12.4	11.5	14.1
	(B/A)	55.5	50.2	47.1	41.7	51.8	55.6	57.3	59.3

주: 1) 세출결산 순계 기준임.
2) 국내총생산액은 명목가격 기준임.
자료: 기획재정부, 각 연도; 행정안전부, 각 연도; 한국은행, 각 연도.

정 규모가 모두 증가하고 있음을 알 수 있다. 특히 지방자치제 도입(1991년과 1995년) 이후 지방재정 규모가 급증할 것으로 예상했으나, 이러한 예측에 대한 평가는 좀 더 실증적인 연구에 의해 검증되어야 할 것이다.

그러나 우리나라에서는 중앙정부와 지방정부 간 재정 규모와 관련해서 논란이 있는데, 이는 교육재정을 어디에 포함시키느냐에 따라 크게 달라지게 된다.

우선 기획재정부 등 중앙부처는 지방교육재정 역시 지방에서 사용되기 때문에 중앙정부의 입장에서 보면 이전재원이며 결코 국가재정 규모에 포함시킬 수 없다는 논리다. 2007년 예산 기준으로 중앙과 지방 간의 재원배분 현황을 보면 [그림 2-2]와 같다.

즉, ① 총 조세수입 중 국세수입은 80%를 차지하고 지방세수입은 20%에 불과하다. 그러나 지방교부세와 보조금 등 이전재원을 지방으로 이양하고 나면, ②에 해당하는 국세는 56%가 남고, 지방은 44%로 증가하게 된다. 그런 다음 교육재정에 대한 이전재원까지 배분하고 나면, ④ 국세 규모는 41%가 되고, 지방세수 규모는 59%가 되어 오히려 지방의 세출 규모가 커진다고 주장한다. 결국 중앙은 국세를 80만큼 걷어 39를 지방에 이전하고 나머지 41만을 가지고 재정을 운영하기 때문에 중앙정부도 재원이 부족하다는 주장이다.

이에 대해 지방자치단체와 행정안전부[2]의 시각은 첫째, 총 조세수입에서 차지하는 지방세의 비중이 20%로 매우 적으며, 둘째, 지방재정의 규모는 ②와 같이 지방교부

2) 정부조직법 개정(2008. 2. 29)으로 행정자치부가 행정안전부로 변경되었다.

(단위: 억 원)

구분	중앙정부	지방자치단체
① 조세수입	국세: 1,473,025(79.5%)	지방세: 380,732(20.5%)
② 이전재원 배분 후	①-③= 1,019,845(55.9%)	①+③= 806,405(44.1%)
③ 지방재정 이전	△453,180 -지방교부세: 245,134 -국고보조금: 208,046	(+)425,673 -지방교부세: 214,083 -국고보조금: 211,590

구분	중앙정부	지방교육 부문	지방자치단체
④ 교육재정 배분 후	②-⑤= 753,914(40.7%)	263,905(17.9%)	②-⑤= 526,024(41.4%)
⑤ 교육재정 이전	△265,931 → -교육교부금: 262,219 -교육보조금: 3,712	(+)254,969 -교육교부금: 251,231 -교육보조금: 3,738	
		(+)63,314 -법정부담금: 62,373 -비법정부담금: 941	←△66,884 -보조금: 3,890 -전출금: 62,984

주: 지방의 교육재정 지원은 지방교육세 전액, 시 · 도세 3.6%, 담배소비세 45%(특별 · 광역시), 중등교원 인건비, 학교용지 부담금 등이 있고, 각 부문별 합산에 의해 규모의 차이가 발생함.
자료: 이재은(2008: 13)에서 재인용.

그림 2-2 중앙과 지방 간 재원배분 현황(2007년 예산)

세와 보조금 등 일반 지방자치단체에 교부되는 이전재원만을 포함시켜 판단해야 하며, 셋째, 현행 교육자치는 모든 재원이 중앙과 지방에 의해 조달되고 있으며, 실질적인 세출 권한은 각 교육청에 있어 지방자치단체와는 별개의 회계로 운영되고 있기 때문에 지방재정의 범위에 포함시키기는 곤란하다는 입장이다.[3] 따라서 지방재정의 규모는 중앙 대 지방의 비율인 56 대 44로 파악하거나, 교육재정 규모를 제외한 41 대 41 대 18로 구분하여 파악해야 한다는 주장이다.[4]

---

3) 교육자치에 대해 과거 지방분권의 중요한 개혁 과제로 논의하여 통합하려 했으나 실패했다. 최근 교육감의 주민직선세가 채택되어 시행되고 있을 뿐이다. 교육재정을 지방자치와 포함하든지 아니면 교육행정을 완전히 독립시켜 권한과 책임을 동시에 지는 독립 재정 단위로 구성하는 것이 실질적인 교육자치에 맞다는 주장이 있다. 자세한 논의는 이재은(2003)을 참조할 것.

4) 물론 이러한 설명에 대해서도 조세수입액 기준보다는 총재정수입액으로 산출해야 한다는 주장이 있다. 자세한 내용은 김동완(2003)을 참조할 것.

3 국세와 지방세의 규모

우리나라의 지방재정 규모를 이전재원을 제외한 조세수입의 규모와 비교하기 위해 우선 조세구조를 보면, 국세는 소득세와 부가가치세 등 15개 세목이며, 지방세는 취득세와 등록세 등 16개 세목으로 구성되어 있었다.5)

우리나라 조세구조를 보면 소득세와 법인세 및 부가가치세 등 소득 관련 조세와 특별소비세와 주세 등 소비 관련 조세가 대부분 국세로 편성되어 있는 반면, 지방세는 재산세와 종합토지세, 취득세와 등록세 등 대부분 재산 관련 세제로 구성되어 있어 세수의 신장성은 매우 취약한 편이다.

표 2-5 우리나라 조세구조(2008년 기준)

국세(15)		소득세, 법인세, 상속 · 증여세, 부가가치세, 특별소비세, 자산재평가세, 부당이득세, 주세, 증권거래세, 인지세, 교육세, 교통세, 농어촌특별세, 종합부동산세, 관세
지방세	도세(7)	취득세, 등록세, 레저세, (면허세), 공동시설세, 지역개발세, 지방교육세
	시 · 군세(9)	주민세, (재산세), 자동차세, 주행세, 농업소득세, 도축세, 담배소비세, 도시계획세, (사업소세)

주: 괄호 안의 세목은 자치구세이고, 나머지는 특별시, 광역시세였음.

이러한 국세와 지방세의 세수를 비교하면 <표 2-6>과 같다.

1975년 국세와 지방세의 비율은 89.8 대 10.2로 거의 9 대 1 수준이었으나, 지방세의 꾸준한 증가로 2000년에는 8 대 2 수준으로 향상되었고 2008년에는 7.9 대 2.1 수준이다. 이를 의존재원 배분 후로 조정하여 파악하면 우선 지방양여금만을 배분한 후의 비율은 1995년 74 대 26이었으나, 2004년에는 60 대 40으로 지방으로의 재원배분이 많이 향상되었다. 그러나 지방양여금이 폐지된 2006년 지방교부세와 보조금 등 모든 의존재원을 지방으로 배분해도 지방의 세수 규모가 여전히 국세에 비해 적다.

이러한 국세와 지방세의 비율 구조를 다른 나라와 비교해 보면 <표 2-7>과 같다.

---

5) 2000년에 지방주행세가 신설되고, 2001년부터는 지방교육세가 도입되어 2008년 현재 지방세의 세목 수는 16개이며, 국세는 종합부동산세의 도입으로 15개가 되었다.

표 2-6 국세와 지방세 비율

(단위: %)

구분	1975	1980	1985	1990	1995	2000	2002	2004	2006	2008
국세	89.8	88.3	87.8	80.8	78.8 (73.8) [56.8]	81.9 (70.5) [48.8]	79.8 (70.1) [48.5]	77.5 (59.7) [56.6]	77.0 - [53.1]	78.6
지방세	10.2	11.7	12.2	19.2	21.2 (26.2) [43.2]	18.1 (29.5) [51.2]	20.2 (29.9) [51.5]	22.5 (40.3) [43.4]	23.0 - [46.9]	21.4

주: ( )는 지방양여금 고려 기준, [ ]는 지방양여금, 교부금, 보조금 배분 후의 비율
자료: 재정경제부(2003) 및 행정안전부.

표 2-7 외국의 지방세 비율

(단위: %)

구분		연방형			단일형	
국가	미국	독일	일본	영국	프랑스	이탈리아
비율	43.9	49.6	43.4	5.8	24.5	23.4

자료: OECD(2009).

국세와 지방세의 비율 구조에서 단일형 국가 중에서 국세의 비중이 가장 높은 나라는 영국으로 94 대 6 수준이다. 영국을 제외하면 이탈리아가 국세의 비중이 높다. 국세의 비중이 가장 낮은 나라는 일본인데 그것은 최근의 지방분권 노력의 결실이라고 할 수 있다. 왜냐하면 그동안 일본에서의 국세와 지방세의 비율을 파악하면 명확하게 알 수 있기 때문이다.

<표 2-8>과 같이 1970년 일본은 이미 지방세의 비율이 33.3%였지만 지속적으로 증가하여 2004년에는 43.6%를 차지하는 반면, 우리나라는 아직도 20% 수준에 머물고 있다. 물론 이러한 조세수입의 구조가 지방재정의 여건이나 수준을 좌우하는 것은

표 2-8 한국과 일본의 지방세 비율 변화 추이

(단위: %)

구분	1970	1975	1980	1985	1990	1995	2000	2002	2004	2006	2008
한국	9.0	10.2	11.7	12.2	19.2	21.2	18.1	23.3	23.1	21.9	20.5
일본	33.3	36.5	36.6	37.3	34.8	38.0	41.9	42.3	43.6	40.0	43.4

자료: 재정경제부, 「조세개요」, 각 연도, 日本 總務省, 「地方財政白書」, 각 연도.
이창균(2009: 56)에서 재인용.

아니지만 우리나라와 같이 엄격하게 세원 분리 방식을 적용하고 있는 나라에서는 지방재정의 자율적 운영이라는 측면에서 지방세수의 비율을 향상시킬 여지는 매우 높다고 하겠다.

제 3 절 재정분권화와 정부간 재정관계론

1 재정분권화의 방향

최근 들어 세계 각국에서 재정분권화에 대한 관심과 연구가 초점이 되어 왔다. 이는 21세기 지구촌의 화두인 세계화·정보화·지방화 등 사회 변화가 과거의 중앙집권적 통치구조의 비효율성과 비민주성, 재정적자, 거시적인 불안정, 낮은 경제 성장 등의 문제를 해결할 수 없다는 자각에서 기인하는 것이다. 최근 우리나라 역시 노무현 대통령의 참여정권 수립 이후 지방분권과 정부혁신이 국정과제로 채택되면서 재정분권을 위한 로드맵이 발표되기도 했다.6)

재정분권화(fiscal decentralization)의 개념은 학자에 따라 매우 상이하게 사용되고 있는데, 일반적으로 중앙정부 등 상위정부가 하위정부에 대해 조세 및 지출에 관한 권한과 기능을 이양하는 것으로 이해되고 있다(Fukasaku & de Mello, 1999). 일찍이 티부(Tiebout, 1957)와 오츠(Oates, 1972)의 분권화 정리(decentralization theorem) 등이 분권화의 이론적 논거를 제시해 왔으나, 분권화 정도를 파악하기 위해서는 세입 측면에서 지방세와 세외수입 등 자주재원과 이전재원 등 재원구조와 성격 등이 고려되고, 세출 측면에서는 지방정부의 재정 지출 규모와 상위정부의 개입과 통제 수준 등이 고려될 수 있다.

먼저 세입분권화의 정도를 파악하기 위해 버드(R. Bird)는 실질적인 지방세(truly

6) 정부혁신지방분권위원회가 제시하고 있는 지방분권의 추진 원칙은 협치(協治, governance)를 통한 지방정부와 시민사회에 대한 신뢰 구축을 위해 '선분권 후보완 원칙', 주민에 가까운 정부 우선 배분하는 '보충성의 원칙', 중·대단위 사무를 포괄적으로 이양하는 '포괄성의 원칙' 등을 제시했다. 이러한 3대 원칙에 의한 지방분권의 추진전략은 중앙 권한의 획기적 지방 이양, 획기적 재정분권 추진 등 선도 과제를 제시했다(정부혁신지방분권위원회, 2004).

local tax)는 지방정부에 의해 자율적으로 부과되며, 지방정부가 세율을 결정하여 징수하며 세수입이 지방정부에 귀속되는 것이어야 한다고 했다(Bird, 1993). 또한 오츠(W. E. Oates) 역시 지방정부가 실질적이고 효과적인 재정적 재량권을 갖기 위해서는 첫째, 독립적인 수입원을 보유하여 소요재원의 대부분을 자체수입원으로 충당할 수 있어야 하며, 둘째, 자체재원인 지방세가 재화와 경제활동의 왜곡을 초래해서는 안 되며, 가급적 지방공공재의 편익과 일치해야 한다고 지적하고 있다(Oates, 1993).

세출분권화와 관련해서는 첫째, 지방정부의 재정지출 규모와 중앙정부 등 상위정부의 지출 규모, 둘째, 지방정부가 재정 지출을 스스로 결정하는지 이에 대한 상위정부의 개입 및 간섭 등이 측정지표로 사용될 수 있다.

이러한 재정분권화는 독립적으로 추진되어 온 것이 아니라 거시적인 지방분권화의 전제 조건으로 추진되어 왔다. 이미 영국과 미국을 비롯한 유럽의 선진국에서는 성공적으로 지방분권이 추진되었으나, 브라질과 아르헨티나 등 남미 국가에서는 성공적이지 못했다는 평가가 있는데, 이는 지방정부의 정보 부족과 부패, 지방공무원의 자질 등 수권 능력과 재정관리 시스템의 비효율성 등을 요인으로 들고 있다(Prud'homme, 1994). 특히 남미 국가의 경우 중앙정부가 지원하는 이전재원에 지나치게 의존한 나머지 자체세원의 확보 노력 미흡, 인건비 등 경상경비의 급증, 도덕적 해이로 인한 지출 증가와 채무 증가, 예산 절약의 인센티브 부재 등이 지방재정의 위기를 초래했다고 한다(안종석, 2002).

따라서 이러한 지방분권의 도입 사례를 토대로 우리나라의 재정분권화 방향을 설정하면 다음과 같다. 즉 재정분권의 기본 방향은 "세입 측면에서의 자율성 확대와 세출 측면에서의 책임성 확보"다.

첫째, 세입 측면에서의 자율성 확대를 위해서는 자율성 확대를 단순한 세입 규모의 증대로 이해하여 재정 규모의 순증(純增)을 강조하기보다는 구조적인 개선을 통한 지방재정의 건전성 확보가 전제되어야 한다. 이와 관련해서 재정력이 좋은 자치단체는 단순한 이전재원의 증대보다는 중앙정부로부터의 통제와 개입의 철폐를 주장하고, 재정력이 약한 단체는 개입이나 통제는 감수하더라도 재원 확충을 우선시하는 문제점이 나타날 수 있다.

결국 이러한 문제를 해결하기 위해서는 지방재정의 개혁 수단이 하나일 수 없다는 것으로, 자치단체에 맞는 '맞춤식' 재정개혁 수단이나 '차등적' 재정분권화 정책이 요구된다. 그러나 이러한 문제 인식 하에서도 전반적인 개혁 방향은 새로운 재원배분 구조 구축을 통한 자주재원의 확충 및 이에 따른 책임성 확보 방안의 마련에 초점을 두어야 한다.

이와 대해 자주재원인 지방세와 세외수입은 구조적인 한계와 재정력 격차 등으로 인해, 지방교부세와 같은 일반재원의 확대가 훨씬 용이하며 바람직하다는 주장이 있는데, 이는 지방자치의 이념과 배치될 뿐 아니라 지금까지의 재정집권 구조를 더욱 공고히 하려는 저의가 있는 것으로 판단되며, 이는 지방자치단체의 역선택과 도덕적 해이(moral hazard)[7]를 야기하는 것이라 할 수 있다. 결국 근본적인 자주재원 확충을 위해서는 국세의 지방세로의 이양 방안을 고려할 수밖에 없다.[8]

왜냐하면 현행 제도 하에서 자주재원 확충 방안으로 고려할 수 있는 것은 지방세수 증대 방안과 세외수입 증대 방안인데, 세외수입 증대 방안은 응익 원칙에 의한 지역 주민들의 부담 증가로 연계될 가능성이 크고 동시에 저소득층의 공공 서비스 향유를 근본적으로 차단시키는 부작용이 발생할 가능성이 높아 적용에 한계가 있기 때문이다.

둘째, 세출 측면의 책임성 확보 방안인데, 지방자치단체가 재정 운영 결과에 대한 책임성은 주민과 지방의회에 대해 지는 것이 바람직하다. 문제는 현행과 같이 의존재원이 과다할 경우, 단체장은 지역 주민과 지방의회보다는 보조금과 교부세를 지원하는 중앙정부의 장에 대해 더 많은 관심과 주의를 기울일 것이며, 주민들 역시 자신들의 부담과는 무관한 지방 세출에는 관심을 갖지 않을 것이기 때문에 지방재정의 낭비와 방만한 운영의 소지는 태생적으로 잠재하고 있다. 따라서 과거의 사전적 통제보다는 사후적 통제 수단을 강구하되, 자치단체의 여건과 환경을 반영할 수 있도록 차등화할 필요가 있다. 결국 지방정부가 주민들의 참여를 높이고, 지방의회의 견제 기능을 확대하여 실질적 참여와 분권이 실현될 수 있는 재정민주주의를 도모할 수 있는 방향이 요구된다.

이러한 두 가지 필요성을 수용하는 재정분권화 내용은 중앙정부와 지방정부 간에 협력적 재정 거버넌스(cooperative fiscal governance) 체제를 구축하는 것이다. 이를 위해 우선 지방자치단체가 단순한 국가의 대리인이 아니라, 미래 국가 발전을 위

---

7) 자치단체의 역선택은 자주재원의 비중이 낮을수록 지방교부세의 규모가 커지는 현행 배분 기준에 의해 야기되며, 지방세 등 자주재원에 의한 세출 충당 비율이 낮기 때문에 지역 주민들의 열등감과 상대적인 패배감이 해결되지 않고, 주민들의 참여 의식과 관심이 낮아질 수밖에 없다.

8) 현행 헌법 제59조에 의한 '조세법률주의' 원칙의 천명으로 인해 지방자치단체의 '법정외세' 도입은 불가하다는 것이 다수설이며, 자치단체의 과세자주권이 인정받지 못하는 상황에서 부분적인 탄력세율 제도의 도입과 선택세제인 지역개발세의 과세 대상 확대는 지엽적인 수단에 불과하다.

한 원동력이며 경쟁 상대로 발돋움하게 하기 위해 협력적 동반자(cooperative partner)라는 인식 전환이 필요하고, [그림 2-3]과 같이 지방재정의 영역을 자치재정 영역과 협력재정 영역으로 구분하여 중앙과 지방 간 협력적 재정 거버넌스 체제를 구축할 필요가 있다.

그림에서 자치재정 영역은 지방세와 세외수입 등 자주재원에 의해 운영되는 영역으로 지방자치단체의 전권적(全權的) 자율성을 인정하고, 이에 따른 책임성 확보는 지역 주민들과 지방의회에 의해 확보되며, 이 영역에 의해 모든 자치단체가 기본적인 재정 지출 능력을 확보할 수 있어야 한다. 그와 동시에 정부의 분권화에 의해 지속적으로 그 규모가 증대되어야 할 영역이다.

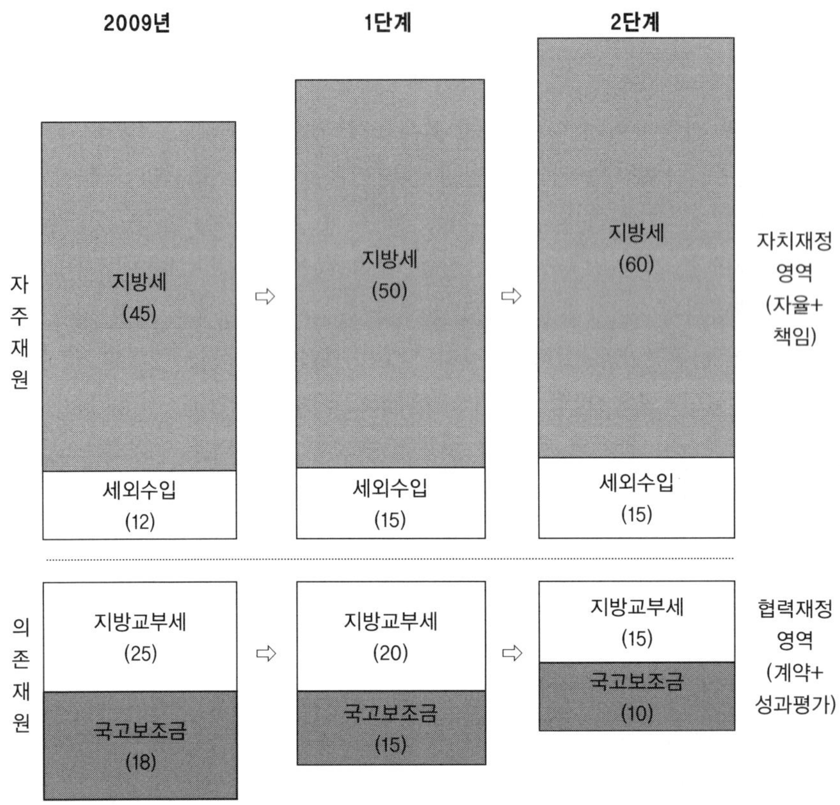

그림 2-3 재정분권화의 기본 방향

협력재정 영역은 중앙정부에 의한 의존재원과 재정조정 제도에 의한 영역으로 재정력이 약한 자치단체는 지방교부세 등 일반재원에 의해 재정보존 및 재정형평화 기능이 달성될 수 있어야 하며, 국고보조금에 대해서는 성과계약 제도를 도입하여 성과평가에 의한 재정 지원과 보조가 결정되어야 한다. 그렇다고 해도 국고보조금을 지나치게 영세화·세분화하기보다는 포괄보조금(block grants) 제도로 운영하여 지방자치단체 재정지출의 효과성과 효율성을 확보할 수 있어야 할 것이다.

이러한 재정분권화를 달성하기 위해서는 조세 개혁에 의한 국세와 지방세 개편이 필요하다. 이는 세원배분을 단순히 현행 국세(80)와 지방세(20)의 세수 규모 조정이 아니라, 조세 부담의 공평성 및 국가경쟁력 제고 등의 차원에서 지방세 원칙에 적합한 세목은 지방세로 이양하고, 국세가 적합한 세목은 국세로 이양하는 식의 논의와 합리적인 조세구조 개편이 전제되어야 한다. 물론 재정분권화 방향에서 지방의 자체 세원배분을 위해서는 [그림 2-4]와 같은 배분 방향이 전제되어야 한다.

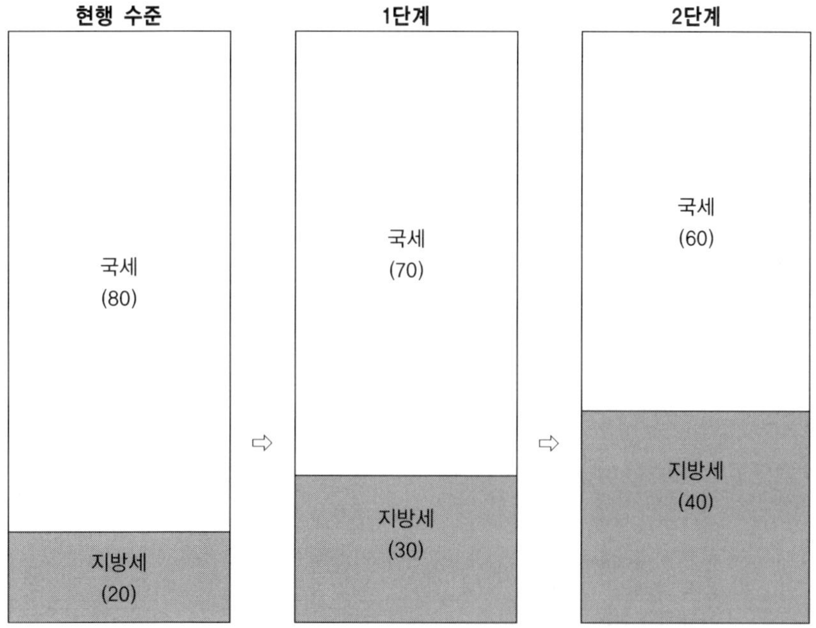

주: 1단계로 지방소비세 도입 등과 자치단체의 자율적인 노력을 통해 국세와 지방세 비율의 격차를 점차 축소.

그림 2-4 세제분권화의 기본 방향

2 정부간 재정 관계

1) 정부간 재정 관계의 정의

정부간 관계(intergovernmental relations)란 한 나라의 단위 정부 간에 제도와 현실적으로 설정되었거나 제시될 수 있는 법적·정치적·행정적· 재정적 제반 관계를 의미하는 개념이다. 중앙정부와 지방정부의 관계는 전통적으로 중앙집권과 지방분권의 논리로 설명된다. 따라서 중앙집권적인 국가나 시대에는 수직적 관계로, 분권적인 시대와 국가에서는 수평적인 관계로 중앙정부와 지방정부의 역할이 정립되었다.

라이트(Deil S. Wright)는 미국의 정부간 관계에 대해 세 가지 모형을 제시하고 있다. 첫째는 연방정부, 주, 지방정부의 3자가 상호 독립적으로 활동하는 것으로 분리권위 모형(separated authority model), 둘째는 연방정부가 주를 포괄하는 포괄권

표 2-9 미국 정부간 관계의 변화 모형

특징	주요 과제	참가자의 인지	정부간 관계의 메커니즘	연방제의 비유	시기 구분
분쟁형 (conflict)	경계 고유 영역	적대적, 대항적, 배타적	연방법, 법원, 규제	레이어 케이크	1900 ~1930년대
협력형 (cooperative)	경제 불황 국제적 불안	협동 보완적, 상호 지원적	전국계획, 정식보조금 조세신용제도	마블케이크	1930 ~1940년대
집중형 (concentrated)	서비스 수요 물적 개발	전문성, 객관성, 기능주의	특정보조금, 서비스 표준	집중화와 채널화	1940 ~1960년대
창조형 (creative)	도시 대 도시권 비특권적 고객	국가 목표 위대한 사회	시책기획, 사업보조금 주민 참여	증식·융합	1950 ~1960년대
경쟁형 (competitive)	조정 시책의 유효성, 공급 체제의 시민 접근	불일치, 긴장, 대립	보조금 통합, 세입 분쟁, 재구조화	분절화	1960 ~1970년대
타산형 (calculative)	예산 책임, 파산, 구속, 의존, 연방 역할, 국민 신뢰	게임즈맨십, 부담 과중	일반원조 세입권	대결적	1970 ~1980년대

자료: 임승빈(2005: 140).

위 모형(inclusive authority model), 셋째는 3자가 상호의존적인 중첩권위 모형(overlapping authority model)이다. 또한 라이트는 미국의 정부간 관계의 변천을 <표 2-9>와 같이 분류하고 있다.

이 표를 통해 미국의 정부간 관계가 연방정부와 주정부가 이원적 연방주의가 아니라 연방정부와 주정부가 상호 밀접하게 관련되어 있음을 알 수 있다. 또한 각국의 정부간 관계를 다원론적(pluralism) 시각, 엘리트(elitism) 시각, 동반자적(partner) 시각, 대리인적(agent) 시각 등 다양하게 접근하고 있다.

이러한 관점에서 정부간 재정 관계(intergovernmental fiscal relations)는 중앙정부와 지방정부 간 및 지방정부 간의 재정 기능과 역할을 설정하는 관계로 정의할 수 있으며, 이 역시 그 나라의 통치 형태, 정치·경제·사회의 발전 정도 등에 따라 결정된다. 즉 지방자치의 전통이 깊은 연방국가는 대체로 재정적으로 상호 독립된 고유의 권한을 가지고 있기 때문에 정부간 재정 관계는 상호 수평적 협력 관계에 있게 되고, 이에 반해 대부분의 국가정책이 중앙정부에 의해 결정되는 중앙집권적 국가에서는 지방정부가 중앙정부의 일선기관에 불과하여 정부간 재정 관계는 지배·종속적 관계를 형성한다.

그러나 대부분의 국가는 이러한 양 극단의 중간에 위치하여 중앙정부가 부분적으로는 자치재정권을 지방정부에 부여하고 있으면서 부분적으로는 개입하고 통제하는 형태를 취한다. 이러한 국가와 지방 간의 관계를 힉스(U. K. Hicks)는 통치 형태를 바탕으로 연방정부와 함께 주정부가 광범위한 과세권을 갖는 연방형, 과세권을 포함한 자치권이 중앙정부에 크게 종속되는 단일형, 중앙집권적인 단일국가가 지방정부에 과세권을 어느 정도 부여하여 두 가지 유형을 절충한 절충형의 세 가지로 분류했다(유훈, 2000). 따라서 절충형의 국가에서는 헌법상의 국가 고권(高權)은 중앙정부가 행사하고, 지방정부는 수권된 범위 내에서 과세권과 지출권을 행사하나 양 정부 간의 기능 배분이 명확한 것은 아니다.

우리나라 역시 이러한 절충형에 속하며 중앙재정은 지방재정에 대해 구체적으로 지방교부세, 국고보조금, 지방채 등 지방세입을 통한 관여와 국가 정책 목표와 관련한 지방 예산의 편성을 유도하는 등 지방세출을 통한 관여를 하고 있다.

2) 정부간 재정 관계의 모형

정부간 재정 관계의 모형은 그 이념, 세원배분 체계, 중앙과 지방 간 역할 분담 체계, 정부간 재정이전 체계 등을 기준으로 집권모형, 통합모형, 경쟁적 분권모형 등으

표 2-10 정부간 재정 관계의 모형

비교 기준	경쟁적 분권 모형 (separation model)	통합모형 (integration model)		집권모형 (centralized model)
		협조적 분권 모형 (cooperative model)	행정적 분권 모형 (administrative model)	
시스템 이념	경쟁, 차별화	국가 통합, 다양성의 조화, 설명 책임	획일 · 평등	개발 · 통합
세원 배분	세원 분리, 지방세의 응익과세	조정적 중복 과세, 높은 자주재원 비율	세수 분할의 우위, 낮은 자주재원 비율	세제의 집권화
세율결정권	지방에 따라 상이한 세율구조	지방이 세율 결정, 세율 격차는 낮음	제한세율의 범위에서 지방 결정, 실제는 획일적	제한
중앙 · 지방의 역할 분담	중앙과 지방의 사무는 명확히 구분, 공공재의 공급	중앙 · 지방사무는 중복, 중앙정부는 포괄보조금을 교부, 입법통제에 의해 개입 최소화, 소득재분배 공급	중앙 · 지방사무는 중복, 중앙정부는 보조금을 통한 행정통제, 소득재분배 서비스 공급	중앙정부 일선행정기관에 의한 서비스 공급, 소규모 지방자치단체가 많이 존재
정부간 재원 이전	보조금은 외부성에 대해 한정적인 지원, 지방재정 조정 기능 취약	낮은 의존재원 비율, 포괄보조금 우위, 기회 평등을 보장하는 재정조정제도 운영	높은 의존재원 비율, 특정보조금 우위, 결과의 평등을 보장하는 재정조정 제도 운영	교섭에 의한 보조금 배분
해당 국가	미국, 전통적 재정연방주의	캐나다, 구미 국가들	일본, 독일	아시아 개도국
문제점	소득재배분 저하, 지역 격차 발생	국가 경제정책과의 정합화	설명책임 결여, 예산제약의 연성화	지역 지배의 불투명, 부패

자료: 곽채기(2005: 16).

로 구분할 수 있다. 이 중에서 지방자치제가 적용되고 있는 국가는 통합모형과 경쟁적 분권모형이 활용되고 있다(곽채기, 2005: 15-16).

첫째, 통합모형은 다시 지방분권과 재정분권의 수준에 따라 행정적 분권모형과 협조적 분권모형으로 구분할 수 있다. 행정적 분권모형에 의한 재정 시스템은 중앙 · 지방정부 간 역할 분담 체계가 명확하지 않고, 재정분권화도 낮은 수준에 머무르고 있다. 반면 협조적 분권모형은 국가 통합과 다양성을 조화시키는 가운데 지방재정의 책임성 확보와 재정분권화를 강조하는 재정 운영 시스템이다.

둘째, 경쟁적 분권모형은 전통적 재정연방주의에 기초하여 중앙정부와 지방정부 간 경쟁과 차별화 원리에 따라 기능과 사무배분, 재원배분 체계를 설계하고 있으며, 미국의 지방재정 운영 시스템이 이에 따르고 있다.

이러한 정부간 재정 관계의 모형에 의해 우리나라는 행정적 분권모형에 의한 재정 운영 시스템이 설계되어 있다고 할 수 있다. 그러나 앞으로 재정분권 및 정부간 재정 관계의 바람직한 방향은 협조적 분권모형으로의 변화라고 할 수 있다. 이를 위해서는 중앙정부와 지방정부 간 재원배분 체계를 전면적으로 개편하여 이전재원의 의존성을 완화하는 가운데, 지방정부의 자주재원 확대를 통한 세입분권화를 촉진하는 것이 필요하다.

제 3 장 지방재정의 주요 이론

제 1 절 시장실패와 지방공공재이론

1 시장경제와 자원의 최적배분

시장경제의 가장 중요한 특징은 가계와 기업 간의 자원 및 재화의 교환이 시장에서 이루어진다는 것이다. 즉, 효율적인 자원배분이 가격기구라는 보이지 않는 조정에 의해 달성된다.

소비자들은 여러 상품을 구입할 때 자신의 효용(만족감)을 극대화시킬 수 있도록 그들의 구매력을 상품 간에 배분한다. 경쟁시장에서의 수요곡선은 소비자의 지불 용의 가격(willingness to pay)을 의미하며, 지불 용의 가격은 소비를 통해 얻을 것으로 예상되는 한계효용의 크기에 의해 결정된다. 따라서 소비자 가격이 자신의 지불 용의 가격보다 높은 수준에서 형성되면 소비자는 소비를 줄이고, 지불 용의 가격보다 낮으면 소비를 확대한다.

시장경제에서 상품의 공급자인 경쟁적인 기업은 이윤을 극대화시키는 방향에서 상품을 생산한다. 이윤을 극대화시키기 위해서는 한계수입과 한계비용을 서로 비교해야 하며, 이 두 가지가 서로 일치할 때까지 생산함으로써 이윤은 극대화된다. 따라서 공급자는 시장가격이 생산비용보다 높은 경우에 생산량을 늘리고, 반대의 경우에는 생산량을 감소시킨다.

이상의 설명을 통해 수요 측면에서는 가격(P)=한계가치(MV)의 등식이 이루어짐으로써 소비자의 만족이 극대화되고, 공급 측면에서는 가격(P)=한계비용(MC)의 등식이 이루어짐으로써 공급자의 이윤이 극대화됨을 알 수 있다. 즉 $MV=P=MC$가 되도록 한다면 소비자와 생산자 모두에게 정확한 정보를 제공하여 가장 합리적인 소비 및 생산 결정을 내리도록 하는 상태에 도달하여 경쟁시장 하에서 수요와 공급이 균형을 이루게 되고, 이 균형점이 바로 자원의 효율적 최적배분 상태[1)]다.

2 시장실패와 지방정부

1) 시장실패와 지방정부의 개입 논거

앞에서 경쟁적 가격 체계를 통해 효율적인 '파레토 최적(Pareto optimality)'의 자원배분이 이루어지는 상황을 살펴보았다. 그러나 완전경쟁의 전제 조건이 이상적으로 충족되었을 경우에 한해서 자원배분의 효율성을 기대할 수 있을 뿐, 어느 하나의 조건이 충족되지 못하면[2)] 시장에 의한 자원배분도 비효율적이 될 수 있다. 즉, 시장의 경쟁적 균형은 성립되지 못하고 시장기구는 자원의 최적배분(파레토 최적)에 실패하게 되는데, 이것을 일컬어 흔히 시장의 비효율화 또는 시장실패(market failure)라고 한다.

그렇다면 자연 상태의 시장경제적 자원배분에서 비효율화가 나타나는 이유는 무엇이겠는가? 이러한 시장실패의 원인으로서는 ① 규모의 경제, ② 외부효과, ③ 불완전한 시장, ④ 불확실성, ⑤ 불충분한 정보, ⑥ 실업, 고물가 등 시장 불안, ⑦ 소득분배의 불평등 등이 있다(김동건, 2005: 43- 51). 그러나 여기에서는 자원의 효율적 배분을 어렵게 하는 주요 논거로서 외부효과, 공공재적 특성, 자연독점 등을 살펴보기로 한다.

---

1) 자원이 가장 효율적으로 배분된 상태, 즉 자원의 최적배분 상태를 파레토 최적이라고 한다. 즉 파레토 최적 상태란 다른 사람의 후생을 감소시키지 않고서는 어느 한 사람의 후생을 증가시키는 것이 불가능하도록 자원이 배분되어 있는 상태다.

2) 여기서 두 가지 중요한 조건을 예로 들면 규모의 경제(economies of scale)와 외부효과(external effects)다. 즉, 첫째는 모든 재화를 생산하는 데 규모의 경제가 존재하지 않기 때문에 완전경쟁이 성립하기 위한 조건이 충족되어야 하고, 둘째는 외부효과가 존재하지 말아야 한다는 것이다.

(1) 외부효과

① 외부효과의 개념

독과점과 같은 불완전한 시장이 아닌 완전한 형태의 시장이라고 하더라도 시장의 기능이 제대로 작용하지 못하는 경제 영역이 존재한다. 시장에서 외부효과(external effects)[3]가 발생할 때가 이런 경우다. 외부효과가 있다는 것은 어떤 소비자나 생산자가 다른 경제 주체의 소비활동 또는 생산활동에 의해, 시장의 매개를 통하지 않은 채 자기는 생산활동에 직접 참여하지도 않았는데도, 무상으로 유리 혹은 불리한 영향을 받게 되는 효과를 의미한다. 이때 유리한 영향을 받는 것을 외부경제(external economy)라 하며, 불리한 영향을 받는 것을 외부불경제(external diseconomy)라고 한다.

시장에서 경쟁적 균형이 성립하기 위해서는 외부효과가 존재하지 않는다는 전제가 필요하다. 외부효과는 시장기구를 통해 일어나는 효과가 아니며, 따라서 외부효과가 존재하면 시장이 자원을 효율적으로 배분하는 데 실패하게 된다. 외부효과를 일으키는 재화로 공공재(public goods)를 생각할 수 있는데, 경찰·소방과 같은 공공재는 외부경제를 일으키는 반면에, 환경오염·공해 현상은 외부불경제를 일으키는 '부(負)의 공공재(public bads)'다.

② 외부편익과 보조금 지급

현대적 의미에서의 외부편익은 일반적으로 사회적 한계편익(marginal social benefit: MSB)이 개인적 한계편익(marginal private benefit: MPB)보다 큰 경우(MSB>MPB)를 말한다. 예를 들어 대학교육을 받게 되면 개인적으로 소득의 증가와 사회적 신분 상승이 가능해진다. 그러나 대학교육은 직접 소비자인 학생이나 부모가 느끼는 만족 이외에도 사회 전체적으로 볼 때 과학·기술, 문화, 사회 질서 등 여러 측면에서 긍정적인 파급효과를 가져다 준다. 또한 연구개발의 결과로 얻을 수 있는 지식과 기술도 개발 당사자 이외에 기업과 사회 전반에 간접적으로 기여할 수 있다는 점에서 외부효과가 나타난다.

교육의 수요자인 학생과 부모는 그들에게 직접적으로 귀속되는 개인적 편익만을 기준으로 지불 용의 가격을 결정하게 된다. 즉 본인 이외의 지역사회나 국가에 파급되는 효과에 대해서는 대가를 지불하려 하지 않는다. 따라서 시장 기능에만 맡겨 두

3) 따라서 외부효과란 바로 가격기구 내에서는 해명될 수 없는 비가격효과(nonprice effects)라고 할 수 있으며, 때로는 파급효과(spillover effects) 혹은 인근효과(neighborhood effects)라고도 한다.

면 사회가 원하는 양만큼 공급되기가 거의 불가능해진다.

지방자치단체도 외부효과가 있는 재화의 공급을 확대하기 위한 수단으로 보조금 지급 또는 직접 공급 등의 방법을 취하고 있다. 외부효과에 상응하는 재정적 보조를 주어야만 외부효과를 의사 결정에 반영하도록 유도할 수 있고 가격의 시장 기능이 회복되어 효율적 자원배분이 보장되는 것이다. 대학은 물론 연구개발을 위해 노력하는 기업이나 연구소에 보조금을 주어 개발 의지를 고취해야 하는 이유도 바로 여기에 있다.

③ 외부비용과 조세 부과

외부비용이란 사회적 한계비용(marginal social costs: MSC)이 개인적 한계비용(marginal private costs: MPC)보다 높은 경우(MSC>MPC)를 말한다. 민간재의 생산에서 부수적으로 유출되는 외부비용은 공공 부문에서 간과할 수 없는 중요한 문제다. 이러한 외부비용은 사회적 관점에서 볼 때 매우 중요하고 실질적인 것이나, 생산자들에게는 내재화되지 않는 비용이다. 일반적으로 사회적 비용(social costs)이라고 할 때 이는 개인적 비용(private costs)과 외부적 비용(external costs)을 합친 개념이다. 그런데 시장기구는 재화의 개인적 비용만을 계산하므로 그 재화의 생산비용은 사회적인 관점에서 진정한 비용보다 낮게 책정되어 과잉 공급을 초래하게 되는 현상을 야기한다. 이와같이 부(負)의 파급효과를 발생시키는 재화나 서비스의 생산과 공급도 시장 기능에만 맡겨 두면 외부비용이 생산과 소비를 유발하는 의사 결정에 반영되지 않기 때문에 자원배분의 비효율성이 발생한다.

지방자치단체에서 외부비용이 발생하는 가장 큰 원인은 전염(epidemic)으로 인한 파급효과를 들 수 있다. 예컨대 공중보건과 관련된 것으로 질병, 생활 오·폐수 처리, 쓰레기 처리, 예방접종 등을 소홀히 하는 개인이 있다면 1차적 피해는 본인에게 돌아가지만 이웃도 상당한 피해를 입게 된다. 산업활동의 결과로 발생하는 토질·수질·대기오염과 소음, 분진 등은 주변 지역의 주민 건강을 위협할 뿐만 아니라 어획고와 농촌 수입의 감소를 초래한다. 또한 소방 안전 기준을 준수하지 않는 건물이 있다면 이웃 건물이 화재를 당할 위험이 커진다.

또한 외부비용이 발생하는 중요한 이유로는 정체 현상(congestion)을 들 수 있다. 예를 들면 박물관, 미술관, 공원, 도서관, 도로, 소방, 경찰 등의 경우와 같이 이용자가 늘어남에 따라 기존 사용자들의 효용이 저하되는 정체비용이 발생한다. 이러한 공공재를 비순수공공재(impure public goods) 또는 정체공공재(congested public goods)라고 칭한다. 수영장, 골프장, 테니스장 등 뷰캐넌(J. M. Buchanan)이 클럽재(club goods)라 지칭한 것이 이에 속하는 재화다. 클럽재의 경우, 1인당 수혜 편익이 감소되는 현상은 소비자의 수가 증대함에 따라 정체비용이 발생하는 재화이기 때문이다(심정근 외, 1997: 66-67). 이러한 클럽재 이론은 지역 분할의 최적 수, 특정 지역 내의 최적 인구, 그리고 지방공공재의 최적 공급 수준을 결정하는 데 중요한 이론적 토대가 된다.

이상과 같이 외부비용을 발생시키는 경제행위를 감소시키기 위한 효과적인 해결방법은 한계비용과 일치하는 적절한 요금의 부과다. 그러나 어떤 방법으로 개인적 한계비용과 사회적 한계비용을 일치시킬 것인가에 관해서는 의견이 대립하고 있다.[4]

④ 직접적 통제

외부효과의 해결을 위한 지방자치단체의 조치로서 들 수 있는 것이 바로 직접적 통제(direct control of regulation)다. 직접적 통제는 다양한 형태로 행해질 수 있는데 가장 쉽게 생각할 수 있는 것으로 오염물질 방출량에 대해 적절한 허용 기준을 마련하고 오염 발생자로 하여금 이 기준을 준수하도록 하는 것이다. 또한 이들에게 오염 발생을 억제하는 정화시설의 설치를 의무화하도록 하여 오염의 사회적 비용을 기업이 내재화(內在化)하도록 규제하는 것이다.

그러나 이러한 직접적 통제는 실제 운영 과정에서 상당한 어려움에 봉착할 가능성이 크다. 오염 발생자가 무수히 존재하는 상황에서 이들이 허용 기준을 제대로 지키고 있는지 확인하고 처벌하는 것이 용이하지 않을 뿐만 아니라 오염 발생 정도를 정확히 측정하는 일도 쉬운 일이 아니다. 그래서 정부가 직접적 통제 방법을 택하는 경우, 오염 규제도 효율적으로 하지 못하면서 정부의 행정비용만 발생시킨다는 비난을 흔히 받고 있다.

(2) 공공재적 특성

시장기구의 효율성 분석에서는 각 개인의 효용은 자신이 구입하는 상품의 양에 의해서만 결정되며, 각 기업의 생산량은 오직 기업이 구입하는 생산 요소에 의해서만 결정된다고 가정하고 있다. 그러나 실제로는 그렇지 않은 경우가 있다.

---

4) 피구(A. C. Pigou)는 직접세를 부과하는 것이 효과적이라고 하는 반면에, 오츠(W. E. Oates)는 보조금이나 간접세는 문제 해결에 도움을 주지 못하고 조세구조만 복잡하게 한다고 보고 있다(김종순, 1998: 63-64).

어떤 상품은 여러 사람에게 동시에 효용을 제공하는 특성을 지니고 있으며, 이들 상품은 공동소비(joint consumption)의 특성을 가지고 있다. 재정연방주의는 서로 다른 수준의 정부들이 어떻게 공동소비의 재화를 할당할 것인가에 관심을 보였다. 대표적인 예로서 국방, 법의 집행, 라디오・TV방송, 홍수 조절, 소방, 치안 등이 있다. 이러한 재화를 공공재(public goods)라고 하는데 자원배분에서 시장기구를 비효율적인 장치로 만들고 있다. 특히 머스그레이브(R. A. Musgrave)가 주장한 순수공공재(pure public goods)는 공동소비와 소비의 비경합성(non-rivalness)의 특성을 지니고 있다. 더욱이 공공재의 사용은 비배제성(non-exclusion)을 가진다.

이러한 공공재의 두 가지 특성은 시장의 가격결정 기구를 곤란하게 만든다는 것을 의미한다. 비경합적 소비란 한 개인이 소비에 참여함으로써 얻는 이익이 모든 개인이 얻는 이익을 감소시키지 않는다는 것을 의미한다. 즉, 많은 사람이 동일한 재화를 동시에 소비하며 동등한 이익을 서로 얻을 수 있음을 뜻한다. 이러한 의미에서 비경합적 소비를 집합적 소비(collective consumption) 혹은 공동소비라고 한다. 비배제성이란 특정 그룹의 사람들을 재화의 소비에서 얻는 혜택으로부터 배제할 수 없는 것을 가리킨다. 즉, 공급자의 입장에서는 요금을 지불한 사람에게만 특정한 재화나 서비스를 제공하고, 요금을 지불하지 않는 사람에게는 공급을 거절하는 것이 가능한 경우를 말한다. 공공재의 비배제성에 따른 자발적 가격결정 기구의 실패를 무임승차 문제(free-rider problem)라고 한다(김지형, 1998: 60-62).

일정한 인구로 구성되어 있는 집단(국가, 주정부, 광역자치단체, 기초자치단체 등)의 개인들에 의해 소비되는 순수공공재는 공공 부문의 시장개입이 필요함을 나타내는 가장 좋은 예다. 특히 그 위치나 근접의 정도가 중요성을 갖는 재화를 따로 살펴보는 것도 유용하다. 이러한 종류의 공공재는 지역적 구분에 따라 분류되고 있는데 공급되는 지역의 범위에 따라 지방공공재(local public goods) 또는 지역공공재(regional public goods)라고 칭한다.

(3) 자연독점

시장경제의 효율성을 주장하는 학자들은 다수의 공급자와 수요자가 존재하고 있어 어느 누구도 시장가격에 영향을 미치지 못한다고 가정한다. 이와 같은 가정이 적용되지 않는 대표적인 예가 바로 자연독점(natural monopoly)이다. 생산 규모가 적정 수준을 넘어서는 경우 한계비용이 체증하는 대부분의 재화와는 달리 자연독점 기업의 한계비용은 생산 규모가 증가할수록 지속적으로 체감한다. 특히 자본 투자 규모가 한계생산비용에 비해 극단적으로 과다한 경우, 최초의 공급자가 공급을 독점하고 새로운 공급자의 출현이 극히 어려워지는 공급 독점 현상이 발생한다. 이를테면 대중교통, 전력 생산, 전화사업, 가스 공급 등이 이러한 예에 해당된다.

이와같이 경쟁이 없는 상태에서 독점 공급자는 기술혁신을 위한 투자 유인을 느끼지 않기 때문에 동태적 효율성이 저하될 우려가 있다. 따라서 자연독점의 성격을 가진 재화는 시장 기능에 일임하기보다는 정부가 직접 공급하는 것이 더 효과적이다. 그러나 자연독점을 인위적으로 파괴하게 되면 규모의 경제로 인한 비용 절감이 불가능해져 소비자의 가격은 오히려 더 높아질 가능성이 있다.

3 정부실패와 지방정부

시장실패가 나타날 경우 중앙이든 지방자치단체가 개입해 시장기구의 부족한 점을 메워 줄 수 있다. 이와 같은 시장실패를 근거로 한 정부개입의 합리화는 사회 목표에 대한 개인주의적 사고방식을 원칙적으로 수용한다는 것을 의미한다(김지형, 1998: 59). 다시 말하면 자원배분의 효율성은 국가라는 독립적 유기체의 선호에 따라서 판단되는 것이 아니라 사회를 구성하는 각 개인들의 선호 총합으로 판단된다는 것이다. 따라서 정부의 의사 결정을 판단하는 기준은 시장에 의한 결정을 판단하는 기준과 마찬가지로 사회 각 개인의 선호를 얼마나 잘 충족시키는가 하는 것이다.

또한 시장실패가 존재한다는 사실 자체만으로 정부의 시장개입이 정당화되는 것은 아니라는 점도 유의해야 하는데, 이것은 시장실패가 정부개입의 필요 조건은 되지만 충분 조건은 아니기 때문이다. 시장실패가 존재하지 않는다면 시장은 효율적으로 운영될 것이며, 따라서 정부가 개입할 필요가 없다는 점에서 필요 조건은 되지만, 정부개입이 비효율적이고 왜곡을 야기할 가능성이 있으므로 충분 조건은 되지 못한다.

정부의 개입은 나름대로 문제를 일으키기 때문에 시장의 실패를 보완해야 할 필요가 있다 하더라도 신중하게 개입 여부를 결정해야 한다. 정부개입은 민간 부문의 자유로운 의사 결정을 교란시키는 결과를 가져오기 때문에 효율성에 나쁜 영향을 미칠 수도 있다. 예컨대 모든 조세가 민간 부문의 의사 결정을 교란시켜 초과 부담(excess burden)을 일으키는 원인이 된다는 것은 잘 알려진 사실이다.

따라서 시장실패가 일어나는 것과 마찬가지로 정부개입으로 인한 정부실패(government failure)도 종종 일어나고 있다. 정부개입이 원초적으로 비효율성을 일으킬 소지를 갖고 있는데다가 정부의 실패까지 겹치면 문제는 더욱 심각해질 수 있다.

정부실패를 일으키는 원인으로서는 ① 제한된 정보, ② 민간 부문 반응의 통제 불가능성, ③ 정치적 과정에서의 제약, ④ 관료조직에 대한 불완전한 통제 등이 지적된다(이준구, 2008: 76-78).

정부실패의 양상은 선진국이나 후진국 모두에서 나타나고 있는데, 특히 중앙정부보다도 지방자치단체가 이에 민감한 것으로 나타났다. 지방자치단체의 정부실패에 따른 형태를 보면 다음과 같다(권오성 외, 2009: 25-30).

첫째, 유권자 무관심(voter apathy)이 주민에 대한 대응력을 저하시키게 되는데, 이 문제는 지방자치단체 수준에서 더욱 심하게 나타나고 있다.

둘째, 비대칭적 정보와 지방의원 포획(asymmetric information and councilor capture)의 문제로서 지방 관료들이 지방의원들을 포획하여 자신들이 원하는 결과를 얻으려 한다는 것이다.

셋째, 이익단체의 이익 극대화를 위한 지대추구(rent seeking)로 말미암아 철의 삼각 관계(iron triangles) 내에서 지방의 어젠다와 정책이 형성·집행된다.

넷째, 지방자치단체의 비대화와 복잡성은 재정착각(fiscal illusion)[5)]으로 유도한다.

제 2 절 지방공공선택론

1 공공선택적 접근 및 재정관

머스그레이브(R. A. Musgrave)는 정부의 전통적 재정 기능으로 자원배분 기능, 소득배분 기능, 그리고 경제안정화 기능을 들고 있다. 이러한 세 가지 기능 중 자원배분 기능은 지방자치단체에 적합한 기능으로 볼 수 있다. 왜냐하면 한정된 자원의 효율적 배분을 위해 특히 제한된 지역의 주민에 대해서만 소비와 편익이 한정되는

5) 주민들은 정확한 조세부과액을 잘 모르면서도 지출 수준은 더 높게 증가할 것으로 착각하는 현상을 말한다. 특히 주민에게 부과되는 조세는 세부 징세 항목으로 분할되어 부과되므로 실제 부담보다 더 적게 느끼게 된다는 것이다. 마찬가지로 공공지출, 부채, 임차 등에서도 재정착각이 나타난다.

지방공공재(local public goods)-교통, 지방도로, 지역환경, 상·하수도, 공원, 가로등, 댐, 소방, 치안 등-를 제공하는 경우에는 지역의 특성과 주민의 선호를 고려해 결정되어야 하기 때문에 중앙정부에 의한 획일적인 동일 수준의 자원배분 기능은 결코 효율적일 수 없다. 다시 말해서 우리들의 일상생활에 밀접한 지방공공재는 전국적인 수준에서의 획일적인 선호보다는 지역 주민들의 특성과 선호에 따라 지방자치단체를 통해 공급하는 것이 가장 효율적이다.

공공재의 공급 결정은 일반적으로 비시장적 정책결정 과정인 정치적 과정에 의해 결정된다. 즉, 지방자치단체의 공공선택은 지방재정 현상분석이라는 경제학적 접근방법의 적용 내지는 지방자치단체가 구성원들의 이기적 경향을 취합함으로써 집단행동을 경제적 방법으로 이해하려고 하는 일련의 시도로서 이루어져 왔다(장노순, 1991: 28-29).

이러한 공공선택론적 접근 방법은 지방공공 서비스 공급 영역에서 나타나는 '공급자 포획(provider capture)' 문제를 해결하기 위한 지방자치단체의 정치·행정의 재구상을 검토하도록 하는 데 지대한 영향을 가져다 주었다. 이를테면 투명성 제고, 행정조직 구조의 개편, 지방 서비스 공급의 경쟁성 제고, 자율성의 극대화 등이 그것이다(윤영진 외, 1999: 22-23).

공공선택론은 "비시장적 의사결정(non-market decision making)에 대한 경제학[6]적 연구"라고 정의된다(Mueller, 2003: 1). 즉, 공공선택론은 경제학에서 사용되는 연구방법론을 적용하여 정부의 행위를 설명하고 정치행정 제도를 분석하려는 시도다. 경제학의 방법론은 인간이 이기적이고 합리적인 효용극대화를 추구하는 주체라는 것이다. 이와 같은 경제적 인간(economic man)과 정치적 인간(political man)이 동일한 행동 목표를 추구하는 주체라는 시각과 관점에서 분석하려는 새로운 학문의 패러다임을 확립하려는 노력이다(김의섭, 2007: 43-44). 뷰캐넌(J. M. Buchanan)은 공공선택론의 기본이 되는 세 가지 요소를 방법론적 개체주의, 경제적 인간, 정치적 교환이라고 지적한다.[7]

첫째, 공공선택론은 방법론적 개체주의(methodological individualism)를 사용했다. 공공선택론은 오직 개인만이 선택하고 행동한다고 가정하고 있다는 점에서 고전

6) 경제학의 원초적 출발점은 인간이 이기적, 합리적, 효용극대화를 추구하는 자(an egoistic, rational, utility maximizer)라는 데서 비롯한다.

7) 뷰캐넌이 가장 큰 영향을 받았던 책은 빅셀(K. Wicksell)의 재정이론에 관한 책인데, 그는 이 책에서 이미 공공선택의 세 가지 기본 요소를 인식하고 있었다고 한다(소병희, 1996: 271).

적 정치경제학과 그에 상응하는 근대경제학(neoclassical economics)에서의 방법론적 전제를 어느 정도 공유한다. 즉, 공공선택론은 국가의 집단(지방자치단체 포함)이 아닌 각각의 개인의 행동 원리에 관심을 두었고, 개인은 자신의 목표 함수를 극대화하려는 행동 원칙을 취하게 된다고 주장했다.

둘째, 공공선택론에서 경제 인간(經濟人間, *homo economicus*)이라는 가정은 중추적 역할을 한다. 즉, 각 개인은 자기이익 지향적이며, 합리적으로 자신의 효용을 극대화하려는 경제 인간이라는 것이다. 경제 인간은 타인과의 경제적 관계에서 자신의 이익 또는 자신이 대리인으로 대행하고 있는 제3자의 이익을 극대화하기 위한 행동전략(maximizing strategies)을 취한다는 것이다.

셋째, 공공선택론에서 국가의 재정활동에 참여하는 모든 개인은 정치적 교환(political exchange)을 통해 그 본질이 설명될 수 있다는 것이다. 즉, 개인이 시장 교환을 통해 자신의 효용을 극대화하려는 것처럼, 정치적 시장에서도 개인은 자신의 이익을 증대시키기 위해 정치적 교환행위에 참여하게 된다는 것이다. 왜냐하면 인간의 교환행위는 사사로운 개인이든 공직에 있는 개인이든 모두 똑같이 소비자나 생산자로서의 역할을 하기 때문에 그러하다는 것이다.

2 공공선택적 접근의 발달

공공선택론적 접근이 새로운 학문적 패러다임으로 발전하기 시작한 것은 1950년대 이후부터이며, 초기 공공선택론의 고전적 연구 업적 가운데 가장 대표적인 것은 베르그송(Abram Bergson, 1938), 블랙(Ducan Black, 1948), 뷰캐넌(James M. Buchanan, 1949), 애로(Kenneth J. Arrow, 1951)의 논문과 저서들이다. 이러한 문헌들은 사회후생함수를 극대화시키거나 혹은 일련의 규범적 기준을 만족시키기 위한 총체적 개인 선호의 문제에 초점을 두고 있다. 이러한 규범적 접근이론에서는 정부를 개인 선호의 총집합체로 보기보다는 정부도 그 스스로가 선호를 가지고 있으며, 그 선호를 실현시키고자 노력하는 하나의 실체(entity)로 간주한다(김동건, 2000: 125).

공공선택론적 접근에서 또 다른 관심은 1940~50년대에 제기된 시장실패(market failure)에 대한 연구다. 이와 같은 연구들은 시장실패의 존재 시 효율적 배분을 위한 조건을 수립하는 데 초점을 두고 있으며, 이러한 상황에서 개인 선호 폭로를 위한 비시장적 절차 연구에 직접적으로 이르도록 한다. 실증적 접근 이론[8]에서는 공공선택에 대한 가치판단을 배제하면서 구성원의 전원 혹은 다수가 원하는 선택이 사회적으로 바람직한 선택임을 전제로 한다.

한편, 공공선택론의 발달은 공공경비론(theory of public expenditure)과 동일한 주류에서 파악될 수 있다. 공공경비론은 유럽 대륙의 전통 재정학자들에 의해 19세기 후반부터 본격적으로 발전되었는데, 그 대표적인 학자로는 빅셀(Knut Wicksell, 1896)과 린달(Eric Lindahl, 1919)을 들 수 있다. 린달은 공공재이론에, 그리고 빅셀은 공공선택론과 재정학에 큰 영향을 주었다.

3 지방공공선택과 투표이론

공공선택론의 주요 연구 주제 가운데 하나는 사회구성원의 다양한 개인 선호를 사회적 선호로 전환시키는 투표이론이다. 초기 공공선택 연구에서 다운스(Anthony Downs, 1957)는 민주주의에서 투표제도가 합리적 의사 결정의 해답을 도출할 수 있다는 투표이론을 주장했다. 다운스는 투표자들이 합리적이고 이기적인 주체이므로 자신들에게 가장 많은 정치적 편익을 제공하는 정치가에게 투표한다고 주장했다. 경제적 시각에서 정치 현상을 분석하려는 다운스의 투표모형은 정치학에 큰 영향을 미쳤다.

지방자치단체의 공공선택 방법 중에서 가장 널리 사용되는 투표 방법이 다수결 투표(majority voting)다.[9] 다수결 투표 방식은 모든 참여자가 동의하는 것은 아니지만 다수가 지지하는 대안이 선택될 수 있다는 점에서 바람직하고, 이해 관계를 달리하는 참여자 상호간에 효과적인 조정 수단이 될 수 있다는 장점이 있다.

그러나 다수결 투표에서는 공공선택이 안정적이고 합리적으로 결정되는 것이 아니라 투표의 끝없는 순환이 되풀이될 수 있어 결국 최종적인 결정은 아주 임의적으로 이루어질 가능성도 많다. 이것을 우리는 투표의 모순(voting paradox)이라고 부른다.

8) 정치적 경기변동이론(political business cycle theory)은 실증적 측면에서 공공선택론을 발전시킨 주요 논제다. 이 이론은 다운스(A. Downs) 모형을 사용하여 정부의 거시경제정책 선택행위를 설명하려는 시도다. 정부는 선거 이전에 경제가 높은 성장률과 낮은 실업률과 같은 호황을 나타내면 유리한 투표 결과를 얻을 수 있게 된다는 것이다(김의섭, 2007: 53-55).

9) 우리나라도 2004년 4월 주민투표법을 제정·공포하여, 주민에게 과도한 부담을 주거나 중대한 영향을 미치는 지방자치단체의 주요 결정 사항을 해당 지방자치단체의 조례로 정해 주민투표에 부칠 수 있도록 하고 있다(주민투표법 제7조).

이와 같은 투표의 순환성이 생기느냐의 여부는 투표자의 선호가 일률적이냐 아니냐에 달려 있다. 다시 말해서 투표자 선호의 봉우리가 하나뿐인 단일 봉두 선호(single-peaked preference)이고 일률적인 경우에는 순환성의 문제가 없다. 그러나 투표자 선호의 봉우리가 2개인 이중 봉두 선호(double-peaked preference)를 어느 투표자가 가지고 있을 때의 공공선택은 불안정하고 임의적이 된다(김동건, 2000: 115-117).

만약 지방자치단체의 공공 서비스 수준, 즉 총예산을 다수결 투표로 결정한다면 공공 서비스에 대한 주민들의 표준적인 수요곡선은 우측으로 하향하므로 주민 투표자들의 선호는 단일 봉두 선호로 나타남을 알 수 있다. 그러나 지방자치단체의 총예산은 단일 서비스가 아닌 다양한 공공 서비스의 지출로 구성되기 때문에 총예산에 대한 투표자의 선호 체계가 단일 공공 서비스에 대한 투표처럼 일관성을 띠기가 매우 어렵다. 그러므로 다수결 투표는 공원 같은 단일 사업이나 교육자치단체(school district) 같은 단일 기능 지방자치단체의 재정 선택에 적용하는 것이 좀 더 현실성이 있다 (심정근 외, 1997: 98-99).

이와 같은 다수결 투표의 일관성 결여는 투표의 모순뿐만 아니라 투표자들의 전략적 행위에 의해서도 발생한다. 예를 들면 투표자가 승산 없는 투표를 하는 대신에 자신의 진정한 선호를 숨기거나, 거래에 의해 차선책에 투표하게 되면 다수결 투표는 일관성을 잃게 된다. 그러므로 대부분의 지방재정 선택은 다수결 투표에 의한 주민의 직접투표보다 주민에 의해 선출된 지방 정치인들에 의해 결정되는 것이 현실이다.

한편, 유권자의 선호도가 단일 봉두(single-peaked)이고, 투표를 통해 선택할 대안들이 단일의 연속선상에 나타날 수 있고, 모든 대안이 투표의 대상이 되고, 투표자들이 가장 선호하는 대안을 솔직하게 선택한다는 조건이 충족된다면 대안들 가운데 중위(median)의 정책대안이 선택된다. 이와 같은 '중위 투표자의 정리(median-voter theorem)'를 정부 지출 분야에 적용하는 경우 다수결 투표를 통해 선택된 대안은 모든 개인이 선호하는 지출 수준 가운데 중위의 수준이 된다는 것을 의미한다(김종순, 1997: 109). 따라서 중위 투표자가 선거에서 가장 결정적 영향을 미치는 유권자 집단이며, 중위 투표자의 선호가 지방재정 지출 규모를 결정하는 가장 중요한 변수다.

'중위 투표자의 정리'는 직접민주주의라는 정치 제도를 전제로 한다. 그러므로 중위 투표자의 정리가 비록 일관성 있는 공공선택을 한다고 하더라도 효율적인 재정 선택은 불가능할 뿐만 아니라 비효율적인 결정 요소를 제거할 수 있는 방법 또한 없다. 우리나라의 경우 주민투표 제도가 활성화되더라도 지방자치단체가 의제통제

(agenda control)[10]를 통해 여론을 유도하는 것이 가능하다는 점에서도 한계가 있음도 지적된다(허명환, 1999: 117- 119). 따라서 주민투표를 통한 지방재정 결정은 가능하지만 그리 많이 사용되지는 못하고, 대부분 그러한 결정권은 지방의원과 같은 정치인에게 위임하는 것이 현실이다.

4 공공선택적 접근의 적용과 영향

오스트롬(Vincent Ostrom)은 1970년대 초반 공공선택적 접근을 통해 행정학연구의 기존 패러다임에 도전했다. 즉, 지방공공재와 서비스의 최적 공급을 위해서는 행정 체제의 재구상(redesign)을 모색할 필요가 있음을 주장하고 있다. 다시 말해서 지방자치단체가 공급자 포획(provider capture) 문제에서 자유롭기 위해서는 투명성 제고, 서비스 공급의 경쟁 도입, 행정조직 구조의 개편이 절실하게 필요함을 지적했다. 지방자치단체가 제공하는 모든 서비스가 가능한 한 경쟁적 방법으로 공급되어 지역주민들의 요구에 대응해야 함을 제안하고 있다.

제 3 절 기타 주요 이론

1 티부모형

1) 티부모형의 기본 가설 및 한계

티부(C. Tiebout)에 의하면 중앙정부와는 달리 지방자치단체가 제공하는 지방공공

10) 지방 관료는 주민의 선호를 정확히 파악할 수 있는 등 각종 정보력이 상대적으로 우월하다는 점을 행정 서비스 제공 수준 결정 과정에 활용할 수 있다는 것이다. 실제로 의제통제로 인해 정부 주도의 개발연대에는 정치적 의사 결정 비용을 최소화할 수 있었고, 이는 결과적으로 정부의 효율성 추구라는 정책 방향과도 부합할 수 있었다.

재의 생산과 소비에는 주민의 선호도가 반영될 수 있는 메커니즘이 존재한다(Tiebout, 1956: 416-424). 예컨대 경찰, 소방, 교육, 병원, 법원 등과 같은 정부 서비스가 반드시 중앙정부에 의해 공급되어야 할 필요는 없다고 생각했다. 만약 지방자치단체가 독자적으로 지방공공재의 공급에 관한 결정을 내리고 독자적으로 과세할 수 있는 조세징수권을 보유하고 있다면, 현재와 같이 모든 지방자치단체가 동일한 지출 형태를 유지하지는 않을 것이다. 즉 고부담-고서비스를 지향하는 지역에서 저부담-저서비스를 선호하는 지역에 이르기까지 지방자치단체 상호간에 많은 차이가 존재할 것이다. 이렇게 되면 공급되는 지방 서비스의 종류와 구성비가 종전보다 훨씬 다양화되고, 지방세 및 각종 사용료·수수료의 요금 체계도 지역마다 큰 차이가 생길 것이다.

다시 말해서 지역 간 이동에 특별한 제약이 존재하지 않기 때문에 주민들은 자신의 욕구에 부합하지 않는 지역을 떠나 적은 조세 부담으로 높은 수준의 공공 서비스를 공급하는 지역으로 이동하게 된다. 유권자인 동시에 소비자인 지역 주민들은 거주지의 선택을 통해 지방공공재에 대한 선호도를 표시할 수 있다. 소위 '발에 의한 투표모형(voting with the feet model)'을 통해 진입과 탈퇴의 의사 표시가 가능하다. 그 결과 모든 지방자치단체는 더 적은 비용으로 양질의 공공 서비스를 공급하기 위해 노력하게 된다. 따라서 마치 소비자가 시장에서 최대 효용을 제공하는 민간재를 구입하여 수요 욕구를 충족하듯이, 주민들은 투표를 통한 발에 의해 최선의 지방자치단체를 선택함으로써 자신들의 지방공공재에 대한 욕구를 최대한 충족시킬 수 있다는 것이다.

티부모형(Tiebout model)은 다음과 같은 몇 가지 전제 조건을 필요로 하는 이상형 모형이다.

첫째, 주민들의 자유로이 거주지를 옮길 수 있을뿐더러, 자신의 선호를 가장 적절하게 충족시켜 줄 수 있는 지방자치단체로 이주해야 한다.

둘째, 주민들은 각 지방자치단체에서 제공되는 공공 서비스와 지방세 수준에 관한 완전한 정보를 가지고 이에 따라 대응한다.

셋째, 주민들이 선택할 수 있는 지방자치단체의 수가 많아야 한다.

넷째, 고용 기회가 주거지 선택에 영향을 미쳐서는 안 되며, 주민들은 오로지 지방자치단체의 재정 패키지에 따라 대응한다.

다섯째, 지방자치단체 간 공공재의 외부경제나 외부불경제는 존재하지 말아야 한다.

여섯째, 각 지방자치단체는 지역 인구가 적정 수준에 도달하여 최저 평균비용으로 공공재 생산이 가능할 때까지 새로운 거주자를 유입하려 한다.

이상과 같은 가정 하에 소비자(지역 주민)들은 그들의 효용을 극대화시켜 주는 지방자치단체를 선택하게 된다. 다수결 투표의 균형과는 대조적으로 티부모형의 균형은 주민이 다른 지방자치단체로 이주하더라도 추가적 효용 증대를 획득할 수 없을 때 발생한다. 따라서 티부모형의 균형 상태에서 각 지방자치단체가 제공하는 공공 서비스는 파레토 효율적 최적 수준이며 모든 소비자는 그들의 지방자치단체가 제공하는 공공 서비스의 수준에 완전히 만족하게 된다. 그뿐만 아니라 개념적(conceptual)인 해결 방안이라고 시인하고 있다. 수많은 지방자치단체가 공급하는 서비스의 가격과 품질에 대한 완전한 정보를 모든 소비자 · 유권자가 보유하고 있고, 이를 상호 비교하여 만족을 극대화하는 소비자 선택을 할 수 있다는 가정은 매우 비현실적이다. 현실적으로 지역 간 이동에는 직장, 학교, 이사 비용, 교통 등과 같은 무시할 수 없는 제약이 따른다. 지역의 선택이 서비스 수준과 조세 부담만을 비교하여 결정될 수 없는 이유를 좀 더 구체적으로 살펴보면 다음과 같다.

첫째, 모든 사람의 욕구를 개별적으로 충족시킬 수 있을 정도로 다수의 지방자치단체가 존재한다는 가정이 완전하게 충족될 수 없다. 그러나 미국과 같이 지출 · 조세가격이 상이한 다수의 지방자치단체가 존재한다면 이와 같은 조건은 상당 부분 충족될 수도 있다.[11)]

둘째, 많은 지방자치단체가 공급하는 서비스의 질과 조세 부담의 관계를 정확히 판단할 수 있는 완전한 정보의 수집이 불가능하다.

셋째, '발에 의한 투표'를 통한 선택이 가장 효율적이기 위해서는 외부효과 또는 파급효과가 없다는 가정이 필수적이다. 그러나 티부 자신도 인정하고 있는 바와 같이 '지역 간에는 명백히 외부경제와 외부불경제가 존재'한다. 이와 같은 비효율성을 제거하기 위해서는 지방자치단체의 규모를 확대한다든지,[12)] 또는 정부간 보조금(intergovernmental grants)의 지급을 통해 자원배분의 왜곡 현상을 시정해야 할 것이다.

넷째, 티부의 마지막 가정은 모든 지방자치단체가 공급비용을 최소화시키기 위해 적정 규모의 인구를 유치하려 한다는 것이다. 만일 제도적인 경직성이 전혀 존재하지

11) 왜냐하면 미국의 경우 중간 규모의 메트로폴리탄 지역에서조차 100~150개의 지방자치단체와 50개 이상의 교육자치단체로 구성되어 있는 것이 보편적이기 때문이다.

12) 비교적 규모가 큰 지방자치단체는 ① 공공재와 공공 서비스의 생산에서 규모의 경제를 실현할 수 있고, ② 분권화된 다수의 지방자치단체가 야기할 수 있는 공해문제, 교통문제와 같은 파급효과를 내부화할 수 있을 뿐만 아니라, ③ 지역 내 납세자 상호간의 공평과세를 실현할 수 있다.

않는다면 해당 인구만을 수용할 수 있는 소규모의 지방자치단체를 만들 수 있겠지만 현실적으로 이와같이 완전하게 탄력적인 지방자치단체의 구조를 생각하기는 매우 어려운 실정이다.

끝으로, 티부모형의 가정에서 비현실성보다 더 심각한 문제는 지방공공재가 재산세(property tax)에 의존하여 생산되면, 비록 티부모형의 가정들이 모두 충족된다고 해도 효율적 수준의 지방공공재 양을 공급할 수 없다는 것이다. 왜냐하면 특정 지역의 평균 주택가격보다 싼 주택을 소비하는 주민은 지방공공재의 평균 비용보다 세금을 적게 내게 되어 티부 메커니즘의 잠재적 효율성이 방해받게 되기 때문이다. 재산세는 주택가격에 비례하기 때문에 빈곤한 주민들은 오히려 부유한 지역으로 이주하여 가격이 싼 주택을 매입함으로써 세금을 적게 내고 상대적으로 풍부한 공공 서비스를 혜택받을 수 있게 된다. 저소득층의 부유한 지역으로의 이주는 이 지역의 공공서비스 수요를 증가시켜 결과적으로 세율 인상을 초래하게 된다. 따라서 부유한 사람들은 더 나은 환경의 지방자치단체로 이주하게 되고, 빈곤한 사람들은 또다시 부유한 사람들을 뒤쫓아 가게 되어 결국에는 안정적인 티부모형의 균형이 파괴된다.

2) 티부모형의 효용성

앞에서도 지적했듯이 티부모형은 지나치게 엄격한 가정으로 인해 현실성이 결여되어 있다는 비판이 제기되고 있다. 이주지역에 관련한 재정정보 수집, 이주비용, 외부효과, 그리고 자본화[13] 등은 티부모형의 균형화를 어렵게 만든다. 더욱이 현실적으로 대다수 지방정부에서는 주민들의 소득 격차가 매우 심각하고 따라서 공공 서비스에 대한 요구 수준도 주민 간에 상당한 격차가 있다. 결과적으로 지방재정에 관한 주민투표 결과가 좀처럼 만장일치의 합의를 이루지 못하는 것도 이러한 이유 때문이다.

---

13) 어떤 개인이 부유한 지역에서 소규모의 주택을 보유하게 되면 상대적으로 적은 조세 부담으로 높은 수준의 서비스 혜택을 받을 수 있다. 장기적으로는 이와 같은 상대적 이점 때문에 소규모 주택의 수요량 증가에 따라 주택가격이 인상되는 재정적 자본화(fiscal capitalization) 현상이 나타나게 된다. 동시에 주택가격의 상승과 조세 부담의 증가로 종전에 누리던 상대적인 이익을 상실하게 된다. 일반적으로 재산세는 주택가격에 비례하여 결정되기 때문이다. 또한 동일한 서비스 혜택에도 불구하고 상대적으로 높은 조세 부담을 지고 있던 고급주택 소유자들에게는 다른 지역으로의 이전 동기를 제공한다. 공급되는 서비스의 수준에 비해 조세 부담이 과다하다고 생각하기 때문이다. 이와같이 조세가격의 차이가 주택가격에 완전히 반영되는 것을 완전자본화(complete capitalization)라고 한다. 그러나 장기적으로는 주택 공급이나 지방자치단체의 수에 변동이 있을 수 있기 때문에 단기적인 자본화 현상은 계속 유지하기가 어려울 수도 있다.

그럼에도 불구하고 일부 실증적 연구들이 티부 메커니즘을 지지하기 때문에 티부 모형을 완전히 배제할 수는 없다. 즉 티부 가설 가운데 다음의 두 가지는 그 검증이 용이하다. 첫째, 정부지출-조세 부담의 크기에 따라 개인이 실제로 지역 간 이동을 하는가? 둘째, 이와 같은 지역 간 이동이 지역 내 주민의 공공재 소비에 대한 선호의 동질성을 높이는가? 하는 문제가 실증적으로 충분히 지지되고 있다. 그 밖에도 높은 공공지출-높은 조세 부담 지역의 주택가격이 상승한다는 오츠(W. E. Oates)의 가설 역시 논란의 가능성이 있기는 하지만 역시 검증이 가능하다. 또한 루빈펠드(D. L. Rubinfeld)는 지방공공재의 가치와 조세가 지역 지가에 자본화되는 여부를 분석했고, 그램리히(E. M. Gramlich)와 루빈펠드는 티부 메커니즘의 가능 여부를 검증하기 위해 주민들에게 지방자치단체의 적정한 예산 규모에 관해 설문조사를 실시한 바 있다. 한편 공공 서비스에 대한 유사한 선호를 소유한 주민들로 지방정부를 형성한다면, 바람직한 예산 규모에 대해 상당한 선호 차이가 있는 메트로폴리탄에 더 많은 지방정부가 존재할 것이라는 사실이 넬슨(M. A. Nelson)과 피셔(R. C. Fisher)의 실증적 연구로써 검증되었다(심정근 외, 1997: 110-111).

또 다른 연구 결과에 따르면 지방자치단체가 공급하는 공공 서비스의 수준과 지역 간 이동 사이에는 밀접한 상관 관계가 있다. 즉 1950~1970년 사이의 로스앤젤레스 군(Los Angeles County) 내의 도시자치단체(municipalities)를 연구한 밀러(Gary Miller)에 따르면, 새로 생겨난 31개의 도시자치단체 가운데 1개만이 이질성이 높은 주민들로 구성된 반면, 30개 도시자치단체의 주민들은 소득 및 공공 수요의 동질성이 매우 높은 주민들로 구성되어 있다. 아울러 인종별 분포면에서도 도시자치단체 내에서는 동질성이 높아지는 반면 도시자치단체 사이에는 이질성이 높아지고 있다는 사실을 통계적으로 제시하고 있다(김종순, 1997: 30).

우리나라의 경우 티부모형을 적용하는 데 상당한 한계가 수반된다. 그러나 '티부적 현상'이 없는 것은 아니다. 예컨대 서울 시민들이 교육 여건이 좋은 소위 8학군이 있는 강남지역으로 이주하려는 현상을 그 한 예로 볼 수 있다. 또한 지방자치단체의 재정 패키지에 문제가 있으면 이를 공론화해서 주민의 요구를 해결하다는 점에서 보면 이탈과 이주라는 방식보다 항의 방식이 더 효과적일 수 있다(권오성 외, 2009: 57-58).

한편 높은 조세 부담으로 수준 높은 공공 서비스를 공급하는 지역에 저부담-고서비스를 선호하는 주민들이 유입되는 것을 방지하기 위해서는 토지 이용 규제나 토지 사용제한법(zoning law) 등이 활용될 수 있다. 가장 간단한 방법은 값싼 주택의 건축을 금지하는 것이다. 수준 높은 공공 서비스를 위해 높은 재산 가치에 상응하는 재산세를 부담할 능력과 의지가 있는 사람들로만 주민을 구성하려는 것이다. 그러나 이와 같은 주택가격을 기준으로 한 토지 사용 제한제도는 현실적으로 불가능하다. 따라서 소방, 재해, 보건 등과 관련된 규정들, 예를 들면 최소 건축 면적, 도로로부터의 거리, 건축 방법, 건축자재 등에 관한 요건을 강화하는 간접적 방법들이 사용될 수 있다. 또한 민간기업이 택지를 개발하여 일정 수준의 재산 가치를 보유한 주택들을 집단적으로 건설하여 공급하는 등 민간 차원의 진입 규제도 가능하다. 그러나 이러한 토지 사용제한법은 비록 효율적이기는 하지만, 소득 수준에 근거하여 주거지역을 법적으로 제한하기 때문에 형평성이 결여된 방법이기도 하다.

2 대리인 제도와 예산극대화론

대리인(자치단체장, 지방의원, 공무원 등)은 주인(국민, 지역 주민)의 일을 수행하기 위해 존재한다는 것을 규범적 이치로 보는 견해를 대리인이론(agency theory)이라고 한다. 그럼에도 불구하고 현실 세계에서 대리인은 주인이 기대하는 것만큼 그렇게 신의성실하지 않을 수도 있으며, 주인과 다른 목표와 견해를 갖고 있을 수도 있다. 경우에 따라서는 우월한 정보를 가지고 주인을 무시하거나 지배하는 수도 있다(배득종, 2005: 37-40).

대리인으로서의 관료 역할을 논의할 때 대략 두 가지 형태의 관료들을 생각할 수 있다. 우선 첫 번째의 형태는 자신들의 이익을 추구하는 이기적 관료들이다. 이들은 자신의 권력이나 소득(예산)과 같은 것을 극대화하기 위해 자기가 속해 있는 관료조직을 가능한 한 확대하려고 노력하는 것이 일반적이다. 두 번째의 관료 행태는 공복(公僕)의 입장에서 공익을 추구하고 공공 부문의 효율적 정책집행을 위해 노력하는 관료들이다. 첫 번째의 관료 행태는 관료제의 전통적 특징을 내포하고 있으며, 이들의 관심은 조직 확대를 통한 예산 규모와 권한을 확대시키는 데 있다.

니스카넨(Niskanen, 1971, 1975)은 지방 관료가 주민이나 의회의 요구에 기초한 재정정책들을 단순히 결정하거나 집행하지 않고, 복잡하고 전문화된 각종 정보들을 활용하여 적극적으로 세출예산 결정에 영향을 미친다고 주장했다. 즉, 지방 관료들은 경험, 정보, 홍보 등 다양한 측면에서 우월적 지위에 있기 때문에 정치적 독점권(political monopoly)을 행사하면서 예산을 극대화시킨다는 것이다. 관료들은 관료제의 조직 규모와 범위를 확대시켜 자신들의 권력과 편익의 극대화를 추구한다. 의회에서의 예산 심의·통과는 총편익이 총비용을 상회하여 정책이 채산성을 갖고 있어야 가능하기 때문에 관료는 이러한 조건을 충족시키는 범위 내에서 최대 예산안을 제안하게 된다.

니스카넨은 예산극대화(budget maximization)가 관료들의 승진 기회를 확대하기 때문에 그들의 최대 목표는 예산극대화에 있다고 보았다. 그러나 실증적 연구 결과에 따르면 관료의 승진 기회는 일반적으로 많고, 관료의 급여와 소속 부서의 예산 규모 및 증가율 사이에는 매우 낮은 상관 관계가 있는 것으로 나타났다. 따라서 니스카넨은 관료의 행동 목표는 예산의 극대화에 있는 것이 아니라 예산 재량권(discretionary budget)의 극대화에 있다고 그의 가설을 수정했다.

우리나라의 경우, 지방 관료들은 지금까지 세출예산 수준을 결정하는 데 주도적인 역할을 수행해 왔다는 점에서 니스카넨 모형은 상당한 설득력을 갖는다고 할 수 있다. 그러나 최근 의회와 주민통제가 강화 내지는 제도화되면서 지방 관료가 자신의 이익을 과도하게 추구하게 될 경우 견제 또는 징계 책임 등에 노출될 수 있다는 점에서는 설명하기 어려운 점도 없지 않다. 다시 말해서 서구적 시각의 개인주의적 효용극대화이론만 가지고 관료들의 행태에 전적으로 적용하기에는 한계[14]가 있다(허명환, 1999: 122-123).

반면에 우리나라의 1963년에서 2000년 동안 자료를 분석하여 공무원의 수가 증가한 것이 재정지출 팽창에 정(正)의 효과를 미친 것으로 나타난 연구 결과도 있다. 또한 정부 지출 팽창에 중요한 영향을 미친 변수로는 전년도의 정부 지출 규모였다. 이는 재정 규모가 관료제적 성격과 점증주의적 성향에 의해 결정되며 영향을 받는다는 것을 뒷받침하는 실증적 분석의 결과다(김의섭, 2007: 52).

3 이익단체와 지대추구행위론

정치적 시장에서 투표자들이 자신의 목표 함수를 극대화하기 위해 개인적으로 활

14) 허명환(1999)은 한국적 상황을 고려한 공공선택의 새로운 모형으로서 사업극대화 모형(program maximization model)을 제시하고 있다. 이것은 니스카넨의 예산극대화 모형과 유사한 것으로 사업을 극대화함으로써 결과적으로 행정 서비스 제공 수준이 극대화된다는 것이다.

동하는 것보다 다수의 투표자들이 이익단체를 구성하여 집단적 행위를 하면 그 정치적 영향력은 더욱 커진다. 따라서 이익단체들은 지방자치단체와 지방의회에 영향력을 행사하여 그 집단에게 유리한 재정적 편익과 재배분적 혜택을 얻으려 하며, 이익단체가 정치가 또는 관료와 결탁하여 그들에게 유리한 정책을 이끌어내려는 대표적 행동으로서 정치적 결탁(political log-rolling)을 들 수 있다. 이렇듯 이익단체(interest group)는 공공선택론의 중요한 연구 주제가 될 수 있다(김의섭, 2007: 49-50).

이익단체가 자신의 목표 함수의 극대화를 위해 정치적 행위를 하며, 자원을 남용하고 사회적 낭비를 초래하는 현상을 지대추구행위(rent-seeking activities)라고 한다. 이익단체의 정치적 결탁과 독점적 지대추구행위는 뮬러(Mueller, 2003)에 의해 구체적으로 설명되었다. 이익단체는 그들에게 유리한 정책을 제시하는 정치가와 정당을 지원하여 권력을 집권하게 하는 정치적 영향력을 발휘하기도 한다. 또한 올슨(Olson, 1982) 가설에 의하면, 이익단체의 지대추구행위는 재분배적 정부활동을 증대시켜 재정 규모를 비대하게 팽창시키고 경제성장률을 낮추어 경제 발전에 부정적 효과를 준다고 한다.

이익집단이 공공 부문 규모에 대해 어떠한 영향을 미치며 이익단체의 수와 재정지출 증대의 정(正)의 상관 관계를 갖는다는 실증적 분석은 뮬러와 머렐(Mueller & Murrell, 1986)에 의해 이루어졌다. 즉, 이익집단이 많을수록 특정한 이익집단에 정부예산 편익을 주게 되는 추가적 세출 항목이 증가하고 이는 결국 재정지출 팽창을 초래하게 된다는 것이다. 또한 슈나이더 등(Schneider, Hackl, & Withers, 1993)도 오스트리아의 공공 부문 팽창과 이익단체의 영향력을 분석한 결과, 오스트리아에서 이익단체의 수가 증가되었고, 그 결과로 정부 규모가 팽창되었을 뿐만 아니라 이로 인한 정치적 담합과 지대추구행위가 경제 성장에 부정적 영향을 미친 것으로 나타났다.

4 주민참여 예산이론

많은 지역 주민의 경우 지방정부가 제공하는 서비스의 편익을 극대화하면서 자기들이 부담은 가능한 적게 부담하려는 속성을 갖는다. 이에 따라 대의민주주의의 한계를 보완하면서 실질적으로 예산 과정에의 지역 주민들이 직접 참여하려는 경향을 보여 오고 있다. 브라질의 포르투 알레그레(Porto Alegre) 시에서는 주민참여 예산제도(Participatory Budgeting)로 제도화했다. 우리나라는 2004년도 지방자치단체 예산편성지침을 통해 주민참여형 예산 편성을 권고했고, 2005년 지방재정법(제39조)을 통해 주민참여의 제도적 토대를 마련하고 조례 제정을 통해 주민참여 예산제도의 도입과 운영이 확대되어 오고 있다. 2011년 9월부터는 모든 자치단체에 주민참여 예산제도를 도입하게 되었다.

이런 관점에서 엡던과 프랭클린(Ebdon & Franklin, 2006)은 주민참여 예산제도의 이론적 틀을 형성하기 위해 필요한 기본 요소를 독립변수와 종속변수로 분류하여 지역 주민이 예산 과정에 참여하는 현상을 분석하고 설명할 수 있는 이론모형을 제시하고 있다(권오성 외, 2009: 145-155). 독립변수로는 지방자치단체를 둘러싸고 있는 정치와 법적 환경(A), 주민 참여를 위한 설계 과정(B), 그리고 참여 방법(C) 등 세 가지를, 그리고 종속변수로는 주민참여의 목적과 결과(Y)를 제시하고 있다($Y = f(A, B, C)$). 그러나 주민참여 예산이론을 적용할 때 직접민주주의 구현이라는 점에서 실효성이 있을지는 모르지만[15] 여전히 주민의 대표성 문제, 변수의 측정과 자료 수집 문제, 대의민주주의(관료와 의회) 하에서의 실효성 문제, 지방재정 정보의 공유 문제 등이 선결 과제로 남는다.

15) 주민참여 예산제도는 ① 지방재정 운영을 위한 사전적 주민통제 기제이며, ② 예산편성의 분권화·분산화·공유화뿐만 아니라 예산 운영의 민주성·투명성·효율성을 증진하며, ③ 예산결정 과정에서 개방성·평등성·담론 지향성·대응성·형평성 등의 이념을 추구한다.

제 2 편

지방자치단체의 수입

제 4 장 지방세

제 1 절 지방세의 의의와 체계

1 지방세의 의의

1) 지방세의 개념 및 특성

지방세란 지방자치단체가 지방행정 서비스를 제공하는 데 대한 반대급부로서 그 필요한 경비를 조달할 목적으로 지역 주민들로부터 강제적으로 부과 · 징수하는 조세다. 이러한 지방세는 지방자치단체의 주된 세입 항목이며, 지방자치 제도의 성공을 좌우하는 중요한 수단으로, 다음과 같은 특성을 지닌다.

첫째, 지방세의 과세 주체는 지방자치단체다. 이 점에서 과세 주체가 국가인 국세와 구별된다.

둘째, 지방세는 지방자치단체의 지방행정 서비스를 제공하는 데 대한 반대급부로서 징수하는 것이지만 일반 보상적 원리의 성격을 강하게 갖는다. 이러한 점에서 개별적인 공공시설의 이용 대가인 사용료, 서비스 이용의 대가인 수수료, 사업 실시에 따라 부과되는 부담금이나 분담금과도 구별된다.

셋째, 지방세는 강제적으로 부과 · 징수된다. 지방세는 과세권에 의해 강제적으로 부과·징수된다는 점에서 교환의 원리에 의해 지방수입이 되는 경영수익사업이나 재산수입과는 구분된다.

넷째, 지방세는 금전(재화)으로 표시되어 징수되는 것이 원칙이다. 예외적으로 토지와 같은 물납 조세가 인정되기도 하지만 이 경우에도 물납 조세는 그것의 사용 가치에 초점을 맞춘 것이 아니라 금전적 가치에 있다.

2) 지방세의 근거

(1) 법적 근거

봉건적 지배자에 대한 시민계급의 정치 원리였던 "대표 없이는 과세도 없다"에서 유래된 조세법률주의는 조세의 부과·징수는 반드시 법률에 근거해야 한다는 원칙으로 국세뿐만 아니라 지방세에도 당연히 적용된다. 이러한 조세법률주의는 오늘날 대부분의 국가에서 적용하고 있으며, 우리나라도 헌법 제38조에서 "모든 국민은 법률이 정하는 바에 의해 납세의 의무를 진다"라고 규정하고, 동법 제59조에서 "조세의 종목과 세율은 법률로 정한다"라고 규정하여 조세법률주의를 명확히 하고 있다.

이에 따라 지방자치법 제21조는 "주민은 법령으로 정하는 바에 따라 소속 지방자치단체의 비용을 분담하여야 하는 의무를 진다"고 규정하고, 동법 제135조에서 "지방자치단체는 법률이 정하는 바에 의해 지방세를 부과 ·징수할 수 있다"고 규정하고 있는데, 이것이 바로 지방자치단체가 지방세를 부과할 수 있는 직접적인 법적 근거다. 그리고 지방세의 세목과 구체적인 내용은 별도로 지방세기본법, 지방세법 및 지방세특례제한법에 규정하거나 지방자치단체의 조례에 규정하고 있다.

(2) 이론적 근거

지방자치단체의 과세권을 인정하는 이론적 근거는 다음과 같다. 먼저 조세 부과의 일반적 근거에 대해 두 가지로, 그 중 하나는 정부가 공급한 재화와 서비스에 대한 대가로서 정부가 조세를 징수하는 것이고, 다른 하나는 국민이 국가를 구성하고 있는 구성원으로서 국가의 존립과 질서의 유지 및 발전을 위해 조세를 당연히 부담해야 한다는 것이다. 조세 부담의 근거나 공평 과세를 논의할 때, 전자를 '이익설'이라 부르고, 후자를 '의무설' 또는 '능력설'[1]이라고 부른다. 지방세의 경우에도 위의 두 가지

1) 능력설은 납세자의 지불 능력에 따라서 조세를 부담해야 한다는 것을 의미하며, 이를 주장하는 학자들로는 밀(J. S. Mill), 에지워스(F. Y. Edgeworth), 피구(A. C. Pigou) 등을 들 수 있고, 재정사회학파들 가운데는 바그너(R. E. Wagner) 등이 있다(이영조, 1995: 234).

기준이 모두 해당되나, 지방세의 성격상 주로 이익설에 의존한다. 그 이유는 지방자치단체가 공급하는 재화나 서비스의 대부분이 지역공공재 또는 준공공재로서 편익의 효과가 지역적 범위에 한정되기 때문이다. 지방세 가운데 이 원칙에 근거한 조세로는 등록면허세, 자동차세, 지역자원시설세 등을 들 수 있으며, 능력의 원칙에 근거한 조세로는 재산세, 지방소득세 등이 있다.

3) 지방세의 원칙

조세 원칙은 스미스(Adam Smith) 이래 그 국가의 역사적・경제적・사회적 상황을 반영하는 많은 경제학자・재정학자들이 주장해 왔다(橋本徹, 1988: 65). 지방세도 조세의 일종이기 때문에 조세 일반의 원칙이 요구된다. 그러나 지방세에서는 국세와 다른 성격과 목적 또는 정책이 있기 때문에 조세 원칙 중에서 특히 강조되어야 할 원칙 또는 지방세 고유의 원칙 등이 있다. 이것을 일반적으로 '지방세의 원칙'이라 부르며, 국내외 여러 학자가 각각 지방세의 원칙을 제시하고 있다.[2] 우리나라의 경우 지방화 또는 지방자치화 시대에 지방세가 꼭 갖추어야 할 몇 가지 원칙에 대해 알아보면 다음과 같다.

(1) 보편성

보편성의 원칙은 모든 지방자치단체가 재정권이 독립되어 있으므로 그 세원이 가급적 각 자치단체에 고루 분포되어 있는 세목이 지방세로 적합하다는 것을 의미한다. 전국적으로 동일한 지방세 체계를 갖추고 있는 우리나라에서는 특히 중요한 원칙이다.

(2) 안정성과 신장성・신축성

안정성의 원칙은 지방세가 경기에 좌우되지 않고 매년 안정적으로 조달할 수 있는 세수(稅收)여야 한다는 원칙이다. 이러한 원칙에서 본다면 보유과세를 중심으로 한 재산과세가 바람직하다. 반면에 세목에서 안정성이 높다는 것은 사회경제의 성장에

2) 강인재 외(1993: 310-312)는 세수안정성・지역성・세원의 보편성・책임 분담, 오연천(1993: 191-193)은 공평성과 효율성・응익성・세원의 분포・세수의 안정성・세무행정상의 적합성, 大川政三・大森誠司・江川雅司(1994: 69)는 충분성과 보편성・세수입의 안정성・신장성과 신축성・부담의 분임성・응익성과 자주성・간소성, 矢野浩一郎(1985: 56- 60)은 세원의 보편성・안정성과 신축성・응익 원칙과 응능 원칙・부담 분임・세수입의 자주성, 스탠퍼드(Stanford, 1984: 257-258)는 보편성・편의성・지역성・충분성・형평성・중복 과세 금지・응익성 등을 각각 지방세 원칙으로 제시하고 있다.

따른 탄력적인 신장성이 결여되어 있다는 것을 의미하기 때문에 자치단체들의 늘어나는 재정 수요에 대응하기 어렵다. 따라서 지방세는 안정성을 기본으로 하면서도 어느 정도 신장성을 가질 수 있는 세목을 가미하여 구성하는 것이 바람직하다(矢野浩一郎, 1985: 58).

(3) 지역성

지역성의 원칙이란 세원이 가급적 어느 하나의 지역에 정착되는 것이어야 한다는 것이다. 이것을 국지성(局地性) 또는 정착성(定着性)의 원칙이라고 한다. 이러한 원칙에서 본다면 보유 과세를 중심으로 한 재산과세가 바람직하다. 만일 지방세의 세원이 지방자치단체의 경계를 벗어나서 자유로이 이동한다면 과세 기술상 문제가 있을 뿐만 아니라 지방자치단체의 재정 운영에도 많은 혼란과 지장을 초래하게 된다.

(4) 부담 분임

부담 분임의 원칙이란 지방자치단체는 지역공동체이므로, 그 행정 서비스에 소요되는 경비를 가능한 한 많은 구성원이 분담해야 한다는 원칙이다(矢野浩一郎, 1985: 59). 이것은 지방자치단체의 구성원인 주민들에게 세의 분담을 통해 지방행정에 관한 참여 의식을 고취하고 자치 의식을 함양시켜 건전한 지방자치를 도모하기 위한 것이다. 우리나라의 현행 지방세 중 주민세 균등분이 부담 분임의 원칙에 가장 충실한 세목이다.

(5) 응익성

조세는 정부로부터 서비스를 받는 이익의 정도에 따라 과세하는 응익과세(應益課稅)의 원칙과 조세를 부담할 능력에 따라 과세하는 응능과세(應能課稅) 원칙이 있다. 일반적인 조세 원칙은 납세자의 부담 능력에 따라서 공평하게 과세한다는 응능 원칙이나 지방세는 국세와 비교하여 납세자의 이익에 따라 하는 응익 원칙을 더 많이 적용할 필요가 있고, 현행 지방세 체계는 이러한 경향을 반영하고 있다.

(6) 간소성

간소성의 원칙은 주민 누구나 쉽게 이해할 수 있고, 동시에 사무의 절차가 복잡하지 않은 세(稅)라는 것을 의미한다.

2 지방세 체계

1) 지방세의 분류

지방세에는 여러 종류의 세목이 있다. 이것을 어떻게 분류하느냐는 합리적인 조세 체계를 구성하는 데 중요하다. 학자들에 따라 다양한 분류 방법이 제시되고 있으나[3] 여기서는 조세론의 입장에서 몇 가지 분류 방법을 적용해 본다.

(1) 보통세와 목적세

조세수입의 용도 지정 여부를 기준으로 보통세(ordinary tax)와 목적세(earmarked tax)로 구분한다. 즉, 조세의 징수 목적이 용도가 정해지지 아니한 일반적인 경비에 충당하기 위해 과징하는 세를 보통세라고 하며, 충당해야 할 경비를 특별히 정하고 그 경비의 지출에 의해 직접 이익을 받는 자에게 그 부담을 요구하는 세를 목적세라 부른다([그림 4-1] 참조).

(2) 재산과세, 소득과세, 소비과세

과세 대상의 성격에 따라 분류하는 것으로, 과세 대상이 재산, 소득 또는 소비인가에 따른 분류다. 즉, 재산과세는 재산의 보유에 관련된 조세인 재산세, 자동차세(자동차 보유에 대한 자동차세분), 지역자원시설세(기존 공동시설세로 부과하던 특정 부동산분)와 재산의 이전과 관련된 조세인 취득세가 있다. 소득과세는 소득 원천에 대한 과세로서 지방소득세가 있으며, 그리고 소비과세는 지출에 대한 과세로서 레저세, 담배소비세, 지방소비세, 자동차세(자동차 주행에 대한 자동차세분) 등이 있다.

(3) 독립세와 부가세

다른 세의 과세 표준에 의해 과세하는 세를 부가세(附加稅)라 하고, 그 다른 세를 독립세라 한다. 우리나라의 지방세는 독립세 중심으로 되어 있으며, 자동차 주행에 대한 자동차세분 , 지방소득세 소득분 및 지방교육세는 부가세다.[4] 부가세 제도는 세

3) 강인재 외(1993: 313-314)는 과세 대상, 조세수입의 용도 특정 여부, 과세 주체, 과세 표준의 설정 단위, 세율구조, 김종희(1996: 116-118)는 과세 대상, 용도의 지정 여부, 과세 주체, 세율구조, 矢野浩一郎(1985: 60-64)은 과세 대상, 과세 목표, 담세자의 성격, 조세수입의 용도 특정 여부, 과세표준의 독립성과 종속성 등으로 분류한다.

무행정의 간소화라는 장점이 있으나 지방세가 국세에 대한 부가세 방식을 따를 경우 국가에 의한 일방적인 국세 제도의 개정에 의해 그때마다 지방세가 영향을 받게 되므로 지방자치의 입장에서 바람직하지 못하다(矢野浩一郞, 1985: 63-64).

(4) 도세와 시 · 군세, 특별시 · 광역시와 구세

지방세의 과세 주체에 따른 구분으로, 우리나라는 [그림 4-1]과 같다. 이러한 분류는 조세법학이나 학술적인 이론에 근거한 것이 아니라 지방자치단체의 재원의 효율적인 배분 측면에서 시 · 도의 재원과 시 · 군 · 구의 재원을 각 세목의 세입 실태와 지방자치단체별 재정 형편을 고려해 인위적으로 구분한 것이다.

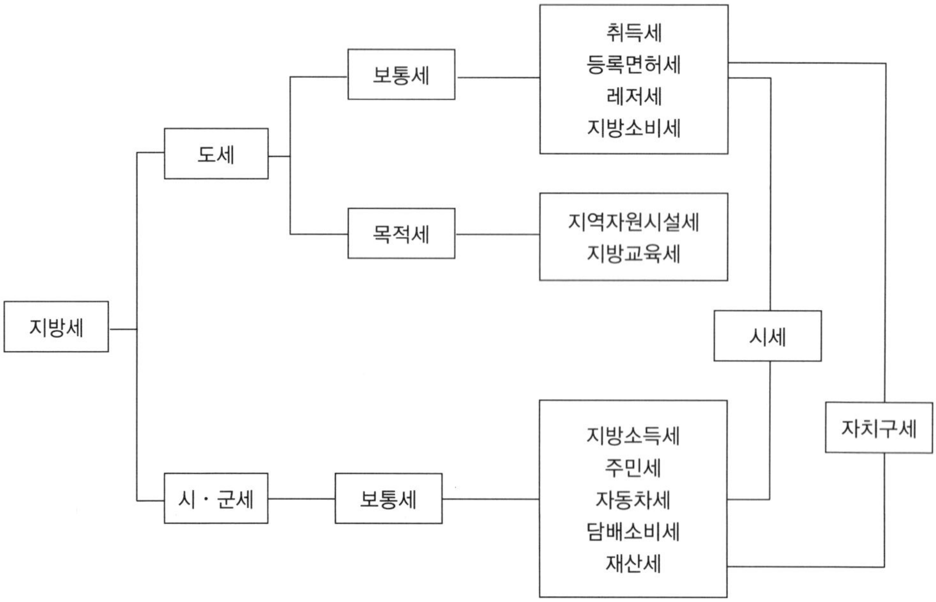

그림 4-1 우리나라의 지방세 체계

4) 자동차 주행에 대한 자동차세는 국세인 교통 · 에너지 · 환경세액를 과세표준으로 하는 부가세이고, 지방소득세 소득분은 국세인 소득세액과 법인세액를 과세표준으로 하는 부가세이며, 지방교육세는 지방세인 취득세 중 부동산, 기계장비, 항공기 및 선박 취득에 대한 취득세액, 등록에 대한 등록면허세액, 레저세액, 주민세 균등분, 재산세액, 자동차 보유에 대한 비영업용 승용자동차세액, 담배소비세액을 과세표준으로 하는 부가세다.

(5) 종가세와 종량세

과세표준을 화폐 단위로 표시한 과세물건의 가치(가격)로 하느냐 혹은 과세물건의 수량·중량·부피 등(산출 단위)으로 하느냐에 따라 종가세(ad valorem tax)와 종량세(unit tax)로 구분된다. 과세표준을 화폐 단위로 표시하면 과세의 공평을 기할 수 있으나 과세물건의 가치평가가 힘들고, 반면에 과세표준을 물건의 수량·중량·부피 등으로 표시하면 과세는 간단하지만 그 부담이 불공평하게 될 우려가 있다. 종량세의 예로는 담배소비세(제조 담배의 개비 수 또는 중량 및 부피)가 있다.

(6) 정액세와 정률세

세율이 과세표준에 관계없이 일정한 금액으로 정해져 있는 조세를 정액세(定額稅)라 하고, 세율이 과세표준의 일정 비율로 정해져 있는 조세를 정률세(定率稅)라 한다. 정률세는 다시 과세표준의 대소와 관계없이 세율이 일정한 비례세와 과세표준의 크기가 증가함에 따라 세율이 증가하는 누진세로 나눈다. 현재 지방세 중에 주민세 균등분은 정액세의 예이고, 취득세는 비례세이며, 재산세는 누진세의 예라고 할 수 있다.

2) 현행 한국의 지방세 체계와 특징

(1) 현행 지방세 체계

우리나라의 현행 지방세 체계는 11개 세목으로 구성되어 있으며, 도세와 시·군세(광역시의 군도 포함)로 구분한다. 도세는 보통세와 목적세로 구분하며, 보통세로는 취득세·등록면허세·레저세·지방소비세로 구성되고, 목적세로는 지역자원시설세·지방교육세로 구성된다. 시·군세는 보통세로만 구성되어 있으며 재산세·주민세·자동차세·담배소비세·지방소득세로 구성되고, 서울특별시세와 광역시세는 도세와 시·군세의 전 세목 중에서 구세[재산세, 등록면허세]를 제외한 9개 세목이 된다([그림 4-1] 참조).

(2) 지방세 체계의 특징

첫째, 지방세 체계가 획일적이다. 즉, 우리나라는 동등한 수준의 지방자치단체 간(특별시·광역시, 도, 시·군, 구)에는 동일한 지방세 체계를 형성하고 있어 지역의 특성을 인정하지 않는다.

둘째, 지방세 체계는 독립세 중심이다. 독립세에 부가하여 징수하는 부가세 방식은 현행 지방세 중 자동차 주행에 대한 자동차세, 지방소득세 소득분 및 지방교육세뿐이다.

셋째, 지방세 체계는 매우 복잡하다. 즉, 세목의 과다, 동일한 세원(稅源)에의 중복과세, 비과세·감면 및 중과세 등 정책과세의 과도한 활용 등으로 조세 체계가 복잡하다. 다만 최근 지방세 관련 법체계의 정비로 일부 동일 세원 중복 과세 폐지, 유사 세목 통합, 영세 세목 폐지 등으로 세목의 간소화와 비과세·감면 제도의 완화 등이 이루어져 종전보다 지방세 체계의 선진화가 이루어졌다.

넷째, 지방세 체계가 재산과세 중심이다. 즉, 2010년부터 지방소비세 도입 등으로 소비과세의 비중이 다소 향상되었으나 아직 전체 지방 세수에서 재산과세가 차지하는 비중이 50%를 넘고 있는 실정이다.

이상에서 살펴본 바와 같이 우리나라의 지방세 체계는 도세와 시·군세, 특별시·광역시세와 구세의 두 체계로 구성되고, 각각 보통세 9종, 목적세 2종 도합 11개 세목으로 구성되어 있다. 이러한 11개 세목을 지방세 분류 유형 중 조세수입의 용도 지정 여부를 기준으로 보통세와 목적세로 구분하여 구체적으로 살펴보고자 한다.

제 2 절 보통세

1 취득세

1) 의의

취득세는 재산권의 이전 과정에서 재산의 취득 사실을 포착하여 취득자에게 부과하는 조세다. 이러한 취득세는 먼저 부동산이나 차량 등 재산권을 주요 과세 대상으로 하고 있다는 점에서 재산과세에 해당되며, 또한 취득세는 재산권의 이전(유통 과정)에서 담세력이 노출되는 취득자에게 과세하는 것으로 경제적인 측면에서 유통세에 해당하고 법률적인 측면에서는 일종의 행위세(재산권의 취득 행위자에게만 부과)에 속한다.

이러한 취득세는 지방세 중 역사가 가장 긴 세목 중의 하나다. 즉, 일제 시대부터 있던 도세의 세목인 부동산취득세가 1952년 9월 26일부의 지방세법 개정에 의해 취득세로 개칭되어 운영되어 오다가 2010년 3월 지방세 가 전면 개편되면서 종전의 취득세와 취득 관련 분 등록세를 취득세로 통합하여 2011년 1월 1일부터 적용하고 있으며, 시·도세의 중심을 이루는 세목이다.

2) 과세 대상

취득세의 과세 대상은 부동산(토지 및 건축물), 차량, 기계장비, 입목(立木), 항공기, 선박, 광업권, 어업권, 골프 회원권, 승마 회원권, 콘도미니엄 회원권, 또는 종합체육시설 이용 회원권의 취득행위이며, 이러한 취득행위를 한 자가 납세 의무자가 된다. 여기서 취득이란 매매, 교환, 상속, 증여, 기부, 법인에 대한 현물출자, 건축, 개수(改修), 공유수면의 매립, 간척에 의한 토지의 조성 등과 기타 이와 유사한 취득으로서 원시취득, 승계취득 또는 유상·무상의 모든 취득을 말하며, [그림 4-2]의 모든 경우에 해당된다.

3) 비과세 및 감면

취득세의 과세 대상을 취득한 자는 원칙적으로 취득세를 납부해야 하나지방세법, 지방세특례제한법, 지방자치단체조례, 조세특례제한법 등에 의해광범하게 취득세의 비과세 및 감면 조치를 받아왔다.

취득세를 포함한 몇 가지 세목에 대해 지방세법 및 지방세특례제한법상에 규정하고 있는 비과세, 면제 및 감면을 요약하면 다음과 같다.

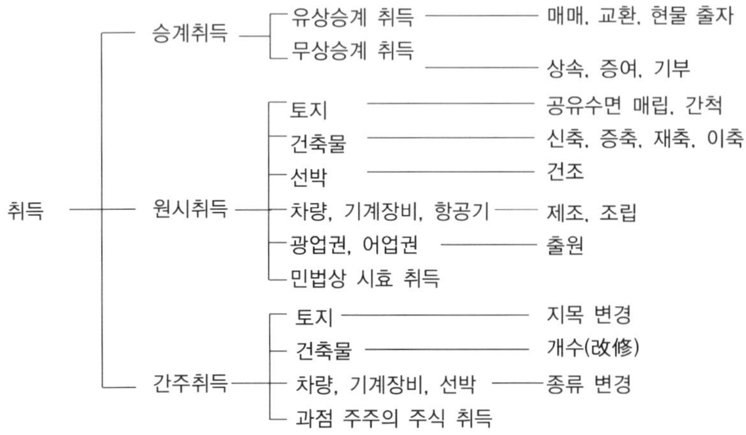

그림 4-2 취득의 범위

(1) 비과세

① 국가 등에 대한 비과세

국가·지방자치단체·지방자치단체조합·외국 정부 및 주한 국제기구의 취득과 국가·지방자치단체 또는 지방자치단체조합에 귀속 또는 기부 채납을 조건으로 취득하는 부동산에 대해서도 취득세를 부과하지 않는다.

② 신탁으로 인한 신탁재산 취득에 대한 비과세

신탁으로 인한 신탁재산 취득에 대한 비과세 유형은 위탁자로부터 수탁자에게 신탁재산을 이전하는 경우, 신탁의 종료 또는 해지로 인해 수탁자로부터 위탁자에게 신탁재산을 이전하는 경우, 수탁자가 변경되어 신수탁자에게 신탁재산을 이전하는 경우 등이다.

③ 기타 이유로 인한 비과세

동원 대상 지역 내의 토지의 수용·사용에 관한 환매권의 행사로 매수하는 부동산의 취득, 존속 기간이 1년을 초과하지 아니하는 임시 흥행장, 공사현장 사무소 등 임시용 건축물의 취득, 일정한 가격과 규모 이하의 공동주택의 개수로 인한 취득 등에는 취득세를 부과하지 않는다.

(2) 과세 면제와 감면

취득세의 면제 및 감면 대상은 ① 자경 농민의 농지, 농기계류, 농지 확대 개발, 자영어민, 농어업인 등 융자 관련, 농업법인, 어업법인, 한국농어촌공사 및 농업협동조합 등의 농업 관련 사업, 농수산물유통공사 농어민 관련 사업, 농어촌주택개량 등 농어업을 위한 지원, ② 장애인 자동차, 한국장애인고용공단, 영·유아보육시설, 노인복지시설, 청소년단체, 사회복지법인, 근로자복지, 노동조합, 근로자복지공단, 산업인력 등 지원, 국가유공자, 한국보건복지의료공단, 교환 자동차, 주택 공급 확대, 공공의료기관, 국민건강보험사업, 국민건강 증진사업자 등 사회복지를 위한 지원, ③ 학교 및 외국교육기관, 평생교육단체 및 시설, 학술연구단체 및 장학단체, 연구개발, 한국환경공단, 국립공원관리사업, 해양오염 방제 등 교육 및 과학 기술에 대한 지원, ④ 종교 및 제사단체, 문화·예술, 사회단체, 관광단지, 문화재 등 문화 및 관광 등에 대한 지원, ⑤ 기업 신용보증 및 구조조정, 벤처기업, 중소기업진흥공단, 중소기업협동조합, 도시가스사업, 광업 등 중소기업 등에 대한 지원, ⑥ 철도시설, 항공운송사업, 교환 자동차, 경형 자동차, 매매용 및 수출용 중고 자동차, 교통안전, 운송사업, 물류단지, 별정 우체국 등 수송 및 교통에 대한 지원, ⑦ 토지 수용 등으로 인한 대체 취득, 도시개발사업, 지역개발사업, 택지개발용 토지, 산업단지, 법인 및 공장의 지방 이전, 공공기관 지방 이전, 개발제한구역에 있는 주택 개량, 시장정비사업 등 국토 및 지역 개발에 대한 지원, ⑧ 한국법무보호복지공단, 주한미국 임대용 주택, 새마을금고, 새마을운동조직, 정당, 마을회, 재외 외교관 자녀 기숙사용 부동산, 천재지변 등으로 인한 대체 취득 등 공공행정 등에 대한 지원으로 구분하며, 구체적인 과세 대상에 따라 과세 면제와 50% 세액 감면을 해주고 있다(지방세특례제한법 제6조~92조).

4) 과세표준 및 세율

(1) 과세표준

취득세의 과세표준은 취득 당시의 가액으로 신고납부가 원칙인데, 과소신고 및 미신고의 경우는 시가표준액에 의한다.

(2) 세율

취득세의 세율은 표준세율로 정해져 있는데, 조례로 표준세율의 50% 범위 안에서 가감 조정이 가능하다.

취득세의 과세 대상 중 부동산 취득의 세율을 살펴보면 <표 4-1>과 같다. 그리고

표 4-1 부동산 취득에 대한 세율

구분		세율
상속으로 인한 취득	농지	2.3%
	기타	2.8%
상속 이외의 무상취득	일반	3.5%
	지방세법 제22조 해당 비영리사업자	2.8%
유상취득	농지	3.0%
	기타	4.0%
신탁재산	일반	3.0%
	지방세법 제22조 해당 비영리사업자	2.5%
원시취득		2.8%
공유물, 합유물 및 총유물의 분할로 인한 취득		2.3%

별장, 골프장, 고급 주택, 고급 오락장, 고급 선박 등 사치성 재산과 수도권정비계획법 제6조 규정에 의한 과밀 억제권 안에서 대통령령이 정하는 본점 또는 주사무소의 사업용 부동산을 취득한 경우 및 과밀억제권역 안에서 공장을 신·증설하기 위해 사업용 과세물건을 취득하는 경우는 취득세 중과세를 부과한다(지방세법 제13조).

2 등록면허세

1) 의의

등록면허세는 등록에 대한 등록면허세와 면허에 대한 등록면허세로 구분된다. 먼저 등록에 대한 등록면허세는 재산권과 기타 권리의 설정·변경 또는 소멸에 관한 사항을 공부에 등기하거나 등록하는 하는 경우에 그 등기 또는 등록을 받는 자에게 부과한다. 다음 면허에 대한 등록면허세는 면허를 받은 자에게 면허의 종류에 따라 부과한다. 여기서 면허라 함은 면허·허가·인가·등록·지정·검사·검열·심사 등 특정한 영업설비 또는 행위에 대해 권리의 설정, 금지의 해제 또는 신고의 수리 등 행정청의 행위를 말한다. 이러한 면허에 대한 등록면허세는 국가나 지방자치단체로부터 면허 등을 받음으로 인해 다른 사람이 누릴 수 없는 편익을 받는 데 대해 과세하는 응익과세 성격을 가짐과 동시에 특정한 면허 등에 대한 일종 수수료 성격도 지니고 있다.

등록면허세는 종전의 등록세 중 취득을 원인으로 이루어지는 등기 또는 등록을 제외한 부분과 종전의 면허세를 통합하여 만든 도(道)와 구(區)의 세목에 해당된다.

2) 등록에 대한 등록면허세

(1) 과세 대상 및 납세 의무자

등록에 대한 등록면허세의 과세 대상은 재산권과 기타 권리의 설정·변경 또는 소멸에 관한 사항을 공부에 등기 또는 등록하는 행위 자체이며, 이와 같은 행위를 수행하는 자가 납세 의무자가 된다. 다만 취득을 원인으로 이루어지는 등기 또는 등록은 제외하되, 광업권 및 어업권의 취득에 따른 등록, 외국인 소유의 취득과세 물건(차량, 기계장비, 항공기 및 선박)의 연분 취득에 따른 등기 또는 등록은 포함한다. 여기서 등기란 등기소의 등기부에 일정한 사항을 기재하는 것으로 현재 등기 사항으로 부동산, 선박, 공장재단 및 광업재단, 법인, 상호 등이 있다. 그리고 등록은 행정기관 등의 공부에 일정한 사항을 기재하는 것으로 현재 등록 사항으로 자동차, 건설기계, 항공기, 광업권, 어업권, 저작권·출판권·저작인접권·컴퓨터 프로그램 저작권·데이터베이스 제작자의 권리, 특허권·실용신안권 또는 디자인권, 상표·서비스표, 영업의 허가 등이 있다.

(2) 과세표준

부동산·선박·항공기·자동차 및 건설기계에 관한 등록에 대한 등록면허세의 과세표준은 등록 당시의 가액으로 신고납부가 원칙인데, 과소 신고 및 미신고의 경우는 시가표준액에 의한다. 또한 사실상의 취득 가액이 입증되지 않을 때에는 등록 당시의 시가표준액으로 한다.

(3) 세율

등록에 대한 등록면허세의 세율은 표준세율로 정해져 있으며, 조례로 표준세율의 50% 범위 안에서 가감 조정이 가능하다. 표준세율은 과세 대상에 따라 크게 과세표준에 일정 세율로 정하는 비례세(0.02~2%)와 과세표준에 관계없이 건당 일정한 금액이 정해지는 정액세의 형태로 구성된다. 중과세는 수도권정비계획법 제6조에 따른 과밀 억제권역(대도시)에서 법인을 설립하거나 지점이나 분사무소를 설치함에 따른 등기하는 경우와 대도시 밖에 있는 법인의 본점이나 주사무소를 대도시로 전입함에 따른 등기하는 경우 일반 세율의 3배가 적용된다.

3) 면허에 대한 등록면허세

(1) 과세 대상 및 납세 의무자

면허에 대한 등록면허세의 과세 대상은 제1종~제5종으로 분류하여 개별적으로 정하고 있는 면허(지방세법시행령 제39조 별표 참조)를 대상으로 하며, 이러한 면허를 받는 자(변경 면허를 받는 자도 포함)가 납세 의무자가 된다.

(2) 세율

면허에 대한 등록면허세는 면허종별로 면허를 받은 지역에 따라 세액을 달리하는 정액세로 되어 있다. 면허에 대한 등록면허세의 종별 세율은 <표 4-2>와 같다.

표 4-2 면허에 대한 등록면허세의 세율*

(단위: 원)

구분	인구 50만 이상 시	기타 시	군
제1종	45,000	30,000	18,000
제2종	36,000	22,500	12,000
제3종	27,000	15,000	8,000
제4종	18,000	10,000	6,000
제5종	12,000	5,000	3,000

주: * 도농복합 형태 시의 경우 당해 동 지역은 시로, 읍·면 지역은 군으로 보며, 인구 50만 이상의 시는 읍·면 지역을 제외한 인구가 50만 이상인 경우를 말한다. 그리고 광역시의 군지역은 군으로 본다.
근거: 지방세법 제34조.

3 레저세

1) 의의

레저세는 경륜장 등 과세 대상 사업장과 장외 발매소 소재지의 시·도가 과세 대상에 해당하는 사업을 영위하는 자의 승자투표권·승마투표권 등에 부과하는 조세다. 이러한 레저세는 2002년부터 "경주·마권세"를 개칭한 세목으로 승자·승마투표권 등의 발매에 의해 얻은 금액에 대해 과세하는 수익세의 일종이지만, 실질적으로는 승자·승마투표권 등 적중배당금을 노리는 사행행위에 대해 과세하는 특별소비세의 일종으로 보아야 할 것이다.

2) 과세 대상 및 납세 의무자

레저세의 과세 대상은 경륜·경정법에 의한 경륜 및 경정, 한국마사회법에 의한 경마, 전통 소싸움 경기에 관한 법률에 의한 소싸움이다. 레저세의 납세 의무자는 과세 대상에 해당하는 사업을 영위하는 자인 경주사업자·한국마사회 및 소싸움 경기 시행자이지만 실제 담세자는 승자투표권·승마투표권 등을 구입하는 일반인이다.

3) 과세표준과 세율

레저세의 과세표준은 승자투표권·승마투표권 등의 발매금 총액이며, 그 세율은 과세표준액의 10%다.

4) 과세 현황

레저세는 2009년에 1조 23억 원을 징수하여 전체 지방세수의 2.2%를 차지한다(행정안전부, 2010a: 10-11), 또한 2009년 레저세의 부과 실적을 시·도별로 보면, <표 4-3>과 같이 경기도에서 5,839억 원이 부과되어 전체의 58.3%를 차지하고 있다. 따라서 레저세는 세원의 보편성이라는 지방세 원칙에 비추어 보아 지방세 세목으로 적합하지 않다고 볼 수 있다.

표 4-1 레저세의 부과 실적(2009년)

(단위: 억 원, %)

구분	경마		경륜		경정		합계	
	장내	장외	장내	장외	장내	장외	세액	비중
서울	–	866	–	204	–	153	1,223	12.2
경기	1,250	2,539	191	1,398	102	359	5,839	58.3
기타	405	2,118	136	239	–	62	2,961	29.5
합계	1,655	5,523	327	1,841	102	574	10,023	100.0

자료: 행정안전부, 『지방세정연감』, 2010: 418-421의 재구성.

4 담배소비세

1) 의의

담배소비세는 담배의 소비에 대해 부과하는 소비세다. 서구에서는 주세 등과 더불어 그 소비에 처벌 의미를 내포한 '죄악세'의 성격도 내포되어 있다. 이러한 담배소비세는 1984년 말 지방세법 개편 시 농지세 개편에 따른 지방세수의 감소를 보전하기 위해 국가 수입이었던 전매입금(專賣入金)의 일부를 과세 대상으로 하여 1985년부터 시행된 담배판매세를 확대·개편한 것으로 1989년 시(특별시·광역시 포함)·군의 보통세로 도입하여 현재에 이른다.

2) 과세 대상 및 납세 의무자

담배소비세의 과세 대상은 담배로서, 제조자가 제조장으로부터 반출할 때 또는 수입 판매업자가 보세구역으로부터 반출할 때 등의 경우 제조자나 수입 판매업자가 납부하게 된다. 그러나 실질적 담세자는 담배를 소비하는 일반인으로 간접세의 형태다.

3) 과세 면제

제조자 또는 수입 판매업자가 제조 담배를 ① 수출, ② 국군·전투경찰·교정시설 경비교도 및 주한 외국군에의 납품, ③ 보세구역에서 판매, ④ 외항선 및 원양어선의 선원에게 판매, ⑤ 국제 항로에 취항하는 항공기 또는 여객선의 승객에 대한 판매, ⑥ 시험분석 및 연구용, ⑦ 기타 대통령령이 정한 것에 대해 담배소비세를 면세하며, 또한 외국으로부터 입국하는 자 등이 반입하는 제조 담배의 경우 일정한 범위 내(궐련 200개비, 엽궐련 50개비, 기타 담배 250그램)에서 면세한다.

4) 과세표준과 세율

담배소비세의 과세표준은 담배의 개비 수 또는 중량 및 부피로 한다. 세율은 정액세이며 담배의 구분에 따라 다르다. 즉, ① 피우는 담배의 경우 궐련은 20개비당 641원, 파이프 담배는 50그램당 1,150원, 엽궐련은 50그램당 3,270원, 각련은 50그램당 1,150원이며, 전자담배는 니코틴용액 1밀리 리터당 400원, ② 씹는 담배는 50그램당 1,310원, ③ 냄새 맡는 담배는 50그램당 820원이다. 이 세율은 30% 범위 내에서 대통령령으로 가감이 가능한 탄력세율이다. 현행 지방세법시행령에 의한 담배소비세 조정 세율은 표준세율과 동일하다.

5) 과세 현황

담배소비세는 2009년의 징수 실적이 3조 167억 원으로 전체 지방세 세입액에서 차

표 4-4 담배소비세의 징수 실적(2009년)

(단위: 억 원, %)

구분	서울특별시		광역시		도			합계
	본청	구	본청	군	본청	시	군	
담배 소비세	6,415 (5.9)	–	6,843 (8.1)	355 (11.7)	–	13,590 (13.1)	2,905 (16.4)	30,107 (6.7)
지방세 세입액	108,263 (100.0)	20,726	84,303 (100.0)	3,031 (100.0)	114,099	103,526 (100.0)	17,729 (100.0)	45,1678 (100.0)

자료: 행정안전부, 『지방세정연감』, 2010: 50-53의 재구성.

지하는 비중이 6.7%로서 크지는 않지만 시와 군의 경우는 상당히 중요한 세목에 해당된다(<표 4-4> 참조).

5 지방소비세

1) 의의

지방소비세는 지방재정 확충의 일환으로 국세인 부가가치세액의 5%를 지방세로 전환하면서 2010년 1월 1일부터 신설된 도세(특별시세, 광역시세)의 보통세로 과세한다. 즉, 지방소비세의 신설은 부가가치세의 일부를 지방세로 전환한 것이므로 국민의 조세부담이 추가적으로 증가된 것은 없다.

2) 과세 대상 및 납세 의무자

지방소비세의 과세 대상 및 납세 의무자는 부가가치세 과세 대상 및 납세 의무자와 동일하다. 즉, 재화 또는 용역을 공급하거나 재화의 수입 시 부과하며, 납세 의무자도 재화 또는 용역을 공급하거나 재화를 수입함으로써 부가가치세 납세 의무가 있는 자다.

3) 과세표준과 세율

지방소비세의 과세표준은 다음과 같다.

지방소비세의 과세표준=부가가치세 납부세액−부가가치세 감면세액 및 공제세액+가산세

지방소비세의 세율은 과세표준액의 100분의 5다.

4) 납부 방법 및 시·도별 배분 방법

(1) 납부 방법

지방소비세 납세 의무자는 부가가치세법상 납세지 관할 세무서장 또는 세관장(지방소비세 특별징수 의무자)에게 신고·납부한다.

(2) 시 · 도별 배분 방법

특별징수 의무자가 징수한 지방소비세를 다음 달 20일까지 납입 관리자(서울특별시장)에게 징수명세서와 함께 납입하면, 납입 관리자는 납입받은 날로부터 5일 이내 지역별 소비 지출 정도 등을 고려하여 대통령령으로 정하는 안분 기준 및 안분 방법(지방세법시행령 제110조)에 따라 각 도지사(광역시장)에게 납입해야 한다.

6 주민세

1) 의의

주민세는 시(특별시 · 광역시 포함) · 군의 보통세로서 지방정부의 공공 서비스를 공급하는 데 필요한 경비를 주민에게 분담시키는 것을 목적으로 한다. 이러한 주민세는 고종 8년부터 시행된 호별세(戶別稅)를 그 기원으로 할 수 있으며, 1973년 3월 지방세법 개정 시 신설되어 운영되어 오다가 2009년 지방세법 개정 시 주민세 소득할을 분리하여 지방소득세로 신설했으며 2010년 3월 지방세 전면 개편 시 종전의 사업소세 재산할을 주민세에 통합하여 운영하고 있다.[5]

2) 과세 대상

주민세는 균등분과 재산분으로 구분하여 과세된다. 균등분은 과세 대상에 따라 개인에 대해 과세하는 개인 균등분과 법인에 대해 과세하는 법인 균등분으로 나누고, 재산분은 매년 7월 1일 현재 과세대장에 등재된 사업주다.

그리고 개인 균등분은 당해 시 · 군에 주소를 둔 개인에게 과세하는 주소지분과 시 · 군 내에 대통령령이 정하는 일정 규모 이상의 사무소 또는 사업장을 둔 개인에게 과세하는 사업장분(이하 "사업장을 둔 개인"이라 함)으로 나눈다.

3) 과세표준과 세율

주민세 균등분의 경우 시 · 군에 주소를 둔 개인 균등분의 세율은 10,000원을 초과하지 않는 범위 내에서 시 · 군별 조례로 정하도록 하는 제한세율을 적용하고, 나머지

5) 광역시의 주민세 재산분은 주민세 특례규정(지방세기본법 제11조)에 의해 구세에 속한다.

는 모두 표준세율로 정해져 있는데 조례로 표준세율의 50% 범위 안에서 가감 조정할 수 있다. 시·군 내에 사업장을 둔 개인 균등분 표준세율은 사업장 단위별 50,000원이다.

그리고 법인에 대한 균등분의 표준세율은 법인 규모(자본 금액 또는 출자 금액, 종업원 수)에 따라 5단계로 구분하여 최하 5만 원에서 최고 50만 원까지 정액세로 부과한다.

주민세 재산분의 경우 과세표준은 과세 기준일 현대의 사업소 연면적으로 하며, 표준세율은 사업소 연면적 1제곱미터당 250원을 초과할 수 없다. 다만 시장·군수는 조례로 위의 세율 이하로 정할 수 있다. 또한 폐수 또는 산업폐기물 등을 배출하는 사업소로서 대통령령이 정하는 오염물질 배출 사업소에 대해서는 일반 세율의 2배를 부과한다.

한편 주민세 재산분을 부과하지 않는 면세점은 사업소의 연면적이 330㎡ 이하인 경우다.

4) 징수 및 납부 방법

(1) 균등분

주민세 균등분의 징수 방법은 보통징수 방법으로 하며, 과세 기준일은 매년 8월 1일이며, 납기일은 매년 8월 16일부터 8월 31일까지다.

(2) 재산분

주민세 재산분의 징수 방법은 신고납부 방법으로 하며, 과세 기준일은 7월 1일이며, 납세 의무자는 매년 납부할 세액을 매년 7월 1일부터 7월 31일까지 납기로 하여 납세지를 관할하는 시장(특별시장 포함)·군수·구청장에게 신고납부해야 한다.

7 지방소득세

1) 의의

지방소득세는 소득 관련 독립적 과세 체계로 지방자치단체의 재원자주화를 추구하기 위해 종전의 소득할 주민세와 종업원할 사업소세를 통합하여 만든 시(특별시·광역시 포함)·군세의 보통세다. 현행 지방소득세는 소득분과 종업원분으로 분류하고 있으며, 광역시의 경우 종업원분은 지방소득세 특례규정(지방세기본법 제11조)에 따라 구세(區稅)로 운영하고 있다. 여기서 "소득분"이란 소득세분 및 법인세분을 총칭하며, 소득세분은 소득세법에 따라 납부해야 하는 소득세액을 과세표준으로 하는 지방소득세를 의미하고, 법인세분은 법인세법에 따라 납부해야 하는 법인세액을 과세표준으로 하는 지방소득세를 말한다. 한편 '종업원분'이란 종업원의 급여 총액을 과세표준으로 하여 부과하는 지방소득세를 말한다.

2) 납세 의무자

지방소득세 납세 의무자는 소득분과 종업원분으로 구분하며, 소득분은 지방자치단체에서 소득세 및 법인세의 납세 의무가 있는 자이며, 종업원분은 종업원에게 급여를 지급하는 사업주(사업장의 종업원을 50인 초과 고용하고 있는 사업주만 해당)다.

3) 과세표준과 세율

(1) 소득분

소득분의 표준세율은 소득세액 및 법인세액의 100분의 10이며, 지방자치단체의 장은 조례로 정하는 바에 따라 표준세율의 50% 범위에서 가감할 수 있다.

(2) 종업원분

종업원분의 표준세율은 종업원 급여 총액의 1,000분의 5이며, 지방자치단체의 장은 조례로 정하는 바에 따라 종업원분의 세율을 1,000분의 5 이하로 정할 수 있다.

4) 징수 및 납부 방법

(1) 소득분

소득분의 징수는 신고 납부 및 특별징수의 방법으로 한다. 먼저 법인세분 납세 의무자는 사업 연도 종료일부터 4개월 이내, 소득세분 납부 의무자는 소득세 신고 만료일까지 소득분 지방소득세액을 각각 관할 시장(특별시장 · 광역시장) · 군수에게 신고하고 납부해야 한다. 그리고 소득세와 법인세를 원천징수할 경우 원천 징수 의무자(소득분 특별징수 의무자)는 소득분 지방소득세액(특별징수세액)을 소득세 또는 법인세와 동시에 특별징수하여, 그 징수일이 속하는 달의 다음달 10일까지 관할 시장(특별시장 · 광역시장) · 군수에게 납입해야 한다.

(2) 종업원분

종업원분 납세 의무자는 매월 납부할 세액을 다음달 10일까지 납세지를 관할하는 시장(서울특별시장 포함) · 군수 · 구청장에게 신고납부해야 한다.

8 재산세

1) 의의

재산세는 재산(토지 · 건축물 · 주택 · 선박 및 항공기)에 부과하는 조세다. 이러한 재산세는 1961년 말 지방세법 개정 시 국세였던 광세와 토지세 중 대지세분, 도세였던 가옥세와 선세 및 시 · 군세로서 가옥세와 선세에 대한 부가세 등이 통합되어 시 · 군의 보통세로 신설되어 여러 차례 개정을 거쳐 특히 지난 2010년 3월 지방세 전면 개편 시 재산세와 중복 과세하는 재산세 부가세 성격을 갖는 도시계획세와 통합하여 현재에 이른다.[6]

이러한 재산세의 특성으로는 ① 토지 · 건축물 · 주택 · 선박 및 항공기 등이 그 소재하는 시 · 군 · 구로부터 받는 이익(도로 정비 · 상하수도 등 행정 서비스 혜택과 행정 서비스로 인한 재산가치 상승 등)에 착안하여 부담시키는 응익 원칙에 입각한 조세이고, ② 토지 · 건축물 · 주택 · 선박 및 항공기 등에 대해 그 가액에 따라 부과되는 재산보유세이며, ③ 재산세는 납세자의 인적 요건(소득 · 부양가족 · 연령 등)을 고려하지 않고 재산 그 자체를 과세 대상으로 하는 대물세(對物稅)이고, ④ 과세 대상이 보편적으로 존재할 뿐만 아니라 경기 변동의 영향을 받지 않는 안정적인 조세다(유훈, 2000: 139-140; 김종희, 2006: 146-147).

재산세는 재산의 보유가 일정 소득 계층에 편중되어 있어 누진세율 적용 등으로 소득 재분배 기능에 부분적이나마 기여할 수 있다는 점에서 관심의 대상이 된 세목이라 할 수 있다.

---

6) 재산세는 시 · 군 · 구세이다. 다만 특별시 관할 구역 안에 있는 구의 경우에는 재산세(선박 및 항공기에 대한 재산세 제외)를 "특별시 및 구세인 재산세"로 하며 재산세액의 50%를 특별시세로 하여 그 전액을 구의 지방세수 등을 감안하여 구에 교부한다.

2) 과세 대상 및 납세 의무자

(1) 과세 대상

재산세의 과세 대상은 토지 · 건축물 · 주택(토지와 건축물의 범위에서 제외) · 선박 및 항공기다.

토지에 대한 재산세 과세 대상은 주택의 부속 토지를 제외한 모든 토지이며, 분리과세 대상, 별도 합산과세 대상, 종합 합산과세 대상으로 구분한다.

① 분리과세 대상

낮은 세율이 적용되는 토지는 대통령령이 정하는 공장용지(입지 기준 면적 내), 전 · 답 · 과수원 등 농지, 특수개발림 · 종중 소유 · 문화재 및 상수도 보호구역 내 등의 임야, 목장용지(기준 내), 한국토지주택공사 등의 분양 · 공급용 · 임대용 토지 등이다. 높은 세율이 적용되는 토지는 골프장용 및 고급 오락장용 토지다.

② 별도 합산과세 대상

주택 이외의 건물의 부속 토지 중 종합 합산 및 분리과세 대상 건축물의 부속 토지를 제외한 공장용 건축물의 부속 토지 등 대통령령으로 정한 건축물의 부속 토지로서 기준 면적 이내의 토지 즉, 공장용 건축물 및 일반 영업용 건축물(사무실, 수퍼마켓 등 점포, 음식점, 호텔 등 숙박업소, 창고, 병원, 공연시설 등)의 부속 토지와 건축물의 부속 토지는 아니더라도 차고용 토지, 보세창고용 토지, 시험 · 연구 · 검사용 토지, 물류단지 시설용 토지 등 공지 상태나 해당 토지의 이용에 필요한 시설 등을 설치하여 업무 또는 경제활동에 활용되는 토지로서 대통령령으로 정한 토지다.

③ 종합 합산과세 대상

토지 중 별도 합산 또는 분리과세 대상이 되는 토지를 제외한 토지로서 공장용지 중 입지 기준 면적 초과 토지, 분리과세 대상 이외의 농지(전 · 답 · 과수원), 목장용지 중 기준 면적 초과 토지, 분리과세 대상 이외의 임야, 나대지, 잡종지 등이다.

(2) 납세 의무자

재산세의 납세 의무자는 과세 기준일(매년 6월 1일) 현재 사실상의 재산의 소유자이며, 예외적으로 소유자가 불분명한 때에는 사용자를 납세 의무자로 한다.

3) 과세표준 및 세율

(1) 과세표준

먼저 토지·건축물·주택에 대한 재산세의 과세표준은 지방세법 제4조 제1항 및 제2항에 따른 시가표준액에 부동산 시장의 동향과 지방재정 여건 등을 고려하여 다음 각 호의 어느 하나에서 정한 범위에서(1. 토지 및 건축물: 시가표준액의 100분의 50부터 100분의 90까지; 2. 주택: 시가표준액의 100분의 40부터 100분의 80까지) 대통령령으로 정하는 공정 시장 가액 비율[7]을 곱해 산정한 가액으로 한다. 다음 선박 및 항공기에 대한 재산의 과세표준은 지방세법 제4조 제2항에 따른 시가표준액으로 한다.

(2) 세율

재산세의 표준세율은 과세 대상에 따라 다르며, 조례로 표준세율의 50% 범위 안에서 가감 조정할 수 있다. 다만 가감 조정한 세율은 당해 연도에 한해 적용한다.

① 토지

종합 합산과세 대상인 경우는 과세표준이 5,000만 원 이하일 때 과세표준액의 0.2%에서부터 과세표준이 1억 원 초과일 때 과세표준액의 0.5%까지 3단계 초과 누진 세율이 적용되고, 별도 합산 대상인 경우는 과세표준이 2억 원 이하일 때 과세표준액의 0.2%에서부터 과세표준이 10억 원 초과일 때 과세표준액의 0.4%까지 3단계 초과 누진 세율이 적용되며, 분리 대상인 경우는 대상 토지에 따라 각각 다른 단일 세율을 적용하는데 ⓐ 전·답·과수원·목장용지·임야는 과세표준액의 0.07%, ⓑ 골프장 및 고급 오락장 토지는 과세표준액의 4%, ⓒ 주택 공급용 토지 등 기타 분리과세 대상 토지는 0.2%다.

② 건축물

건축물은 과세 대상에 따라 각각 다른 단일의 세율을 적용한다. 즉, 골프장·고급 오락장용 건축물의 경우는 과세표준액의 4%, 특별시·광역시(군지역 제외)·시(읍·면지역 제외) 지역 안에서 국토의 계획 및 이용에 관한 법률, 기타 관계 법령의 규정에 의해 지정된 주거지역 및 당해 지방자치단체 조례로 정하는 지역 내의 대통

7) 현행 지방세법시행령 제109조에 의하면, 토지 및 건축물은 시가표준액의 100분의 70, 주택은 시가표준액의 100분의 60으로 규정하고 있다.

령령으로 정하는 공장용 건축물의 경우는 과세표준액의 0.5%를 적용하고, 기타 일반용 건축물의 경우는 0.25%를 적용하되 수도권정비계획법 제6조에 따른 과밀억제권역에서 행정안전부령에 정하는 공장 신·증설에 해당하는 건축물의 재산세율은 최초의 과세 기준일로부터 5년간 5배(1.25%)로 중과한다.

③ 주택

사치성 재산으로 분류되는 별장의 경우는 과세표준액의 4%의 세율이 적용되고, 나머지 주택의 경우는 과세표준이 6,000만 원 이하일 때 과세표준액의 0.1%에서부터 과세표준이 3억 원 초과일 때 과세표준액의 0.4%까지 4단계 초과 누진세율이 적용된다.

④ 선박

고급 선박의 세율은 과세표준액의 5% 적용, 기타 선박은 과세표준액의 0.3%를 적용한다.

⑤ 항공기

항공기의 세율은 과세표준액의 0.3%를 적용한다.

9 자동차세

1) 의의

자동차세는 자동차 소유에 대한 자동차세와 자동차 주행에 대한 자동차세로 구분된다. 이는 2011년 1월 1일부터 종전의 자동차세와 주행세를 통합하여 만든 시·군세와 특별시 및 광역시세의 세목으로 운영되고 있다.

따라서 자동차세는 일반적으로 자동차의 보유 사실에 대한 재산과세의 성격과 도로 손상, 교통 혼잡, 소음, 대기오염 등에 대한 원인자(사용자) 부담금으로서의 목적세 성격을 내포함과 동시에 휘발유·경유 및 이와 유사한 대체유류(이하 "과세물품"이라 함)의 소비에 대한 소비세 성격도 지니고 있다.

이러한 자동차세는 2009년 기준 징수 실적이 6조 1,211억 원(소유분 2조 8,340억 원, 주행분 3조 2,871억 원)으로 전체 지방세 수입의 13.6%에 해당하는 중요한 세목이다(행정안전부, 2010a: 10-11).

2) 자동차 소유에 대한 자동차세

(1) 과세 대상 및 납세 의무자

자동차관리법의 규정에 의해 등록 또는 신고된 차량과 건설기계관리법의 규정에 따라 등록된 덤프 트럭・콘크리트 믹서 트럭을 소유하고 있는 자가 그 소유 사실에 대해 부담하는 조세다.

표 4-5 승용 자동차의 세율

영업용		비영업용	
배기량	cc당 세액	배기량	cc당 세액
1,000cc 이하	18원	800cc 이하	80원
1,600cc 이하	18원	1,000cc 이하	100원
2,000cc 이하	19원	1,600cc 이하	140원
2,500cc 이하	19원	2,000cc 이하	200원
2,500cc 초과	24원	2,000cc 초과	220원

(2) 비과세 및 감면

특수 용도의 차량(국방, 경호・경비・교통순찰, 소방・환자 수송, 청소・오물 제거, 도로 공사 , 주한 외교기관 등)에 대한 비과세, 자동 경운기 등 농기계류에 대한 면제, 장애인 승용차에 대한 감면 등이 있다.

(3) 과세표준과 세율

자동차 소유에 대한 자동차세의 표준세율은 기본적으로 차종별과 용도별(영업용과 비영업용)로 구분되어 다른 세율 체계가 적용되며, 각 차종별로 배기량과 용도(승용 자동차), 적재 적량과 용도(화물 자동차), 크기와 용도(승합 자동차, 특수 자동차) 등에 따라 누진율이 적용되고 있다.

이 중 승용 자동차에 적용되는 표준세율은 <표 4-5>와 같다. 즉, 배기량에 cc당 세액을 곱해 연 세액으로 한다. 단, 비영업용 승용차에 대한 자동차세는 구입 후 3년부터 매년 5%씩 경감하고, 12년 이후부터는 50% 균일 경감하여 과세한다. 이상과 같은 표준세율에도 불구하고 특별시장・광역시장 및 시장・군수는 조례가 정하는 바에 의해 배기량 등을 감안하여 표준세율의 50%까지 초과하여 정할 수 있다.

표 4-6 자동차 소유에 대한 자동차세 부과 실적(2009년)

(단위: 천 대, 백만 원, %)

구분	합계		영업용		비영업용(관용·자가용)	
	대수	세액	대수	세액	대수	세액
승용 자동차	23,195(84.1)	3,045,655(95.9)	548	18,141	22,647	3,027,514
기타 승용 자동차	–	–	–	–	–	–
승합 자동차	695(2.5)	34,772(1.1)	114	4,249	581	30,524
화물 자동차	3,525(12.8)	93,491(2.9)	456	10,5041,	3,069	82,987
특수 자동차	75(0.3)	2,640(0.1)	59	724	16	916
3륜 이하 소형 자동차	82(0.2)	877(–)	–	–	82	877
합 계	27,572(100.0)	3,177,435(100.0)	1,176	34,168	26,396	3,142,817

자료: 행정안전부, 『지방세정연감』, 2010.

(4) 과세 현황

자동차 소유에 대한 자동차세는 2009년에 2조 8,340억 원이 징수되어 전체 지방세 세수의 6.3%를 차지했다(행정안전부, 2010a: 10-11). 또한 2009년 자동차 소유에 대한 자동차세의 부과 기준으로 승용 자동차가 전체 자동차 세액의 95.9%를 차지했다(<표 4-6> 참조).

2) 자동차 주행에 대한 자동차세

(1) 과세 대상 및 납세 의무자

자동차 주행에 대한 자동차세는 휘발유·경유 및 이와 유사한 대체 유류(이하 "과세물품"이라 함)의 소비에 대한 국세인 교통·에너지·환경세액 중 일부를 세원으로 하고 있다.

납세 의무자는 과세 물품에 대한 교통·에너지·환경세액의 납세 의무자다. 즉, 과세 물품을 제조하여 반출하거나 보세구역으로부터 반출하는자 등으로서 정유회사 및 유류 수입업자 등이 이에 해당된다. 그러나 실질적인 담세자는 과세 물품을 소비하는 일반인으로 간접세의 형태다.

(2) 과세표준과 세율

자동차 주행에 대한 자동차세의 세율은 과세 물품에 대한 교통·에너지·환경세액의 1,000분의 360이다. 이 세율은 30% 범위 내에서 대통령령으로 가감 조정이 가능한 탄력세율로서, 2011년 현재 적용되는 조정 세율은 1,000분의 260이다.

(3) 납부 방법 및 시 · 군별 배분 방법

① 납부 방법

자동차 주행에 대한 자동차세는 납세 의무자가 정유 제조장이나 세관장 소재지 시장, 군수(특별징수 의무자)에게 교통 · 에너지 · 환경세 납부 기한 즉 다음 달 말일(제조업자), 수입신고 수리일로부터 15일 이내(수입업자)까지 신고 납부해야 한다.

② 시·군별 배분 방법

특별징수 의무자(시장 · 군수)가 징수한 자동차 주행에 대한 자동차세를 징수한 날이 속하는 달의 다음 달 10일까지 울산광역시장(주된 특별징수 의무자)에게 송금해야 하고, 울산광역시장은 시 · 군별 비영업용 승용 자동차의 자동차세 징수 실적 등을 감안하여 대통령령으로 정하는 안분 기준 및 방법에 따라 25일까지 전국 시(특별시 및 광역시 포함) · 군에 송금해야 한다.

제 3 절 목적세

1 지역자원시설세

1) 의의

지역자원시설세는 지하 · 해저자원, 관광자원, 수자원, 특수지형 등 지역자원의 보호 및 개발, 지역의 특수한 재난 예방 등 안전관리사업 및 환경 보호 · 개선사업, 그 밖에 지역균형개발사업에 필요한 재원을 확보하거나 소방시설, 오물처리시설, 수리시설 및 그 밖의 공공시설에 비용을 충당하기 위해 부과하는 시 · 도의 목적세로 종전의 공동시설세와 지역개발세를 통합하여 만든 세목이다. 이러한 지역자원시설세는 과세 대상과 세율 등 기본적인 것만 지방세법에서 규정하고 구체적인 과세권의 행사를 각 자치단체의 자주적인 결정에 위임하여 조례를 통해 실제 징수 여부 및 탄력세율을 결정하도록 하는 선택세 제도를 채택하고 있다. 현재 지역자원시설의 과세 대상에 해당하는 2009년 지역개발세와 공동시설세의 징수 실적은 각각 909억 원과 5,912억 원을 합하면 6,821억 원으로 전체 지방세수의 1.5%를 차지했다(행정안전부, 2010a: 39).

2) 과세 대상과 납세 의무자

지역자원시설세의 과세 대상은 특정 자원(발전용수, 지하수, 지하자원, 컨테이너를 취급하는 부두를 이용하는 컨테이너 및 원자력 발전)과 특정 부동산(소방시설, 오물처리시설, 수리시설, 그 밖의 공공시설로 인해 이익을 받는 자의 건축물, 선박 및 토지)이며, 지역자원시설세의 납세 의무자는 유수(流水)를 이용하여 직접 수력 발전을 하는 자, 지하수를 이용(음용, 목욕용)하기 위해 채수(採水)하는 자, 지하자원을 채광하는 자, 부두를 이용하여 컨테이너를 입·출항시키는 자, 원자력을 이용하여 발전하는 자, 특정 부동산 소유자 등이다.

3) 과세표준과 세율

지역자원시설세 중 특정 자원에 대한 지역자원시설세의 과세표준과 세율은 <표 4-7>과 같으며, 또한 특정 부동산에 대한 지역자원시설세의 과세표준과 세율은 소방시설과 기타 공동시설로 나누어 살펴보면 다음과 같다. 먼저 소방시설세의 경우, 과세표준은 건축물 또는 선박의 가액 또는 시가표준액으로서 재산세와 동일하며, 표준세율은 과세표준액의 최저 0.04%에서 최고 0.12%까지 6단계의 초과 누진세율로 되어 있으며, 단 저유장, 주유소, 정유소, 백화점, 호텔, 유흥장, 극장, 4층 이상의 건축

표 4-7 특정 자원에 대한 지역자원시설세의 과세표준과 표준세율

과세 대상	과세표준	표준세율
발전용수	발전에 이용된 물	10세제곱미터당 2원
지하수	음용수로 판매하기 위해 채수된 물	1세제곱미터당 200원
	목욕용수로 이용하기 위해 채수된 온천수	1세제곱미터당 100원
	기타	1세제곱미터당 20원
지하자원	채광된 광물가액	0.5%
컨테이너	컨테이너 1티이유(TEU)당	15,000원
원자력 발전	발전 1킬로와트시당	0.5원

물 등 화재 위험 건물에 대해서는 표준세율의 2배로 중과세한다.

다음 오물처리·수리시설 등 기타 공동시설의 경우는 토지 및 건축물의 전부 또는 일부에 대한 가액을 과세표준으로 하고, 세율은 0.023%를 표준세율로 한다. 지역자원시설세는 원자력 발전을 제외하고 조례로 표준세율의 50% 범위 안에서 가감 조정할 수 있다.

2 지방교육세

1) 의의

지방교육세는 지방교육의 질적 향상에 필요한 지방교육 재정의 확충에 소요되는 재원을 확보하기 위해 과세하는 시(특별시·광역시)·도의 목적세다. 이러한 지방교육세는 지방자치단체가 지방교육 재정 부담의 주체가 되도록 교육세의 법령 체계를 정비하면서 지방세에 부가되는 국세인 교육세 세원을 지방으로 전환하여 신설된 세목이며, 2001년 1월 1일부터 시행되었다. 2009년에 4조 7,944억 원을 징수하여 전체 지방 세수의 10.6%를 차지했다(행정안전부, 2010a: 39).

표 4-8 지방교육세의 과세표준과 표준세율

과세표준	표준세율
취득세(부동산, 기계장비, 항공기 및 선박 취득)액	100분의 20
등록에 대한 등록면허세액	100분의 20
레저세액	100분의 40
주민세 균등분의 세액	100분의 10, 다만 인구 50만 이상의 시에서는 100분의 25로 한다.*
재산세액	100분의 20
자동차 소유에 대한 비영업용 승용자동차세액	100분의 30
담배소비세액	100분의 50

주: * 도농 복합 형태의 시에 대해 "인구 50만 이상의 시"라 함은 동 지역의 인구가 50만 이상인 경우를 말하며, 당해 시의 읍·면 지역에 대해서는 그 세율의 100분의 10으로 한다.
근거: 지방세법 제151조.

2) 납세 의무자

지방교육세 납세 의무자는 지방세인 취득세(부동산, 기계장비, 항공기 및 선박 취득), 등록에 대한 등록면허세, 레저세, 주민세 균등분, 재산세, 자동차 소유에 대한 비영업용 승용 자동차에 대한 자동자세 및 담배소비세의 납세 의무자다. 따라서 지방교육세는 지방세인 취득세 일부, 등록에 대한 등록면허세, 레저세, 주민세 균등분, 재산세, 자동차 소유에 대한 비영업용 승용 자동차에 대한 자동차세 및 담배소비세의 부가세 형식으로 운영되고 있다.

3) 과세표준과 세율

지방교육세의 과세표준과 세율은 앞의 <표 4-8>과 같으며, 조례로 표준세율의 50% 안에서 가감 조정할 수 있다.

제 4 절 지방 세무행정

1 과세표준과 세율의 결정

1) 과세표준

과세표준이란 지방세법에 따라 직접적으로 세액 산출의 기초가 되는 과세물건의 가액·수량·면적 등으로 표시되며 지방세법에 세목별로 규정되어 있다. 과세표준은 과세표준을 결정하기 위한 기본 자료인 시가표준액과 구별된다. 시가표준액은 부동산 취득에서 사실상의 취득가액을 입증하기 어려운 경우의 과세표준을 결정하기 위한 가액으로서 지방자치단체의 장이 결정한다. 시가표준액의 적용 대상은 취득세, 재산세 등이다.

2) 세율

세율은 세액 산출을 위해 과세표준에 적용하는 비율로서, 과세표준의 크기 등에 따라 세 부담의 정도가 어떻게 변하는가에 의해 정액세, 비례세, 누진세로 구분할 수 있다. 즉, 정액세는 그 세액이 고정되어 있는 경우로서 주민세 균등분, 면허에 대한 등록면허세를 예로 들 수 있다.

비례세는 과세표준의 크기에 관계없이 그 세율이 고정되어 있는 경우로서 취득세, 레저세, 지방소비세, 지방소득세 소득분, 자동차 주행에 대한 자동차세 등 지방 세목 중 다수의 세목이 비례세에 해당한다.

누진세는 재산세, 지역자원시설세(특정 부동산분) 등과 같이 과세표준이 증가함에 따라 과세표준을 여러 단계로 구분하여 각기 증가되는 초과누진세와 과세표준이 증가함에 따라 그 전체에 대해 단순히 고율이 적용되는 단순누진세가 있다(자동차 소유에 대한 자동차세).

또한 지방자치단체의 재량성 유무에 따라 고정세율과 탄력세율로 구분되는데, 고정세율은 그 세율이 지방세법상 일정률로 고정되어 있어 지방자치단체가 다른 세율을 적용할 수 있는 여지가 없는 세율로서 면허에 대한등록면허세, 레저세, 지방소비세 등이 있다. 탄력세율은 특정한 사유가 없는 한 적용해야 할 표준세율을 지방자치단체가 조례로써 일정한 범위 내에서 조정할 수 있는 세율을 의미하며, 이는 ① 세율의 최고 한도만을 정해 놓은 제한세율이 설정되어 있는 지방소득세 종업원분(종업원 급여 총액의 0.5%), 주민세 재산분(1제곱미터당 250원), ② 표준세율을 규정하면서도 그것을 조정할 때 그 최고 한도만을 규정하는 경우로서 자동차 소유에 대한 자동차세(50% 범위 안에 초과 가능), ③ 일정한 범위 내에서 표준세율을 가감 조정할 수 있는 경우로서 취득세·등록에 대한 등록면허세·재산세·주민세 균등분·지역자원시설세·지방교육세(50% 범위 안에서 가감 가능) 등이 있다. 한편 담배소비세와 자동차 주행에 대한 자동차세는 표준세율의 30% 범위 내에서 대통령령으로 가감하여 조정할 수 있다.

2 부과 및 징수

1) 징수 방법

지방세 징수 방법에는 신고납부, 특별징수, 보통징수 등 세 가지가 있다.[8]

8) 그 밖에 지방재정법시행령에 의해 수입증지 징수 방식을 도입하고 있는데, 이 방식은 지방자치단체가 납세통지서를 교부하지 아니하고, 그 발행하는 수입증지로써 지방세를 납부하도록 하는 방식이다(지방재정법시행령 제79조).

(1) 신고납부 방식

납세 의무자가 그 납부할 지방세의 과세표준과 세액을 신고하고 동시에 신고한 세금을 납부하는 방식으로 취득세, 등록면허세, 주민세 재산분, 담배소비세, 레저세, 특정자원에 대한 지역자원시설세 등이 이에 해당한다. 신고납부한 후에 사정 변경으로 당초 신고납부한 세액의 변경이 불가피하게 된 경우에는 그 사유가 발생한 날로부터 60일 이내에 수정 신고할 수 있다.

(2) 특별 징수에 의한 신고 납입 방식

지방세 징수에서 그 징수의 편의가 있는 자로 하여금 징수시키고 일정한 기간 내에 과세표준과 세액을 신고하고 동시에 신고한 세금을 납입하도록 하는 방법으로서 지방소득세 소득분 원천 징수 의무자, 담배소비세의 경우 수입판매업자의 주사무소

표 4-9 지방세의 납기

세목	납기	세목	납기
취득세	취득일로부터 60일 [상속 개시일, 또는 실종일로부터 각각 6월(외국에 주소를 둔 경우 9월)] 이내	자동차세(소유) 자동차세(주행)	정기분: 각 기분의 마지막 달(6월, 12월) 16일~말일 교통·에너지·환경세 납부 기한과 동일: 매 익월 말일(제조업자), 수입신고 수리일로부터 15일 이내(수입업자)
등록면허세(등록)	등기 또는 등록하기 전까지	담배소비세	매 익월 말일
등록면허세(면허)	수시분: 면허증서를 교부받을 때 정기분: 매년 1. 16~31	지방소득세	소득세분: 소득세 신고 기간 만료일 법인세분: 사업 연도 종료일부터 4월 내
레저세	발매일의 익월 10일		소득분(특별 징수): 매 익월 10일 종업원분: 매 익월 10일
주민세	균등분: 매년 8. 16~31 (과세 기준일: 8.1), 재산분: 매년 7.1~31 (과세 기준일: 7.1)	지역자원시설세	특정 자원: 16개 시도별 조례에 따라 다름 특정 부동산: 재산세와 동일
재산세	토지: 매년 9. 16~30 건축물, 선박, 항공기: 매년 7.16~31 주택: 산출 세액의 1/2는 매년 7.16~31 산출 세액의 1/2는 매년 9.16~30	지방교육세	취득세·등록면허세(등록)·레저세 및 담배소비세: 신고납부하는 때 주민세(균등분), 재산세 및 자동차세(소유): 부과 징수하는 때

근거: 지방세법.

소재지 시장・군수, 자동차 주행에 대한 자동차세의 정유 제조장 및 세관 소재지의 시장・군수 등이 특별 징수 의무자가 된다. 이 방식도 신고납부 방식처럼 수정 신고가 가능하다.

(3) 보통 징수 방식

과세권자(세무공무원)가 세금을 계산하여 납세고지서를 작성하고 납세 의무자에게 교부하여 징수하는 방법으로, 지방세의 일반적인 징수 방법이다. 다만 자진 신고납부 및 특별 징수 신고납부의 의무를 이행하지 않아 보통 징수할 경우에는, 소정의 가산세를 부담해야 한다.

2) 납기

지방세의 납기를 요약 정리하면 <표 4-9>와 같다.

3 지방세의 구제 제도

지방세에 대한 주요 구제 제도는 지방세기본법상 과세전 적부심사(課稅前適否審査), 이의 신청, 심사 청구 및 심판 청구, 감사원법상 심사청구, 행정소송법상 행정소송 등이 있다.[9]

1) 지방세기본법에 의한 구제 제도

(1) 과세전 적부심사

과세전 적부심사는 세금 고지 전에 과세할 내용을 납세자에게 미리 알려 주고 이에 이의가 있는 납세자는 과세전 적부심사를 청구하도록 하여 납세자의 주장이 타당한 경우에는 고지 전에 시정하는 제도다. 즉, 이러한 과세전 적부심사 청구는 세금이 고지되기 전에 세무조사 결과에 대한 서면 통지 및 과세 예고 통지 등을 받고 이의가 있는 경우에 통지받은 날로부터 30일 이내에 과세전 적부심사 청구서를 작성하여 시・군・구세는 시장・군수・구청장에게 시・도세는 시・도지사에게 제출해야 하며, 지방자치단체장은 지방세심사위원회의 심사를 거처 결정하고 그 결정 결과를 청구받

9) 기타 지방세 구제 제도로는 위법・부당한 지방세 부과에 대한 처분청의 직권경정, 민사소송법에 의한 부당이득금 반환청구 제도 등이 있다.

은 날로부터 30일 이내에 청구인에게 통지해 주어야 한다.

(2) 이의 신청

지방세의 부과 징수에 관한 위법 또는 부당한 처분을 받았거나 필요한 처분을 받지 못함으로써 권리 또는 이익의 침해를 당한 자(납세자)는 그 처분이 있는 것을 안 날로부터 90일 이내에 불복의 사유 등을 기재한 이의신청서 2부에 각각 증빙서류를 첨부하여 시·도세의 경우[10] 시·도지사에게, 시·군세·구세의 경우 시장·군수·구청장에게 제출한다. 이의 신청을 받은 지방자치단체장은 그 신청을 받은 날로부터 90일 이내에 지방세심사위원회의 의결에 따라 ① 각하, ② 기각, ③ 취소·경정(更正) 또는 필요한 처분에 해당하는 결정을 하고 신청인에게 이유와 함께 기재한 결정서를 송달해야 한다.

(3) 심사 청구 및 심판 청구

이의 신청 결정에 불복이 있을 때에는 그 결정통지서를 받은 날로부터 90일 이내 이내에, 이의 신청을 거치지 아니하고 바로 심사 청구 및 심판 청구를 하고자 할 때에는 당해 처분이 있는 것을 안 날로부터 90일 이내에, 시·도세의 경우 조세심판원장에게, 시·군·구세의 경우 시·도지사 또는 조세심판원장에게 심사청구서 또는 심판청구서 2부를 작성하여 증빙서류를 첨부하여 제출해야 한다.

역시 심사 청구를 받은 지방자치단체장은 그 청구를 받은 날로부터 90일 이내에 지방세심사위원회의 의결에 따라 ① 각하, ② 기각, ③ 취소·경정 또는 필요한 처분에 해당하는 결정을 하고 청구인에게 이유와 함께 기재한 결정서를 송달해야 한다.[11]

2) 감사원법에 의한 구제

지방세의 부과 징수에 관한 위법 또는 부당한 처분을 받았거나 필요한 처분을 받지 못함으로써 권리 또는 이익의 침해를 당한 자(납세자)는 행정기관을 통한 구제절차 대신에 감사원법에 의한 심사청구를 하고자 할 때에는 그 처분이 있은 것을 안 날로부터 90일 이내에 해야 한다. 감사원에 심사 청구하고자 하는 자는 심사청구서에 증빙서류를 첨부하여 시장·군수에게 4부를 제출해야 한다(지방세법시행령 제61조).

---

10) 도세 중 특정 부동산에 대한 지역자원시설세나 및 시·군에 부가하여 징수하는 지방교육세와 특별시세·광역시세 중 특별시분 재산세, 특정 부동산에 대한 지역자원시설세 및 구세(군세 및 특별시분 재산세 포함)에 부가하여 징수하는 지방교육세는 시·군세·구세의 불복 절차에 따른다.

11) 조세심판원장에게 심판 청구한 경우에는 국세기본법 제7장 제3절의 규정을 준용한다.

감사원의 심사 청구는 특별한 사유가 없는 한 3개월 내에 결정해야 한다.

3) 행정소송

행정소송은 이의 신청 또는 심사 청구 및 심판 청구(도, 행정안전부, 감사원 등)를 거쳐 제기할 수 있는 경우와 그러한 절차 없이 바로 제기할 수 있는 경우로 구분된다. 전자의 경우는 납세자가 행정소송을 제기하고자 할 때에는 심사 결정의 통지를 받은 날로부터 90일 이내 또는 결정 기간 내에 결정의 통지를 받지 못하는 경우에는 그 결정 기간이 경과한 날부터 처분청을 당사자로 하여 지방(행정)법원에 행정소송을 제기해야 한다. 이상의 절차를 요약하면 [그림 4-3]과 같다.

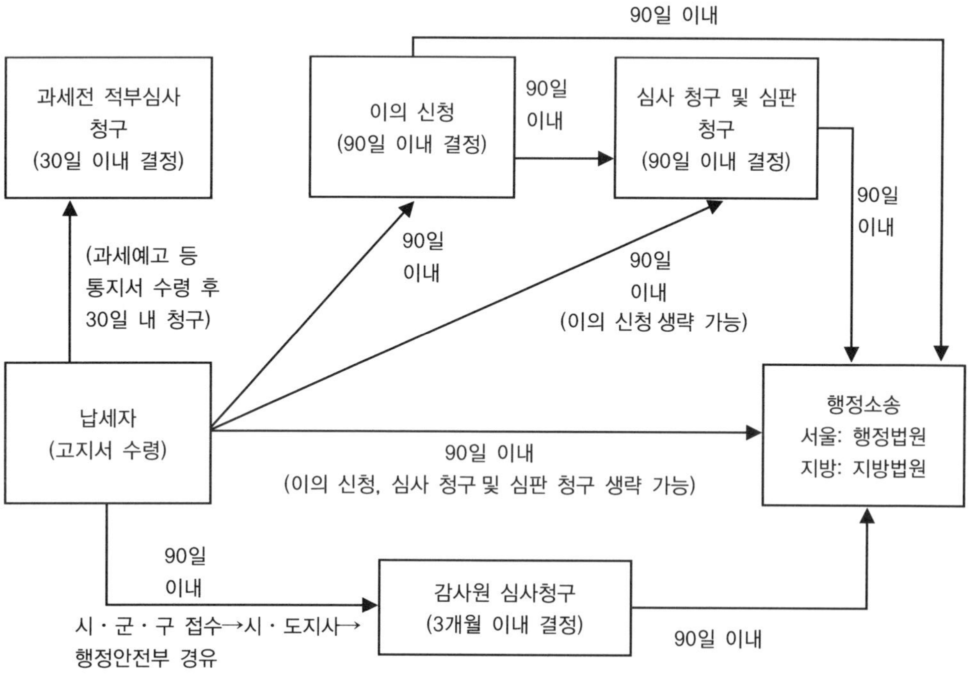

※ 시 · 군 · 구세: 시장 · 군수 · 구청장(이의 신청) ⇒ 시 · 도지사(심사 청구) 또는 조세심판원장(심판 청구)
시 · 도 세: 시 · 도지사(이의 신청) ⇒ 조세심판원장(심판 청구)

그림 4-3 지방세 구제 제도 절차

제 5 절 지방세의 과제

1 국세와 지방세 세원배분 체계의 조정: 국세의 지방세로의 이양

우리나라의 경우 조세 총액에서 지방세가 차지하는 비중이 21.5%(2009년 결산 기준)로서 일부 선진 외국(2007년 미국 43.9%, 일본 43.4%, 독일 49.6%, 프랑스 24.5%)과 비교해(행정안전부, 2010a: 426) 낮은 수준으로 국세 세원의 일부를 지방으로 이양해야 한다.

재정분권과 지방세 구조 개편 차원에서 오랫동안 학계에서 주장해 온 지방소비세와 지방소득세가 2010년 1월 1일부터 도입되었다. 즉, 지방소비세의 경우 부가가치세액을 국세와 지방세로 공동세원화하여 그 중 5%를 지방세원으로 하고 있으며, 지방소득세는 종전의 주민세 소득할과 사업소세 종업원할을 명칭만 지방소득세로 전환한 경우다. 그러나 이는 재정분권 및 지방재정 확충 차원에서 아직 미흡한 수준이다. 향후 추가적인 국세의 지방 이양을 통한 재정분권 및 지방재정 확충은 물론 지방화 시대에 걸맞게 현행 재산과세 중심의 지방세 구조를 지역개발 성과나 GNP의 증가와 직접적인 관계가 있는 소비·소득과세 비중 확대를 통한 바람직하고 선진화된 지방세 구조를 갖출 필요가 있다. 따라서 지방소비세는 우선 부가가치세액의 10%로 상향 조정하고 장차 20%까지 조정할 필요가 있으며,[12)] 그리고 지방소득세는 소득분의 세율을 현행 소득세액과 법인세의 10%를 15%로 상향 조정하거나 국세인 소득세 중 지역개발로 인해 창출된 이익이 그 세원에 반영되고 있고 세원의 탈루 가능성이 있는 부동산 임대 및 양도소득, 그리고 지역적 특성이 강한 도·소매업, 음식·숙박업 등 개인 사업자의 사업소득 등을 지방세의 세원으로 이양하여 과세 대상을 확대 운영할 필요가 있다.

---

12) 일본의 지방소비세는 국세인 소비세액을 과세표준으로 하여 소비세액의 25% 세율로 과세되는 광역자치단체인 도도부현세(都道府縣稅)이며, 1997년 4월 1일부터 시행되고 있다.

2 지방세제의 효율성과 형평성 제고 방안

1) 재산과세 중심의 지방세 구조의 개편

현행 재산과세 중심의 지방세 구조를 지역개발 성과나 GNP의 증가와 직접적인 관계가 있는 소비·소득과세 비중의 확대를 통한 바람직하고 선진화된 지방세 구조를 갖출 필요가 있다. 아울러 재산과세 중 보유과세보다 비효율적인 이전과세인 취득세 부담을 보유과세인 재산세와 점진적으로 형평하게 조정하도록 하되, 기본적인 전제는 이전과세의 세율 인하에 따른 지방세수의 결손 보전을 위해 보유과세의 비중을 점진적으로 상향 조정하는 것이 필요하다. 이렇게 함으로써 지방세제의 편중된 재산과세 중심을 어느 정도 완화할 수 있을 뿐만 아니라 효율성도 높일 수 있다.

2) 정책세제의 조정

지방세에 국가 정책 목적을 위해 비과세·감면 및 중과세 등을 시행하고 있다. 2009년 결산 기준 지방세법, 조례, 조세특례제한법상 지방세 비과세 및 감면의 경우 도축세를 제외한 15개 세목에 적용되고 있으며, 비과세·감면의 종류도 많고 비과세·감면의 규모도 15조 270억 원으로 지방세 징수액(45조 1,678억 원) 대비 33.3%로 취약한 지방세원을 감안할 때 과다한 편이며 최근 몇 년 동안 글로벌 경제 위기 등으로 대폭 증가했다. 또한 이 중 지방자치단체의 조례에 의한 감면이 1조 6,809억 원으로 전체 비과세 및 감면 규모의 11.2%에 해당한다(행정안전부, 2010a: 622-623). 따라서 정책세제는 다음과 같은 방향으로 조정되어야 한다.

첫째, 지방세의 비과세·감면 제도는 대폭 축소 조정해야 한다. 지방세의 비과세·감면의 축소 조정은 비교적 저항이 적은 지방세원의 확충 방안일 뿐만 아니라 조세의 공평성과 중립성을 제고하는 방안이기도 하다.

둘째, 1998년 말 지방세제 개편에 의해 중과세 제도가 상당히 완화되었으나 2011년 현재에도 취득세, 등록에 대한 등록면허세, 재산세, 재산분 주민세, 특정 부동산에 대한 지역지원시설세 등 세목에 대해 중과세 제도가 시행되고 있다. 따라서 중과세 제도를 검토하여 개선하는 것이 필요하며 특히 대도시 지역에 대한 중과세 제도와 같이 원래 목적인 대도시 내의 인구 집중 억제에 대한 효과가 뚜렷하지 않으면서도 당해 지방자치단체의 지역경제 활성화에 역행하는 성격이 강한 중과세 제도는 폐지하는 것이 바람직하다.

3) 종가세의 확대 적용

종량세(從量稅) 체계로 되어 있는 담배소비세를 종가세(從價稅)로 전환하는 것이 필요하다. 즉, 현행 담배소비세는 종량세 체계로 되어 있기 때문에 저가의 담배를 소비하는 저소득층의 세 부담이 증가하는 반면, 고가의 담배를 선호하는 중산층 이상의 세 부담이 상대적으로 낮아지는 역진성의 문제가 따르고, 세 부담액이 실질 가치를 반영하지 못함으로써 세수 신장성이 다른 지방세 세목에 비해 미흡한 편이다. 따라서 담배소비세를 종가세로 전환하여 소득 계층 간의 세 부담의 불공평성 문제를 해결할 수 있고 세 부담액에 실질 가치를 반영함으로써 세수의 신장성을 확보할 수 있을 것이다.

4) 세무행정의 효율성 제고

(1) 지방세 담당 공무원의 전문화 및 세무행정 조직 · 인력의 보강

지방세 담당 공무원은 전원 세무직으로 충원하여 전문화를 기하는 한편, 전문교육을 통해 세원관리 · 세무조사 · 징수 · 체납관리 등 기능별 전문가로 육성하여 지방세 행정의 효율성을 제고해야 할 것이다. 또한 인구나 과세 건수의 증가 등 급증하는 업무량에 대응한 세무행정 조직 및 인력의 보강이 필요하다.[13] 동시에 일본이나 미국과 같이 납입고지서 처리, 세금 징수, 납세 자료 정리 등 징세행정과 관련된 업무를 민간에 위탁하여 수행하게 하는 방법도 모색해 볼 수 있다(이영희, 1995: 34-35).

(2) 지방세 행정의 전산화·과학화

정보화 시대를 맞이하여 지방세 행정도 전산화 · 과학화를 추진해야 한다. 즉, 과세대상별 과세 기초 자료 등 모든 세원 자료, 납세자별 과세정보 · 납세 상황 등에 대한 데이터베이스를 구축하여 종합적이고 체계적인 세원관리 체계를 확립함으로써 세정의 과학화와 투명성 · 효율성을 확보해야 한다.

---

13) 이우택은 현행 지방세 행정의 문제를 해결하기 위한 세무행정 조직으로 국세청을 개편하여 국세와 함께 지방세 업무도 다룰 조세청의 설치를 주장하면서 조세청의 설치 논거 열 가지를 제시하고 있다(이우택, 1995: 311-318).

3 과세 자주권의 확대

우리나라는 지방자치단체의 과세 자주권이 상당히 제약되어 있다. 이는 지방자치단체가 주민들의 재정 수요에 적극적으로 대응하기 어렵게 할 뿐만 아니라 지방자치의 본래 취지에 어긋난다고 할 수 있다. 따라서 지방자치단체의 과세 자주권을 확대할 필요가 있으며, 그 방안으로는 지방세 체계를 유지하면서 과세 자주권을 확대하는 방안과 새로운 제도를 도입하여 과세 자주권을 확대하는 방안으로 나누어 볼 수 있는데, 전자의 예로는 탄력세율 제도의 적극적 활용을, 후자의 예로 법정외세의 도입이 있다.

1) 탄력세율 제도의 적극적 활용

(1) 탄력세율 제도의 의의

탄력세율 제도는 각 지방자치단체가 특수한 재정 수요를 충족하기 위해 자율적으로 탄력세율의 범위 안에서 세율을 정할 수 있도록 하여 세수 확보에 신축성을 부여한 제도다(김대영 외, 1996: 100).

현행 11개 지방세목 중 지방세법에서 탄력세율의 적용이 보장된 세목으로는 취득세, 등록에 대한 등록면허세, 지방소득세, 주민세, 재산세, 담배소비세, 자동차세, 지역자원시설세, 지방교육세 등 9개 세목에 해당된다. 이들 세목 중 탄력세율을 적용하기 위해 대통령령의 개정이 필요한 담배소비세와 자동차 주행을 위한 자동차세를 제외한 세목은 지방자치단체가 지방세법에 정하는 범위 안에서 조례로 자율적으로 탄력세율을 적용할 수 있다.

그러나 이러한 탄력세율 제도는 거의 활용되고 있지 않다.[14]

그 이유는 첫째, 주민들의 조세 저항을 무릅쓰고 각 지방자치단체가 이 제도를 이용할 유인의 정도가 약하기 때문이다.

둘째, 주민 직선에 의해 선출된 지방자치단체장이나 지방 의원들이 세율 인상에 대한 비난을 두려워하기 때문이다.

---

14) 현재 일부 지방자치단체가 탄력세율을 적용하고 있는 세목은 주민세 균등분과 지역자원시설세(부산광역시의 컨테이너, 강원도 발전용수) 등이다.

셋째, 특정 지역의 세율이 인근 지역보다 높은 경우 생길 수 있는 조세 회피 현상(예컨대 기업의 입지 회피, 자동차 등록 회피 등)에 대한 우려다. 즉, 특정 지역의 높은 세율 때문에 조세 회피 현상이 심하게 일어나면 세율 인상이 오히려 세수 감소를 가져올 수도 있기 때문이다.

넷째, 탄력세율을 적용하도록 되어 있는 세목도 지방자치단체의 재량권이 상당히 제약되어 있다. 즉, 지방소득세 종업원분이나 주민세 재산분은 상한 세율이 적용되고 있고, 자동차 보유에 대한 자동차세는 표준세율보다 일정한 범위 내에서 인상만 가능하다.

(2) 탄력세율 제도의 활용 방안

탄력세율 제도의 적극적인 활용 방안은 다음과 같다.

첫째, 탄력세율 제도를 활용하게 할 수 있는 유인 장치가 필요하다. 예를 들어 탄력세율 제도를 이용하여 추가적인 세수를 확보하는 자치단체에는 지방교부세 등 각종 지방재정 조정 제도상 그에 비례하여 추가적인 재원을 지원받을 수 있게 함으로써 주민들의 순편익을 크게 하여 조세 저항을 줄일 수 있고, 또한 자치단체의 징세 노력을 고취할 수 있는 효과를 기대할 수도 있을 것이다.

둘째, 현행 탄력세율 적용을 받고 있는 세목들에 대해 지방자치단체의 재량권을 제고해야 한다. 즉, 세율의 인하만 가능한 지방소득세 종업원분과 주민세 재산분, 세율의 인상만 가능한 자동차 보유에 대한 자동차세 등의 세목에 대해서는 세율의 인하와 인상 모두가 가능하도록 지방자치단체의 세율 결정에 재량권을 주어야 한다.

셋째, 인접 지방자치단체 간의 세율 차이에 따른 세원 이동 가능성에 대처하기 위해 지방자치단체 간의 조세 협력 또는 조세 협의를 위한 협의체 등 제도적 장치를 마련하는 것이 필요하다. 이러한 협의체는 전국적인 수준과 지역적인 수준으로 이원화하여 설치하며, 비단 탄력세율의 적용 문제만이 아니라 장차 지방자치가 고도화되고 법정외세의 설치 등이 허용되는 경우 발생할 수 있는 조세 협력의 필요성에 대처하기 위한 장치로서 역할을 수행할 수 있다(원윤희, 1994: 39).

2) 법정외세의 도입

(1) 법정외세의 의의

법정외세란 법률로 정한 세목 이외에 각 지방자치단체가 조례에 의해 세목을 설치하여 과세하는 조세를 의미한다.

현행 헌법이나 지방세기본법 및 지방세관계법(지방세법, 지방세 특례 제한법)에는 법정외세에 대한 명시적인 규정이 없다. 따라서 지방자치단체 수준에서 법정외 세목의 설치가 헌법상 조세법률주의 규정(헌법 제59조의 조세의 종목과 세율은 법률로 정한다)과 양립하여 가능할 것인가 여부의 문제에 대해 학자들 간에 논란이 있다. 즉, 먼저 부정적인 입장을 보면, 헌법상 조세법률주의에서 '법률'의 의미를 형식적으로 이해하고 국회를 통과한 '법률'이라는 명칭의 법규 외에 새로운 세목을 설치할 수 없을 뿐만 아니라 지방자치단체의 과세권은 지방세기본법 및 지방세관계법에 의해 부과된 것이므로 조례로써 법정외세를 설치할 수 있는 근거를 지방세기본법 및 지방세관계법에 규정할 수 없다는 주장이다.

한편 긍정적인 입장을 보면, '법률'의 의미를 실질적으로 이해하고 지방자치단체의 과세권은 지방세기본법 및 지방세관계법에 의해 부여된 것이 아니라 자치권의 일환으로 헌법에 직접 부여된 것으로 보고 법률에 위반되지 않은 범위 내에서 조례로 새로운 세목의 설치가 가능하다는 것이다. 더 나아가 조례에는 명령에서 인정되지 않는 일반적인 위임이 가능하므로 지방세기본법 및 지방세관계법에 규정만 하면 법정외세가 인정된다는 것이다. 이러한 논란에도 불구하고 법정외세는 지방자치단체에 지방자치의 본질적 요소인 과세 자주권을 보장하여 줌으로써 지방자치의 본질을 회복시켜 줌과 동시에 특정 지역에 고유한 재정 수요를 당해 지역 단위에서 스스로 해결하게 할 뿐만 아니라 특정 지역에 편재되어 있는 특수재원을 지방세원으로 수용할 수 있다는 점 등에서 도입이 절실하다.

(2) 법정외세의 도입 방안

법정외세의 도입에 대한 학자들 간의 논란의 여지를 없애고 무리없이 도입할 수 있는 제도적 장치에 대해 검토할 필요가 있다.

미국과 같이 중앙정부와 지방정부가 각각 헌법상의 독립된 고유한 권한을 갖는 연방국가에서는 세목의 설치나 세율에 관해 지방정부가 독립적으로 결정하는 것은 당연한 것으로 인정된다. 하지만 단일 국가 체제 내에서 이러한 권한은 거의 불가능하므로 어느 정도 중앙정부의 통제 하에 법정외세를 지방자치단체가 결정할 수 있는 방안이 현실적이다(배인명, 1995: 46).

이러한 원칙에 따라 법정외세 도입을 위한 법적 근거 규정의 설정 방법은 포괄적 규정, 일괄적 규정, 구체적 규정 등으로 나누어 살펴보면 다음과 같다(이상용, 1993: 52).

첫째, 일본의 경우와 같이 포괄적인 규정을 할 수 있다. 일본은 헌법 제84조에서

"세목의 신설, 변경은 법률 또는 법률이 정하는 조례에 의한다"고 규정함으로써 법정외세의 근거를 마련하고 있다. 이러한 포괄적 규정은 지방세법에 특정한 법정의 세목을 규정하지 않고 법에 정한 세목의 설정 절차에 의거, 총무성 장관의 허가를 받은 세목을 당해 자치단체의 조례에 규정할 수 있도록 하는 방법이다.

둘째, 일괄적 규정은 각 자치단체에 특수 세원이 존재하고 그 재정 수요가 분명하게 존재하는 경우 조례로써 새로운 조세를 부과할 수 있게 하는 것이다. 이 경우에도 각 자치단체들은 신설 세목을 설정하고 상급기관의 승인·허가를 받아 조세를 부과하도록 한다.

셋째, 구체적 규정은 법정외 세목을 규정하기 위해 자치단체별로 일제히 세원을 조사하여 타당성이 있는 세목을 지방세기본법 및 지방세관계법에 구체적으로 나열하여 규정하고 당해 자치단체의 형편에 따라 조례로 부과 징수할 수 있도록 하는 방법이다.

이상의 세 가지는 각각 장단점을 가지고 있기 때문에 어떠한 방법이 우월하다고 단정짓기 어려우나 우리나라의 경우 현실적으로 보아 일본과 같은 법정외 세목의 인정은 어렵고, 중앙정부가 지방세기본법 및 지방세관계법으로써 여러 가지 세목을 정하고 그 범위 안에서 지방정부가 조례로써 지역 실정에 맞는 세목을 선택하여 채택하도록 하는 방법, 즉 구체적 규정에 의한 방법이 가장 용이할 것으로 판단된다. 현행 지방세기본법 제4조 제1항에 "지방자치단체는 지방세의 세목, 과세 객체, 과세표준, 세율, 기타 부과 징수에 관하여 필요한 사항을 정함에 있어서는 이 법 또는 지방세관계법에서 정하는 범위에서 조례로 정해야 한다"고 규정하고 있어 이를 뒷받침한다.

제 5 장 지방세외 수입

제 1 절 지방세외 수입의 의의

1 지방세외 수입의 개념

지방재정은 지방자치단체의 경제다(박인태, 1991: 395). 지방재정은 자체재원인 지방세와 지방세외 수입,[1] 그리고 의존재원인 지방교부세와 보조금, 광역·지역발전특별회계[2] 등으로 구성된다. 지방세외 수입(nontax revenue)은 일반적으로 지방재정 수입 중 지방세 이외의 자체수입을 지칭하는 것으로 지방세에 대응하는 개념으로 사용하고 있다.

이러한 지방세외 수입은 징수 성격상 지방세와는 달리 수익자 부담적 수입과 비권력적 수입이 많다. 일반적으로 지방세외 수입은 일반회계수입으로서 경상적 수입인 사용료·수수료·재산임대수입·징수교부금수입·사업수입·이자수입 등과 임시적 수입인 재산매각수입·잉여금·이월금·전입금·예탁금 및 예수금·융자금 원금수

1) 지방세외 수입은 지방재정 수입 중 지방세 이외의 자체수입을 총칭하는 것으로서, 지방자치단체의 각종 행정 서비스나 경제활동에 수반해서 발생하는 수입이다.

2) 국가균형발전특별법(2009. 4. 22)의 개정에 따라 국가균형발전특별회계가 광역·지역발전 특별회계로 변경되었다.

입금 · 부담금 · 잡수입 · 지난 연도 수입 등이 있다. 그리고 특별회계수입으로는 사업수입으로 상수도사업의 급수수익 · 하수도사업의 사용료수익 · 공영개발사업의 용지매출수익 · 지역개발기금의 융자금이자수입이 있으며, 사업외 수입으로서 고정자산매각수입 · 투자자산수입 · 지난 연도 수입 등이 있다.

특히 지방자치단체는 경영행정의 합리적 운영과 주민복지 수요에 적극 대응하기 위해 수익성과 공익성에 기반을 둔 경영사업의 적극 발굴 · 추진, 공기업의 확대 설치 · 운영 등으로 지방세외 수입을 점차 확대시켜 오고 있다.

세외수입의 개념은 분류 범위에 따라 광의, 협의, 최협의로 약간씩 다르게 정의된다(송대희, 1992: 106).

첫째, 광의의 개념으로 지방자치단체의 세입 중 지방세, 지방교부세, 보조금, 그리고 광역 · 지역발전특별회계를 제외한 모든 수입을 지칭하는 의미로 사용되고 있다. 따라서 실질적 세외수입뿐만 아니라 회계상의 수입 등 명목적 세외수입까지 포함한다.

둘째, 협의의 개념으로 일반회계상의 경상적 수입과 특별회계의 사업수입만을 지칭한다. 광의의 세외수입 가운데 당해 연도의 특별한 요인으로 발생하는 일반회계의 임시적 수입과 특별회계의 사업외 수입 등 소위 명목적 세외수입을 공제한 실질적 세외수입을 말한다. 왜냐하면 명목적 세외수입의 상당 부분은 재원 이전에 따르는 장부상의 수입 또는 계정 이동이기 때문이다. 따라서 이러한 협의의 세외수입, 즉 명목적 수입을 제외한 실질적 세외수입은 세외수입 확충정책의 주된 대상이 된다.

셋째, 최협의의 개념으로 협의의 세외수입에서 특별회계 사업수입을 제외한 것으로 일반회계수입 중 경상적 수입인 사용료, 수수료, 재산임대수입, 이자수입, 징수교부금을 말한다. 지방재원 조달 수단으로서 세외수입이 거론된다면 그것은 최협의의 세외수입을 의미하게 된다.

그러나 지방세외 수입은 그 특성상 지방자치단체의 창의성, 독창성에 기초한 자구(自救) 노력을 통해 자율적으로 획득할 수 있는 재원이기 때문에 지방자치의 실시와 함께 지방재정의 건전화 측면에서 다각도로 논의되고 있다.

2 지방세외 수입의 분류 체계

지방세외 수입은 그 개념 범주에 따라 종류와 내용[3)]이 [그림 5-1]과 같이 여러 가지 분류 체계로 나뉠 수 있다. 즉 ① 경상적 수입과 임시적 수입, ② 일반회계수입과 특별회계수입, ③ 실질적 세외수입과 명목적 세외수입이 그것이다.

1) 경상적 수입과 임시적 수입

경상적 수입은 매년 정기적으로 유입되는 재산임대수입, 사용료, 수수료, 사업수입,

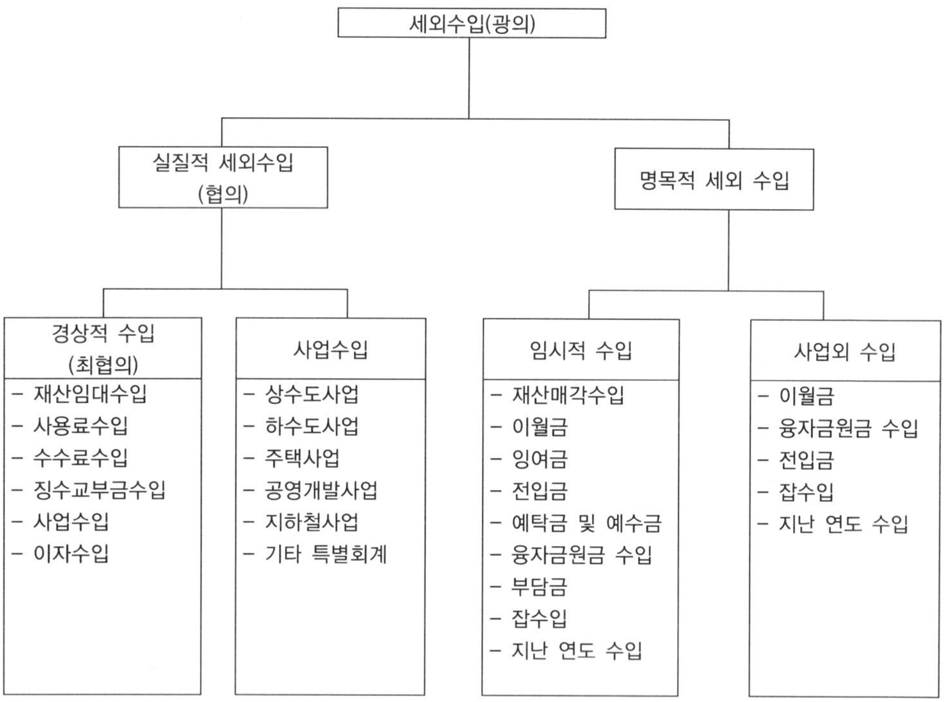

자료: 행정안전부, 2009년도 지방세외수입 실무편람.

그림 5-1 지방세외 수입의 체계

3) 지방재정법시행령 제47조 제1항에서 "세입예산의 과목은 세입의 원천을 감안하여 지방세수입 · 세외수입 · 지방교부세 · 조정교부금 · 재정보전금 · 보조금 · 지방채 및 예치금 회수 등으로 구분한다"고 규정하고, 동조 제3항에서 "세입예산 및 세출예산의 과목 구분에 관한 세부 사항은 행정안전부 장관이 정한다"고 규정하고 있다. 이에 따라 세입예산 등의 과목 구분에 관한 세부 사항을 "지방자치단체 예산편성 운영기준"(제정 2008.7.28 행정안전부훈령 제129호)에서 정하고 있다(행정안전부, 2009년도 지방세외수입 실무편람).

징수교부금수입, 이자수입을 말한다. 반면 임시적 수입은 재산매각수입, 이월금, 잉여금, 전입금, 예탁금 및 예수금, 융자금원금수입, 잡수입, 지난 연도 수입 등과 같이 특정 회계연도에 발생하는 부정기적 수입을 말한다.

2) 일반회계수입과 특별회계수입

일반회계수입에는 경상적 세외수입, 임시적 세외수입과 지원재원이 포함되며, 특별회계수입은 사업수입과 사업외수입으로 대별된다. 사업수입은 지방자치단체가 직접 설치 및 운영하는 상수도사업, 하수도사업, 주택사업, 공영개발사업, 지역개발기금, 기타 등이다. 특별회계는 지방공기업법에 의한 지방직영기업, 그 밖의 특정 사업을 운영할 때 또는 특정 자금이나 특정세입·세출로서 일반세입·세출과 구분하여 계리(計理)할 필요가 있을 때에 한하여 법률 또는 조례로 설치할 수 있다(지방재정법 제8조 ②).

3) 실질적 세외수입과 명목적 세외수입

실질적 세외수입은 경상적 세외수입과 사업수입을 포함한 수입이며, 명목적 세외수입은 재산 매각, 이월금, 전입금, 잡수입, 잉여금 등과 같은 일회성 수입이기 때문에 지방자치단체의 안정적인 재정 확보에는 문제점이 있는 수입이다.

3 지방세외 수입의 특징

1) 재원 신장의 자율성 및 특수성

지방세외 수입은 지방자치단체의 창의력과 노력으로 확대·개발할 수 있는 여지가 많은 수입이다. 즉 지방재정의 주요 수입원인 지방세나 국가로부터 수여되는 지방교부세, 지방양여금, 광역·지역발전특별회계와는 달리 국가로부터 직·간접적인 통제가 약한 자주적 재원이기 때문에 지방자치단체 스스로가 노력과 절차에 따라 지속적으로 신장시킬 수 있는 재정의 자율을 확보할 수 있는 잠재적 수입원이라 할 수 있다. 동시에 지방자치단체의 입지와 환경, 사회경제적 여건, 지역 특수성에 따라 불균형성을 보인다.

2) 수익자 부담성의 원칙

수익자 부담이란 공공 서비스를 소비하는 대가로 일정한 요금을 지불하는 것으로 공공 서비스 소비 주체의 자의적 소비를 특징으로 한다(Mushkin, 1972 참조). 즉, 공물 사용, 역무 제공 등에 대한 반대급부 또는 대가이기 때문에 지방세와는 달리 주민의 조세 저항을 줄일 수 있다. 즉 지방자치단체의 경제활동이나 행정급부에 대한 대가적인 성격의 수입이다.

3) 세원 발굴의 다양성

많은 수입원을 가지고 있으며 수입 근거나 징수 형태 및 성격도 다양하다. 다시 말해 세입 근거[4]는 법률 · 대통령령 · 부령 · 조례 또는 사법(私法)상의 계약 등에 따르고, 징수 형태는 현금 외에도 수입증지 형태를 취하며, 성격면에서 행정 역무 제고, 경제활동, 경영사업, 행정 처벌적인 성격(과징금, 과태료) 등을 강하게 띠고 있다.

4) 수입의 분절성

지방세외 수입은 지방자치단체의 노력 여하에 따라 그 수익 규모에 차이가 날 수 있기 때문에 지역 간, 지방자치단체 간에 차이가 나타날 수 있다. 또한 회계연도 간에도 불안정한 요소를 내재하기 때문에 지방세외 수입은 재정자립도 향상 기여라는 점에 비추어 볼 때, 합리적 · 계획적인 지방재정 운영에 장애를 초래할 수도 있다. 다시 말해 지방세외 수입은 지방자치단체에 따라 세입 분포가 불균등하고, 또 연도 간에도 그 신장률이 불안정한 경향을 보인다.

5) 용도의 제한성

지방세외 수입은 보통 일반재원으로 분류하는 경우도 있으나, 개개의 세입 근거를 분석해 본다면 수입 근거에 따라 지출 용도가 정해진 경우가 많기 때문에 세출예산과 직접 연결된다는 점이 특징이다. 이를테면 공원사용료수입은 공원관리나 개발에 충당(자연공원법), 주정차 위반 과태료는 주정차시설 정비 및 확충에 충당(주차장법), 하천 점 · 사용료 수입은 하천관리에 사용(하천법)하도록 지정하고 있다.

---

4) 지방세외 수입은 수입 근거가 되는 법령이 어떤 목적으로 제정되었는가 하는 입법 목적에 따라 수입의 종류가 다양하기 때문에 종류와 요율이 다양하며 요율의 산출 근거가 독점주의, 가격주의, 원가주의, 저가주의, 정책가격 등 다양한 요율 책정 근거를 지니고 있다.

제 2 절 지방세외 수입의 구조 및 징수/부과

1 지방세외 수입의 구조

1) 일반회계의 수입구조

(1) 경상적 세외수입

경상적 세외수입이란 계속성과 안정성이 확보되고 매 회계연도마다 계속적으로 반복하여 조달되는 예측 가능한 수입으로 세외수입 중 수입원이 가장 많고 지방 자주재원 확충에 가장 기여를 많이 하는 수입으로 그 종류는 다음과 같다.

① 사용료

사용료(user charge)는 지방자치단체가 주민의 복지 증진을 위해 설치한 공공시설을 특정 소비자가 사용할 때, 그 반대급부로 개별적인 보상 원칙에 따라 지방자치단체의 조례에 의거하여 강제적으로 부과・징수하는 공과금이다(지방자치법 136조). 예를 들면 도로, 하천, 하수도, 상수도, 시장, 도축장, 운동장, 공연장, 입장료 및 공원・복지회관・시민회관 등이 이에 해당한다.

외국의 사례를 보면 지방자치단체마다 특정 서비스에 대한 사용료 부과 방식이 다양하다. 특히 미국과 같이 지방자치가 잘 발달된 국가에서는 동일한 서비스에 대해 어떤 도시는 무료로, 어떤 도시는 요금을 부과하기도 한다. 상・하수도 등 도시기반시설은 대부분 사용료에 의해 유료로 공급된다. 그러나 쓰레기 수거, 해수욕장, 공원, 주차장 등은 도시에 따라 유・무료로 공급된다. 공원과 체육・위락시설은 절정 시간(peak time)에 한해 요금을 받거나 차등요금제를 적용하기도 한다.

② 수수료

수수료는 지방자치단체가 특정인에게 제공한 행정 서비스에 의해 이익을 받는 자로부터 그 비용의 전부 또는 일부를 반대급부로 징수하는 수입이다(지방자치법 137조). 수수료는 대부분 인지(印紙) 또는 증지(證紙)로 지불되는 수입으로서 조례에 의거하여 부과하고 징수한다. 예컨대 쓰레기 처리봉투 판매 수입, 제증명 발급 수수료,

인허가 수수료 등이 이에 해당된다.

이와 같은 수수료는 지방자치단체의 활동에 의해 개별적인 이익을 얻는 자로부터 그 비용의 일부를 징수하는 것으로 주민 서비스 향상의 요청에 따라 해를 거듭하면서 그 종류도 증가하는 추세다.

오스본(D. Osborne)과 개블러(T. Gaebler)는 사용료·수수료를 적용할 수 있는 요건으로 다음의 세 경우를 지적한다.

첫째, 그 서비스를 이용하는 개인에게 이익이 되는 민간 재화여야 한다.

둘째, 서비스에 대한 대가를 지불하는 사람은 서비스를 통해 생기는 이익을 누릴 수 있어야 한다.

셋째, 사용료를 효과적으로 징수할 수 있어야 한다.

다만 사용료나 수수료와 같이 지나친 수익자 부담 원칙의 확대는 경제적 약자에 대한 서비스 제공의 기회를 박탈할 가능성이 있기 때문에, 소득재배분을 약화시킬 가능성이 있다는 점을 경계해야 할 것이다.

③ 재산임대수입

재산임대수입이란 지방자치단체가 국·공유재산을 관리·운영하는 과정에서 발생하는 수입으로, 국·공유재산을 매각·처분하여 발생하는 수입은 제외되며 국유재산임대료와 공유재산임대료로 구분된다. 국유재산임대료는 지방자치단체가 관리하는 국유 토지(임야 포함) 및 건물임대수입을 말하며, 공유재산임대료는 공유재산 및 물품관리 법령 및 관련 조례에 의해 부과 징수되는 행정재산의 사용료와 일반재산의 대부료를 말한다.

④ 사업수입

지방자치단체가 직접 운영·관리하는 사업장에서 얻는 생산물 및 부산물의 매각수입(예: 잠종장의 잠종, 종축장의 우량 종축, 원종장의 농산물, 임업시험장의 묘목, 공유림사업소의 임목 등), 주차장 요금 수입(주차장법 제9조 및 제14조), 법령 또는 조례에 의한 도로통행료 수입, 보건소 진료 수입, 기타 사업수입 등이다.

⑤ 징수교부금수입

징수교부금은 시·도세(지방세), 도로사용료 및 하천사용료 등을 시·군·구가 징수할 경우 징수위임기관이 수수료의 위임 처리에 대한 대가로 교부하는 수입이다. 이와 같은 징수교부금은 형식적으로는 위임한 세입 징수에 소요되는 경비를 보상하는 성질의 것이지만, 실질적으로는 도와 시・군 간의 재원배분이라는 성격을 갖는다.

⑥ 이자수입

이자수입은 지방자치단체의 수입을 금고 등에 예치하는 과정에서 발생하는 과실수입(果實收入)을 말한다. 예금에서 발생하는 예금이자수입과 세입・세출 외 현금관리에 따른 이자수입 등이 있다. 지방자치단체의 효율적 자금관리에 의한 이른바 재테크라고 할 수 있다. 지방재정의 규모 변화와 밀접한 관계에 있으며, 비교적 안정적이고 중요한 세외수입원으로 등장하고 있다. 공금 운용 시 유휴자금이 크게 늘어나고 있으므로, 이를 어떻게 활용하느냐에 따라 이자수입액은 큰 차이가 발생하므로 정확한 자금수급계획의 수립・운영과 함께 고수익 금융상품 정보를 잘 활용해야 할 것이다.

(2) 임시적 세외수입

임시적 세외수입은 각급 지방자치단체의 수입 중에서 불규칙적으로 발생하는 수입으로 대체로 규모는 크나 수입원이 일회성에 그치는 경우가 많아 세입 규모를 예측하기가 어렵다.

① 재산매각수입

지방자치단체가 공유재산을 매각・처분함으로써 발생하는 수입이다. 국유재산매각귀속수입금, 시・도유재산매각귀속수입금(공유재산 및 물품관리법 제10조 및 동시행령), 공유재산매각수입금이 있다.

② 잉여금

잉여금은 순세계잉여금(결산잉여금에서 다른 법률에 의한 금액; 지방재정법 제52조, 이월금; 지방재정법 제50조, 지방채 원리금의 상환액을 제외한 금액, 국고 및 시・도비 보조금 사용 잔액을 제외한 금액; 지방재정법 제52조 등)과 법정잉여금(지방재정법 제52조에서 규정한 다른 법률 또는 조례에 의한 금액)이 있다(잉여금은 1999년도부터 지방세외 수입에 포함).

③ 이월금

전년도의 결산 결과 생긴 잉여금 중 당해 연도로 이월된 분(分)을 말한다. 이월금에는 전년도 국고보조금 사용 잔액으로 국고에 반납해야 할 금액과 시・군・구에서 전년도 시・도비보조금 사용 잔액으로 시・도에 반납해야 할 금액, 전년도 결산에 따른 이월금으로 지방의회의 승인 여부에 따라(명시이월금, 사고이월금, 계속비이월금)

결산시 현액으로만 관리하는 금액 등이 있다.

④ 전입금

당해 지방자치단체 내부의 다른 회계 또는 기금으로부터의 자금 이동으로 발생한 회계상의 수입이다. 전입금에는 특별회계수입의 일반회계 전입금과 일반회계 수입의 특별회계 전입금으로 전출금의 상대적 개념이다.

⑤ 예탁금 및 예수금

예탁금(예수금)이란 일반회계와 특별회계 상호간 및 특별회계 내 계정 간의 예탁금을 말하며, 예탁금 상환금은 그 예탁금의 상호간과 이자수입을 포함한다(2003년부터 세외수입에 포함).

⑥ 융자금 원금수입

지방자치단체가 민간 또는 다른 지방자치단체에 융자한 금액을 일정 기간 경과 후 회수하는 원금수입이다.

⑦ 부담금

부담금 또는 분담금이란 지방자치단체의 재산 또는 공공시설의 설치로 인해 주민의 일부가 특별히 이익을 받을 때 그 비용의 일부를 부담시키기 위해 그 이익을 받는 자로부터 수익의 정도에 따라 징수하는 공과금으로 수익자부담금 또는 특별부담금이 있다.

부담금은 개개의 사업마다 법률로서 그 징수 근거가 정해져 있는 것이 원칙이며, 지방자치단체가 징수하는 것에 대해서는 지방자치법에서 일반적인 징수 근거를 정하고 있다. 이러한 부담금은 수익자부담금, 원인자부담금(예: 교통유발부담금), 손괴자부담금(예: 수도법 제72조 등), 오염자부담금(예: 환경개선부담금) 등이 있다.

⑧ 잡수입

잡수입이란 위의 각종 세외수입 이외의 것을 말한다. 이에는 (a) 불용품매각대, (b) 변상금 및 위약금, (c) 과태료,[5] (d) 과징금 및 이행강제금, (e) 체납처분수입, (f) 보상금 수납금, (g) 시・도비 반환금 수입, (h) 기부금 수입, (i) 기타 잡수입 등이 있다.

---

5) 이는 주민등록법 등 법령위반으로 인한 과태료, 기타 특별회계의 주차장법 제30조에 의한 과태료 및 도로교통법 제115조의 2에 의한 주・정차 위반 과태료, 기타 질서위반행위규제법(2008. 6. 22부터 시행)에 의한 과태료 등이 있다.

⑨ 지난 연도 수입

징수 결정된 수입금이 당해 연도의 출납폐쇄 종료 기한(2월 말)이 만료가 되기까지 수납되지 않고 그 후에 납부되었을 때에는 그 납부된 날이 속하는 연도의 수입으로 하고 지난 연도 수입으로 정리한다(지방재정법 제65조).

2) 특별회계의 수입구조

(1) 사업수입

사업수입은 지방자치단체가 특별회계를 설치하여 사업을 운영하는 것을 말한다. 일반회계(기타 특별회계)의 경상적 세외수입과 유사한 것으로 사업수입은 지방공기업법에 의거 설치·운영하는 상수도·하수도·주택·공영개발사업·지역개발기금 등과 기타 특별회계로 설치·운영하는 사업이 있다.

(2) 사업외수입

일반회계(기타 특별회계)의 임시적 수입과 유사한 성격을 가지는 것으로, 사업외수입은 전년도 결산 결과 발생한 잉여금, 이월금, 전입금 등이다.

2 지방세외 수입의 부과 및 징수

지방자치단체의 모든 지방세외 수입의 세입금은 부과 근거인 개별 법령이 규정한 절차에 따라서 징수 결정을 거쳐 징수부에 기재하고 납입 고지(세입 과목, 납입 금액, 납입 기간 및 장소 등)를 한다. 또한 납입되지 않은 체납세외수입금은 법령이 규정한 절차와 서식에 따라 체납부를 작성 후, 법령 절차에 따라 독촉 고지 및 채권을 확보하도록 한다. 이와 같은 세외수입 업무의 세부적 흐름도는 [그림 5-2]에서 보는 바와 같다.

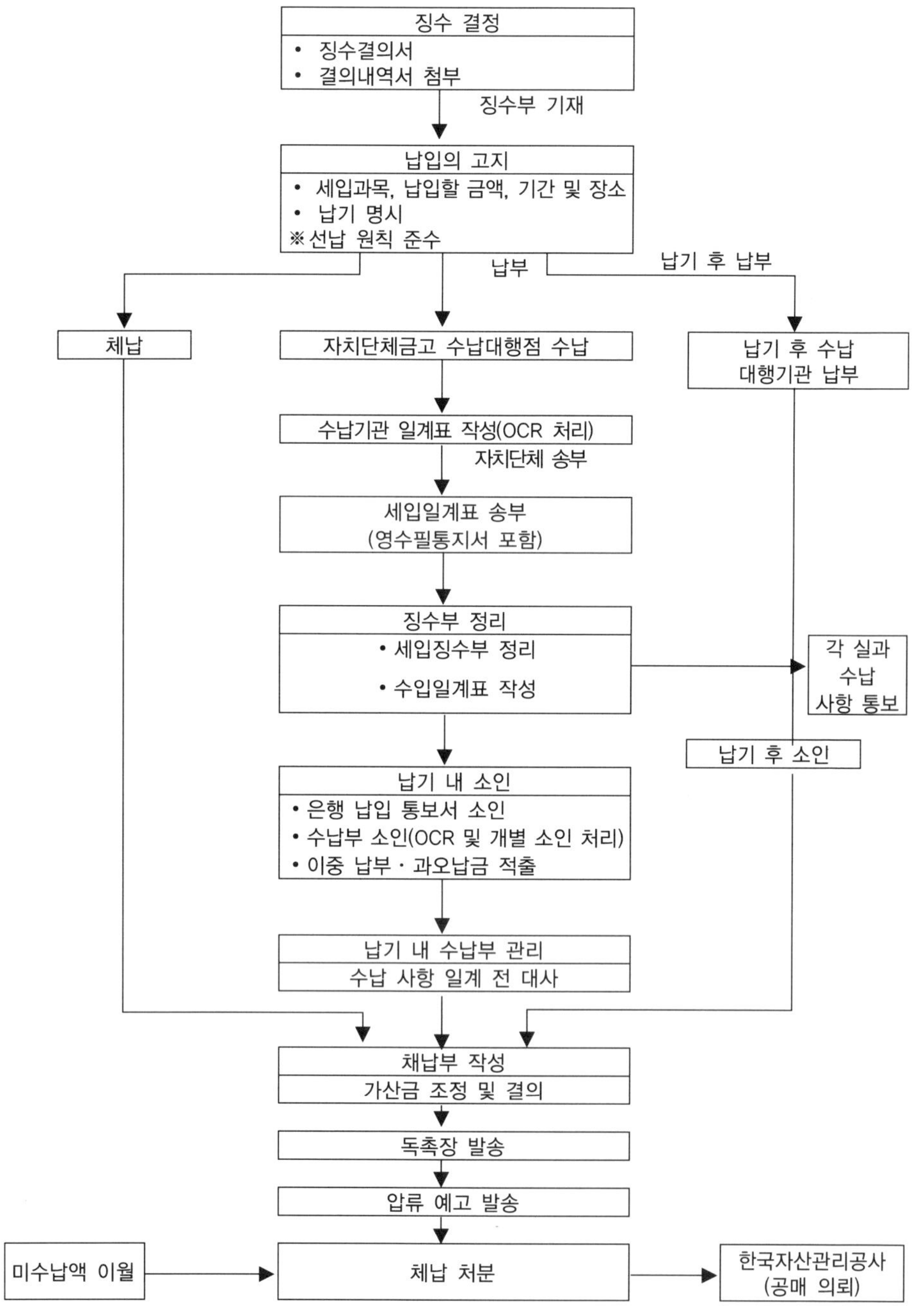

그림 5-2 지방세외 수입외 업무처리 흐름도

제 3 절 지방세외 수입의 과제와 발전 방향

1 지방세외 수입의 실태와 과제

1) 지방세외 수입의 실태

(1) 지방재정 중 세외수입의 비중

최근 15년간 지방재정 중 세외수입이 차지하는 비중을 보면 1995년 53.5%, 2000년대에 들어서는 2000년 36.8%로서 2008년도까지는 30%대를 유지하는 것으로 나타나고 있다(<표 5-1> 참조). 특히, 2009년 최종 예산액과 2010년 당초 예산액 기준으로 볼 때, 약 20%대로 지방재정 중 지방세외 수입의 비중이 현저하게 감소하고 있다.

표 5-1 지방재정 중 세외수입 비중(%)

구분	1995	2000	2005	2006	2007	2008	2009	2010
합계	100.0	100.0	100.0	100.0	100.0	100.0	100.0	100.0
세외수입	53.5	36.8	37.2	34.2	34.7	33.0	24.4	21.5
지방세	26.4	21.2	22.7	23.7	23.0	22.0	21.9	26.2
지방교부세	9.8	8.6	12.6	12.5	13.3	14.9	13.6	13.9
보조금 등*	10.3	33.4	27.5	29.6	29.0	30.1	40.1	38.4

주: * 지방양여금, 증액교부금, 조정교부금 및 재정보전금, 지방채 등 포함.
2008년까지는 결산액, 2009년 최종 예산액, 2010년 당초 예산액 기준의 비중임.
자료: 행정안전부, 『지방세외수입연감』, 2010; 행정안전부, 2010년도 지방자치단체 예산개요.

(2) 지방세외 수입의 총규모 추이

2000년과 2005년의 지방세외 수입의 총규모를 보면 2000년 35조 3,539억 원에서 2005년에는 58조 2,8840억 원으로, 그리고 2007년, 2008년, 2009년에는 각각 65조

표 5-2 지방세외 수입 총 징수 규모(2000~2009년)

(단위: 백만 원)

구분		2000	2005	2007	2008	2009
총계		35,353,972	58,288,433	65,734,838	67,947,818	72,906,399
일반회계	소계	17,715,104 (51.1%)	30,872,189 (53.0%)	34,243,922 (52.1%)	36,939,533 (54.4%)	40,851,023 (56.0%)
	경상적 세외수입	3,085,637	3,845,310	4,381,390	4,885,149	4,740,812
	임시적 세외수입	14,629,467	27,026,879	29,862,532	32,054,384	36,110,211
특별회계	소계	17,638,868 (49.9%)	29,117,851 (47.0%)	29,264,797 (47.9%)	31,490,916 (45.6%)	31,055,376 (44.0%)
	사업수입	5,722,732	7,234,112	16,144,718	17,125,970	17,696,870
	사업외수입	11,916,136	21,883,739	13,120,079	14,364,946	14,358,506

주: 지방채는 1997년, 기부금은 1999년부터 제외, 잉여금은 1999년, 예탁금 및 예수금은 2003년부터 추가됨, 특별회계는 2005년부터 기타 특별회계와 공기업 특별회계로 통계 구분 체계를 달리함.
자료: 행정안전부, 『지방세외수입연감』, 2010.

7,348억 원, 67조 9,478억 원, 72조 9,063억 원으로 증가하고 있는 것으로 나타났다(<표 5-2> 참조).

총규모 중 일반회계 대비 특별회계의 구성비는 2000년 51.1% 대 49.9%, 2005년 53.0% 대 47.0%, 2007~2009년에는 각각 52.1% 대 47.9%, 54.4% 대 45.6%, 56.0% 대 44.0%로 나타났다.

한편 2000년과 2005년에는 일반회계 세외수입이 차지하는 비중이 각각 51.1%와 53.0%에서, 2007년부터 2009년까지는 각각 52.1%, 54.4%, 56.0%로서 점차적으로 증대하는 경향을 보이고 있다.

(3) 지방세외 수입의 자치단체별 구성비

세외수입의 자치단체별 구성비를 보면, 2000년도 이전에는 광역자치단체 중 특별시와 광역시가 차지하는 비중이 매우 큰 것으로 나타났으며, 2000년대 이후부터는 크게 감소 추세를 보였다. 반면에 기초자치단체 중 시와 군의 세외수입 비중이 약간씩 증가하는 경향을 보였다. 광역자치단체인 도와 기초자치단체인 구의 경우 큰 변동이 없는 것으로 나타났다.

표 5-3 광역 및 기초자치단체별 구성비(%)

연도별	총계(%)	광역자치단체		기초자치단체		
		시	도	시	군	구
1995	100	52.8	13.9	33.2	10.1	7.0
2000	100	28.8	13.5	34.9	13.7	9.1
2005	100	25.5	11.9	37.7	15.1	9.8
2006	100	25.0	12.9	38.0	15.3	8.8
2007	100	25.6	14.9	35.7	15.8	8.0
2008	100	25.2	13.1	36.5	16.0	9.2
2009	100	24.4	11.7	36.5	17.2	10.1

자료: 행정안전부, 『지방세외수입연감』, 2010.

(4) 지방세외 수입 세목별 구성비

일반회계 세외수입의 경우, 경상적 세외수입의 비중이 2000년보다 2005년, 2009년에는 더욱 감소한 것으로 나타나 임시적 세외수입이 상대적으로 신장되었다(<표 5-4> 참조). 2009년도 경상적 세외수입은 이자수입이 가장 큰 비중을 차지하고, 이어서 징수교부금, 사용료, 수수료, 사업수입, 재산임대수입 순으로 나타났으며, 임시적 세외수입은 이월금이 50% 이상으로서 매우 큰 비중을 차지하는 것으로 나타났다.

한편, 특별회계 세외수입의 경우, 2000년도에는 사업수입이 사업외수입보다 높은 비중을 차지했으나, 2005년과 2009년도에는 사업외수입의 비중이 사업수입보다 높은 것으로 나타났다.

표 5-4 지방세외 수입 세목별 구성비(2000, 2005, 2009년)

연도	일반회계(100%)																	특별회계(100%)	
	소계	경상적 세외수입 (2000년 17.4% ,2005년 12.5%, 2009년 11.6%)						소계	임시적 세외수입 (2000년 82.6%, 2005년 87.5%, 2009년 88.4%)									
		재산임대수입	사용료	수수료	사업수입	징수교부금	이자수입		재산매각수입	잉여금	이월금	전입금	융자금수입	부담금	잡수입	지난연도수입	사업수입	사업외수입
2000	100	2.1	14.1	22.9	10.7	20.6	29.6	100	3.3	27.2	58.2	1.7	1.0	2.6	5.1	0.9	32.4	67.6
2005	100	4.5	17.0	20.8	13.2	21.6	22.9	100	5.3	21.5	61.0	3.9	1.0	2.9	3.7	0.7	53.0	47.0
2009	100	4.4	18.8	18.6	13.7	21.6	22.9	100	3.4	24.9	56.1	4.0	1.4	4.9	4.3	0.8	55.2	44.8

주: 2009년도 일반회계 임시적 세외수입 항목 중 융자금수입에는 예탁금 및 예수금 1.3% 포함.
자료: 행정안전부, 『지방세외수입연감』, 2010.

2) 지방세외 수입의 과제들

(1) 법적·인사제도상 문제점

① 법적 근거의 다양성에 따른 문제

지방세외 수입은 법령에 저촉되지 않는 한 비교적 자유로운 지방자치단체의 수입원이다. 그러나 [그림 5-1]에서 볼 수 있듯이 세외수입의 종류는 매우 다양하며, 그 수입의 법적 근거가 매우 다양하고 상이하다. 세외수입의 법적 근거는 법률, 대통령령, 부령, 조례 또는 사법상의 계약 등에 두고 있다. 이를테면 행정 서비스와 관련해서 부과되는 사용료 및 수수료, 재산임대수입 및 사업수입, 특별회계와 관련되는 전입금, 이월금 등에 적용되는 법적 근거가 각각 상이하다. 법적 근거에 따라서는 사용 용도가 특정 분야로 지정되어 있기도 하다(예: 하천사용료, 공원사용료수입 등).

이와 같은 세외수입의 법적 근거에 다양성(예: 지방자치법, 지방재정법, 국·공유재산 및 물품관리 법령 및 관련 조례, 주차장법 및 도로교통법, 행정안전부훈령, 부담금 관련 각종 법률, 질서위반행위규제법 등) 때문에 세외수입을 체계적·합리적으로 관리하는 데 상당한 어려움이 뒤따르고 있다.

② 담당 인력 부족 및 전문성 문제

지방세외 수입 관련 업무는 대개 각 부서별로 분임징수관제를 도입하여 주무 부서에서 세무직 및 행정직 몇 명이 부과 징수, 체납처분 등 업무 처리를 하고 있는 실정이어서 담당 인력이 절대적으로 매우 부족하다. 그뿐만 아니라 세외수입의 부과 및 징수 업무의 대부분을 행정직 공무원(지방세 업무는 거의 세무직 공무원이 담당)이 담당하고 있으며, 특히 잦은 인사 이동으로 말미암아 담당자의 전문성 제고가 매우 어려운 실정이다(강종규 외, 2007: 133-134).

(2) 구조상 문제점

① 지방재정 중 지방세외 수입 비중 감소 및 지역편중성

<표 5-1>에서도 볼 수 있듯이 지방재정에서 세외수입이 차지하는 비중이 크게 감소하고 있다. 즉, 1995년에는 지방재정 중 세외수입이 차지하는 비중이 53.5%에서 1998년부터 계속적으로 감소하여 2009년과 2010년에는 각각 24.4%, 21.5%로 크게 감소한 것으로 나타났다.

또한 <표 5-3>에서 보는 것처럼 광역자치단체와 기초자치단체 간에 세외수입이

차지하는 비중의 편차가 큰 것으로 나타났다. 특히 기초자치단체 중 군과 구의 경우 지방세외 수입의 비중이 낮아 자체재원을 마련하는 데 어려움이 있음을 보여 준다. 심지어는 경상적 세외수입에서 지역적 편중이 심화되는 양상까지 나타나 지방자치단체의 재정 운영에서 부익부 빈익빈의 악순환을 증대시키고 있다는 것이다.

② 지방세외 수입구조의 불건전성

<표 5-4>에서 볼 수 있듯이 지방세외 수입의 구조는 지방자치단체가 안정적으로 자체재원을 마련해야 한다는 점에서 매우 바람직하지 못하다. 즉, 일반회계의 경우 임시적 수입의 비중이 경상적 수입보다 훨씬 높게 나타나고 있는데, 임시적 세외수입의 비중이 2000년과 2009년에 각각 82.6%, 88.4%로 나타났다. 특히, 임시적 세외수입의 상당 부분이 이월금(2000년 58.2%, 2005년 61%, 2009년 56.1%)으로 충당되고 있다는 점은 매우 큰 문제다. 이는 세외수입이 예외적이고 단순한 회계상의 이전에 불과한 수입에 의존하고 있음을 의미한다. 이와 같은 세외수입의 불안정성은 예측과 계획성 있는 재정 운영을 어렵게 하는 요인으로 작용한다.

한편, 특별회계의 경우 2000년도보다는 사업수입의 비중이 점차 신장되고는 있으나, 여전히 사업수입의 비중이 적지 않은 것으로 나타났다.

(3) 관리 · 운영상 문제점

① 징수 근거의 다양성 및 원가 보상의 비현실성

지방세외 수입은 징수 근거가 다양하고 종류가 너무 많아서 자치단체별, 회계연도 간 분포가 매우 불규칙하므로 행정관리상의 어려움을 초래하고 있다. 사용료 · 수수료[6]가 안고 있는 문제점으로는 유사 수수료 요율의 기관별 불균형에 따른 형평성 저하, 낮은 원가 보상률과 합리적 원가 산출의 곤란, 관련 조례의 비체계성 및 법령 통일의 미비 등이 있다. 심지어는 자치단체장의 관심 여하에 따라 큰 차이가 나며 기능별로 각 부처가 관련되어 있어서 요율현실화가 쉽지 않다. 특히 요율 조정이 국가 및 지방물가 정책과 밀접한 관계를 가지기 때문에 신축성도 결여되어 있을 뿐만 아니라 대부분 원가 수준에도 훨씬 낮은 수준에서 징수되고 있으며, 요율 수준이 합리적 기

6) 사용료 · 수수료 또는 분담금의 징수에 관한 사항은 조례로 정한다. 다만, 국가가 지방자치단체나 그 기관에 위임한 사무와 자치사무의 수수료 중 전국적으로 통일할 필요가 있는 수수료에 관한 사항은 다른 법령의 규정에도 불구하고 대통령령으로 정하는 기준에 따라 조례로 정한다(지방자치법 제139조).

준 없이 행정 편의에 따라 자의적으로 정해지거나 동일 서비스가 지역 여건과 기관별로 그 사용료 부과에 차이가 있다. 따라서 종류는 매우 다양하지만 지방세외 수입의 징수 규모가 크게 신장되지 못하고 있는 실정이다.[7)]

② 징수 실적의 저조 및 불규칙성

지방세의 경우 체납시 강력한 강제 수단에 의해 체납처분을 할 수 있고, 따라서 체납자에게는 직접적인 불이익이 수반되므로 징수가 용이하다. 그러나 세외수입의 경우는 [그림 5-2]에서 볼 수 있듯이 법적 미비와 동시에 복잡하고 다양한 행정절차로 인해 일관된 부과 징수 체계를 가지고 있지 못하다.

지방세외 수입은 연도별로 그 수입이 매우 불규칙한 항목들이 많고, 따라서 지방세에 비해 그 부과 징수 비율이 상대적으로 낮은 것으로 나타나고 있다. 이는 기본적으로 지방세외 수입 종목이 다양하고 복잡한 구조를 지니고 있는 데에 기인하고 있으나, 세외수입이 계획적이고 합리적으로 관리되지 못하고 있음을 보여 주는 것

표 5-5 단체별 세외수입의 징수 실적(2009년)

(단위: %)

단체	전국	광역			기초			
		소계	특별·광역시	도	소계	시	군	구
징수율	91.9	96.2	95.7	97.4	89.6	91.3	97.0	74.9

자료: 행정안전부, 『지방세외수입연감』, 2010.

표 5-6 회계별 세외수입의 징수 실적(2009년)

(단위: %)

회계	전국	광역			기초			
		소계	특별·광역시	도	소계	시	군	구
일반회계	92.5	97.3	96.4	98.6	91.1	92.4	97.6	79.5
특별회계	91.1	95.6	95.4	96.2	86.8	90.0	94.7	59.8

자료: 행정안전부, 『지방세외수입연감』, 2010.

7) 경상적 세외수입의 주종을 이루는 사용료·수수료의 비현실성은 다음과 같은 이유에서 나타나고 있다. 첫째, 징수 근거가 다양하고 장기간 요율 미조정, 둘째, 유사 사용료·수수료 요율의 지역별·기관별 불균형, 셋째, 행정 서비스의 무료 제공 다수 등이다.

이다. 2009년도 단체별, 회계별 징수 실적은 <표 5-5>과 <표 5-6>에서 보는 바와 같다.

<표 5-5>과 <표 5-6>에서 보는 것처럼 2009년도 세외수입 징수 실적은 전국 평균 91.9%로서 약 8.1%가 체납되고 있으나, 광역자치단체의 징수 실적은 96.2%인데 비해 기초자치단체의 징수 실적은 89.6%로 상대적으로 낮아 징수 체납률이 높다. 특히 기초자치단체 중 구의 경우는 약 74.9%로서 징수 실적이 매우 저조함을 알 수 있다. 또한 회계별 세외수입의 징수 실적에서도 거의 유사함을 보여 구의 경우 일반회계 79.5%, 특별회계 59.8%로 매우 저조한 것으로 나타났다. 지방세외 수입의 체납 사유는 주로 징수 가능분의 경우 징수 유예·소송 계류·납세 태만 등이며 징수 불가능은 거소 불명·무재산·고질적 체납 등으로 나타나고 있다.

③ 체계적 자금관리의 미흡

지방자치단체의 이자수입은 여유자금의 운용에서 발생하는 파생적 수입이다. 그러나 지금까지 여유자금의 관리에 대한 관심이 비교적 낮고, 특히 안정성을 중시하여 과거부터 원금이 보장되었던 상품에 주로 운용되어 왔다. 따라서 운용 상품도 은행권 금융상품으로 크게 제한되어 있고, 이자율 변동에 따른 위험을 분산시킬 수 있는 포트폴리오 구성에도 한계가 있다.

또한 안정성 중시의 관행은 원금 보장이 사실상 되지 않는 자금도 원금 확보를 중시하여 우량 금융기관을 주거래 금고로 지정하여 집중적으로 예치하고 있다. 이렇듯 지금까지는 자금 운용 상품의 제한성과 안정성 위주의 자금 운용으로 체계적인 자금 운용 프로그램을 개발할 필요성을 크게 느끼지 못했다. 자금 운용의 전문성을 제고하기 위한 전문 인력도 양성되지 못했다(강종규 외, 2007: 138-139).

(4) 부담금 운영의 불합리성[8)]

① 지자체 관련 부담금의 비중 및 특성

2009년 12월 기준 부담금의 종류는 총 99개[9)]다. 2009년도에 징수된 부담금은 총 14조 8,047억 원으로 그 사용 내역을 보면 <표 5-7>에서 보는 바와 같다. 즉, 징수

8) 장노순, "재정분권화 관점에서 본 부담금제도의 현황과 개선 방안," 『한국행정과 정책연구』, 제2권 제1호, 2004 참조.

9) 소관 부처별로는 환경부 23개, 국토해양부 22개, 농림수산식품부 11개, 지식경제부 10개, 금융위원회 8개, 문화체육관광부 6개, 산림청 5개, 교육과학기술부 3개, 외교통상부/보건복지부/노동부가 각각 2개, 기획재정부/행정안전부, 소방방재청/방송통신위원회/중소기업청이 각각 1개의 부담금을 운용하고 있다.

부담금 중 중앙정부 79.5%(기금 57.0%, 특별회계 22.5 %), 지방자치단체 9%(광역 3.9%, 기초 5.1%), 공단 등 기타 11.5%가 귀속된 것으로 나타났다. 특히 지자체에 귀속되는 9%로서 13,276억 원에 불과한 것으로 나타났다.

2009년 기준 99개의 부담금 중 광역 지방자치단체 귀속 부담금은 학교용지부담금(교육과학기술부), 지방자치단체 공공시설수익자분담금(행정안전부), 수산자원조성금(농림수산식품부), 원인자부담금(환경부: 수도법, 하수도법), 광역교통시설부담금/혼잡통행료/교통유발부담금/과밀부담금(국토해양부)등 9종가 있으며, 기초 지방자치단체 귀속 부담금은 학교용지부담금(교육과학기술부), 지방자치단체 공공시설수익자분담금(행정안전부), 쓰레기유발부담금/수산자원조성금(농림수산식품부), 원인자부담금(수도법, 하수도법)/폐수종말처리시설부담금(환경부), 개발부담금/교통유발부담금/도시구역 밖의 기반시설 및 추가설치비용부담금/지하수이용부담금(국토해양부) 등 11종가 있다. 이러한 부담금의 성격을 보면 주로 환경·국토 개발 관련 부담금이 주종을 이루는 것으로 나타났다.

② 부담금 운용의 실효성 문제

부담금 규모가 크게 신장되고 있음에도 불구하고 운영에서 점검과 평가가 미흡함이 지적되고 있다. 즉, 부담금의 부과 목적이나 실태, 사용 내용의 건전성, 부과 절차의 공정성 등에 대해 지속적이고 종합적인 평가가 요구된다. 부담금은 목적 달성을 위해 가능한 한 최소한의 범위 내에서 부과되고, 기업의 경제활동을 촉진시킬 수 있도록 운영될 필요가 있다. 또한 지방자치단체 재정의 건전화를 위해서는 일부 부담금의 징수교부율 재조정이 요구된다.

표 5-7 귀속 주체별 부담금

(단위: 백만 원, %)

구분	중앙정부		지방자치단체		공단 등 기타	계
	기금	특별회계	광역	기초		
귀속 금액	8,447,325	3,326,632	579,702	747,960	1,703,126	14,804,744
비율	57.0	22.5	3.9	5.1	11.5	100.0

자료: 기획재정부, 2009년도 부담금운용종합보고서.

③ 부담금의 지역지원 사업 미흡

부담금은 그 설치 목적과 연관지어 볼 때, 지역 개발 투자에 더 많은 비중을 두어야 하는 부담금도 적지 않다. 즉, 국가적·광역적 목적을 달성하기 위해 국책사업을 수행하는 경우 해당 지역에서 발생하는 외부불경제(external diseconomy)를 최소화할 수 있는 보상적 차원의 정책지원 사업이 반드시 이루어져야 한다. 그럼에도 불구하고 특정한 목적으로 징수한 부담금이 해당 지역의 지역 지원사업으로 적절하게 사용되지 못하고 있는 실정이다.

(5) 경영수익사업 경영관리의 취약성

경영수익사업은 민간경제를 침범하지 않는 범위 내에서 지역 특성에 따라 부존자원과 유·무형의 문화유산 등 지역의 자산을 활용하여 수익을 창출하는 활동이다. 지방자치단체에서 수행하는 경영수익사업을 사업 대상 영역별로 분류해 보면 ① 토지개발 이용, ② 관광유원지 개발 및 운영, ③ 지역 부존자원의 활용, ④ 공유재산의 생산적 관리, ⑤ 농림수산 및 소득 증대, ⑥ 문화관광 서비스 등 6개 분야로 나뉘어 있다. 그리고 경영수익사업도 지방자치제의 실시 이후 경쟁적으로 수행하면서 지방자치단체 간, 민간 부문과의 과열 경합 현상을 초래하고 있다.

특히 민간 부문에서 수행하는 분야까지 지방자치단체가 담당하는 사례가 있어 치밀한 사전 사업타당성 분석이 없이 재정 확충에 몰두하여 효율성 면에서 실패하는 사례들이 나타나고 있다. 따라서 지방자치단체의 수익사업은 공익성과 수익성을 조화시킬 수 있어야 하며, 직영 방식에서 공사나 공단으로 전환하는 노력도 동시에 기울여야 할 것이다.

경영수입사업의 경우 전반적으로 지적되고 있는 문제점으로서는 경영 마인드의 부족, 사업타당성분석의 결여, 경영기법과 전문성 부족, 서비스 질을 고려한 사업관리 미흡, 각종 시설의 운영계획과 수지분석 미흡 등 경영관리 체제의 취약성 등이 있다.

2 지방세외 수입의 발전 방향

앞에서 기술한 다섯 가지 과제들, 즉 ① 법적·인사제도적 측면, ② 구조적 측면, ③ 관리·운영적 측면, ④ 부담금, ⑤ 경영수익사업 등을 토대로 지방세외 수입의 발전 방향을 검토해 보기로 한다.

1) 지방세외 수입의 법적·제도적 개선

첫째, 다양한 법적 근거로 나타나는 문제점을 통합/해소할 수 있도록 하는 가칭 '세외수입 부과 징수 관련 절차법'을 제정할 필요가 있다고 사료된다. 이 법률을 제정하여 지방세와 유사하게 부과 및 징수, 체납관리의 문제를 체계적으로 정비해야 한다.

둘째, 지방세외 수입의 정보 시스템을 지속적으로 개선하여 부과 징수 및 체납관리 업무의 효율성을 높일 수 있도록 전산 시스템의 연계성을 제고할 수 있도록 해야 할 것이다. 왜냐하면, 세외수입의 부과 징수는 각 실·과·소에서 담당하고 세외수입에 대한 총괄 업무는 재정·세입 관리 부서에서 담당하고 있어서 실질적인 책임성을 갖고 지도 감독하는 운영 체계가 없기 때문이다. 특히, 지방세외 수입의 체납 징수는 지방세 관리와 연계 운영할 필요가 있다(강종규 외, 2007: 134).

셋째, 지방세외 수입의 확충을 위해서는 담당 공무원의 경영 마인드와 전문성이 시급하다. 사실상 지방자치단체가 추진하고 있는 경영수익사업이나 각종 수익사업이 기대한 만큼의 성과를 거두지 못하고 있는 이유로서는 목표 의식, 비용 의식, 경쟁 의식, 마케팅 의식, 위기 의식 등 담당 공무원의 경영 마인드 결여와 전문성 부족에 있기 때문이다. 우수한 전문적 인적 자원의 양성을 위해서는 자치단체장의 관심과 투자활동은 물론, 담당 공무원의 교육훈련이 체계적으로 이루어질 수 있도록 해야 한다(강종규 외, 2007: 134).

2) 지방세외 수입의 구조적 개선

첫째, 지방재정 수입 중 세외수입의 비중을 신장시키고, 자치단체별·지역 간 세외수입의 불균형을 해소시켜 나가야 할 것이다. 즉, 지방세외 수입의 증대를 통해 지방재정의 건실화와 자주적 재원의 확충이 이루어질 수 있도록 해야 한다.

둘째, 지방세외 수입에서 경상적 수입(일반회계)과 사업수입(특별회계)의 비중을 점진적으로 확대시켜 나가도록 해야 할 것이다. 이는 지방재정의 운영을 계획적으로 안정성 있게 하도록 하기 위한 매우 중요한 과제다.

셋째, 탈루 세외수입원의 지속 발굴 및 지방세외 수입의 체납을 감소시켜 나가야 할 것이다. 특히 세외수입 체납 징수 전담팀을 구성/운영하여 고액·상습 체납자에 대해 철저히 관리하도록 해야 한다.

3) 지방세외 수입의 관리·운영적 개선

첫째, 세외수입 업무 여건을 개선하여 업무의 효율성·생산성을 제고해야 한다. 즉, 세외수입 업무의 인력 전문화 및 인센티브 제공, 세외수입 과징 업무의 정보 시스템 구축 및 부과 절차의 합리화를 추진해 나가야 한다. 아울러 납부 관련 주민 편의를 위해 신용카드 납부 확대 등 납부 시책을 개선하도록 해야 한다.

둘째, 수수료·사용료의 현실화를 지속적으로 추진해야 한다. 이를테면 자치단체 수수료 표준요율 규정 제정, 국가위임사무의 수수료 현실화(주민등록 등·초본 발급 수수료 등), 조례로 규정된 사용료·수수료의 연차별 현실화, 국가위임사무 중 무료 행정 서비스의 유료화 등이 그 예다. 예컨대 필수적 공익 서비스, 선택적 공익 서비스, 필수적 개인 서비스, 선택적 개인 서비스에 따라서 사용료와 수수료의 부과 기준을 합리적으로 활용할 수 있을 것이다.[10]

셋째, 지방세입금(地方歲入金)의 효율적 관리를 통해 이자수입(지방자치단체의 자금수급계획의 철저한 분석을 통해 여유자금을 고율 예금)을 증대시켜 나가야 할 것이다. 즉, 자금관리 제도의 정비와 체계화를 통해 수입과 지출을 효율적으로 관리해 나가야 한다. 특히, 향후 여유자금에 대한 자금 운용의 수익성을 향상시키기 위해서는 자체 전문 인력을 양성하거나, 외부 전문 인력의 영입, 아웃소싱 등을 확대할 필요가 있다.

4) 부담금 운영 및 평가의 합리화

부담금이란 특정한 공익사업으로 인해 특별한 혜택을 받는 자 또는 비용을 유발하는 자에게 그 사업에 필요한 경비를 부담하도록 하는 제도로서, 수익자(원인자) 부담 원칙에 따라 경비 부담과 혜택(지역 또는 사람)이 일치해야 하는 것이 원칙이다.

그러므로 부담금은 수익자(원인자)에 의한 경비 부담으로만 충당하고, 지방자치단체 간의 재정 조정은 국고보조금사업 등에 의해 수행하는 것이 바람직하다. 나아가

10) 강종규·김언호(2007: 139)는 사용료와 수수료의 부과 기준을 다음과 같이 네 가지로 분류한다.

구분	필수적 서비스	선택적 서비스
비수익적	필수적 공익 서비스 (상하수도, 주민등초본)	선택적 공익 서비스 (예방접종)
수익적	필수적 개인 서비스 (위생처리장, 화장장)	선택적 개인 서비스 (골재 채취, 무역업 허가)

부담금 제도의 기본 취지에 비추어 볼 때, 지방자치단체로부터 제공되는 서비스와 관련이 있거나 토지 등과 같이 지역성이 높은 부담금에 대해서는 부과·징수 권한을 지방자치단체로 이양하는 방안을 검토할 필요가 있다. 그렇지 않으면 지방자치단체에 귀속되는 부담금의 배분 비율을 점진적으로 상향 조정해 나가는 것이 필요하다.

또한 부담금관리기본법 8조에 규정되어 있는 부담금의 평가를 위해 부담금운용평가단을 구성하여 주기적으로 운용/성과에 대해 종합적으로 평가가 이루어질 수 있도록 실행되어야 할 것이다. 부담금에 대한 평가 결과에 따라 부담금 중 이미 정책 목적을 달성했거나 실효성이 없는 부담금, 지난 수년간 징수 실적이 없거나 미흡한 부담금,[11] 그리고 부과 목적과 사용 내역 간의 연계가 미흡한 부과금 등에 대해서는 대폭적인 정비가 이루어질 수 있도록 해야 한다.

5) 경영수익사업의 개선

(1) 사업 분석 및 성과 시스템의 강화

경영수익사업을 성공적으로 수행하기 위해서는 사업 분석 및 성과 시스템의 운영을 강화해야 한다. 즉, 사업별 원가계산 제도의 채택이라든지, 경영의 전문화를 통해 경영수익사업의 채산성을 제고할 수 있는 다양한 전략을 개발하는 접근이 필요하다.

(2) 경영수익사업의 지속적 발굴

지방자치단체는 해당 지역의 실정을 감안하여 경영수익사업의 대상을 지속적으로 확대·발굴하여 지방세외 수입을 증대시켜 나가야 할 것이다. 예컨대 경상북도의 경우, 향후 각 시·군은 ① 지역 부존자원(모래, 자갈, 돌, 약수 등), ② 관광자원(온천, 동굴, 해수욕장, 해돋이, 민속놀이, 자연휴양림 등), ③ 농림수산(화훼 재배, 양묘장, 유실수 식재, 농수산물 직판장 운영, 도축장 운영 등), ④ 유휴시장 자원(임야, 늪지, 구릉지 폐하천 등) 등을 경영수익사업의 주요 개발 대상으로 삼고 있다(강종규 외, 2007: 143). 이렇듯 지방자치단체는 지역적 특성에 맞고 공공성과 경제성을 동시에 살릴 수 있는 자원을 경영수익사업으로 적극적으로 개발하여 활용하는 방안을 강구해야 할 것이다.[12]

---

11) 2009년 기준 징수 실적이 전혀 없는 부담금은 광물수입·판매부과금, 항만시설손괴자부담금, 물류시설의 개발 및 운영에 관한 법률에 의한 시설부담금 등 14개 부담금이 있다(기획재정부, 2009년 부담금운용종합보고서).

12) 지방자치단체는 다양한 전통이나 문화유산, 그리고 고유 특산물(예: 성주 참외와 수박, 청도 감, 상

또한 경영 마인드를 통해 지방자치단체가 경영수익사업으로서 검토할 수 있는 사업은 다음에서 보는 바와 같다(권형신 · 이상용 · 이재성, 2001: 172).

첫째, 공공(체육)시설, 각종 고지서 및 행정 홍보물 등에서의 상업광고 수입

둘째, 관상(官商) 복합건물 건축 및 임대

셋째, 장의(葬儀) · 예식장 · 묘원 직영사업

넷째, 장애자 및 노약자 재활을 위한 전원 또는 원예 치료시설

다섯째, 사회교육 프로그램(예: 컴퓨터 강좌, 어학 강좌 등) 실시

여섯째, 보건소의 건강진단사업

일곱째, 공유지 활용 주말농장 운영

여덟째, 음식물 찌꺼기를 이용한 가축용 사료 생산사업

아홉째, 소규모 대중 골프장(public course) 건립 및 운영

(3) 복권 발행의 자율성 제고

1991년부터 지방자치복권의 발행이 법률적 규정이 마련되어 허용하고 있다(지방재정법 제88조).[13] 자치복권 발행 시 지방단체장이 그 종류, 발행 금액, 발행 조건을 정해 지방의회의 의결을 거쳐 중앙정부의 승인을 얻도록 하고 있다.

물론 주민의 사행심 조장이나 소득 분배면에서의 역진성 등으로 비판을 받을 뿐만 아니라 연간 변동 폭이 커서 안정적인 수입원으로 성장하는 데는 많은 문제점을 던져 주고 있다.

그러나 복권 수입이 지방자치단체의 재원 확보와 사회적 비용의 최소화라는 기능은 상호 교환적 관계에 있기 때문에 재정수입의 극대화라는 복권 발행 목적을 위해서는 ① 지방의회의 의결 절차를 간소화하고, ② 수익금 배분 시에 시 · 도의 재정 상황에 비추어 효율성과 형평성이 고려된 적정성이 확보되어야 하며, ③ 자치복권에 대한 대행 은행의 적극성을 확보할 수 있는 제도적 장치의 강구, ④ 복권수익금의 효율적 운영을 위해 사용 용도를 한정하는 등의 방안을 적극 검토해야 한다.

중 · 장기적으로 자치복권 제도는 지방자치단체가 추진하는 문화 · 체육 · 관광 등 각종 이벤트사업, 시민의 날, 체육행사 등에 한시적으로 복권을 발행하여 해당 지역

주 곶감, 의성 청결미, 화천과 양구 오대미 등)을 현대 사회 욕구에 부합하게 재창조하여 유무형의 자산인 향토지적재산을 개발하여 상품화함으로써 고부가가치 상품을 창출할 수 있다.

13) 복권 및 복권기금법 제23조 제1항의 규정에 의하여 배분되는 복권수익금의 지방자치단체별 배분 비율을 정하고 이를 행정안전부 장관의 승인을 얻어 동법 제13조의 규정에 의한 복권위원회에 통보해야 한다(지방재정법 제88조).

의 행사복권 중심으로 정착시켜 나가는 것이 바람직하다(권형신 · 이상용 · 이재성, 2001: 175).

(4) 토지신탁관리를 통한 재산수입의 증대

공유지관리를 부동산신탁회사 등 민간에 위탁하는 토지신탁관리를 도입 · 활용할 필요가 있다. 일본의 경우 이미 1986년에 공유지신탁 제도가 도입되었고, 우리나라의 경우는 1994년에 국유지신탁 제도가 도입된 바 있다. 그러나 현행 지방재정법상 공유지 신탁은 인정되지 않고 있다.

이러한 공유지신탁 제도는 지방자치단체가 소유하고 있는 토지를 신탁은행 등에 신탁하고, 일정한 목적 사업에 활용시켜 그 수익을 지방자치단체가 배당받는 방식이다. 즉 토지의 소유권을 보유한 채, 그 활용도를 높이는 방법이다. 지방자치단체가 신탁할 수 있는 토지는 행정 목적에 사용하지 않는 보통재산(우리의 경우 잡종재산)의 토지에 한한다. 지방자치단체는 지방의회의 의결을 얻어 신탁하고, 신탁은행 등에 대해서는 지방자치단체장의 조사권과 감사위원의 감사권을 행사할 수 있다. 공유지의 신탁 개발 및 활용을 위한 적절한 대상 사업으로서는 입체 주차장, 테니스장, 골프 연습장, 오피스텔, 체육 및 휴양시설, 실버산업 관련 시설, 각종 공공복지시설 등을 들 수 있다.

제 6 장 지방채

제 1 절 지방채의 의의와 종류

1 지방채의 의의

1) 지방채의 개념 및 특징

(1) 지방채의 개념

일반적으로 지방채(local debt)란 지방자치단체가 재정수입의 부족을 보충하기 위해 과세권을 실질적인 담보로 하여 자금을 조달하는 채무로서, 그 채무 이행이 1회계 연도를 넘어서 이루어지며 지방채증권 또는 차입금의 형식을 취하는 것이라고 할 수 있다. 이러한 지방채의 개념을 구체적으로 살펴보면 다음과 같다.

첫째, 지방채의 발행 주체는 지방자치단체 및 지방자치단체조합[1]이다. 따라서 지방공기업 중 지방자치단체의 직영기업을 제외한 지방공사・공단의 차입금은 그 차입이 증권 형태를 취하고 있더라도 지방채라 할 수 없다.

---

1) 지방자치단체조합의 장은 그 조합의 항구적 이익이 되거나 긴급한 재난 복구 등의 필요가 있을 때 또는 지방자치단체에 대부할 필요가 있을 때 지방채를 발행할 수 있다. 이 경우 행정안전부 장관의 승인을 얻는 범위 안에서 조합 구성원인 각 지방자치단체의 지방의회의 의결을 얻어야 한다(지방재정법 제11조 ④항).

둘째, 지방채는 교부공채를 제외하고 지방채 발행 시 당해 연도에 자금 이동이 수반된다. 따라서 채무 부담의 원인이 되는 행위를 하는 시점에서 자금이 이동하지 않는 채무부담행위와는 차이가 있다.

셋째, 지방채는 채무 이행 기간이 2회계연도 이상에 걸쳐 이루어진다. 이 점에서 예산 내의 지출을 하기 위해 일시적으로 차입했다가 그 회계연도의 세입금으로 상환하는 일시차입금(지방재정법 제14조)은 지방채의 개념에 포함되지 않는다. 그러나 일시차입금이 발행시 자금이 이동된다는 점에서 지방채의 성격을 지니고 있으며, 또한 앞으로 지방재정의 운용상 점차 그 중요성이 증대하고 있어 지방채의 개념에 포함시키는 것이 바람직할 것이다(최근열, 1995: 360).

넷째, 지방채는 증권 발행 또는 증서 차입의 형식을 취한다. 지방재정법시행령 제7조 제1항에 의하면 지방자치단체가 증권 발행의 방법에 의해 차입하는 지방채(외국에서 발행하는 경우도 포함)를 지방채증권이라고 하고, 증서에 의해 차입하는 지방채(외국 정부·국제기구 등으로부터 차관 도입하는 경우도 포함)를 차입금이라 한다.

(2) 지방채의 특징

지방채를 국채와 비교하면 다음과 같은 특색을 지닌다(이규환, 1993: 20; 한국지방재정공제회, 1991: 18).

첫째, 국채는 경기 조절 기능을 수행할 목적으로 중앙은행의 인수를 통한 통화 신용 창조에 의해 발행되므로 중앙은행의 신용 팽창에 따른 인플레이션의 유발 우려가 있는 반면, 지방채는 재원 조달이 직접적인 목적으로 인플레이션을 유발할 우려가 없다. 이러한 점에서 지방채는 사채나 회사의 장기차입금에 가까운 성격을 지닌다.

둘째, 중앙정부는 경제정책적 관점에서 국채의 발행 여부, 발행액의 규모 등을 신축성 있게 결정하는 데 비해 지방자치단체는 지방채의 발행을 스스로 결정하지 못하는 경우가 많다. 특히 그 지방채의 자금이 중앙정부의 재정자금일 때에는 지방자치단체가 그 발행 여부를 자주적으로 결정하지 못한다.

셋째, 지방채를 재원으로 하여 행해지는 공공 투자는 모두 그 지역 주민의 생활 또는 지역경제와 직접 관련이 있는 투자다. 따라서 지방채는 국채에 비해 연고채(緣故債)의 색채가 짙다.

또한 지방채와 사채를 비교하면 다음과 같다(이규환, 1993: 21). 지방채가 원칙적으로 조세에 의해 상환되는 데 비해, 민간회사에서 사채는 사업수입에 의해 상환된다. 물론 지방공기업채는 요금 등의 사업수입에 의해 상환되지만 최종적으로 지방채는 지방자치단체의 과세권을 담보로 하고 있다. 이 점에서 신용력이 당해 회사의 자산 및 수익력을 담보로 하고 있는 사채보다는 훨씬 강하다고 할 수 있다.

2) 지방채 발행의 근거

(1) 법적 근거

우리나라 지방자치단체의 재정 운영은 지방자치법 제122조와 지방재정법 제3조에 재정건전성을 원칙으로 하고 있기 때문에, 지방채를 통한 재원 조달을 원칙적으로 금하고 있다.

그러나 지방자치법 제124조 제1항에 근거한 지방재정법 제11조에서는 "지방자치단체장은 그 지방자치단체의 항구적인 이익이 되거나 또는 긴급한 재난 복구 등의 필요가 있는 때에는 재정 상황 및 채무 규모 등을 고려하여 대통령령이 정하는 지방채 발행 한도액의 범위 안에서 지방의회의 의결을 얻어 지방채를 발행할 수 있으며, 또한 지방채 발행 한도액의 범위를 초과하거나 외채를 발행하는 경우 행정안전부 장관의 승인을 얻는 범위 안에서 지방의회의 의결을 얻어 지방채를 발행할 수 있다"고 정하고 있다.

즉, 지방재정법 제11조에 근거하여 제한적으로 지방채를 발행하고 있다. 아울러 지방채의 발행 절차는 지방재정법시행령에 규정되어 있으며, 이 법에 규정되어 있지 않은 것은 상법을 준용하도록 되어 있다(지방재정법 제12조).

(2) 이론적 근거

지방정부가 지방채를 발행하는 이론적 근거가 되는 지방채의 기능은 크게 다음과 같다(大川政三·大森誠司·汪川雅司, 1994: 114-116; 이규환, 1993: 23-25).

첫째, 지방정부의 재정수입을 보완한다. 즉, 지방채는 예를 들어 지하철, 도로, 상·하수도 등 지방사회간접자본의 건설과 정비를 위한 자금 조달에 한계가 있는 경우 그 부족분을 보완하는 기능을 수행한다.

둘째, 자원의 효율적 배분을 가능하게 한다. 지방정부의 활동 가운데 지방공기업의 운영에 필요한 재원은 조세수입으로 충당하는 것보다도 지방채로 충당하는 것이 자원을 배분하는 데 합리적이라고 할 수 있다.

셋째, 주민의 세대간 부담을 공평하게 한다.[2] 즉, 지방정부가 시행하는 사업의 편

---

2) 지방채에 의해 재원을 조달할 경우 실제로 누가 비용의 부담자가 되느냐에 대해 현 세대 부담설, 미래 세대 부담설, 세대 간 분담설 등의 주장이 있다. 이들 주장 가운데 세대 간의 부담공평설이 가장

익이 다세대 간에 걸쳐 발생하면서 일시에 많은 자금이 소요되는 사업(예: 지하철, 도로, 상·하수도, 하수종말처리장 등)의 경우에는 투자재원의 조달을 지방채를 통해 하는 것이 바람직하다. 왜냐하면 이러한 공익사업의 지출을 일반조세로 충당한다면 비용 부담 연도의 주민(납세 의무자)에게 그 비용 전액을 부담시키는 결과가 되어 편익의 혜택과 비용 부담 간의 형평성을 결여하게 되지만, 지방채로 재원을 충당하면 미래 세대와 혜택의 배분과 함께 비용의 공동 부담이 가능하게 되기 때문이다.

넷째, 지방채는 재정정책 기능을 수행한다. 재정정책은 본래 국가의 기능이나 ① 국가의 경기정책으로 공공사업을 실시할 경우 생활 관련 사회간접자본 정비와도 밀접한 관계가 있으며, ② 지방재정 규모가 상당히 커졌다는 점 등을 고려하여 국가와 지방정부의 협력이 필요하고, 경기정책은 지방정부의 협력을 통해 그 효과를 높일 수 있다. 실제 앞으로 경기 조정을 위해 지방채를 국가의 공채와 함께 적극적으로 활용할 필요가 있다. 다만 지방채의 발행은 지방자치단체의 지방재정계획 내지 지방채 발행계획에 의해 지역 주민의 행·재정 욕구를 우선시하고 있다. 따라서 지방채의 재정정책 관련 기능은 일정한 한계가 있다.

다섯째, 세입·세출의 균형화 기능을 수행한다. 지방자치단체는 세출을 충분히 조달할 만큼 자주재원을 확보할 수 없기 때문에 어찌 보면 지방채의 발행은 당연하다. 이 점이 국채 발행과는 매우 상이하다. 따라서 지방채의 기능은 세입 보전을 의도로 세입·세출의 균형화를 모색한다.

2 지방채의 종류

1) 일반회계채와 특별회계채

지방채는 발행하는 회계에 따라 일반회계채와 특별회계채(공기업특별회계채, 기타 특별회계채)로 나눌 수 있다. 즉, 일반회계채는 일반회계의 재원으로 조달하는 채무이고, 공기업특별회계채는 공기업특별회계로 조달하는 채무이며, 기타 특별회계채는 기타 특별회계로 조달하는 채무다.

설득력이 있는 것으로 보고 있다. 머스그레이브에 의하면 "지방정부가 수행하는 공공 서비스 가운데 그 편익이 장래에 걸쳐 발생하는 것에 대해서는 미래에 편익을 보게 되는 장래의 세대에게 원리금의 상당 부분을 부담시키는 것이 바람직하다"고 주장한다(Musgrave & Musgrave, 1984: 691).

우리나라의 지방채는 주로 도로·교량 건설, 하천 정비, 재해 복구, 주택·택지 개발, 공단 조성, 상·하수도, 지하철 건설, 지역개발기금 조성 등을 위해 일반회계채, 공기업특별회계채 및 기타 특별회계채로 발행되는데, 지방자치단체에 따라 일반회계채로 운영되기도 하고 공기업특별회계채 또는 기타 특별회계채로 운영되기도 한다.

2) 증서차입채와 증권발행채

지방채를 발행 방법에 따라 증서차입채(차입금)와 증권발행채(지방채증권)로 나눌 수 있다. 증서차입채는 지방자치단체가 증서에 의해 차입하는 지방채를 말하고, 증권발행채는 지방자치단체가 증권 발행 방법에 의해 차입하는 지방채를 말한다. 지방재정법시행령 제7조에서는 증서차입채를 차입금, 증권발행채를 지방채증권으로 규정하고 있다.

(1) 증서차입채(차입금)

차입금은 국내차입금과 국외차입금으로 나누며, 국내차입금은 차입선과 자금의 종류에 따라 정부자금채, 지방공공자금채, 민간자금채로 구분된다.

정부자금채는 ① 정부특별회계(농어촌 구조 개선, 환경 개선 등)에서의 지방채 인수를 통한 자금 지원(정부특별회계자금), ② 정부관리기금(수산발전기금, 공공자금관리기금 등)에서 지원되는 융자금 등이다.

지방공공자금채는 시·도 단위로 조성·운용되는 지역개발기금, 청사정비기금(한국지방재정공제회에서 지원)이다.

민간자금채는 은행(시중은행, 지방은행, 특수은행 등), 제2금융권(투자신탁, 단자사 등) 등의 금융자금과 일반 민간인자금 및 기타 연고자금 등이다.

국외차입금(차관)은 공공차관과 상업차관으로 나눈다. 먼저 공공차관은 우리나라 중앙정부나 지방정부를 포함한 법인이 외국 정부·경제협력기구·외국 법인 등에서 현금을 차입하거나, 자본재 또는 원자재를 도입하는 것이다. 이러한 공공차관은 개발도상 국가를 위한 정책자금으로 우리나라는 1995년부터 대상에서 제외되었다. 상업차관은 지방정부가 일반경제 주체와 같은 지위에서 외국(법)인과의 차관 계약에 의해 도입되는 외국 자본을 말한다.

(2) 증권발행채(지방채증권)

지방채증권도 국내 지방채증권(내국채)과 국외 지방채증권(외화채)으로 나누며, 내국채는 모집, 매출, 교부 등 세 가지로 구분한다.

모집에 의한 발행 방법(모집공채)은 신규로 발행하는 지방채증권에 대해 청약서에 의해 불특정 다수를 대상으로 투자자를 모집한 후 현금의 납입을 받고 증권을 발행하는 것으로, 발행 주체가 연고 인수선(은행, 보험, 투자신탁 등)과 계약을 체결하여 발행하는 사모와 발행 주체가 자본시장을 통해 투자자를 공개 모집하는 공모가 있다. 그리고 공모에도 발행 주체가 직접 투자자를 모집하는 직접모집과 발행 주체가 위탁기관(증권사 등)을 통해 투자자를 모집하는 간접모집이 있다.

매출에 의한 방법(매출공채)은 지방자치단체로부터 인・허가나 차량 등록 등 특정한 행정 서비스를 제공받는 주민 또는 법인을 대상으로 원인행위에 첨가하여 강제 소화시키는 것으로 지방채증권에 의한 발행 방법 중 가장 많이 이용되는 형태인데, 발행기관이 직접 매출하는 직접매출 방법과 매출위탁회사를 지정하여 매출하는 위탁매출 방법이 있다. 매출 방법을 이용하는 지방채로는 지하철공채, 상・하수도공채, 지역개발공채 등이 있다.

교부에 의한 발행 방법(교부공채)은 지방자치단체가 주로 토지를 매입하거나 공사대금 등을 지불하는 경우에 일시에 현금을 지급하는 대신에 후년에 지급을 약속하고 지방채증권을 채권자에게 교부하는 것을 말한다. 이 방법은 지역개발사업 등에 쉽게 이용될 수 있으나 우리나라에서는 잘 이용하지 않는다.

국외 지방채증권의 발행은 지방정부가 외국인을 대상으로 채권을 발행하여 외자를 도입하는 형태다. 이러한 예로는 양키 본드(미국), 사무라이 본드(일본) 등이 있으며, 특히 서울특별시와 대구광역시가 중앙정부의 승인을 얻어 미국 증권시장에서 달러 표시 해외증권인 양키 본드를 발행한 바 있다.

3) 일시상환채와 분할상환채

지방채를 상환 방법에 따라 일시상환채와 분할상환채로 나눈다. 일시상환채는 상환 기간이 도래하면 전액을 일괄하여 상환하는 것을 말하고, 분할상환채는 원리금을 여러 회에 걸쳐 상환하는 것을 말한다.

분할상환채는 다시 상환 액수에 따라 그 상환액이 매회 균등하면 균등상환채, 불균등하면 불균등상환채로 나눌 수 있다. 그리고 균등상환채라도 상환하는 원금이 균등하면 원금균등상환채, 원금과 이자의 합계가 균등하면 원리금균등상환채라 한다.

4) 기타

이상의 분류 외에도 ① 소화 방법이 강제적이냐 임의적이냐에 따라 강제공채와 임의공채, ② 발행 주체에 따라 특별시채, 광역시채, 도채, 시채, 군채, 자치구채, 지방자치단체조합채, ③ 상환 기간에 따라 단기채와 장기채, ④ 조달된 자금의 용도에 따라 생산공채와 비생산공채, ⑤ 채무의 순증가 여부에 따라 신규채(新規債)와 차환채(借換債) 등으로 나눌 수 있다.

제 2 절 지방채 제도의 운용 절차

1 지방채 발행한도액의 의의 및 산정 기준

1) 지방채 발행한도액의 개념

지방채 발행한도액은 행정안전부 장관의 승인 없이 지방의회의 의결을 거쳐 지방채를 발행할 수 있는 금액을 말한다. 즉, 지방자치단체별 지방채 발행한도액은 전전연도 예산액의 100분의 10의 범위 내에서 행정안전부 장관이 정하며(지방재정법시행령 제10조 1항), 자치단체를 재정 상황, 채무 규모, 채무 상환 일정 등을 고려하여 유형을 구분하고, 유형별로 한도액을 정한다. 이러한 지방채 발행한도액에는 지방채 발행액(지방공기업법 제19조의 규정에 의한 지역 개발을 위한 기금 조성을 위해 발행하는 지방채 금액 제외), 채무부담행위액, 보증채무부담행위액 중 채무자의 파산 등으로 인해 자치단체가 채무 이행의 책임을 지게 된 금액을 포함한다. 한편 경제자유구역의 지정 및 운영에 관한 특별법에 따라 설치된 경제자유구역 행정기구(지방자치단체 소속기관에 한한다)의 원활한 사업 추진을 위해 필요한 경우에는 해당 자치단체에 지방채 발행한도액 외에 지방채 발행 추가 한도액을 정할 수 있다(지방재정법 시행령 제10조 2항).

2) 지방채 발행한도액의 산정 기준

먼저 <표 6-1>에 제시된 바와 같이 최근 4년간 평균 채무상환비 비율[3]과 전전 연

3) 채무상환비 비율은 당해 연도 순지방비로 상환한 채무액(지방채상환 원리금+채무부담 상환액+보증채무이행책임액)을 일반재원수입액(지방세+보통교부세+경상적 세외수입+조정교부금+재정보전금

표 6-1 지방자치단체 유형 구분 기준

구분	1유형	2유형	3유형
채무상환비 비율	10% 이하	10% 초과~20% 이하	20% 초과
예산 대비 채무 비율	30% 이하	30% 초과~80% 이하	80% 초과

자료: 행정안전부, 『2010년도 지방채 발행계획 수립 기준』, 2009.

도 예산 대비 채무 비율[4]을 기준으로 하여 자치단체의 재정 상황을 판단하여 세 가지 유형으로 구분한다.

다음 지방채 발행한도액은 <표 6-2>에 제시된 바와 같이 재정 상황에 따른 자치단체 유형별(채무상환비 비율과 예산 대비 채무 비율 유형이 상이한 경우 순위가 낮은 유형으로 선택)로 전전 연도 결산의 일반재원 기준으로 차등하여 설정했다.

표 6-2 지방자치단체 유형별 지방채 발행한도액 설정 기준

구분	1유형	2유형	3유형
일반재원 대비	10% 이하	5% 이하	0

주: 일반재원=지방세+보통교부세+경상적 세외수입+조정교부금+재정교부금+부동산교부세
자료: 행정안전부, 『2010년도 지방채발행계획 수립 기준』, 2009.

3) 지방채 발행한도액의 감액 조정

행정안전부 장관은 자치단체의 장이 사실과 다른 자료의 제출로 과도하게 지방채 발행한도액을 받았거나, 승인을 얻지 않고 한도액을 초과하여 지방채를 발행한 경우는 다음 회계연도의 지방채 발행한도액을 축소·조정하거나 지방채 발행을 제한할 수 있다(지방재정법시행령 제10조 5항).

+부동산교부세)으로 나눈 비율임.

4) 예산 대비 채무 비율은 전전 연도 예산 총규모(일반회계+기타 특별회계+ 공기업특별회계) 대비 채무 총규모(지방채 잔액+채무부담행위 잔액+보증채무 이행책임 잔액)로 나눈 비율임(단, 채무 및 예산 규모는 결산자료로 산정).

2 지방채 발행 기준

1) 한도액 범위 내의 지방채

(1) 지방채 발행 대상

지방채 발행한도를 부여받은 모든 자치단체는 한도액 범위 내에서 행정안전부 장관의 승인 없이 지방의회의 의결을 얻어 지방채를 발행할 수 있으며, 그 지방채를 발행할 수 있는 적채사업으로는 ① 공용·공공용 시설의 설치, ② 당해 사업의 수익금으로 원리금 상환이 가능한 사업, ③ 천재·지변으로 인한 재해 등 예측할 수 없는 세입 결함의 보전, ④ 재해 예방 및 복구사업, ⑤ 이미 발행한 지방채 차환(借換), ⑥ 기타 주민의 복지 증진 등을 위해 특히 필요하다고 인정되는 사업 등이다(지방재정법 시행령 제9조 1항). 한편 지방채 발행이 허용되는 사업이라도 소규모 사업, 즉 투·융자 심사 대상 규모 이하 사업은 지방채 발행이 불가능하다(단, 청사정비기금으로부터 차입하는 하는 소규모 지방청사 관련 사업은 가능).

(2) 외채 발행 및 제주특별자치도의 특례

외채를 발행하는 경우에는 지방채 발행한도액의 범위 안이라도 지방의회의 의결을 얻기 전에 행정안전부 장관의 승인을 얻어야 하며, 또한 외환 전문기관의 컨설팅 등에 따라 환 위험 관리계획을 수립한 사업에 대해 승인한다(지방재정법 제11조 및 동법 시행령 제8조 참조).

제주특별자치도는 '제주특별자치도 설치 및 국제자유도시 조성을 위한 특별법'의 규정에 의거 제주자치도 발전과 관계가 있는 사업을 위해 도의회 의결을 거쳐 외채 발행 및 지방채 발행한도액 범위를 초과한 지방채를 발행할 수 있다.

2) 한도액을 초과하는 지방채

(1) 지방채 발행 대상

지방채 발행한도액을 초과하여 지방채를 발행할 수 있는 적채사업으로는 ① 천재·지변으로 인한 재해 등 예측할 수 없는 세입 결함의 보전, ② 재해 예방 및 복구사업, ③ 그 밖에 주민의 복지 증진 등을 위해 특히 필요하다고 인정되는 사업 등이다(지방재정법시행령 제9조 2항). 한편 지방채 발행이 허용되는 사업이라도 소규모

사업, 즉 투·융자 심사 대상 규모 이하 사업은 지방채 발행이 불가능하다(단, 청사 정비기금에서 차입하는 하는 소규모 지방청사 관련 사업은 가능).

(2) 승인 기준

① 자치단체 유형별 승인 기준

<표 6-1>에 제시된 바와 같이 재정 상황 판단에 따른 자치단체 유형별 승인 기준을 살펴보면, 먼저 '1유형 자치단체'의 경우 재정투융자 승인을 받은 사업과 관계 중앙부처의 적정 의견인 사업을 원칙적으로 승인하고, '2·3유형 자치단체'의 경우는 채무 규모가 증가되지 않도록 발행 연도 지방채 상환금 내에서 원칙적으로 승인하고 이 경우 채무관리계획을 수립하고 순세계잉여금의 감채기금 적립 또는 채무 상환에 활용해야 한다.

② 재정지표 등에 의한 승인 기준

재정지표 등에 의한 승인 기준, 즉 ⓐ 지방채 원리금 상환의 연체가 없는 단체, ⓑ 실질 수지 비율[5]이 -10% 이상인 경우, ⓒ 최근 5년간 사실과 다른 신청으로 지방채 발행의 승인을 얻었거나, 승인을 얻지 아니하고 지방채를 발행한 사실이 없는 단체 등이다.

(3) 지방공기업사업의 발행 승인 기준

지방공기업사업에 대해서는 대상 사업의 특성 등을 고려하여 별도의 지방채 발행 승인 기준을 적용할 수 있다.

3) 자치단체조합의 지방채

(1) 지방채 발행 대상

지방자치단체조합이 지방채를 발행할 수 있는 적채사업은 지방자치단체가 한도액 범위 내에서 지방채를 발행할 수 있는 사업과 동일하며. 이 경우 행정안전부 장관의 승인을 얻는 범위 안에서 조합 구성원인 각 지방자치단체의 지방의회의 의결을 얻어야 하고, 발행한 지방채에 대해 조합과 그 구성원인 지방자치단체가 그 상환과 이자의 지급에 관해 연대 책임을 진다 (지방재정법 제11조 4항 및 5항).

---

5) 실질수지 비율은 형식수지(세입결산액-세출결산액)에서 익년도 이월금(계속비이월금+명시·사고이월비+보조금 집행 잔액)과 지방채 발행액을 뺀 실질수지(實質收支)를 일반재원으로 나눈 비율임.

3 중앙정부자금의 배정 기준

1) 공공자금관리기금

공공자금관리기금은 먼저 지방채 발행한도액 범위 내의 사업에 대해 우선 배정하고 한도액 초과 승인분에 대해서는 다음 우선순위, 즉 ① 재해예방 및 복구사업, ② 국가의 주요 시책사업, ③ 지역SOC사업, ④ 차환채, ⑤ 기타 주민복지 증진사업 등 순으로 배정한다. 또한 전체 사업 규모가 20억 원 미만인 소규모 사업에는 배정하지 않고 전국적인 형평성을 고려하여 배정한다.

2) 청사정비기금

청사정비기금은 여유자금 범위 내에서 관련 절차를 이행하고 청사 표준 면적을 준수하는 자치단체에 배정한다.

3) 기타 정부특별회계 및 기금

기타 정부특별회계 및 기금은 관계 부처와 사전 협의된 융자 지원사업에 배정한다.

4 지방채 발행의 절차

1) 지방채 발행한도액의 통보

행정안전부 장관은 매년 7월 15일까지 다음 연도 지방자치단체별 지방채 발행한도액을 통보한다.

2) 지방채 발행계획의 수립 및 신청

지방자치단체의 장 또는 지방자치단체조합의 장은 행정안전부 장관의 승인을 얻어 지방채를 발행하거나 중앙정부의 특별회계 및 기금, 청사정비기금 등으로부터 차입하고자 하는 경우에는 행정안전부 장관이 정한 기준에 따라 8월 31일까지 다음 연도 지방채 발행계획안을 행정안전부 장관(시·군 및 자치구는 특별시장·광역시장·도지사를 거쳐)에게 제출해야 한다.[6)]

3) 지방채 발행계획의 심사

행정안전부 장관은 지방채의 건전한 운용과 투자재원의 원활한 확보를 위해 시·도별 지방채 발행계획안을 실무협의를 거쳐 잠정적인 지방채 발행계획안을 수립한다.

4) 지방채 발행계획의 승인

행정안전부 장관은 각 특별시장·광역시장·도지사로부터 제출된 지방채 발행계획안을 자체 심사해 수립된 지방채 발행계획안을 관계 중앙행정기관과 협의를 거친 후 10월 31일까지 승인 여부를 결정·통보해야 한다(지방재정법시행령 제11조 제3항).

5) 지방채 발행

지방자치단체는 지방채 발행에 행정안전부 장관의 승인이 필요 없는 경우는 지방의회의 의결을 얻어 발행이 가능하나 행정안전부 장관의 승인이 필요한 경우는 승인받은 범위 안에서 지방의회의 의결을 얻어 발행할 수 있다.

지방채 발행 방법은 지방채 종류에서 전술한 바와 같이 크게 차입금(증서 차입)에 의한 발행과 지방채증권(증권 발행)에 의한 발행으로 나눌 수 있으며, 각각 구체적인 절차에 따라 발행되고 있다.

5 지방채의 상환 및 관리

1) 지방채의 상환

지방자치단체는 지방채의 상환을 조례 또는 계약에 의하지 아니하고는 지체할 수 없으며, 또한 법령 또는 조례의 규정에 의하거나 지방의회의 의결을 얻지 아니하고는 면제하거나 그 효력을 변경할 수 없다(지방자치법 제124조 제4항 및 제5항).

---

6) 시·군 및 자치구가 다음 연도에 지방공기업법의 규정에 의한 지역개발기금 등으로부터 차입하고자 하는 경우에는 행정안전부 장관이 정한 기준에 따라 7월 31일까지 다음 연도 지방채 발행계획안을 시·도지사에게 제출해야 한다(지방재정법 제12조 3항).

한편 지방자치단체는 매 회계연도에서 세입・세출결산상 잉여금이 있을 때는 다른 법률에 의한 것과 지방재정법 제50조의 규정에 의한 이월금을 공제한 잉여금은 그 잉여금이 발생한 익년도까지 지방채의 원리금 상환에 사용할 수 있다(지방재정법 제52조). 그러나 이러한 규정이 강제 규정이 아니어서 매 회계연도 결산 시에 잉여금이 생긴다고 하여 반드시 지방채 상환에 이용된다고 볼 수 없다. 즉, 우리나라의 지방재정법상에는 장래의 지방채 원리금 상환 재원을 계획적으로 확보하기 위해 설치하는 감채기금 제도(減債基金制度)가 규정되어 있지 않으나, 행정안전부 지방채 발행 기준 지침에 의하면, 채무 과다 단체는 향후 5년간 채무 감축 목표 설정, 감채기금 적립, 순세계잉여금의 상환재원 활용 등을 반영한 채무관리계획를 수립하여 채무관리대책을 강구하도록 하고 있으며, 또한 채무 상환 부담을 경감하기 위해 감채기금을 설치하여 순세계잉여금의 일정 비율을 적립하거나 직접 채무 상황에 활용하도록 규정하고 있다(행정안전부, 2009b: 38).

2) 지방채의 관리

지방채 관리 등 채무관리는 원칙적으로 지방자치단체장이 하도록 되어 있으나 채무관리를 원활히 하기 위해 예산담당관을 총괄 채무관리관, 각 소관 실・과장을 채무관리관으로 지정하여 소속 공무원에게 위임하여 운영하도록 하고 있다(지방재정법 제85조, 대구광역시 재무회계규칙 참조).

제 3 절 지방채 운영 실태

지방채 운영과 관련하여 연도별 지방채 발행 규모와 시・도별, 지방자치단체 계층별, 발행 방법 및 자금별, 상환 기간별, 이율별, 사업별 등 지방채 잔액의 실태를 분석하면 다음과 같다.

1 지방채의 발행 규모 현황

지방채 발행액은 <표 6-3>에 제시된 바와 같이 1995년에 4조 6,616억 원이었으나 그 이후 2003년까지 감소하다가 2004년 이후 다시 증가하기 시작하여 2008년에는 4조 7,283억 원에 해당한다. 그리고 지방세입 규모에서 지방채 발행액이 차지하는 비중, 즉 지방채 의존율이 1995년에 8.9%였으나 2003년 2.3%까지 계속 감소되다가 2004년부터 2008년까지 2.5%-2.8% 수준으로 주요 선진국-일본(2005년) 14.5%, 프랑스(2004년) 9.0%, 독일(2000년) 9.0%, 영국(2000년) 3.0%, 미국(주정부 단위; 2002년) 13.8%-에 비해 매우 낮은 수준이다(행정안전부, 2008a: 123).

표 6-3 연도별 지방채 발행 규모 현황

(단위: 억 원, %)

구분	1995	2000	2003	2004	2005	2006	2007	2008
지방채 발행액(a)	46,616	32,275	28,358	34,760	36,037	39,071	38,078	47,283
지방세입 규모(b)	523,789	771,761	1,227,260	1,258,435	1,284,146	1,398,242	1,517,563	1,668,050
지방채 의존율(a/b)	8.9	4.2	2.3	2.8	2.8	2.8	2.5	2.8

주: 일반회계와 특별회계를 합한 순계 결산 규모.
자료: 행정자치부, 『지방재정연감』, 각 연도.

2 지방채 잔액 현황

1) 회계 및 시·도별 현황

2009년 말 현재 순계 원금 기준 지방채 잔액은 25조 5,531억 원이며, 이를 회계별로 보면 일반회계채가 68.5%로 특별회계채보다 다소 높다. 또한 시·도별로는 경기도가 3조 8,917억 원이며 전체의 15.2%로 가장 높은 비중을 차지하고, 다음 서울 3조 963억 원(12.1%), 부산 2조 7,217억 원(10.7%), 인천 2조 4,774억 원(9.7%), 대구 2조 531억 원(8.0%)의 순이며, 이들 5개 시·도가 55.7%를 차지함으로써 일부 지역에 편중되고 있다(<표 6-4> 참조).

2) 지방자치단체 계층별 현황

지방채 잔액은 1995년 11조 5,257억 원이던 것이 지속적으로 증가해 2000년에는 18조 7,955억 원에 달했다. 그러나 그 이후부터 2006까지 감소하다가 그 후 다시 증

표 6-4 회계 및 시·도별 지방채 잔액 현황

(단위: 억 원, %)

시·별 \ 구분	계	일반회계	특별회계		
			소계	공기업	기타
서울	30,963(100.0) (12.1)	10,7687(34.8)	20,195(65.2)	27,625	52,782
부산	27,217(100.0) (10.7)	13,431(49.3)	13,786(50.7)	3,233	10,5537
대구	20,531(100.0) (8.0)	10,890(53.0)	9,641(47.0)	1,999	7,642
인천	24,774(100.0) (9.7)	17,6731(71.3)	7,101(28.7)	3,708	3,393
광주	8,098(100.0) (3.2)	7,192(88.8)	906(11.2)	403	503
대전	6,0577(100.0) (2.4)	5,099(84.2)	958(15.8)	958	–
울산	6,201(100.0) (2.4)	4,377(70.6)	1,824(29.4)	1,362	462
경기	38,917(100.0) (15.2)	32,295(83.0)	6,622(17.0)	3,821	2,801
강원	13,127(100.0) (5.1)	11,329(86.3)	1,798(13.7)	1,332	466
충북	6,719(100.0) (2.6)	5,739(85.4)	980(14.6)	409	571
충남	12,644(100.0) (4.9)	7,067(55.9)	5,577(44.1)	3,285	2,292
전북	10,175(100.0) (4.0)	8,345(82.0)	1,830(18.0)	1,269	561
전남	12,262(100.0) (4.8)	9,408(76.7)	2,854(23.3)	1,113	1,741
경북	14,054(100.0) (5.5)	10,908(77.6)	3,146(32.4)	2,522	624
경남	16,360(100.0) (6.4)	14,339(87.6)	2,021(12.4)	1,216	805
제주	7,432(100.0) (2.9)	6,264(84.3)	1,986(15.7)	818	350
합계	255,531(100.0) (100.0)	175,124(68.5)	80,407(31.5)	27,625	52,272

주: 2009년도 12월 31일 현재 지방채 잔액 순계 원금 기준.
자료: 행정안전부 재정정책과(2010).

표 6-5 지방자치단체 계층별 지방채 잔액 현황

(단위: 억 원, %)

구분	1995	2000	2005	2006	2007	2008	2009
시·도	64,684 (56.1)	109,8819 (58.5)	108,055 (61.9)	111,276 (63.8)	119,589 (65.7%)	129,720 (68.1)	17,7100 (69.3)
시	38,080 (33.0)	56,660 (30.1)	50,947 (29.2)	49,019 (28.1)	47,472 (26.1)	47,845 (25.1)	59,731 (23.4)
군	11,384 (9.9)	19,408 (10.3)	13,962 (8.0)	12,337 (7.1)	13,110 (7.2)	10.817 (5.7)	15,750 (6.2)
자치구	1,108 (1.0)	2,006 (1.1)	1,516 (0.9)	1,719 (1.0)	1,905 (1.0)	2,104 (1.1)	2,950 (1.2)
합계	115,257 (100.0)	187,955 (100.0)	174,480 (100.0)	174,351 (100.0)	182,076 (100.0)	190,486 (100.0)	255,531 (100.0)

주: 각 연도 말 지방채 잔액 순계 원금 기준.
자료: 행정안전부 재정정책과(2010).

가하기 시작하여 2009년 말 현재 25조 5,531억 원에 달한다. 지방자치단체 계층별 지방채 잔액을 2009년도 말 기준으로 살펴보면, 광역자치단체가 전체의 69.3%를 차지하는 데 비해 군과 자치구는 각각 6.2%와 1.2%로서 미미한 수준이다. 이는 지방채가 대단위 사업인 지하철, 상·하수도, 도로, 주택 건설 등 수익성 사업 위주로 발행되어 왔을 뿐만 아니라 재정 상황 능력을 중심으로 기채 승인을 운영하고 있기 때문이다. 한편 1995년도 말 기준에 비해 2009년도 말의 경우 시·도의 경우 차지하는 비중이 13.2% 증가한 반면에 시와 군의 경우는 각각 9.6%, 3.7%씩 감소하고 있다(<표 6-5> 참조).

3) 발행 방법 및 자금별 현황

2009년 말 기준 지방채 발행 방법 및 자금별 현황을 보면, <표 6-6>에서 제시된 바와 같이 증서차입채가 88.1%인 22조 5,549억 원으로 우리나라 지방채시장의 구조가 간접금융 형태 중심임을 알 수 있다.

구체적으로 살펴보면, 정부자금이 48.8%인 12조 4,676억 원으로 절대적인 위치를 차지하고, 그 다음 지방공공자금이 33.3%인 8조 5,171억 원이다. 또한 증권발행채가 11.7%에 불과하며 그마저도 순수 채권으로 볼 수 있는 모집공채는 3.8%인 반면에 인허가 과정에서 첨가 소화 방식으로 운용하는 매출공채가 7.9%나 되는 다소 기형적인 구

표 6-6 발행 방법 및 자금별 지방채 잔액 현황

(단위: 억 원, %)

연도	합계	증서 차입					증권 발행				
		소계	정부자금	지방공공자금	민간자금	해외차관	소계	모집공채	매출공채	교부공채	외화채
1998	162,229 (100.0)	139,964 (86.3)	72,662 (44.8)	48,754 (30.1)	8,218 (5.1)	10,330 (6.4)	22,265 (13.7)	10,987 (6.8)	8,461 (5.2)	1,000 (0.6)	1,817 (1.1)
2000	187,955 (100.0)	159,501 (84.9)	99,239 (52.8)	49,569 (26.4)	6,198 (3.3)	4,495 (2.4)	28,454 (15.1)	12,334 (6.6)	11,061 (5.8)	322 (0.2)	4,737 (2.5)
2005	174,480 (100.0	164,135 (94.1)	100,975 (57.9)	60,074 (34.4	1,120 (0.7)	1,966 (1.1)	10,345	231	10,114	-	-
2006	174,351 (100.0	165,782 (95.1)	93,967 (53.9)	66,837 (38.3)	3,277 (1.9	1,701 (1.0)	8,569 (4.9)	225 (0.1)	8,344 (4.8)	-	-
2007	182,076(100.0)	168,653 (92.6)	90,288 (49.6)	72,672 (39.9)	5,630 (3.1)	63	13,423 (7.4)	71 (0.1)	13,352 (7.3)	-	-
2008	190,486 (100.0)	173,702 (91.2)	83,703 (43.9)	81,897 (43.0)	8,083 (4.2)	19	16,784 (8.8)	-	16,694 (8.7)	-	90 (0.1)
2009	255,531 (100.0)	225,549 (88.3%)	124,676 (48.8)	85,171 (33.3)	15,702 (6.2)	-	29,982 (11.7)	9,740 (3.8)	20,213 (7.9)	-	29

주: 각 연도 말 지방채 잔액 순계 원금 기준.
자료: 행정안전부 재정정책과(2010).

조를 지닌다.

지방채 자금 중 정부자금 및 지방공공자금이 1998년 74.9%에서 2009년에 82.1%로 신장하고 있는 바, 이는 지방채 시장이 정부기관 간·자치단체 간 내부거래에 의존하고 있음을 말해 준다. 이와는 대조적으로 민간자금, 해외차관, 모집공채, 외화채 등 일반적으로 거론하는 순수한 지방채는 1998년에 19.4%에서 2009년에 10.0%로 오히려 감소했다.

4) 상환 기간별 현황

지방채 잔액을 상환 기간별로 살펴보면, 중장기채의 비중이 1995년에 37.3%에서 2009년에 63.4%로 크게 증가된 반면에 단기채 비중은 18.3%에서 2008년을 제외하고 많이 줄어 지방채의 재정 운용이 합리적으로 이루어지고 있다고 볼 수 있다.

표 6-7 상환 기간별 지방채 잔액 현황

(단위: 억 원, %)

구분	1995	2000	2005	2007	2008	2009
단기채 (1~4년)	21,067 (18.3)	13,609 (7.2)	1,097 (0.6)	2,727 (1.5)	4,730 (2.5)	33,279 (13.0)
중기채 (5~9년)	27,924 (24.2)	42,078 (22.4)	44,613 (25.6)	50,280 (27.6)	54,994 (28.9)	54,396 (21.3)
중장기채 (10~15년)	43,007 (37.3)	115,565 (61.5)	120,592 (68.1)	121,356 (66.7)	123,260 (64.7)	161,977 (63.4)
장기채 (16년 이상)	23,258 (20.2)	16,703 (8.9)	8,178 (4.7)	7,713 (4.2)	7,502 (3.9)	5,879 (2.3)
합계	115,256 (100.0)	187,955 (100.0)	174,480 (100.0)	182,076 (100.0)	190,486 (100.0)	255,351 (100.0)

주: 각 연도 말 지방채 잔액 순계 원금 기준.
자료: 행정안전부 재정정책과.

표 6-8 이율별 지방채 잔액 현황

(단위: 억 원, %)

구분	2001	2005	2006	2007	2008	2009
5% 미만	57,419 (32.3)	140,882 (80.7)	156,632 (89.8)	152,686 (83.9)	148,873 (78.2)	221,741 (86.8)
6% 미만	23,234 (13.1)	26,595 (15.3)	15,198 (8.7)	28,237 (15.5)	35,057 (18.4)	31,529 (12.3)
8% 미만	84,003 (47.3)	6,728 (3.9	2,186 (1.3)	1,153 (0.6)	3,734 (2.0)	2,011 (0.8)
8% 이상	13,03 9(7.3)	275 (0.1)	335 (0.2)	–	2,822 (1.4)	250 (0.1)
합계	177,696 (100.0)	174,480 (100.0)	174,351 (100.0)	182,076 (100.0)	190,486 (100.0)	255,531 (100.0)

주: 각 연도 말 지방채 잔액 순계 원금 기준.
자료: 행정안전부 재정정책과.

한편 장기채의 비중이 1995년에 20.2%에서 2009년에 2.3%로 매년 계속 줄어들고 있는 것으로 보아 장기적인 지역을 위해 지방채가 적극적으로 활용되지 않고 있음을 알 수 있다.

5) 이율별 현황

지방채의 이율은 차입선이나 사업의 성격에 따라 다르고, 또 같은 차입선이라도 자금의 종류에 따라 다르다. 최근 저금리정책과 지방채 인수 형태가 이자율이 저율인 정부자금 및 지방공공자금의 증가 등에 따라 지방채 이율도 5% 미만인 경우가 2001년에 32.3%에서 2009년 86.8%로 급속히 증가하고 있다.

6) 사업별 현황

우리나라에서 발행하는 지방채는 주로 도로 건설, 상·하수도, 지하철 등의 재원 마련을 위한 것이다. 즉, 2009년 말 지방채 잔액 현황을 사업별로 살펴보면 도로 건설이 6조 7,788억 원(26.5%)으로 가장 높은 비중을 차지하고 있으며, 다음이 상·하수도(11.9%), 지하철(10.9%), 문화체육시설(5.5%), 재난재해(4.5%), 공단 조성(3.9%) 등 순이다.

표 6-9 사업별 지방채 잔액의 현황

(단위: 억 원, %)

합계	도로 건설	상·하수도	지하철	문화체육 시설	재난 재해	공단 조성	공원 녹지	청사 정비	쓰레기 처리시설	기타
255,531 (100.0)	67,788 (26.5)	30,442 (11.9)	27,869 (10.9)	14,120 (5.5)	1,1560 (4.5)	9,851 (3.9)	5,862 (2.3)	5,588 (2.2)	5,043 2.0)	77,408 (30.3)

주: 2009년도 말 지방채 잔액 순계 원금 기준.
자료: 행정안전부 재정정책과.

제 4 절 지방채 제도의 발전 과제

우리나라의 지방채 제도는 지방채 발행이 너무 중앙집권화되어 있고, 지방재정에서 차지하는 지방채 비중이 선진 외국에 비해 상대적으로 낮아 지방사회간접자본 및 지역 개발 관련 각종 공공투자사업의 부족 재원을 확보하기 위한 수단으로서 지방채를 적극적으로 활용하고 있지 못하며, 또한 지방채 시장구조가 중앙정부를 비롯한 공공자금에 압도적으로 의존하는 등 많은 문제점이 지적되고 있다. 이러한 지방채 제도의 발전 방안을 제시하면 다음과 같다.

1 지방채 발행계획의 합리화

지방채 발행계획의 수립 및 운영이 비합리적이어서 중·장기 지방재정계획, 재정투·융자자 심사 등 지방재정 관리계획과 연계가 미흡하다. 따라서 지방재정 운용의 계획성 제고, 투자사업 추진의 효율성 증진, 지방 채무관리의 안전성 확보 등을 위해 합리적인 지방채 발행계획의 수립이 필요하며, 그 합리적 운용을 위한 방안을 제시하면 다음과 같다(심정근, 1993: 51-52).

첫째, 지방채 발행계획의 수립 방침이 분명히 제시되어야 한다. 즉, 익년도 국가정책 방향, 사회경제의 추이, 지방재정 상황 등 계획 수립의 배경과 회계별로 어떤 사업이 더 긴요한가, 또한 지방채 자금의 구성 및 지방채 총액이 어느 정도여야 할 것인가 등에 대한 지방채 발행계획 수립에 기본적인 사항을 수립 방침에 정해야 한다.

둘째, 지방채 발행계획의 수립 방침을 기초로 해서 사업별로 지방채 소요액을 산정한다. 이때에 각 사업의 과거 실적 및 앞으로 사업계획, 지방채 상환에 대한 중앙정부의 보조 여부와 그 규모 등을 고려한다.

셋째, 지방채 자금 조달 방안을 정해야 한다. 즉, 국내자금이냐 국외자금이냐, 정부자금이냐 민간자금이냐 등으로 세분해야 한다.

넷째, 지방채 발행계획은 중장기 투자계획과 연계된 중장기채 중심의 기채가 되어야 한다. 이때의 중장기계획은 현재 우리나라에서 사용하고 있는 중기지방재정계획으로 할 수 있으나, 미국에서 사용하고 있는 자본투자계획과 같이 최소한 10년에서 15년을 내다볼 수 있는 지방정부의 투자계획을 토대로 지방채 발행계획과 연계시켜 나가는 방안도 고려할 수 있다.[7] 이렇게 함으로써 지방채 운용의 계획성을 더욱 제고할 수 있다.

2 민간차입금 및 모집공채의 활성화

현행 지방채 시장은 중앙정부를 비롯한 공공자금의 의존도가 압도적이기 때문에

7) 미국의 경우 지방채의 활용은 자본투자계획과 같은 중·장기재정계획에 포함시키도록 의무화되어 있다(권형신·이상용·이재성, 1998: 198).

상업은행을 중심으로 한 민간차입금과 채권시장에서 모집공채를 활성화해야 한다. 특히 국내 채권시장에서 모집공채는 민간의 유휴자금과 부동자금을 흡수하여 주민을 위한 사업을 수행하는 데 활용할 수 있고, 지방자치단체로 하여금 투자사업을 계획적으로 추진해 갈 수 있는 재원을 확보할 수 있다는 점에서 매우 바람직하다. 그러나 우리나라의 모집공채 발행은 지방자치단체의 재정력 부족, 전문성 결여, 저수익률, 세제 혜택의 미흡, 발행 비용 및 이자 부담의 과다 등으로 제대로 운영되지 못했다.

따라서 모집공채 발행을 활성화하기 위해서는 우선 지방채 발행 금리를 회사채 금융상품과 경쟁하여 소화 가능할 만큼 실세화하는 것이 필요하지만 그럴 경우 지방자치단체의 재정 부담이 가중될 우려가 있다. 그러므로 단계적으로 지방채 발행 이자율을 시장 실세 금리에 접근시키되 지방채 발행 이자율과 시장 실세 금리의 차액을 지방채 인수자에게 보전하도록 개인이나 법인의 지방채 이자소득에 대해 감면해 주고[8] 지방채 증권을 상속 또는 증여할 때에는 상속세를 감면해 주도록 해야 한다. 아울러 모든 지방채증권을 증권거래소에 상장시켜 유통하도록 하는 등의 조치를 통해 지방채 발행 및 소화에 여유 있는 환경이 조성되어야 한다. 그리고 지방정부에 대한 주민의 신뢰성 확보, 자본시장의 발달, 미국처럼 지방채 발행 형식의 다양화[9] 등이 모색되어야 한다.

8) 미국은 지방정부가 발행하는 지방채의 이자소득은 연방소득세의 과세 대상이 되는 종합소득으로부터 제외되는 지방채이자 감면 제도를 도입하고 있다(내국세법 제135조). 그러나 이러한 지방채 이자소득 감면 제도 도입 시는 다음과 같은 문제점을 고려해야 한다. 즉 지방채 이자소득 감면 제도는 ① 고소득자의 지방채 투자를 유도하게 되어 일반기업이 자본시장에서 자금을 조달하는 데 애로가 되는 구축효과(crowding out)를 수반함으로써 자본시장의 자금이 비정상적으로 흐르는 악순환 지속, ② 지방정부의 과다한 지방채 발행의 유인으로 작용하여 지방정부의 재정구조를 악화시키고 지방채 상환 불이행 발생 등 여러 가지 문제를 야기하고, ③ 연방정부가 지방정부에 대해 조세 감면분만큼 보조금을 교부한 것과 같은 효과를 가져오게 되는데 지방채를 많이 발행한 단체가 더 큰 보조금 혜택을 받게 되는 결과를 가져오게 되므로 자치단체 간 재정 조정이 곤란하고 균형 발전을 기하기 어렵다는 문제 등이 있다(행정자치부, 1998: 103-104).

9) 한국의 경우 지방채 발행 형식이 증서차입과 지방채증권으로만 발행되나 미국의 경우채권시장의 발달로 단기차입(Notes), 일반보증채권(General Obligation Bonds: GOB), 수익채권(Revenue Bonds), 산업개발채권(Industrial Development Bonds), 공기업채권(Commercial Paper), 저당증서(mortgage), 상장채(warrants), 공해방지채(Pollution Control Bonds) 등으로 다양하게 발행되고 있다(허훈, 1994: 108; 행정자치부, 1998: 91-99).

3 장기·저리의 외화채 적극 활용

지방자치단체가 막대한 투자재원으로 국내의 공공자금과 민간자본 차입만으로는 여러 가지 여건상 한계가 있다고 보고 외자 도입에 지대한 관심을 갖고 추진하고 있다. 지방채로서 외자 도입은 증서 차입에 의한 차관 도입(공공차관, 상업차관)과 유가증권에 의한 외화채 발행으로 구분한다. 개발도상 국가를 위한 정책자금을 재원으로 하는 가장 좋은 조건인 공공차관은 국민소득이 증가되어 공여 대상 국가에서 제외됨에 따라 1995년 2월 말로 도입이 중단되었으며, 앞으로 상업차관과 외화채 발행에 의한 방법에 의존하게 되는데, 특히 미국·일본 등 외국 증권회사가 국내에 지점을 개설하여 자국의 자본 투자의 길을 개척하고 있어 외화채 발행 절차가 편리하고 외국 신용평가기관들이 향후 우리나라의 경기 전망을 낙관하고 있어 신용 등급이 상향될 경우 미국의 양키 본드(Yankee Bond), 일본의 사무라이 본드(Samurai Bond), 유럽의 유로 본드(Euro Bond) 등 장기·저리 양질 자금의 조달이 가능하기 때문에 외화채 발행의 이용이 확대될 것이다.

한편 외국 채권시장에서 외화채를 발행하는 경우에는 환(換) 위험 등의 문제에 대해 신중한 검토를 요하는데, 그때 ① 당해 외국 기채 시장의 금리, 자금량 등의 상황, ② 발행 자치단체의 국제적 인지도의 상황, 대상 사업의 적절성 및 대규모성, ③ 환율 및 국제 수지 상황, ④ 국내자금 상황 등이 핵심이 된다(自治省財政局 編, 1987: 329). 아울러 중앙정부 차원에서는 외화채 발행의 위험도를 과학적으로 분석하여 합리적인 유통 가격과 절차를 형성할 수 있도록 전문 딜러의 육성도 필요하다.

4 지방채 전담 인수기관으로서 지역개발금고(가칭)의 설립

지방채를 활성화하기 위해 민간 차입금과 국내 채권시장을 통한 모집공채의 활성화는 물론 양질의 외화채 발행과 함께 우선 지역의 숙원사업이나 공약사업으로 중앙정부의 예산 지원이 불가피함에도 불구하고 재원 배정이 이루어지지 않는 경우 당해 지방정부가 중앙정부와 협의를 통한 지방채 발행으로 재원을 조달하고 중앙정부가 그 채무를 인수하는 제도의 활성화가 필요하다. 더 나아가 지방채 적채사업인 지방사회간접자본 및 지역개발사업에 필요한 재원을 적기에 기채할 수 있도록 지방채 인수를 전담하는 미국의 주지방채은행(State Bond Bank), 일본의 공영기업금융공고 등과 같은 성격의 지방채 전담 금융기관으로서 지역개발금고(가칭)를 설립하는 것이 필요하다.[10)]

지역개발금고의 재원으로는 공제기금 및 지방자치단체의 출연금, 정부자금 중 재정투융자자금으로부터 전입금 및 차입금, 차관 또는 민간금융기관으로부터 장기차입금, 금고채의 공모채 발행, 자치단체의 자치복권 발행 수입에 의해 조성된 자금 등을 들 수 있고, 이러한 지역개발금고자금으로 지방채 발행액의 약 30%를 소화시킬 필요가 있다.

5 기채 승인제의 개선과 신용평가 제도의 정착

우리나라는 행정안전부 장관이 정한 지방채 발행한도액의 범위를 초과하여 지방채를 발행하거나 외채를 발행하는 경우 국가의 기채 승인을 받도록 되어 있어 실제로 국가가 보증하고 있다. 또한 기채 승인 평가도 행정안전부 중심으로 하고 있으며 그 평가의 주요 지표인 채무상환비 비율과 예산 대비 채무 비율 지표가 그 자치단체의 신용평가 등급을 산정하기 위한 평가라고 볼 수 없고, 아주 단순한 것으로 발행기관에게 공평성이나 인수자에게 투자 수익 및 안전성에 대한 정보도 제공하지 못할 뿐만 아니라 지방채 발행 이자율에 직접적으로 영향을 주지 못하고 있다.

따라서 우리나라도 국가의 지방채에 대한 기채 승인을 미국 기채 제한의 경우처럼 일반정부 수입에 의한 일반보증채에 한하고 수익공채에는 적용하지 않는 것이 바람직하다.[11)] 또한 미국을 비롯한 선진 외국처럼 기채 승인을 비롯한 지방자치단체에 대한 신용평가 제도를 전문기관[12)]에 맡기고 주기적으로 신용평가 결과를 공표해야

10) 미국의 경우 지방채 발행이 매우 어려운 경우에는 주정부가 자치단체에 사회자본 정비를 촉진할 목적으로 주지방채은행이라는 불리는 공적 금융기관을 설립해 신용력을 지원하는데, 네바다, 뉴햄프셔, 아칸소 등 11개 주에서 지방채은행을 설치하여 운영하고 있다. 일반적으로 지방채은행은 자치단체의 차입 수요를 초과하여 지방채를 발행하고 수요분은 자치단체 융자용으로. 초과분은 감채기금준비금으로 활용하고 있다. 한편 이와 유사한 제도로 일본의 공영기업금융공고가 있는데 2002년 말 현재 총 지방채 인수 금액의 11.5%가 공영기업금융공고자금을 통해 인수되고 있다(조기현, 2003: 129-160).

11) 국가의 기채 승인이 필요한 사업도 지방자치단체의 포괄적 기채권을 인정하는 것이 바람직하다.

한다. 이렇게 될 경우, 현저히 낮은 신용 등급을 받은 지방자치단체들은 기채 승인 여부와 관계없이 채권 발행이 불가능해지고, 과도한 지방채 발행이 억제될 수 있을 것이다. 또한 각 지방자치단체의 신용 등급 평가 결과가 재정 운용 실적에 대한 객관적 지표로서 공표되기 때문에 지방정부의 방만한 재정 운영을 억제하고 감시하는 효과를 얻을 수 있을 뿐만 아니라 지방채 발행 이자율에도 영향을 미칠 수 있다. 그리고 중앙정부의 기채 승인으로 인해 발생한 비용과 비난을 받지 않아도 되며 아울러 장기·저리의 양호한 투자재원의 조달을 위한 외국 채권시장에 진출을 용이하게 할 것이다.

6 지방채 보험 제도의 도입

지방채의 안정성과 상품성을 제고하기 위해 미국처럼 지방채 보험 제도를 실시할 필요가 있다. 즉, 지방채 보험이란 원리금 상환 불이행 사태가 발생하면 투자자는 보험사에서 원리금을 받고 보험사는 발행기관으로부터 원리금 청구를 위한 법적 절차를 이행하는 제도다.[13] 미국의 경우 지방채 전문보험기관으로 AMBAC, BIG, FGIC 등 3개 사가 활동하고 있으며, 또한 다른 보험상품과 병행하여 지방채 보험을 취급하는 보험기관도 여러 개 있다(행정자치부, 1998: 101).

---

12) 미국의 신용평가 제도는 연방정부 차원에서 재정진단을 공식적으로 실시하지 않으나 무디스(Moody's Investors Services)나 스탠더드앤드푸어스(Standard & Poor's)와 같은 신용평가기관이 투자가들의 요구에 따라 지방자치단체가 발행하는 지방채에 대해 신용 등급을 부여하여 낮은 신용 등급을 받은 단체에 대해서는 지방채시장에서 높은 이자 비용을 부담하게 하는 제도로서 연방정부가 재정적으로 취약한 지방자치단체를 구분하여 연방보조금을 지급하기 위한 판단 기준으로도 활용되고 있다(지방재정기획단, 1996: 237).

13) 미국의 경우 지방채 이자 감면 제도와 더불어 지방채 보험 제도의 도입 등으로 지방채의 수익성과 안정성 등이 제고됨에 따라 1999년 말 현재 지방채 인수 금액의 약 33%를 개인 투자자가 점유하고 있다.

제 7 장 지방재정 조정제도

제 1 절 지방재정 조정제도의 의의

1 지방재정 조정제도의 개념

지방자치단체가 그 사무를 행하고 사업을 수행하는 데 필요한 경비는 자주재원인 지방세수입과 세외수입으로 충당하는 것이 바람직하다. 그러나 지역 간의 현저한 경제적 격차에 따라 세원이 편재되어 있어 지방자치단체 간 재원 조달 능력에 차이가 나타나고 있다. 이러한 지방자치단체 간의 재정 격차를 방치할 경우, 지역에 따라 주민의 조세 부담과 공공 서비스 수준 간에 차이가 발생한다. 따라서 재정을 재배분하여 지방자치단체 간의 재정력 격차를 시정하고 모든 지방자치단체가 일정 수준의 공공 서비스를 균등하게 유지하도록 하는 노력이 필요하다.

이러한 노력을 정부간 재정 관계, 지방재정 조정, 또는 지방정부의 재정수입 측면에서 보아 이전재정이라고 한다.[1] 즉, 지방재정 조정제도란 지방정부 간의 재정력 격차를 조정하고 지방정부의 부족 재원을 보충하기 위해 중앙정부가 지방정부에 또는 지방정부 상호간에 재정을 조정하는 제도를 말한다. 우리나라의 경우 중앙정부가 지

1) 이하에서는 특별한 경우를 제외하고 지방재정 조정제도로 사용한다.

방정부를 지원하는 제도는 국고보조금과 지방교부세가 있으며, 지방정부 상호간의 지원 제도는 조정교부금(특별시·광역시가 관할 자치구에), 시·도비보조금(광역자치단체가 관할 기초자치단체에) 등이 있다.

2 지방재정 조정제도의 분류

지방재정 조정제도의 형태는 그 국가의 정치 체제, 즉 단일형 국가냐 연방형 국가냐, 중앙집권적 색채가 농후한가 아닌가, 중앙정부와 지방정부 간의 사무배분 및 세원배분이 어떤 형태로 되어 있느냐 등의 요인에 따라 매우 다양하다(石原信雄, 1984: 79). 여기서는 가장 보편적으로 사용하는 킹(D. N. King)의 분류에 따라 재정조정 재원의 용도 지정 유무를 기준으로 특정보조금(specific grants) 제도와 일반교부금(general grants) 제도로 구분한다(King, 1984: 86-87).

1) 특정보조금

특정보조금은 특정 공공사업에 사용하도록 용도를 지정하여 지원되는 보조금으로서 선택적 보조금(selective grants) 또는 조건부 보조금(categorical grants)이라고도 부른다.[2)]

특정보조금은 정액보조금(lump-sum specific grants)과 정률보조금(matching specific grants)으로 나눌 수 있는데, 전자는 국가가 특정 사업에 대해 고정된 금액을 지방자치단체에 보조하는 형태이고, 후자는 지방자치단체의 자체수입에 의한 부담 규모에 따라 특정 사업의 보조 금액이 변하는 제도다.

그리고 정률보조금은 다시 폐쇄형 정률보조금(closed matching specific grants)과 개방형 정률보조금(open matching specific grants)으로 나눈다. 전자는 지방자치단체 부담에 따른 보조금에 상한을 설정하는 경우이며, 후자는 보조 금액 상한을 설정하지 않고 지방자치단체 부담액의 특정 수준에 관계없이 항상 일정한 보조율을 적용하는 경우로서 우리나라의 국고보조금이 이 형태에 속한다.

2) 일반교부금

일반교부금은 교부금을 지급받는 정부의 자유재량으로 지출할 수 있는 것으로 비

2) 선택적 보조금은 보조금을 지급하는 정부가 보조금을 사용할 수 있는 목적을 선택하는 것이고, 조건부 보조금은 보조금을 지급하는 정부가 보조금을 지출하는 방법에 대한 조건을 결정하는 것이다.

선택적 교부금 또는 비조건부 교부금이라고 부른다. 이러한 일반교부금은 정액교부금(lump-sum general grants)과 노력 관련 교부금(effort-related general grants)으로 나눌 수 있다.

전자는 교부 금액이 지방자치단체의 세입 노력(revenue effort)과 무관하게 일정한 금액을 교부하는 것으로서 우리나라의 지방교부세가 여기에 속한다. 후자는 교부 금액이 지방자치단체의 세입 노력의 결과에 따라 변하는 교부금으로 미국의 일반세입분할 제도(교부 금액이 세입 노력과 플러스 관계임)가[3] 이에 해당한다.

3 지방재정 조정제도의 목적

지방재정 조정의 필요성과 관련하여 지방재정 조정제도의 목적 및 기능을 고찰해 보면 다음과 같다.

첫째, 지방재정 조정제도는 지방자치단체의 특정 서비스를 국가의 가치재(merit goods)로 보아 그 급부 수준을 높이는 데 그 목적이 있다. 지방자치단체가 공공 서비스 수준을 스스로 선택하게 할 경우에는 거의 생산하지 않을 서비스(예: 지방자치단체의 유권자가 알지 못하는 새로운 서비스의 편익 혹은 비유권자 및 소수집단의 무시된 편익 등)를 국가의 가치재로 보아 그 급부 수준을 높이기 위해 지방재정 조정제도가 필요하며, 이러한 목적을 달성하는 데 가장 바람직한 형태는 개방형 정률보조금이다(King, 1984: 129).

둘째, 지방재정 조정제도는 모든 지방자치단체로 하여금 필수불가결한 기본적 공공 서비스에 대해 국가적 최저 표준의 수준을 급부하는 데 그 목적이 있다. 국가는 서비스 수준이 낮은 지역으로부터 이주할 수 없는 주민들을 보호하고, 특정 기본 서비스 수준을 충족시키는 지역으로 이주하기를 원하는 주민들을 진정시키고, 또한 지

3) 미국의 일반세입분할(general revenue sharing)이란 연방정부가 주 및 지방정부에 대해 또는 주정부가 지방정부에 대해 일반재원을 강화하기 위해 자기세입의 일부를 교부하는 제도로서 용도에 아무런 제약이 없는 교부금이다. 연방정부에 의한 일반세입분할 제도는 1972년 주 및 지방정부재정원조법에 의거해 시행되었다. 이 제도의 취지는 연방정부 세입의 일부를 주 및 지방정부에 이양하여 주 및 지방정부 주민의 재정 부담을 경감시키면서 사용 용도의 결정을 주민에 좀 더 가까운 정부에 위임함으로써 탄력적이고 효과적인 연방자금의 사용을 도모하는 데 있었으며, 1985년까지 시행되고 폐지되었다(林省吾, 1986: 581).

방자치단체의 가치재 공급 수준을 이주 문제를 야기하지 않을 정도로 보장하기 위해, 기본적인 공공 서비스에 대해 국가적 최저 표준 수준을 공급해야 한다(King, 1984: 161-162). 이처럼 지방자치단체들로 하여금 국가적 최저 표준 수준의 기본적 공공 서비스를 확보하도록 하기 위해 지방재정 조정제도가 필요하며, 이러한 목적을 달성하기 위한 가장 바람직한 형태는 정액보조금이다(Layfield Committee, 1976: 60-62).

셋째, 지방재정 조정제도는 국가와 지방자치단체 간의 수직적 재정 불균형을 시정하는 데 그 목적이 있다(King, 1984: 137-140). 지방자치단체의 재정적 불균형은 수직적 재정불균형과 수평적 재정불균형으로 구분한다. 전자는 지방자치단체의 총경상 지출 수요와 총조세 조달 능력 간의 불균형을 의미하며, 후자는 지방자치단체 간 재정적 불균형을 의미한다. 수평적 재정 불균형은 동일한 계층에 속하는 개별적 지방자치단체를 대상으로 하는 개념이나 수직적 재정 불균형은 단계를 달리하는 정부간 세출 기능의 배분과 세원 배분의 불균형에서 비롯한다. 이러한 정부간의 수직적 재정불균형을 해소하기 위해 지방재정 조정제도가 필요하며, 주로 이러한 목적을 위한 형태로는 미국의 일반세입분할 제도를 들 수 있다.

넷째, 지방재정 조정제도는 지방자치단체 간의 수평적 재정 불균형을 시정하는 데 그 목적이 있다. 지역 간의 재정력 격차가 존재할 경우 동일 단계 내의 지방자치단체 간에도 재정력이 약한 지역 주민은 재정력이 강한 지역의 주민에 비해 재정상 불리한 입장에 놓이게 된다. 따라서 빈곤 단체와 부유 단체 간의 재정력 격차를 해소함으로써 모든 지역 주민이 재정상의 평등한 취급을 받을 수 있게 지방자치단체 간의 재정 조정이 필요하다. 이러한 지방자치단체 간의 수평적 재정 불균형을 시정하기 위해 사용하는 교부금을 특히 균등화교부금(equalization grants)이라고 부른다. 예로서 독일의 역교부금(negative grants) 제도[4]가 이 형태에 속한다.

다섯째, 지방재정 조정제도는 지방재정 지출의 외부 효과를 내부화함으로써 자원 배분의 효율성을 제고하는 데 그 목적이 있다. 외부효과란 일방의 행동이나 결정이 타방의 행동이나 결정에 직접적인 영향을 미치게 되는 현상을 의미한다. 이와 같은 외부효과는 타방에 편익을 끼치는 경우와 비용을 부담하게 하는 경우로 나누어 볼 수 있는데, 전자의 경우를 외부편익 혹은 외부경제, 후자의 경우를 외부비용 혹은 외

4) 독일의 역교부금 제도란 일명 주간재정 조정제도라고 하며, 주정부 간 재정력의 격차를 완화하기 위해 재정력이 강한 주가 재정력이 약한 주에 대해 조정교부금을 교부하는 수평적 재정 조정이다. 자세한 내용은 강인재 외(1993: 456-457)와 이방식 편(1997: 135-151)을 참조할 것.

정을 가하는 지수를 의미한다. 이러한 보정계수는 지방교부세법 시행규칙 제5조 제1항 별표 2에 규정하는 공식에 의해 산정되며, 현재 보정계수를 적용받는 경비는 16개 세항목이다.

⑤ 보정수요액

보정수요액은 측정 항목을 설정할 수 없는 경비 중 보편타당하면서도 수요 자체는 그 규모가 큼에 따라 수요를 반영되지 않을 경우 재정 격차가 심화될 것이 예상되는 것을 대상으로 한다. 현재 보정수요는 지방교부세법 시행규칙 제5조 제2항에서 규정하는 일반재정보전금의 수요(군이 있는 광역시 · 도; 광역시장 · 도지사가 시 · 군에 배분하는 일반재정보전금과 시 · 도세징수교부금 및 이들 금액의 전전 연도 결산액 정산분의 80%),[7] 지방행정 체제 개편에 관한 특별법 제2조 3호에 따른 통합자치단체의 보정 수요,[8] 법정 지방선거비 수요(공직선거법에 의한 지방자치단체가 부담하는

7) 시 · 도지사(특별시장 제외)는 시 · 군에서 징수하는 광역시(군이 있는) · 도세(원자력에 대한 지역자원시설세 및 지방교육세 제외)의 27%(인구 50만 이상의 시와 자치구가 아닌 구가 설치되어 있는 시의 경우에는 47%)에 해당하는 금액을 시 · 군에 대한 재정보전금 재원으로 한다. 이러한 재정보전금은 시 · 군의 행정 운영에 필요한 재원을 보전하기 위한 일반재정보전금, 시 · 군의 지역개발사업 등 시책 추진을 지원하기 위한 시책추진보전금, 보통교부세가 교부되지 않는 시 · 군에 대해 그 재정적 결함을 보전하기 위해 지급하는 특별재정보전금으로 구분한다. 일반재정보전금 재원은 재정보전금 총액의 100분의 90에 해당하는 금액으로 하고, 시책추진보전금 재원은 100분의 10에 해당하는 금액으로 하며, 특별재정보전금의 재원은 일반재정보전금의 일부 금액으로 하되, 경기도의 경우에는 일반재정보전금의 100분의 25에 해당하는 금액으로 하고, 광역시 및 경기도를 제외한 도의 경우에는 행정안전부 장관이 정한 범위 안에서 시 · 도 조례가 정하는 비율에 해당하는 금액으로 한다. 또한 일반재정보전금을 배분할 때는 일반재정보전금 총액에서 특별재정보전금을 공제한 총액의 100분의 50에 해당하는 금액은 당해 시 · 군의 인구 수에 따라 배분하고, 100분의 40에 해당하는 금액은 당해 시 · 군의 광역시 · 도세 징수 실적에 따라 배분하며, 100분의 10에 해당하는 금액은 재정력 지수가 1 미만인 시 · 군을 대상으로 1에서 당해 시 · 군의 재정력 지수를 뺀 값을 기준으로 배분하고, 특별재정보전금은 당해 시 · 군의 재정 결함액에 비례하여 배분하되, 인구가 20만 미만인 시 · 군의 재정 결함 금액의 70%를 운선 배분해야 한다. 한편 일반재정보전금, 시책추진보전금 및 특별재정보전금의 구체적인 배분 기준 · 산정 방법 및 배분 시기 등에 관해서는 시도의 조례로 정한다(지방재정법 제29조와 지방재정법시행령 제36조 참조).

8) 통합 지방자치단체가 설치된 후 최초로 개시되는 회계연도(통합 지방자치단체가 1월 1일에 설치되는 경우에는 다음 연도를 말한다. 이하 이 호에서 같다)의 경우에는 그 회계연도의 통합 지방자치단체 재정 부족액이 통합 지방자치단체가 설치된 해에 폐지되는 각 지방자치단체의 재정 부족액을 합한 금액보다 적을 경우에는 그 차액, 통합 지방자치단체가 설치된 후 최초로 개시되는 회계연도의 다음 회계연도부터 3년 동안의 경우에는 해당 회계연도별 통합 지방자치단체의 재정 부족액이 통합 지방자치단체가 설치된 해에 폐지되는 각 지방자치단체의 재정 부족액을 합한 금액보다 적을 경우에는 그 차액을 각각 보정수요로 반영한다.

부 불경제라고 부른다. 외부효과가 발생할 경우 지방자치단체가 공공재의 서비스 공급 수준을 결정할 때, 그러한 외부효과를 고려하지 않고 지방자치단체가 결정하는 공공재의 서비스 공급 수준은 사회 전체적으로 볼 때 과소(외부경제의 경우) 또는 과다(외부불경제의 경우) 생산되어 재원배분상의 비효율이 발생한다. 이러한 재원배분의 비효율을 시정하기 위해 지방재정 조정을 통해 지방자치단체로 하여금 사회적 최적 수준을 공급하도록 유도한다.

여섯째, 지방재정 조정제도는 지방자치단체의 자구(自救) 노력을 유발하고 건실한 지방자치를 뒷받침할 수 있는 자립 기반을 확충하는 데 그 목적이 있다. 지방재정 조정제도 중 노력 관련 교부금의 경우는 지방자치단체의 세입 노력과 결부시켜 재정을 지원함으로써 지방자치단체의 자조 노력을 유발하고, 정액교부금의 경우는 지방자치단체의 재정 운영에서 자유재량의 영역을 확대함으로써 지방자치단체의 자치 능력을 원활하게 뒷받침하는 역할을 수행한다.

일곱째, 지방재정 조정제도는 본래 국가가 수행할 사무를 지방자치단체에 위임하여 수행하게 함으로써 행정효율을 향상시키는 데 목적이 있다. 이러한 목적을 수행하는 데 적합한 지방재정 조정제도로는 정액보조금을 들 수 있다(林宣嗣, 1987: 112-113).

제 2 절 지방교부세와 조정교부금

1 지방교부세의 의의 및 기능

1) 지방교부세의 의의

(1) 지방교부세의 개념

지방교부세(local share tax) 제도란 지방자치단체의 부족한 재원을 보전해 주고 지방자치단체 간의 재정력 불균형을 시정하는 기능을 수행하는 제도로, 그 사용에 아무런 조건을 첨부하지 않는 일반적인 재정지원금 제도다.

이러한 지방교부세의 성격은 국가가 징수하여 지방자치단체에 배분하는 국가와 지방자치단체의 공유재원이라는 점과 지방자치단체에 배분된 지방교부세를 어떤 용도에 사용할 것인가는 지방자치단체의 재량이며, 국가는 교부 시에 조건을 붙이거나 용도를 지정해서는 안 되는 재원이다. 따라서 지방교부세 제도는 지방자치의 본래 의도를 구현하고 지방자치단체의 독립성을 강화한다는 궁극의 목적을 달성하게 한다.

(2) 지방교부세의 특성

① 재원의 소유

지방교부세는 지방정부와 중앙정부 간의 공유재원이다. 즉, 지방교부세는 지역 간 세원의 편재로 인해 야기되는 재정력 불균형을 조정하고자 만들어진 하향적 원조재원이 아니라 중앙정부가 징수하여 지방정부에 배분하는 중앙정부와 지방정부 간의 공유재원으로 이해해야 한다. 반면에 국고보조금은 중앙정부의 재원이나 중앙정부의 기능을 지방정부가 대행할 때, 장려적 사업, 재정상 필요하다고 인정할 때, 중앙과 지방정부 간의 이해 관계 있는 사업을 지방정부가 수행할 때 등의 경우 중앙정부로부터 지방정부로 재원에 대한 지출권을 이전하는 것이다.

② 용도 지정

지방교부세는 용도 지정 없는 지방정부의 일반재원이다. 즉, 주어진 지방교부세를 어떤 용도에 사용할 것인가 하는 것은 지방정부의 재량이며 중앙정부는 교부 시에 지방자치의 참뜻을 존중하여 조건을 붙이거나 용도를 지정해서는 안 된다. 다만 지방교부세 중 특별교부세는 용도 지정이나 조건 부여가 가능하다. 반면에 국고보조금은 중앙정부가 지방정부에 대해 구체적인 용도를 지정하거나 조건을 붙여 교부하는 특정 목적 재원이다.

③ 목적

지방교부세는 지방정부 간의 재정력 균등화와 지방정부의 재원 보장 등 일반 목적을 가진다. 반면에 국고보조금은 지방정부 간 재정잉여의 균등화, 특정 공공 서비스의 최저 수준 공급, 지역 간 유출 효과의 시정, 지방 공공 서비스의 효율적 공급, 경기 극복, 지역 공공 서비스 공급 장려 등의 특정 목적을 위해 사용된다(이영조, 1987: 152-157).

④ 회계

지방교부세는 중앙정부의 일반회계로 관리·운용된다. 즉, 현행 지방교부세는 교부세의 재원을 중앙정부의 일반회계예산에 편성하고 이 예산을 행정안전부 소관으로 이관하여 일정한 산정 방식에 의해 재정 부족 자치단체에 교부하고 있다. 반면에 국고보조금은 국가의 일반회계 또는 특별회계 예산에 계상되어 운영된다.

⑤ 재원 규모 결정

지방교부세 총액은 법률에 의해 정해진다. 즉, 지방교부세법 제4조 제1항에 의하면 "교부세(부동산교부세 제외)의 재원은 당해 연도의 내국세(목적세 및 종합부동산세와 다른 법률에 의해 특별회계 재원으로 사용되는 세목의 당해 금액 제외) 총액의 1만분의 1,924에 해당하는 액과 전전 연도 내국세 정산액으로 한다"라고 되어 있다. 반면에 국고보조금의 규모는 중앙정부의 재정 여건, 정책 목표, 예산정책 등을 고려해 중앙정부가 임의로 결정한다.

⑥ 배분 방법

지방교부세 중 보통교부세는 지방정부의 기준재정 수요액과 기준재정 수입액을 비교해 차액이 되는 재정 부족액을 법률로 정해진 보통교부세 총액의 범위 내에서 조정하여 중앙정부(행정안전부)가 당해 지방정부에 포괄적으로 배분하며, 특별교부세는 지역 현안, 재해 대책, 시책 수요 등의 신청사업에 대해 사업의 타당성 등을 종합적으로 심사하여 사업별·시책별로 교부한다. 반면에 국고보조금은 보조사업을 수행하고자 하는 자의 신청에 따른 배분 방법과 국가의 임의 배분 방식에 의한다.

(3) 지방교부세 제도의 변천

지방교부세 제도는 1951년 4월 1일 제정된 임시지방분여세법에 근거한 임시지방분여세로 출발하여 지방분여세, 지방재정조정교부금을 거쳐 1961년 12월 31일 지방교부세법 제정으로 1962년부터 실시되었다. 그 후 몇 차례 개정되어 오늘에 이르며, 현재 지방정부의 중요한 재원으로서 그 기능을 수행한다.

2) 지방교부세의 기능

(1) 재정력의 균등화

지방교부세는 지역 간 세원의 편재를 조정해서 지방자치단체 간의 재정력 균등화를 도모하는 역할을 수행한다. 지방자치단체 간의 재정력이란 재정 수요와 재정 수입과의 비교로 나타낼 수 있는 데, 이는 두 가지 요인에 의해 결정된다.

첫째, 세수입을 조달하는 능력으로서 이는 각 지방자치단체 세원의 크기에 따라서 결정된다.

표 7-1 지방교부세 제도의 변천

연도	변천 개요
1951	임시 지방분여세법으로 출발(국세 중 특정 세목의 일정률 교부 34.68%)
1952	지방분여세법 제정
1958	지방재정조정교부금법 제정(1959년부터 시행)
1961	지방교부세법 제정(국세 중 특정 세목의 일정률 교부; 1962년부터 시행)
1968	국세부가세 폐지와 관련한 재정적 조치로서 내국세의 17.6%의 법정교부율 방식 채택(1969년부터 시행)
1973	1972년 8 · 3 긴급조치에 의해 1973년부터 법정교부율 제도를 폐지하고 매년 국가 예산으로 재원 규모 결정
1982	법정교부율(내국세의 13.27%) 방식의 부활, 단 경과 규정에 의해 1983년부터 적용, 증액교부금 제도 신설
1995	농어촌특별세관리특별회계에서 전입되는 금액의 교부세(증액교부금) 재원으로 추가
	법정교부율 상향 조정(내국세의 15.0%): 2000년 1월 1일부터 적용
1999	법정교부율 상향 조정(내국세의 19.13%), 증액교부금 제도와 지방양여금제도 폐지: 분권교부세
2004	신설(내국세의 0.83%): 2005년 1월 1일부터 적용
2005	법정교부율 상향 조정(내국세의 19.24%), 분권교부세율 상향 조정(0.94%): 2006년 1월 1일부터 적용

둘째, 공공 서비스의 공급 비용으로서 공공 서비스의 공급 비용이 많이 드는 지역에서는 세수입이 많아도 공공 서비스의 공급 수준은 저하되어 그만큼 재정력은 약하게 된다.

위의 두 요인에 따라 재정력이 강한 지방자치단체란 일반적으로 세원이 풍부하고 공공 서비스 공급 비용이 적게 드는 지방자치단체라 할 수 있다. 재정력이 강한 지방자치단체와 약한 지방자치단체 간에 재정 조정의 근거가 되는 재정적 형평이란 세 부담과 경비액으로 측정된 공공 급부 수준과의 차액이 동일 소득층에서는 같아야 한다는 의미다(Buchanan, 1950: 583-589).

(2) 재원의 보장

지방교부세 제도는 지방자치단체의 행정 운영에 필요한 재원을 보장하는 재원 보장 기능도 수행하고 있다. 현행 지방교부세법 제1조에서 "지방자치단체의 행정 운영에 필요한 재원을 교부"한다고 명시함으로써 재원 보장 기능의 성격을 명백히 하고 있다. 그리고 당해 연도의 내국세(목적세 및 종합부동산세와 다른 법률에 의해 특별회계 재원으로 사용되는 세목의 당해 금액 제외) 총액의 1만분의 1,924에 해당하는 액과 전전 연도 내국세 정산액(내국세의 예산액과 결산액과의 차액으로 인한 교부세의 차액을 가감한 액)을 합계한 것을 지방교부세 총액으로 하여(지방교부세법 제4조 제1항 및 제5조 제2항) 지방자치단체에 교부함으로써 행정사무(국가적 최저 조건을 충족시키는 수준의 것)와 세원배분 간의 불일치를 해소하고 있다. 또한 지방교부세의 배분에서 기준재정 수요액과 기준재정 수입액을 산정하여 그 차액인 재원 부족액을 보전해 주는 방법을 채택함으로써 개별 지방자치단체에 대한 재원 보장을 실현하고 있다.

그리고 기준재정 수요액 또는 기준재정 수입액은 단순히 지방자치단체의 재원 부족을 산정하기 위한 수단으로서뿐만 아니라 이들 기준재정 수요액 또는 기준재정 수입액의 적산 기초(積算基礎)로서 제시된 경비나 세수입의 내용과 액수를 기준으로 각 지방자치단체가 예산을 편성하고 기획한다면 가장 표준적인 행정을 수행할 수 있다. 이러한 의미에서 지방교부세는 각 지방자치단체의 재원을 보장함과 동시에 지방자치단체에서 계획적인 행정 운영을 보장하는 기능도 겸한다고 할 수 있다.

2 지방교부세의 재원 및 배분 방법

지방교부세의 종류는 보통교부세 · 특별교부세 · 분권교부세 및 부동산교부세로 구분한다. 지방교부세(부동산교부세 제외)의 재원은 당해 연도의 내국세(목적세 및 종합부동산세와 다른 법률에 의해 특별회계 재원으로 사용되는 세목의 당해 금액 제외, 이하 같음) 총액의 1만분의 1,924에 해당하는 액과 전전 연도 내국세 정산액(내국세의 예산액과 결산액과의 차액으로 인한 교부세의 차액을 가감한 액)이다.

분권교부세의 재원은 내국세 총액의 1만의 94에 해당하는 액이며, 보통교부세의 재원은 분권교부세액을 제외한 교부세 총액의 100분의 96에 해당하는 액으로 하며, 특별교부세의 재원은 분권교부세액을 제외한 교부세 총액의 100분의 4에 해당하는 액이다.

또한 부동산교부세 재원은 종합부동산세법에 의한 종합부동산세 총액과 전전 연도 종합부동산세 정산액(종합부동산세 예산액과 결산액과의 차액으로 인한 교부세 차액)을 가감한 액이다.

1) 보통교부세

(1) 보통교부세 산정의 개요

보통교부세는 지방자치단체가 기본적인 행정 수준 유지를 위한 일반재원을 보장하기 위한 것이다. 이러한 보통교부세는 모든 자치단체를 대상으로 작성되는 매년도 기준재정 수입액이 기준재정 수요액에 미달하는 자치단체에 대해 그 미달액(재정 부족액)을 기초로 하여 산정해 교부한다.[5]

재정 부족액이 있는 각 자치단체의 재정 부족액의 합산액이 보통교부세 총액을 초과하는 경우에는 재정 부족액이 발생한 자치단체의 재정 부족액 총액과 보통교부세 총액이 일치되도록 조정률[6]을 구해 각 자치단체의 재정 부족액에 조정률을 곱해 당해 보통교부세액을 배정하게 된다([그림 7-1] 참조). 그런데 자치구의 경우는 특별시・광역시에 합산하여 산정하고, 이를 당해 특별시・광역시에 교부한다.

(2) 기준재정 수요액의 산정

기준재정 수요액은 지방자치단체가 기본 행정 수행을 위한 기본적인 경비를 말하는 것으로서, 각 측정 항목별로 측정 단위의 표시 단위 수치에 단위비용과 보정계수를 곱하여 합산한 기초수요액과 법령 등의 규정에 의한 보정수요액(일반재정보전금 수요, 시・도세 징수교부금 수요, 통합지방자치단체 재정 수요, 법정 지방선거 경비 수요, 지역균형 수요, 사회복지 균형 수요 등), 그리고 자치단체의 자구 노력 정도를 반영하는 자체 노력 항목의 합산액이다.

이를 산식으로 나타내면 다음과 같다.

$$
\begin{aligned}
\text{기준재정 수요액} &= \text{기초 수요액} + \text{보정 수요액} \pm \text{수요 자체 노력} \\
&= \Sigma\ \text{항목별}(\text{측정 단위 수치} \times \text{단위비용} \times \text{보정계수}) \\
&\quad + \text{보정 수요액} \pm \text{수요 자체 노력}
\end{aligned}
$$

5) 제주특별자치도는 2007년부터 재정 부족액을 따로 산정하지 않고 보통교부세 재원의 3%를 정액으로 교부받고 있다.

6) 조정률은 재정 부족액이 발생한 단체의 재정 부족액 총액분의 보통교부세 총액이며, 2010년도 보통교부세 산정 시 조정률은 0.8243525로 각 자치단체의 재정 부족분의 약 82.4%를 반영하고 있다고 볼 수 있다(행정안전부, 「2010년도 지방교부세 산정 해설」 참조).

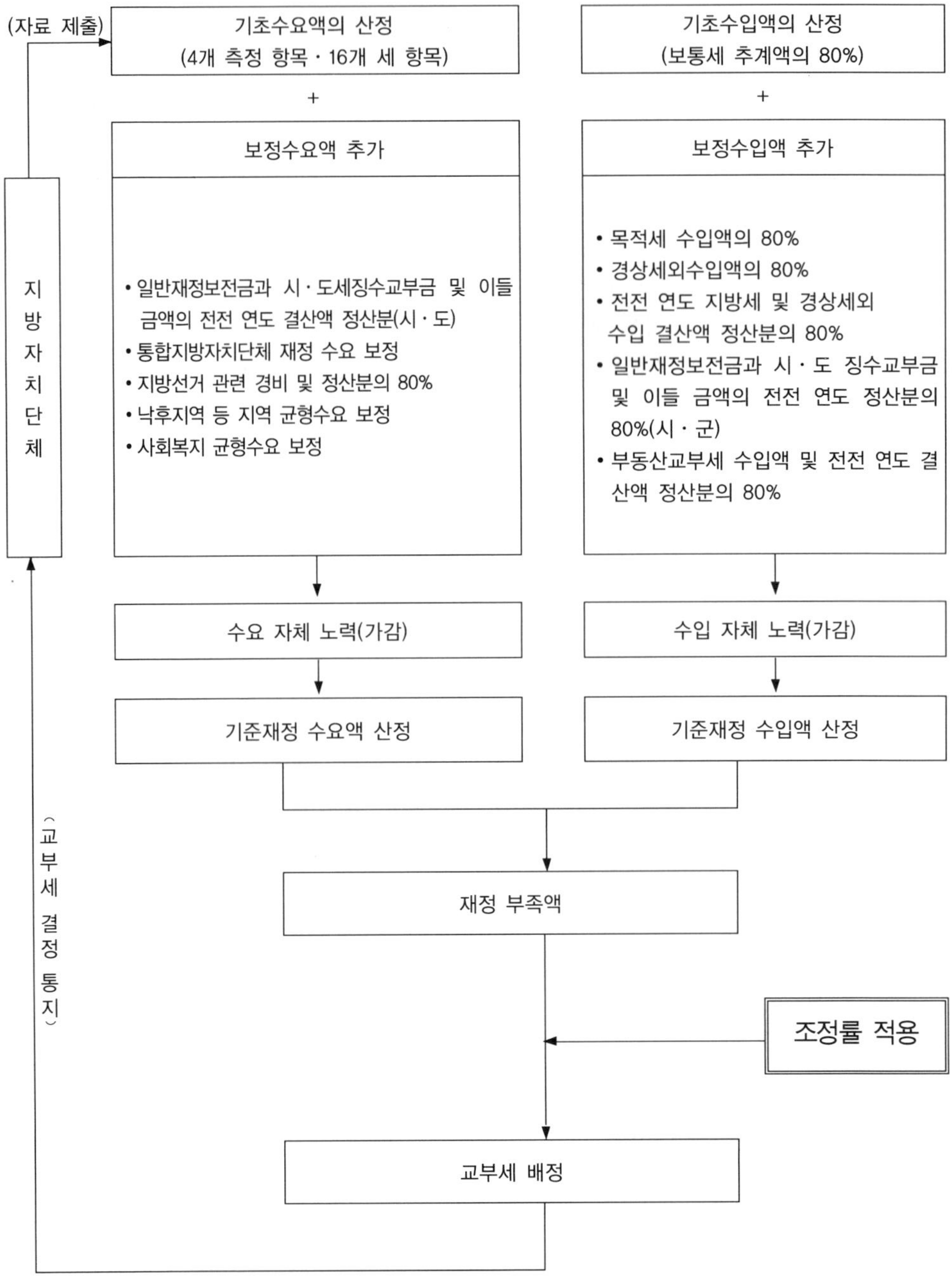

자료: 지방교부세법(2010. 1. 1) · 동법 시행령(2010. 12. 27) · 동법 시행규칙(2010. 12. 30)에 근거함.

그림 7-1 보통교부세 산정 절차

기준재정 수요액의 산정 기본 요소인 측정 항목, 측정 단위, 단위비용, 보정계수, 보정수요액, 수요 자체 노력 등 다섯 가지 요소에 대해 살펴보면 다음과 같다.

① 측정 항목

측정 항목은 각 자치단체의 기준재정 수요액을 합리적으로 측정하기 위해 기능별·성질별로 분류하여 설정한 표준적인 경비의 종류를 말한다. 현행 측정 항목은 일반 예산 과목 주조에 상응한 항목들로 일반행정비, 문화환경비, 사회복지비, 경제개발비 등 4개 항목(16개 세항목)으로 구성되어 있다(지방교부세법시행령 제5조 제1항 별표 1 참조).

② 측정 단위

측정 단위란 기준재정 수요액을 합리적으로 측정하기 위한 각 측정 항목(측정 세항목별)의 단위로서 각 측정 세 항목과 관계되는 재정 수요를 가장 정확하게 반영할 수 있는 단위라야 하며, 예를 들어 인건비 – 공무원 수, 문화관광비-인구 수, 노인복지비 – 노령인구 수, 지역개발비– 행정구역 면적 등이다. 현재 측정 단위는 공무원 수, 인구 수, 가구 수, 국민기초생활보장 수급권자 수, 노령인구 수, 영유아·청소년 수, 등록장애인 수, 농·수산업 종사자 수, 사업체 종사자 수, 미개량 도로의 면적, 도로의 면적, 자동차 대수, 행정구역 면적 등 12종이 있다(지방교부세법시행령 제5조 제1항 별표 1 참조).

③ 단위비용

단위비용이란 특별시, 광역시, 도, 시, 군의 동종 단체별 표준적인 조건을 구비한 지방자치단체가 합리적이고 타당한 수준에서 지방행정을 수행하는 경우에 측정 항목(세 항목)별로 소요되는 경비의 단위당 금액으로서, 이는 보통교부세의 산정에 사용하는 동종 단체별 경비액을 결정하기 위해 측정 단위의 수치에 곱하게 될 단가로서의 의미를 갖는다. 단위비용은 지방교부세법 시행규칙에 특별시·광역시·도·시 및 군별로 구분하여 정하되, 물가 상승, 기타 단위비용의 결정 요인의 변동이 있을 때에는 이를 반영해 조정한다.

④ 보정계수

보정계수란 기초수요액 산정 시 단위비용의 획일적인 적용, 기타 사유로 인해 각급 자치단체의 기초수요액이 현저히 불합리할 때 일정한 방식에 따라 단위비용에 조

지방선거 관련 경비 및 정산분의 80%),[9] 지역균형 수요, 사회복지 균형 수요 등이다.

⑥ 수요 자체 노력

수요 자체 노력은 지방자치단체의 도덕적 해이(moral hazard)로 인한 지방재정 발전의 저해 요인을 사전에 방지하기 위한 조치다. 지방자치단체가 한정된 재원을 가지고 합리적이고 효율적인 재정을 운영하기 위해서는 재정 운영의 비효율성을 제거하고 방만한 재정 운영을 억제해야만 한다.

따라서 자치단체의 건전 재정 운영을 유도·촉진하기 위해 자치단체별 자구 노력 정도를 지방교부세법 시행규칙 제5조의3 제2항에 의거 인건비 절감, 지방의회 경비 절감, 업무추진비 경감, 축제·행사성 경비 절감, 민간이전경비 절감, 지방청사 관리 운영, 지방 인력 감축, 지역경제 활성화, 생활폐기물 절감, 읍·면·동 통합 운영 등 10개 수요 자체 노력 항목을 설정하고 각 수요 자체 노력 항목마다 산정 기준을 두어 산정 결과를 기준재정 수요액에 가감하고 있다.

(3) 기준재정 수입액 산정

기준재정 수입액은 각 지방자치단체의 재정수입을 합리적으로 측정하기 위해 당해 지방자치단체에 대해 지방교부세법 제8조의 규정에 의거하여 산정한 액을 말한다(지방교부세법 제2조 제4항). 즉, 기준재정 수입액은 지방세법상 표준세율의 100분의 80에 상당하는 비율을 기준 세율로 산정한 당해 자치단체의 보통세 수입액(기초수입액)을 기본으로 하며, 기초수입액 외에 정책적인 사항을 고려하는 보정수입액을 더하고, 수입과 관련된 자체 노력을 가감하여 산정하도록 하고 있다.

이를 산식으로 나타내면 다음과 같다.

기준재정 수입액 = 기초수입액 + 보정수입액 ± 수입 자체 노력

① 기초수입액

기초수입액은 지방세 중 보통세 수입액(표준세율로 산정한)의 80%다.

---

9) '공직선거법' 제277조 제2항에 따라 지방자치단체가 부담해야 하는 지방선거 관련 경비로서 지방의원 및 단체장 선거가 실시되는 연도의 선거관리·수행의 실제 경비를 해당 연도 보정수요로 반영하고, 수요 반영액과 실제 집행한 금액과의 차액을 정산하여 그 정산분의 80%를 다음 연도 보정수요로 반영한다.

② 보정수입액

보정수입액은 지방교부세법 제8조에서 규정한 보통세의 80%에 상당한 기준재정 수입액을 보완하기 위한 것으로, 목적세수입, 경상세외수입 및 부동산교부세 수입 등을 대상으로 하고 있다.

현재 보정수입액은 목적세 수입액의 80%, 경상세외수입(사용료·수수료·재산임대 및 이자수입)의 80%, 전전 연도 지방세 및 경상세외수입 결산액 정산분의 80%, 시·군의 경우 광역시·도지사로부터 배분받은 일반재정보전금과 시·도세 징수교부금 및 이들 금액의 전전 연도 정산분의 80%, 부동산세교부세 수입액 및 전전 연도 결산액 정산분의 80%에 해당하는 금액 등이다.

③ 수입 자체 노력

수입 자체 노력은 수요 자체 노력과 대응하는 개념으로 세입과 관련하여 지방자치단체가 자구 노력과 책임을 다하는 정도를 기준재정 수입액 산정에 반영하기 위한 것이다. 따라서 자치단체의 세입 증대 노력을 유도·촉진하기 위해 자치단체별 자구 노력 정도를 지방교부세법 시행규칙 제5조의3 제2항에 의거, 지방세 징수율 제고, 지방세 체납액 축소, 경상세외수입 확충, 세외수입 체납액 축소, 탄력세율 적용(주민세 균등분, 지역자원시설세), 지방세감면 축소 등 6개 수입 자체 노력 항목을 설정하고 각 수입 자체 노력 항목마다 산정 기준을 두어 산정 결과를 기준재정 수입액에서 가감하고 있다.

2) 특별교부세

특별교부세는 객관성·통일성을 중시하는 보통교부세의 산정상 필연적으로 생기는 획일성과 시기적인 이유로 인해, 기준재정 수요액 또는 기준재정 수입액 산정 시 반영할 수 없었던 자치단체별 구체적인 사정을 고려해서 특별히 교부하는 것으로, 보통교부세의 기능을 보완하고 있다. 이러한 특별교부세는 그 사용에 관해 조건을 붙이거나 용도를 제한할 수 있으며, 보통교부세 불교부 단체도 특별교부세는 교부받을 수 있다.

(1) 교부 대상 및 배분 비율

특별교부세 교부 대상은 다음과 같다.

첫째, 기준재정 수요액의 산정 방법으로 포착할 수 없는 특별한 '지역 현안 수요'가 있는 경우이며, 이 경우 특별교부세 재원의 30%를 교부한다.

둘째, 국가적 장려사업, 국가와 지방자치단체 간에 시급한 협력이 필요한 사업 또는 지역 역점 시책 등 특별한 '시책 수요'가 있는 경우이며, 이 경우 특별교부세 재원의 20%를 교부한다.

셋째, 보통교부세 산정 기일 후에 발생한 재해로 인해 특별한 재정 수요가 있거나 재정수입의 감소 즉 '재해대책 수요'가 있을 때, 특별교부세 재원의 50%를 교부하며, 다만 재해 대책 수요의 사용 잔액이 예상되는 경우에는 지방행정 및 재정 운용 실적이 우수한 지방자치단체에 대한 재정 지원을 위한 재원으로 사용할 수 있다.

(2) 교부 시기 및 방법

특별교부세의 교부 시기는 지역 현안 수요의 경우에는 당해 수요가 발생한 때, 재해 대책 수요의 경우에는 재해가 발생할 우려가 있거나 재해가 발생했을 때, 시책 수요의 경우에는 해당 연도 초에 각각 배정한다. 다만 특별한 사유가 발생한 경우에는 행정안전부 장관이 합리적으로 조정할 수 있다.

특별교부세 교부 방법은 지방자치단체장이 사업의 필요성·투자 효과·재원계획 등을 종합하여 판단한 후 그 교부를 신청하는 경우 교부 목적의 타당성을 심사하여 교부하도록 되어 있는데, 비록 신청이 없는 경우에도 행정안전부 장관이 필요하다고 인정하는 경우 일정한 기준을 정해 교부할 수 있다.

3) 분권교부세

분권교부세 제도는 국고보조금 사업의 일부를 지방으로 이양하기로 하고 이양사업을 추진하는 데 필요한 재원을 합리적으로 보전하기 위해 마련한 제도다(송상훈 외, 2011: 92). 분권교부세는 국고보조사업을 이양받은 자치단체에 2014년 12월 31일까지 한시적으로 교부하는 재원이나 용도 지정 없이 자치단체 일반재원으로 사용한다.[10] 분권교부세의 교부 대상 사업에 대한 수요를 지방이양사업의 성격에 따라 '경상적 수요'(국고보조금 이양사업 중 일정 수준의 재정 수요를 계속적으로 보전할 필요가 있는 사업으로서 사업 수요에 대한 객관적인 산식화가 가능한 사업에 대한 수

10) 분권교부세는 2005년 1월 1일부터 2009년 12월 31일까지 5년간 한시적으로 운영하고 2010년 1월 1일부터는 보통교부세에 통합 운영될 예정이었으나, 지방재정 지원제도의 개편과 연계 사회복지 분야 등에 대한 안정적인 지원을 위해 2014년 12월 31일까지 5년간 연장 운영하게 되었다.

요)와 ‘비경상적 수요’(국고보조금 이양사업 중 특정 자치단체의 사업 수요로 인해 재정 수요를 보전할 필요가 있는 사업에 대한 수요)로 구분하여 산정하도록 하되, 경상적 수요의 산정은 산정 항목별 산정 공식에 따라 특별시·광역시·도 · 특별자치도별로 산정한 후 종전의 국고보조금 지원 비중을 감안하여 각 자치단체별로 산정한다. 비경상적 수요의 산정은 분야별 사업 수요, 사업 추진의 우선순위, 해당 사업 간의 형평성 등을 고려하여 관계 중앙행정기관 및 자치단체가 협의한 금액을 기초로 하여 행정안전부 장관이 정하는 금액으로 한다(지방교부세법 제9조의2 · 동법 시행령 제10조의2 및 동법 시행규칙 제7조의3, 제7조의4 참조).

이렇게 하여 산정된 지방자치단체별 경상적 수요와 비경상적 수요를 합한 금액을 교부하게 된다. 특별시 · 광역시의 경우는 지역 여건상 동일 생활권으로 노인시설, 장애인 생활시설 등 시설 입소자의 변동, 시설관리 주체의 변경 시 재원을 신축적으로 운영할 수 있도록 본청으로 일괄 교부하고, 도의 경우는 도 본청과 시 · 군으로 교부하되, 지방이양사업의 성격상 광역적 조정 기능이 필요한 사업은 도의 경우도 본청으로 일괄 교부하게 된다.

4) 부동산교부세

부동산교부세는 지방교부세와 별도로 운영하고 있으며 종합부동산세 도입에 따른 감소되는 지방세 수입을 보전하고 잔여분은 지역균형발전 재원으로 활용하기 위해 2005년에 신설되었다. 이러한 부동산교부세의 재원은 종합부동산세 총액과 전전 연도 종합부동산세 정산액(종합부동산세의 예산액과 결산액과의 차액으로 인한 교부세의 차액을 가감한 액)이다.

부동산교부세는 전액 지방자치단체에 교부해야 하며 그 교부 기준은 재정 여건, 지방세 운영 상황 등을 감안하여 대통령령으로 정하도록 하고 있다(지방교부세법 제9조의3).[11]

부동산교부세 교부 시기는 매년 12월 16일부터 12월 31일까지로 하되, 예산이 허용하는 범위 안에서 그 이전에 교부할 수 있다.

---

11) 부동산교부세는 당초 부동산세제 개편에 따른 지방자치단체의 세수손실분 보전을 목적으로 도입되었으나 2010년부터 지방소비세가 도입됨으써 세수 손실 보전의 필요성이 감소되면서부터는 종합부동산세 재원 전액을 재정 여건 등을 고려한 배분 기준에 의해 교부함으로써, 교부세 본래의 취지인 재정형평화 수단이 더욱 강화되었다고 할 수 있다. 현행 부동산교부세의 구체적인 교부 기준 등은 지방교부세법 시행령 제10조의3 참조.

3 지방교부세의 관리

1) 지방교부세의 교부 및 자금관리

행정안전부 장관은 매 회계연도 개시 전에 각 자치단체에 교부할 교부세 총액을 당해 자치단체에 통지한다. 이러한 지방교부세의 교부 결정 통지가 이루어질 경우 자치단체는 이를 기초로 자치단체 예산에 계상한다. 지방교부세의 실질적인 배정은 행정안전부 장관의 예산배정요구서에 의해 기획재정부 장관이 분기별 예산배정계획서를 작성하고, 이에 따라 분기별로 행정안전부 장관에게 배정하며, 행정안전부 장관은 이를 다시 지방교부세 결정통지액 규모에 따라 해당 자치단체에 재배정한다. 그러나 자치단체별 지방교부세 자금의 교부는 분기별로 하지 않고 행정안전부 장관이 기획재정부 장관에게 제출한 월별 자금배정계획에 의거 매월 국세의 징수 실적을 고려해 배정한다.

2) 부당교부세의 시정 및 구제

(1) 지방교부세의 검사

행정안전부 장관은 교부세 결정 후 그 산정에 사용된 자료를 검사해 산정 착오의 유무를 조사할 수 있다.

(2) 부당교부세의 시정

행정안전부 장관은 지방자치단체가 교부세 산정에 필요한 자료를 부풀리거나 거짓으로 기재하여 부당하게 교부세를 교부받거나 받으려 하는 경우에는 그 지방자치단체가 정당하게 받을 수 있는 금액을 초과하는 부분을 반환하도록 명하거나 부당하게 받으려 하는 금액을 감액(減額)할 수 있다. 또한 지방자치단체가 법령을 위반하여 지나치게 많은 경비를 지출했거나 수입 확보를 위한 징수를 게을리한 경우에는 그 지방자치단체에 교부할 교부세를 감액하거나 이미 교부한 교부세의 일부를 반환하도록 명할 수 있다. 이 경우 감액하거나 반환을 명하는 교부세의 금액은 법령을 위반하여 지출했거나 징수를 게을리하여 확보하지 못한 금액을 초과할 수 없다(지방교부세법 제11조).

(3) 이의 신청

자치단체의 장은 보통교부세의 결정 통지를 받는 경우에 당해 자치단체의 교부세액 산정 기초 등에 대해 이의가 있을 때에는 통지를 받은 날로부터 30일 이내(시・군의 경우 도지사, 광역시장을 거쳐)에 행정안전부 장관에게 이의를 신청할 수 있으며, 행정안전부 장관은 그 신청을 받은 날로부터 30일 이내에 이를 심사하여 이의 신청이 타당하다고 인정하는 경우에는 다음 교부세 산정 시 당해 자치단체의 기준재정 수요액 및 기준재정 수입액을 가산하거나 감액하고, 그 결과를 당해 자치단체의 장에게 통지해야 한다(지방교부세법 제13조 및 동법 시행령 제14조).

4 지방교부세 제도의 운영 실태와 발전 과제

1) 지방교부세의 운영 실태

지방교부세 규모(부동산교부세 제외)를 살펴보면, 1990년 2조 7,647억 원, 1995년 5조 4,842억 원, 2000년 8조 2,665억 원, 2005년 19조 4,845억 원, 2008년 28조 2,137억 원, 2009년 25조 1,869억 원, 2010년 26조 3,458억 원으로 1990년 대비 2010년도의 경우 약 9.5배인 23조 5,811억 원이 증가했다(<표 7-2> 참조).

2010년 지방교부세 산정 내역(종전의 지방양여금 도로 보전분 8,500억 원을 보통교부세에 제외한 액)을 보면, 총 규모 25조 4,958억 원 가운데 보통교부세 23조 2,403억 원, 특별교부세 9,683억 원, 분권교부세 1조 2,872억 원이다. 또한 보통교부세의 자치단체 계층별 금액과 비중을 보면, 광역시 2조 1,331억 원(9.2%), 도(제주 포함) 4조 2,582억 원(18.3%), 시 8조 868억 원(34.8%), 군 8조 7,622억 원(37.7%)으로, 교부 대상 177개 자치단체 중 169개 단체에 보통교부세가 교부되었으며, 서울특별시를 비롯한 수원, 성남, 고양, 과천, 용인, 화성, 창원시 등 8개 시에 보통교부세가 교부되지 않았다. 보통교부세 불교부 단체들은 기준재정 수입이 기준재정 수요액을 초과하는 경우로서 상대적으로 재정력이 풍부한 자치단체라 할 수 있다. 특히 서울시의 경우 기준재정 수입액이 기준재정 수요액을 초과하는 금액이 1,107억 원에 이른다.[12]

12) 2010년도 보통교부세 산정 시 보통교부세 총액(22조 5,431억 원; 제주특별자치도와 지방양여금 도로 보전분 제외한 금액)은 재정 부족액이 발생한 단체의 재정 부족액 총액(27조 3,465억 원)의 약 82.4%밖에 반영하고 있지 못하지만 서울시의 경우 재원 초과액이 1,107억 원에 이른다. 이와같이

표 7-2 지방교부세 교부 상황

(단위: 백만 원)

연도	계	보통교부세	특별교부세	분권교부세	증액교부금
1990	2,764,654	2,304,893	230,574		229,187
1993	4,413,085	4,011,896	401,189		–
1994	4,724,569	4,295,062	429,507		–
1995	5,484,226	4,985,661	498,565		–
1996	6,377,734	5,797,940	579,794		–
1997	6,798,732	6,142,666	614,266		41,800
1998	7,039,226	6,353,842	635,384		50,000
1999	6,710,770	5,782,518	578,252		350,000
2000	8,266,546	7,468,678	746,868		51,000
2001	12,288,992	11,119,539	1,111,953		57,500
2002	12,259,400	10,884,910	1,088,490		286,025
2003	14,910,674	12,238,522	1,223,852		1,448,300
2004	14,469,054	13,012,867	1,301,287		154,900
2005	19,484,517	17,927,570	711,566	845,381	제도 폐지
2006	20,441,392	18,691,488	743,6396	1,006,508	–
2007	23,307,694	21,316,202	852,759	1,138,733	–
2008	28,213,686	25,795,852	1,039,411	1,378,423	–
2009	25,186,858	23,032,062	924,254	1,230,542	–
2010	26,345,851	24,090,337	968,347	1,287,167	–

주: 1) 2009년까지는 최종 교부액(추경 및 정산분 포함), 2010년은 당초 예산 기준임.
2) 2004년까지 증액교부금은 일반회계 예산액.
3) 2004년까지는 보통교부세 10/11, 특별교부세 1/11, 2005년부터는 보통교부세 96%, 특별교부세 4%임.
4) 2005년 이후 보통교부세에는 종전 지방양여금 도로 보전분 850,000백만 원이 포함됨.
자료: 행정안전부, 『2010년 지방교부세 산정 해설』.

재원 초과 자치단체에 대해 일정 한도 이상의 초과분에 대해 역교부금으로 받아들여 재정력이 빈약한 자치단체의 추가 보전재원으로 활용할 수 있는 제도의 도입을 검토할 필요가 있다.

2) 지방교부세 제도의 발전 과제

지방교부세 제도가 본래의 기능을 수행하도록 하기 위한 기본적인 발전 방향으로는 ① 지방재정 수요의 증가에 대한 대책으로 지방교부세의 재원 보장 기능 강화, ② 지역 간 재정력 격차를 완화할 수 있도록 지방교부세의 재정 조정 기능(재정형평화 기능) 강화, ③ 지방 재정 운영에 대한 전반적인 효율성과 자율성을 제고할 수 있도록 지방교부세 운영 과정의 객관성을 높여 주는 동시에 지방정부의 자율성과 재정의 책임성을 제고하도록 지방교부세의 운영에 지방정부의 적극적인 참여 등이 있다.

(1) 법정교부율의 상향 조정

현행 지방교부세의 법정교부율이 내국세의 19.24%로 상향 조정되었지만 지방양여금 제도, 증액교부금 제도 폐지 등에 따른 지방재정 수요에 대응하기에는 미흡한 실정이다. 따라서 지방재정 수요에 효율적으로 대응하기 위해서는 법정교부율이 좀 더 상향 조정되어야 할 필요성이 인정된다.

물론 법정교부율의 상향 조정을 위해서는 과연 몇 %가 적정한지에 대한 연구가 필요하다. 즉, 중앙정부와 지방정부 간 기능 조정, 국세와 지방세 간 세원 조정, 그리고 지방교부세, 국고보조금 등을 망라하는 지방재정 조정제도를 종합적으로 검토하여 세부적인 개혁 과제를 도출한 가운데 지방교부세 법정교부율이 결정되어야 한다.

(2) 보통교부세 산정 및 배분 방식의 개선

보통교부세액 배분액을 결정하는 핵심 요소인 기준재정 수요액과 기준재정 수입액의 산정 방식에서 문제점으로 제기되었던 부문에 대해 최근 여러 차례 지방교부세법 개정에 의해 상당 부문 개선되었다. 여기서는 다소 미흡한 부문을 중심으로 그 개선 방향을 제시하고자 한다.

① 기준재정 수요액 산정 방식의 개선

㉮ 측정 항목: 기준재정 수요액은 경비 지출의 실적치 또는 실제로 지출하고자 하는 지출 규모가 아닌 지방자치단체가 인건비 등 기본적인 행정 운영에 필요한 최소한의 적정 재정 수요라 하더라도 해당 분야의 실제 지출액과 가급적 일관된 관계를 갖도록 하는 것이 바람직하다. 따라서 지방정부의 예산 과목과 기준재정 수요액의 산정을 위한 측정 항목 간의 연계가 강화되어야 한다. 그리고 현행 기준재정 수요액 산정에 사용되고 있는 4개 측정 항목(16개 세 항목), 12개 측정 단위를 가능한 한 쉽고 단순한 방식으로 개선하여 지방교부세의 객관성과 투명성을 제고할 필요가 있다. 아

울러 시대적·지역적 여건 변화에 따른 새로운 재정 수요에 대해서는 새로운 측정 항목 신설을 검토하고, 수요가 감퇴하는 항목은 통·폐합하는 등 계속 측정 항목을 정비해야 한다. 그리고 신규 재정 수요를 기준 재정수요액 산정에 반영하고자 하는 경우에는 설문조사 등을 통해 지방정부의 의견을 수렴하여 반영하는 것이 바람직하다.

㉯ 측정 단위: 측정 단위는 대체로 측정 항목과 상관 계수가 높은 통계자료를 택하고 있으나 현재 16개 세 측정 항목 가운데 5개 항목에서 인구 수를 측정 단위로 채택하고 있어서 자치단체 유형별, 동급 자치단체 간 차별화가 이루어지지 않아 구체적인 지역 특성 반영이 미흡한 실정이다. 따라서 자치단체 유형별로 동일 측정 항목에 대한 상이한 측정 단위의 채택도 검토할 필요가 있다. 또한 통계분석(주성분 분석이나 인자분석 등)을 활용하여 개별 측정 단위가 합리적으로 결합된 복합 측정 단위를 적용하는 방안도 검토해 볼 가치가 있다.

㉰ 단위비용: 단위비용이 자치단체 유형별로 실제 예산액에 근접하는지를 평가하여 단위비용의 현실화를 기할 필요가 있다.

㉱ 보정계수: 보정계수 산식에 대한 지속적인 검증으로 적용의 타당성을 제고해야 한다. 예컨대, 문화관광비의 경우 측정 단위를 단순히 인구 수로 하고 있어 불합리한 점이 있어 보정이 필요한데 현재 문화관광비 보정으로 문화재 보호구역 면적만을 반영하고 있으나 지역 내 문화재 수, 관광지 면적, 관람객 수 등 좀 더 구체적인 변수가 추가로 검토될 수 있다.

② 기준재정 수입액 산정 방식의 개선

우선 합리적인 기준재정 수입액 산정을 위해서는 지방세 수입액의 정확한 추계가 그 관건인데, 이를 위해서는 지방세의 세율구조에 따라 세수 추계 방법을 차별화할 필요가 있다.

그리고 지방교부세법 제8조에 의하면, 기준재정 수입액의 기준 세율은 표준세율의 100분의 80으로, 모든 자치단체에 대해 일률적으로 적용되고 있으나 수평적 형평화 기능을 제고하기 위해 재정력 격차를 감안하여 차등 적용하는 방안의 검토가 요청된다.

③ 자구 노력 자치단체에 대한 인센티브(역인센티브) 부여 강화

기준재정 수요액과 기준재정 수입액 산정 시 자치단체의 자구(自救) 노력이 적극적으로 반영되도록 개선할 필요가 있다. 이를 위해서는 자구 노력 지표가 개발되어야 하는데, 이때 가장 중요한 점은 자구 노력 반영으로 인해 재정 격차가 심화되어서는 안 되며, 또한 모든 지방정부가 현 시점에서 같은 조건에 시작하여 노력 여부를 판단할 수 있는 지표가 선정되어야 한다. 그리고 여러 가지 자구 노력 지표를 동시에 적용하는 경우 지표 간의 중복 및 상충 등으로 인해 인센티브(역인센티브) 적용 효과가 감소하거나 불명확해질 가능성이 있기 때문에 가능한 한 최소한의 적정 지표를 개발하여 적용하는 것이 바람직하다. 이와 동시에 각종 법령의 규정에 위반하여 비합리적이고 과도한 재정 지출을 하는 자치단체에 대해서는 재정 벌칙을 강화하는 방안이 모색되어야 한다.[13]

④ 교부율의 차등 적용

지방교부세의 교부 대상이 되는 모든 지방자치단체에 동일한 비율의 조정률을 적용하는 것은 지역 간 재정력 격차 완화와 자원배분의 효율성이라는 측면에서 바람직하지 못하다. 따라서 조정률이 100% 미만인 경우, 재정력이 취약한 지방자치단체에는 높은 조정률을 적용하고, 재정력이 우수한 자치단체는 낮은 조정률을 적용하는 차등 적용률 제도의 도입을 검토해 볼 필요가 있다.

⑤ 지방교부세와 조정교부금 및 재정보전금의 연계 강화

지방교부세제도는 광역자치단체 내 기초자치단체간 재정형평화 제고를 위해 도입된 조정교부금 및 재정보전금과 그 목적을 같이 하고 있어 두 제도 간 연계를 통한 재정형평화 효과를 높이는 것이 필요하다. 이를 위해 지방교부세를 산정 방식에 따라 광역에 교부하고, 광역단체는 지방교부세를 조정교부금 내지 재정보전금과 연계하여 기초단체에 배분하는 것이 재원의 효율적 배분에 더 적합하다 할 수 있다(송상훈 외, 2011: 145).

(3) 특별교부세 제도의 개선

특별교부세가 비록 보조금적 성격을 가지고 있다 하더라도 원래 의의대로 보통교부세를 보완하는 기능으로 운용된다면 특별교부세 교부의 타당성은 인정된다고 볼

13) 실제로 영국의 경우 중앙정부가 지정한 재정지출 상한액을 초과하는 자치단체에 대해서는 지방세, 지방채, 세입지원교부금(RSG)을 통해 재정 벌칙을 부여하고 있다. 즉, 재정지출 상한액을 초과하는 지방정부에는 중앙정부가 세입지원교부금 등 보조금을 지급 보류하거나 삭감하고 또한 예산 감축을 명하거나 지방세 상한선을 설정하는 권한을 갖는다. 일본의 경우도 경비의 과다 지출, 교부세의 부당 산정 등에 따른 지방교부세를 부당하게 교부받았을 때는 해당 금액분을 반환하게 하는 조치를 취하고 있다.

수 있다.

한편 특별교부세 교부 대상 수요와 비중을 축소한 것은 바람직한 방향으로 평가된다. 다만 재해 대책 수요의 교부 대상에서 우수단체 지원과 같은 인센티브 재원이 포함된 것은 불합리하다. 어떤 제도가 성공적으로 정착되기 위해서는 일관성을 유지하는 것이 무엇보다 필요한데 현재 정부에서 구상하고 있는 것처럼 우수단체 지원(인센티브)을 일정 비율로 정하지 않은 채 재해 관련 수요를 충족시키고 남은 재원으로 하는 경우 시간이 흐름에 따라 인센티브의 규모나 실효성은 하락할 수밖에 없다.[14] 따라서 구체적인 비율을 정해 지속적으로 추진하는 것이 필요하다(박완규, 2004: 14).

(4) 분권교부세의 개선

분권교부세는 일부 국고보조사업을 지방자치단체로 이양함에 따라 2005년부터 2009년까지 5년간 한시적으로 운영하도록 했으나 다시 2014년까지 연장 운영에 따른 문제점이 있다. 우선 기존 국고보조사업을 일반재원인 지방교부세를 통해 지원한다는 것이 본지(本旨)와 어긋나고, 배분 방식의 객관성이 미흡하며, 기존의 보통교부세 불교부 단체에도 배분해야 하는 딜레마에 빠지게 된다. 이와 더불어 지방자치단체가 보조 대상 사업에 배정된 예산을 제대로 집행하고 있는지에 대한 점검도 필요하다. 어차피 일부 국고보조사업을 지방자치단체로 이양하여 자치단체사무로 함에 따른 지방자치단체의 부족 재원을 보전하기 위해 분권교부세로 운영할 바에 분권교부세를 가능한 한 빨리 폐지하고 보통교부세에 통합하여 운영하는 것이 바람직하다고 본다.

(5) 부동산교부세 제도의 개선

부동산교부세는 도입 초기 부동산세제 개편에 따른 지방자치단체의 세수 손실분 보전이 주 목적이었으나 2010년부터 지방소비세가 도입됨으써 세수 손실 보전의 필요성이 감소되면서부터는 종합부동산세 재원 전액을 재정여건 등을 고려한 배분 기준에 의해 교부함으로써, 교부세 본래의 취지인 재정형평화 수단이 더욱 강화되었다고 할 수 있다. 따라서 2010년부터 적용되는 부동산교부세는 사실상 보통교부세와 동일한 기능을 수행하고 있으므로 지방재정 조정제도의 체계 내에서 본다면 보통교부세와 통합되는 것이 바람직하다고 할 수 있다. 즉, 종합부동산세의 징수액을 보통교부세 재원에 포함하되, 배분 기준은 보통교부세 배분 기준으로 단일화하여 운영하

---

14) 지방재정분석 결과 우수단체에 대해 2000년도에 특별교부세 22억 원을 지급했으나 2001년도 10억, 2002년 5억 원으로 축소되고, 그 이후에는 인센티브가 지급되지 않은 선례가 있다.

는 것이 효율적이라고 판단된다(송상훈 외, 2011: 158).

5 조정교부금

1) 조정교부금 제도의 의의

조정교부금 제도는 각 특별시·광역시별로 자치구 간 세원 분포의 불균형으로 인한 재정 불균형을 해소하고, 자치구 간 행정의 일정한 수준을 확보하기 위해 시세 중 일부 세목을 일정한 기준에 따라 자치구에 교부하는 제도다(권형신 외, 1998: 356). 이러한 조정교부금 제도는 지방교부세와 마찬가지로 자치구 간 재정력 균등화와 자치구에 대한 재원 보장 기능을 수행한다.

조정교부금의 운영 근거는 지방자치법 제173조 및 동법 시행령 제117조이며, 또한 조정교부금의 교부율, 산정 방법, 교부 시기 등은 특별시와 광역시별로 제정된 '자치구의 재원 조정에 관한 조례'에 규정하고 있다.

2) 조정교부금의 재원 및 배분 방법

조정교부금의 재원은 특별시·광역시의 시세수입 중 취득세의 일정률이며, 2011년 현재의 교부율은 서울 50%, 부산 55%, 대구 56%, 인천 40%, 광주 70%, 대전 56%, 울산 58% 등이다.

조정교부금은 보통교부금(90%)과 특별교부금(10%)으로 나누어 운용된다. 보통교부금의 배분 방식은 기준재정 수요액과 기준재정 수입액으로 산정되는 보통교부세 배분 방식과 비슷하다. 즉, 각 자치구의 기준재정 수요액과 기준재정 수입액을 산정하여 기준재정 수입액이 수요액에 미달하는 자치단체에 대해 부족 재원을 교부율에 따라 지원한다. 특별교부금은 특별교부세와 유사하다.

3) 조정교부금 제도의 개선 방향

(1) 교부금 재원의 확대

서울특별시 및 6개 광역시의 경우 지방자치의 진전에 따라 시 본청의 업무가 자치구로 계속 이양되고 있음에도 불구하고 자치구의 세입구조는 이러한 추세를 반영하지 못하고 있다. 따라서 열악한 자치구 재정을 개선하기 위해 각 시 본청의 여건을 감안하여 현행 조정교부금의 교부율을 상향 조정할 필요가 있다.

(2) 교부금 산정 방식의 개선

조정교부금 산정 시에 측정 항목과 실제 예산 항목의 연계성을 강화시켜 줌으로써 조정교부금 제도의 현실성과 객관성을 제고해야 한다. 또한 현행 교부금 산정 방식은 자치구의 인구, 면적, 가구 수, 공무원 수 등을 기준으로 산출되어 자치구의 투자 수요액을 제대로 반영하지 못하고 있으나 앞으로 자치구의 투자 수요를 반영하도록 해야 한다. 특히 자치구의 청사, 기본적인 공공시설의 건립 등은 투자 수요에 반영되어야 한다.

(3) 역교부세 제도 및 총액보전주의 채택

기준재정 수입액이 기준재정 수요액을 초과하는 자치단체에 대해서는 초과액을 역교부세로 징수하여 부족한 자치단체에 특별교부금으로 교부함으로써 자치구 간 재정 불균형을 시정하는 방안을 검토할 수 있다. 이는 독일의 주정부 간 역교부금 제도와 일본의 도쿄도(東京都)의 도구 간(都區間) 재정조정납부금 제도와 유사하다. 또한 일본의 경우 도구 간 재정 조정 방식은 총액보전주의를 채택하고 있는데, 기준재정 수요액이 기준재정 수입액을 초과하는 자치단체에 대해서는 부족액을 일반회계 지원을 포함해서 총액을 보전하고 있다(권형신 외, 1998: 358).

제 3 절 국고보조금

1 국고보조금의 의의 및 분류

1) 국고보조금의 개념

국고보조금이란 국가가 지방자치단체에 대해 그 행정을 수행하는 데 필요한 경비의 재원에 충당하기 위해 지출하는 지출금 가운데 그 용도를 지정하여 교부하는 재원을 말한다(내무부 · 한국지방행정연구원, 1987: 705).

국고보조금의 개념은 각국마다 그 의미가 통일되어 있지 않고 재정 제도의 차이와 운용 관례에 따라 그 해석을 달리하나[15] 보통 세 가지로 해석하는 경향이 있다. 최광의(最廣義)의 의미의 해석은 일반적으로 보조금이라고 불리고 있는 모든 것을 포괄하며, 광의(廣義)로는 최광의의 보조금에서 분여금을 제외한 모든 보조금을 말한다. 그리고 협의(狹義)의 해석은 분여금은 물론이고 보조금을 지출하는 정부의 사무(한국 위임사무)에 대한 교부금을 제외한 보조금을 말한다(김철 · 신해룡, 1990: 391).

이상과 같은 세 가지 형태의 보조금 범주 중 우리나라에서는 두 번째 범주, 즉 광의로 해석하는 것이 타당하다고 생각한다. 최광의로 해석할 경우 우리나라에서는 분여세 제도가 없지만 분여세와 유사한 성격의 지방교부세를 국고보조금 개념에 포함시키게 되는 바, 우리나라의 경우 지방교부세가 국고보조금과는 근거 법령을 전혀 달리하고 또 그 제도적 취지가 다르기 때문에 지방교부세를 국고보조금으로 해석한다는 것은 수긍할 수 없다. 또한 협의로 해석할 경우에는 국가와 지방자치단체 간 사무한계가 명확하여 국가가 지출하는 보조금 성격의 경비 중 어느 것이 위임사무에 대한 교부금인지를 구분할 수 있는 것이 전제되어 있어야 하는 바, 우리나라의 경우에는 국가와 지방자치단체 간에 사무 한계가 불분명하고 또 현실적으로 정부 예산에서 위임사무에 대한 교부금을 국고보조금에 통합하여 사용하고 있기 때문에 협의의 개념도 수용하기 곤란하다.

따라서 우리나라의 국고보조금은 지방재정법 제21조에 규정된 부담금과 교부금, 보조금의 예산 및 관리에 관한 법률 제2조와 지방재정법 제23조 제1항에 규정된 보조금 등 세 가지 경비를 총칭하여 사용한다.

2) 국고보조금의 운영 근거

현행 국고보조금 관련 사항을 관리하는 법률은 지방자치법, 지방재정법, 보조금의 예산 및 관리에 관한 법률을 비롯해 각종 20여 개의 개별 법령(예: 지역보건법, 국민기초생활보장법, 재해구호법, 감염병의 예방 및 관리에 관한 법률 등)이 있다. 그 중 국고보조금 제도 운영에 가장 직접적인 영향을 미치는 법은 '보조금의 예산 및 관리

---

15) 보조금은 일반적으로 grant라고 부르고 있으나, 보조금의 개념에 대한 해석이 국가마다 차이가 있듯이 용어 역시 각국마다 다양하다. 즉, 영 · 미에서는 보조금을 흔히 grant-in-aid, 그리고 장려의 뜻이 강한 것은 subsidy를 사용하는 외에 contribution 등을 사용하며, 독일에서는 Dontribution 또는 Dotationen을 사용하고 있다. 한편 일본의 지방재정법에서는 국고보조금, 국고부담금, 국고위탁금 등의 용어를 사용한다.

에 관한 법률 및 동법 시행령'이다.

3) 국고보조금의 분류

(1) 지출 목적이나 경비의 성질에 의한 분류

국고보조금은 보조금의 지출 목적이나 보조 대상 경비의 성질을 기준으로 부담금(지방재정법 제21조 제1항), 교부금(지방재정법 제21조 제2항), 보조금(지방재정법 제23조 제1항)으로 분류한다.

부담금은 지방자치단체 또는 그 기관이 법령에 의해 처리해야 할 사무로서 국가와 지방자치단체 상호간에 이해 관계가 있는 경우에, 그 원활한 사무 처리를 위해 국가에서 부담해야 할 경비를 국가가 그 전부 또는 일부를 부담하는 경비다. 이 부담금의 주요 지출 대상은 기초생활 보장, 의료 보호, 전염병 예방, 직업 안정, 재해복구사업 등이 있다.

교부금은 국가가 스스로 집행해야 할 사무를 국민의 편리, 경비의 효율성 등을 이유로 지방자치단체 또는 그 기관에 위임하여 수행하는 경우 지출하는 경비다. 이 교부금의 지출 대상은 국민투표, 대통령 또는 국회의원의 선거, 외국인 등록, 징병사업 등이 있다.

보조금은 국가가 시책상 필요하다고 인정될 때 또는 지방자치단체의 재정 사정상 특히 필요하다고 인정될 때 예산의 범위 안에서 지방자치단체에 교부하는 경비로서, 보통 전자를 장려적 보조금, 후자를 지방재정보조금이라고 부른다.

그러나 이와 같은 지방재정법에 의한 구분은 실제로 명확하지 않고 총칭하여 국고보조금으로 운영하고 있다.

(2) 지출 형태에 의한 분류

국고보조금은 지출 형태에 따라 정률보조금과 정액보조금으로 나눌 수 있다.

정률보조금은 비례적 보조금이라고도 하며, 자치단체가 지출하는 경비의 일정 비율을 국가가 보조하는 것으로서 우리나라 국고보조금의 대부분이 여기에 해당된다. 즉, 보조금의 예산 및 관리에 관한 법률시행령 제4조 <별표 1>에 규정된 대부분 사업이 정률보조금이다. 또한 정률보조금 중 대부분이 모든 지방자치단체를 통해 동일한 보조율을 적용하는 일률적 보조금이나 당해 지방자치단체의 재정 사정을 감안하여 기준보조율에 일정률을 가감하는 차등보조율을 적용하는 차등보조금도 일부 사용하고 있다.

정액보조금은 특정한 사업이나 사무의 실시에 대해 일정한 금액의 보조금을 교부하는 것이다. 교부 방법에는 소위 단순식 보조금과 같이 보조금대상으로 하는 사업 및 사업의 양을 표시하는 일정한 수량에 일정한 단가를 곱한 액을 교부하는 것과 한 건마다 일정액을 교부하는 것이 있다(이상희, 1992: 357).

3) 보조사업 주체를 기준으로 한 분류

국가로부터 보조금을 교부받는 지방자치단체가 국가보조사업을 직접 시행하느냐 아니냐에 따라서 직접보조금과 간접보조금으로 구분한다.

직접보조금은 국가로부터 보조금을 교부받는 지방자치단체가 보조사업을 직접 시행하는 경우의 보조금을 말한다.

간접보조금이란 국가 외의 자가 보조금을 재원의 전부 또는 일부로 하여 상당한 반대급부를 받지 아니하고 그 보조금의 교부 목적에 따라서 재교부하는 급부금을 말한다('보조금의 예산 및 관리에 관한 법률' 제2조 제4호). 즉, 국가로부터 직접보조금을 교부받는 지방자치단체가 민간 또는 다른 기관에 재교부하는 보조금을 말한다(강인재 외, 1993: 476-477).

4) 집행 대상을 기준으로 한 분류

보조금 대상의 범위가 좁은가 넓은가, 개별적인가 포괄적인가, 특수적인가 일반적인가에 따라서 조건부 보조금과 포괄보조금으로 구분할 수 있다.

조건부 보조금은 국가가 특별사업 목적을 달성하기 위해 필요한 조건을 부가하여 교부하는 보조금을 의미한다(Hyman, 1983: 635). 교부 조건으로는 보통 당해 행정비에 충당해야 한다고 하는 것뿐만 아니라 예를 들면 급여, 여비, 수용비, 비품비, 시설비 등과 같이 경비의 세목을 지정하거나 또는 몇 사람, 몇 개소, 몇 ㎥, 몇 건 등의 수량을 지정하는 경우도 있다.

포괄보조금은 총액과 지방정부의 활동 범위만을 정하고 보조금으로 충당될 경비의 세목, 목표량, 단가, 대상 사업의 지방비 부담 비율 등에 대해서는 지방자치단체의 자유로운 선택이 가능한 제도다(Wagner, 1983: 458-459). 이러한 포괄보조금은 조건부 보조금 체계가 지니고 있는 중앙집권화, 사업 순위의 왜곡 등의 문제를 극복하기 위해 제안한 것이다. 현행 '보조금의 예산 및 관리에 관한 법률시행령' 제4조 <별표 1>에 규정된 지급 대상 사업 모두가 조건부 보조금 형태로 운영되고 있다.

2 국고보조금이 지방재정에 미치는 영향

국고보조금은 지방정부의 특정 공공 서비스의 공급 장려,[16] 국가의 통합적인 시책 추진, 지역 간 외부효과에 의한 재원 배분의 비효율성 시정,[17] 국가사무를 지방정부에 위임하여 수행하게 함으로써 행정 효율성 제고 등을 위해 지출한다.

이처럼 국고보조금 지출로 인해 지방재정에 영향을 미치는데, 이를 요약하면 다음과 같다.

1) 지방정부의 재정 지출 증가

지방정부에 국고보조금이 교부되면 국고보조사업비의 전액 지원이든 일부 지원이든 지방정부의 재정 지출은 그만큼 증가된다. 이러한 재정 지출 증가는 지방정부의 재정력을 어느 정도 보강할 수 있다.

2) 지방재정의 자율성 약화

지방정부가 국고보조금의 예산 계상 신청이 없는 국고보조사업의 경우에 국가 시책 수행상 부득이하여 국고보조금이 계상됨으로써 지방비 부담이 수반할 경우 다른 사업에 우선하여 예산을 반영함으로써 지방정부의 재정 운영상 압박과 경직성을 초래하는 요인이 된다. 또한 지방정부가 사업의 투자 우선순위를 결정하는 데 크게 영향을 미쳐 합리적인 투자 우선순위의 결정을 어렵게 할 뿐만 아니라 국고보조사업의

---

16) 지방정부의 특정 공공 서비스란 지방정부가 그들 자신의 공공 서비스 수준을 스스로 선택하게 할 경우에는 거의 생산하지 않을 서비스(예: 지방정부의 유권자가 알지 못하는 서비스의 편익 혹은 비유권자 및 소수집단의 무시된 편익 등)를 말한다(King, 1984: 129).

17) 외부효과(externalities)란 하나의 지방정부의 행동이나 결정이 다른 지방정부의 행동이나 결정에 직접적인 영향을 미치게 되는 현상을 말한다. 이러한 외부효과는 다른 지방정부에 편익을 끼치는 경우와 비용을 부담하게 하는 경우로 나누어 볼 수 있는데, 전자의 경우를 외부편익 혹은 외부경제, 후자의 경우를 외부비용 혹은 외부불경제라고 부른다. 외부효과가 발생할 경우 지방부의 공공재의 서비스 공급 수준을 결정할 때, 그러한 외부효과를 고려하지 않고 지방정부가 결정하는 공공재의 서비스 공급 수준은 사회 전체적으로 볼 때 과소(외부경제의 경우) 또는 과다(외부불경제의 경우) 생산되어 재원의 비효율성이 발생한다. 이러한 재원의 비효율성을 시정하고자 국고보조금 교부를 통해 지방정부로 하여금 사회적 최적 수준을 공급하도록 유인한다.

수행에 행·재정의 감독을 받게 되어 지방정부의 재정상 자율성은 약화될 수밖에 없다.

3) 지방정부 간 재정력 격차 심화

국고보조사업과 관련하여 전액 지원되는 사업을 제외하고 지방정부가 지방비 부담능력이 없어 보조사업을 포기해야 할 경우, 재정력이 양호한 지방정부 위주로 보조사업이 수행됨으로써 지방정부 간 재정력 격차가 심화될 수 있다.

3 국고보조금의 편성과 집행 절차

1) 국고보조금의 편성

(1) 예산 계상의 신청

보조사업자(지방자치단체, 민간)가 매년 중앙관서의 장에게 보조금의 예산 계상을 신청해야 한다. 이때 보조사업의 목적과 내용, 보조사업에 소요되는 경비, 기타 필요한 사항을 기재한 신청서 및 첨부 서류를 제출해야 하며, 제출 기일은 당해 회계연도의 전년도 5월 31일 이전이다. 보조사업자가 시장·군수인 경우에는 당해 시장·군수에 대한 보조금은 관할 도지사(광역시의 군은 광역시장)가 이를 종합하여 일괄 신청할 수 있다.

한편 국가는 보조사업자가 보조금의 예산 계상 신청이 없는 보조사업의 경우에도 ① 국가가 소요 경비의 전액을 교부하는 보조사업의 경우, ② 재해 발생 등 사전에 예측하지 못한 사유로 인해 보조금의 교부가 불가피한 경우, ③ 기타 기획재정부 장관이 국가의 주요 시책 수행상 보조금의 교부가 불가피하다고 인정하는 사업 등과 같이 국가 시책 수행상 부득이한 경우 필요한 보조금을 예산에 계상할 수 있도록 하고 있다.

(2) 국고보조금 예산의 요구

중앙관서의 장은 보조사업자로부터 신청받은 보조금의 내역 및 금액을 조정하여 기획재정부 장관에게 보조금의 예산 요구를 해야 한다. 지방자치단체에 대한 보조사업 중 대부분의 지방자치단체와 관련된 보조사업에 대해서는 자치단체별 내역 없이 총액으로 이를 요구할 수 있다. 기획재정부 장관이 관계 자료의 제출을 요구한 보조사업에 대해서는 보조사업자의 예산 계상 신청 내역과 중앙관서의 장의 조정 내역 및 기타 필요한 자료를 첨부하여 제출해야 한다.

한편 중앙관서의 장은 자치단체의 부담을 수반하는 보조금의 예산을 요구하고자 할 때에는 행정안전부 장관과 보조사업계획에 대해 협의해야 하며, 협의 요청을 받은 행정안전부 장관은 그 의견서를 당해 회계연도의 전년도 6월 20일까지 기획재정부 장관과 관계 중앙관서의 장에게 제출해야 한다.

(3) 국고보조금 예산의 편성

보조금이 지급되는 대상 사업 · 경비의 종목 · 국고보조율 및 금액은 매년 예산으로 정한다. 다만 지방자치단체에 대한 국고보조율은 '보조금의 예산 및 관리에 관한 법률시행령' 제4조 <별표 1>에 의한 대상 사업의 기준보조율을 적용하며, 개별 법령에 의한 보조사업은 그 법이 정한 보조율을 적용한다. 그러나 기획재정부 장관은 매년 지방자치단체에 대한 보조금 예산을 편성할 때에는 필요하다고 인정되는 보조사업에 대해서는 당해 지방자치단체의 재정 사정을 감안하여 기준보조율에 일정률을 가감하는 차등보조율을 적용할 수 있다. 즉, 차등보조율의 적용 기준은 기준보조율에 일정률을 가산하는 차등보조율(인상보조율)의 경우 기준보조율에 20%, 15%, 10%를 각각 가산하여 적용하되 재정 사정이 특히 어려운 지방자치단체에 한해 적용되며, 기준보조율에 일정률을 차감하는 차등보조율(인하보조율)은 지방교부세법에 의한 보통교부세를 교부받지 아니하는 지방자치단체에 한해 적용할 수 있으며 기준보조율에 20%, 15%, 10%를 각각 차감하여 적용한다.[18]

한편 특별시장 · 광역시장 · 도지사는 보조금 예산의 편성 과정에서 당해 관할구역 안의 보조사업의 우선순위 또는 보조금 예산액의 조정 등에 관한 의견을 해당 중앙관서의 장 및 기획재정부 장관에게 제시할 수 있으며, 기획재정부 장관은 그 의견이 타당하다고 인정되는 사항은 당해 중앙관서의 장의 의견을 들어 예산에 반영할 수 있다.

중앙관서의 장은 특별한 사유가 없는 한 보조금 예산안을 사업별로 해당 보조사업자에게 당해 회계연도의 전년도 10월 15일까지 통지해야 하며, 국회에서 예산이 심의 · 확정된 후에는 그 확정된 금액 및 내역을 사업별로 즉시 해당 보조사업자에게

18) 차등보조율을 적용하는 기준은 '보조금의 예산 및 관리에 관한 법률시행령' 제5조 별표 2의 산식에 의한 재정자주도, 분야별 재정지출 지수 등 지표와 보조사업의 해당 지역에서의 발전도 및 국가 재정 사정 등을 감안하여 매년 기획재정부 장관이 정하도록 하고 있다.

통지해야 하고, 이 경우 자치단체에 대한 보조금일 경우에는 기획재정부 장관과 행정안전부 장관에게 통보해야 하며, 보조사업자가 시장·군수인 경우에는 당해 시·군을 관할하는 도지사에게 일괄하여 통지할 수 있다.

한편 지방자치단체의 장은 국가보조사업에 대한 지방자치단체의 지방비부담액을 다른 사업에 우선하여 당해 연도 지방자치단체의 예산에 계상해야 한다.

2) 국고보조금의 집행

(1) 국고보조금의 교부 신청

보조금 예산의 편성 절차가 끝나면, 보조금의 교부를 받고자 하는 자는 보조사업의 목적과 내용, 보조사업에 소요되는 경비, 기타 필요한 사항을 기재한 신청서에 중앙관서의 장이 정하는 서류를 첨부하여 중앙관서의 장이 지정한 기일 내에 중앙관서의 장에게 제출해야 한다.

(2) 국고보조금의 교부 결정

보조금 교부신청서를 제출받은 중앙관서의 장은 ① 법령 및 예산의 목적에의 적합 여부, ② 보조사업 내용의 적정 여부, ③ 금액 산정의 착오 유무, ④ 자기 자금의 부담 능력 유무 등을 조사하여 지체없이 보조금의 보조 여부를 결정해야 한다.

그리고 중앙관서의 장은 보조금의 교부를 결정할 때 법령과 예산이 정하는 보조금의 교부 목적을 달성함에 필요한 조건을 붙일 수 있으며, 또한 보조금의 교부를 결정한 때에는 그 교부 결정의 내용(그에 조건을 붙인 경우에는 그 조건도 포함)을 지체없이 보조금의 교부를 신청한 자에게 통지해야 하고, 그것이 지방자치단체에 대한 보조금일 경우에는 단위사업별·보조사업별로 작성한 교부 결정의 내용을 즉시 기획재정부 장관과 행정안전부 장관에게 통보해야 한다.

(3) 국고보조금 교부 결정의 취소

중앙관서의 장은 보조금의 교부를 결정한 경우 그 후에 발생한 사정의 변경으로 특히 필요하다고 인정할 때에는 이미 수행된 부분의 보조사업을 제외하고는 보조금 교부 결정의 내용을 변경하거나 그 교부 결정의 전부 또는 일부를 취소할 수 있다.

그리고 중앙관서의 장은 보조사업자가 보조금을 다른 용도에 사용하거나 법령의 규정, 보조금의 교부 결정의 내용 또는 법령에 의한 중앙관서의 장의 처분에 위반한 때 및 허위의 신청이나 기타 부정한 방법으로 보조금의 교부를 받은 때에는 보조금 교부 결정의 전부 또는 일부를 취소할 수 있고 간접보조사업자가 간접보조금을 다른 용도에 사용하거나 법령의 규정에 위반한 때에는 보조사업자에 대해 그 간접보조금에 관련된 보조금에 대한 교부 결정의 전부 또는 일부를 취소할 수 있다.

(4) 국고보조사업의 수행

보조사업자는 법령의 규정, 보조금의 교부 결정의 내용 또는 법령에 의한 중앙관서의 장의 처분에 따라 선량한 관리자의 주의로 성실히 그 보조사업을 수행해야 하며 그 보조금을 다른 용도에 사용해서는 안 된다. 이러한 규정을 위반한 때에는 중앙관서의 장은 그 보조사업에 대해 보조사업 수행상 필요한 명령을 할 수 있고, 그 명령도 위반하면 그 보조사업을 일시 정지시킬 수 있다.

그리고 보조사업자는 중앙관서의 장이 정하는 바에 따라 보조사업을 완료한 때, 폐지의 승인을 얻은 때, 또는 회계연도가 종료한 때에는 그 보조사업의 실적을 기재한 보조사업 실적보고서를 작성해 중앙관서의 장에게 제출해야 한다. 이러한 보고서를 받은 중앙관서의 장은 그 보조사업의 실적이 법령의 규정, 보조금의 교부 결정의 내용, 또는 법령에 의한 중앙관서의 장의 처분에 적합한 것인가의 여부를 심사하여 심사 기준에 적합할 경우 교부해야 할 교부금의 금액을 확정해 이를 그 보조사업자에게 통지하고 적합하지 않을 경우 시정명령을 할 수 있다.

(5) 국고보조금의 반환 및 강제 징수

보조금의 교부 결정을 취소한 경우 각 중앙관서의 장은 그 취소한 부분의 보조사업에 대해 이미 보조금 등이 교부되어 있을 때에는 기한을 정해 그 취소된 부분에 해당하는 보조금 등의 반환을 명해야 하며, 이미 교부된 보조금 등이 그 확정된 금액을 초과한 경우에는 기한을 정해 그 초과액의 반환을 명해야 한다.

4 국고보조금 제도 운영 실태와 발전 과제

1) 국고보조금의 운영 실태

(1) 연도별 국고보조금의 비중과 국고보조사업비의 규모

국고보조금의 운용 실태는 <표 7-3>에 제시된 바와 같이 지방재정 수입 중 국고보조금이나 국고보조사업비 중 지방비 부담이 차지하는 비중이 상당히 불규칙적이다.

이는 지방자치단체에 계획적인 재정 운영을 어렵게 하는 요인이 된다. 그리고 국고보조금은 1990년을 분기점으로 하여 지방재정에서 차지하는 비중이 감소 추세를 보이다가 1998년부터 IMF 체제로 인해 그 비중이 크게 증가했다가 2003년에 다시 감소했으며, 그 이후 다시 계속 증가하는 추세다.

또한 지방세 수입으로 인건비도 해결하지 못하는 지방자치단체가 55.7%인 현실에서[19] 국고보조금사업에서 지방비 부담은 높은 편이며, 더구나 국고보조금사업을 지방정부가 원칙적으로 매년 신청주의를 취하고 있고 지방비 부담으로 보조금을 신청할 수 없을 뿐만 아니라 보조금을 반납하는 사례도 나타나고 있다.

한편 국고보조사업은 보건복지가족, 국토해양, 환경, 농림수산식품 등에 집중 투자되고 있다. 즉, 2010년도 중앙부처에서 행전안전부에 확정 통보 기준 국고보조 대상사업 중 보건복지가족이 전체 국고보조금(29조 631억 원)의 47.4%(13조 7,673억 원)로서 가장 높았으며, 그 다음이 국토해양(14.2%), 환경(11.3%), 농림수산식품(9.3%) 등의 순으로 지원되었다(행정안전부, 2010b: 70).

표 7-3 연도별 국고보조금 및 국고보조사업의 규모

(단위: 억 원, %)

구분	지방재정 (A)	국고보조사업비		국고보조금			지방비 부담	
		B=C+D	B/A	C	C/A	C/B	D	D/B
1990	229,140	32,120	14.0	20,681	9.0	64.4	11,439	35.6
1995	523,789	76,676	14.6	38,883	7.4	50.7	37,793	49.3
1998	691,207	120,849	17.5	77,656	11.2	64.3	43,193	35.7
2000	771,760	150,102	19.4	98,885	12.8	65.9	51,217	34.1
2003	1,227,260	167,693	13.7	111,074	9.1	66.2	56,619	33.8
2004	1,258,435	188,693	15.0	125,007	9.9	66.2	60,002	33.8
2005	1,284,146	230,391	17.9	153,502	12.0	66.6	73,337	32.4
2006	1,398,242	261,525	18.7	183,316	13.1	70.1	73,885	29.9
2007	1,517,563	319,721	21.1	209,006	13.8	65.4	96,721	34.6
2008	1,668,050	350,107	21.0	227,670	13.6	65.0	122,437	35.0
2009	1,567,029	417,716	26.7	265,387	16.9	63.5	152,329	36.5
2010	1,398,565	467,410	33.4	292,186	20.9	62.5	175,224	37.5

주: 일반회계와 특별회계를 합한 세입 순계 규모, 2008년까지 결산액, 2009년도 최종 예산액, 2010년도 당초 예산액. 단 국고보조금과 지방비 부담의 경우 중앙부처 확정액 기준임.
자료: 행정안전부, 『2010년도 지방자치단체 예산개요』의 재구성.

19) 2010년 당초예산 기준 지방세입으로 인건비 미해결 지방자치단체 수는 137개로 전체 246개 지방자치단체의 약 55.7%를 차지한다(행정안전부, 『2010년도 지방자치단체 예산개요』 참조).

표 7-4 지방자치단체 유형별 국고보조금 배분 현황

(단위: 억 원, %)

구분	합계	특별·광역시	도	시	군	자치구
지방재정(A)	1,284,146	348,634	324,712	358,372	176,815	75,613
국고보조금(B)	169,457(100.0)	42,019(24.8)	124,307(73.4)	2,136(1.3)	994(0.6)	-
(B/A)	(13.2)	(12.1)	(38.3)	(0.6)	(0.6)	(100.0)

注: 2005년도 일반회계와 특별회계를 합한 결산 순계 규모.
자료: 행정자치부, 『지방재정연감(2006)』의 재구성.

(2) 지방자치단체 유형별 실태

2005년 결산 순계 기준 지방자치단체 유형별 국고보조금의 구성비를 보면, 도가 73.4%로서 압도적으로 높은 비중을 차지하고 있으며, 그 다음이 특별·광역시(24.8%), 시(1.3%), 군(0.6%) 등의 순이다(<표 7-4> 참조).

그러나 시·군 및 자치구가 국고보조금의 절대액이나 구성비가 매우 낮은 이유는 상당 부분의 국고보조금이 광역자치단체인 시·도를 경유하여 지급되기 때문이다. 따라서 실제적으로 경비가 지출된 측면을 파악할 때는 시·군 및 자치구의 국고보조금의 규모는 매우 큰 편이라 할 수 있다([그림 7-2] 참조). 역시 지방재정수입 중 국고보조금이 차지하는 비중도 시·도가 38.3%로서 가장 높으며, 그 다음이 특별·광역시(12.1%)다.

(3) 국고보조사업의 경비 부담 구조

2005년 국고보조사업 집행 실적의 경비 부담 구조를 살펴보면,[20] [그림 7-2]와 같이 국고보조사업비의 73.2%를 국고보조 금액에 의해 충당하며, 나머지 26.8%를 지방정부의 지방비로 충당하고 있다. 그리고 국고보조금은 광역자치단체인 시·도가 시행하는 사업에 대한 보조금과 기초자치단체인 시·군·구가 시행하는 사업에 대한 보조금으로 구분하는데, 이들 보조금의 비율은 53.3 대 46.7로서 시·도 단위 직접 시행 보조사업의 비중이 약간 높은 편이다.

한편 지방비 부담액은 재원 부담 주체에 따라 시·도비와 시·군·구비로 구분하는데, 그 중 79.5%가 시·도비로 시·군·구비에 비해 훨씬 높은 부담을 하고 있으며, 또한 시·도비의 56.4%는 시·도가 직접적으로 시행하는 국고보조사업에 충당하

20) <표 7-3>과 [그림 7-2]에서 국고보조금액과 지방비 부담액이 각각 차이가 있는 것은 <표 7-3>은 총계획 실적인 반면에 [그림 7-2]는 실제 집행 실적이기 때문이다.

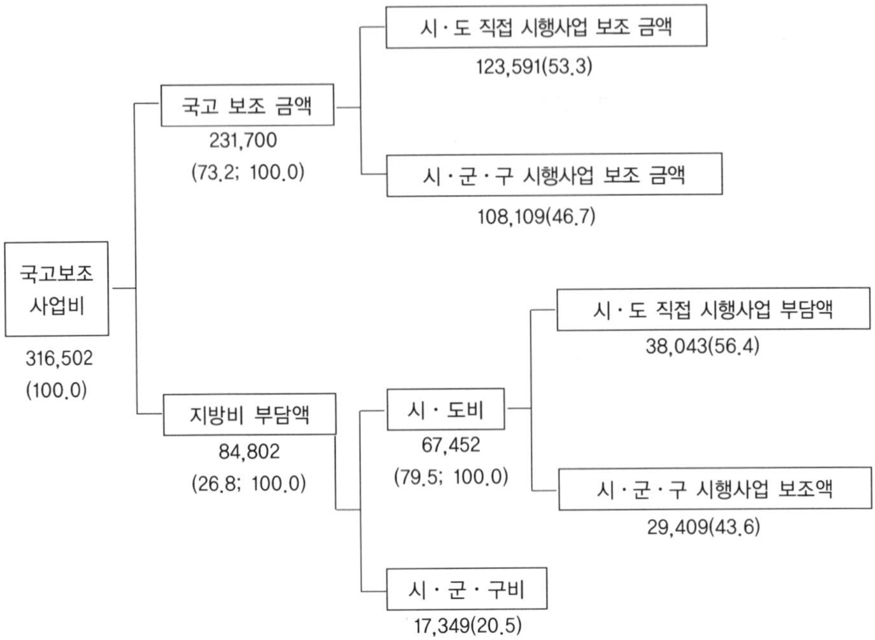

자료: 행정자치부, 『지방재정연감(2006)』의 재구성.

그림 7-2 국고보조사업의 경비 부담 구조(단위: 억 원, %)

고, 나머지 43.6%는 기초자치단체인 시·군·구가 시행하는 국고보조사업에 지원하는 보조금으로 사용하고 있다.

2) 국고보조금 제도의 문제점과 발전 과제

(1) 국고보조금 제도의 문제점

1995년 이후 당해 지방정부의 재정 여건을 고려한 국고보조금의 신청주의 채택, 소액·유사사업으로 세분화되어 있는 사업의 통폐합, 지방자치단체 간 지방비 부담 비율 규정, 광역지방자치단체가 기초자치단체 재정 여건을 감안하여 차등 보조할 수 있는 근거 마련, 시·도와 시·군·구가 상호 협의하여 기준 부담률을 정하도록 재량권을 부여하는 등 국고보조금의 제도 및 운영면에서 많은 개선이 이루어져 왔으며, 특히 최근에 국고보조사업 중 일부 지방위임사무를 지방사무로 전환하고 재원은 지방교부세로 이전하며, 재정 운영의 자율성 제고를 위해 가급적 포괄적 지원 방식으로 전환하는 등 국고보조사업의 통합화·단순화를 도모하고 있다. 즉, 국고보조 대상사업을 ① 지방이양 대상 사업 149개 사업을 선정하여 이양, ② 국고보조 유지 대상 사업, ③ 국가 직접 추진 대상 사업 등으로 정비하고, 국고보조 유지 대상 사업의 경우 환경 관련 사업 등 국가적으로 꼭 필요한 사업이나 지방자치단체가 사업 추진에 소극적인 사업은 현행대로 유지하며, SOC·농어촌 낙후지역·관광 개발 등 지역 개발사업은 국가균형발전특별회계(현 광역·지역발전특별회계)에 편입하여 운영하고 있다.

한편 지방양여금 제도 폐지에 따른 수질오염 방지사업은 국고보조금으로 전환하고, 농어촌 지역 개발 및 청소년 육성사업은 국가균형발전특별회계(현 광역·지역발전특별회계)로 편입했으며, 기존의 지방도로 정비, 지역 개발사업은 지방교부세 등을 통해 지방으로 이양했다. 이와같이 국고보조금 제도의 제도 및 운영면에서 개선되고 있으나 다음과 같은 국고보조금의 제도 및 운영상의 문제점이 나타나고 있다.

첫째, 아직 국고보조사업의 선정 기준이 분명하지 못하고 국고보조금 지원 대상 사업도 세분화되어 있어 지출 효율성과 지원 대상 지방정부의 자율성을 제약하고 있다.

둘째, 국고보조율의 법령화가 미흡하고 국고보조율 산정도 객관성이 결여되어 있다.

셋째, 차등보조율제 적용이 미흡하다. 즉, '보조금의 예산 및 관리에 관한 법률시행령' 제4조 <별표 1>에 제시된 국고보조사업 중 기초생활 수급자 생계, 주거 및 의료급여, 영·유아보육사업, 부랑인 보호시설 등 사회복지사업, 쓰레기 소각 및 매립시설, 공단폐수 종말종합처리장시설 등 일부 사업에 차등보조율제를 적용하도록 규정하고 있다.

넷째, 국고보조금 운용의 계획성이 결여되어 있을 뿐만 아니라 배분 방식이 비합리적으로 운영되고 있다는 점 등이다.

2) 국보조금 제도의 발전 방안

(1) 국고보조 대상 사업의 적정화

국고보조금은 조건부 보조인 특정 재원으로서 지방자치단체를 사실상 통제·구속하고 있는 실정이다. 그러므로 본격적인 지방자치 실시에 따른 지방자치단체의 재정적 자율성을 제고하는 동시에 국가와 지방을 통한 행정의 간소화 내지 효율화를 도모한다는 견지에서 복잡하고 다양한 보조금의 항목, 종류를 전면적으로 재검토하여 국고보조금의 교부를 통해 중앙정부가 지방자치단체에 꼭 관여할 필요성이 있는 경우를 제외하고는 가능한 한 그 재원을 지방세 또는 지방교부세 등의 일반재원으로 전환시키는 것이 바람직하다.[21)]

지방자치단체의 일반재원으로 대체가 가능한 국고보조금을 살펴보면, ① 처음에는 국가의 장려 목적으로 시작했지만, 이미 지방자치단체의 사업으로서 정착·동화·정형화된 사업에 해당하는 국고보조금, ② 전국적으로 일정 수준을 유지할 필요가 있는 중요하고 기본적인 사업이나 국고보조금을 통한 국가의 관여 없이 일정 행정 수준의 유지를 기대할 수 있는 사업에 해당하는 국고보조금 등이다.

한편 지방양여금 제도 폐지에 따른 원래 국고보조금사업의 성격을 띤 청소년육성사업도 수질오염 방지사업처럼 국고보조금사업으로 이관하는 것이 바람직하다.

(2) 영세보조금의 통합과 포괄보조금 제도의 도입

보조사업의 폐지 또는 일반재원화하고 남은 국고보조금 사업 중 영세보조금사업에 대해서는 보조금의 예산 계상 신청, 교부 신청 또는 보조사업의 수행 상황 보고, 실적 보고 등에 관련되는 간접경비 생략, 행정사무의 간소화, 경비 사용의 탄력성 등을 고려해 동종 유사(同種類似) 보조사업별로 통합하는 것이 필요하다.[22] 아울러 수많은 조건부 보조사업을 몇 개의 포괄보조사업으로 통합하는 것이 요청된다. 즉, 보조금액과 사업을 포괄적으로 지정해 지방자치단체에 교부하는 미국의 포괄보조금 제도의 도입이 필요하다.[23] 이러한 포괄보조금 제도에서는 사업의 우선순위 결정을 지방자치단체가 재량으로 할 수 있고, 결정 과정에서 주민들의 참여를 가능하게 하며 또한 사업에 따른 행정의 간소화를 수행할 수 있을 것이다.

현재 조건부 보조금 가운데서 포괄보조금 지정을 위한 기준 설정이 필요한데, 대체로 보조금 지급 대상 사업이 어느 지역이나 보편적으로 존재하는 사업과 지역 주민의 참여가 필요한 사업 등을 그 기준으로 할 수 있을 것이다.[24] 이러한 포괄보조금

---

21) 국고보조사업 중 존속해야 할 사업과 일반재원으로 대체해야 할 사업으로 분류하기 전에, 사회·경제 정세의 변화에 따라 존속할 의의가 희박해졌거나 장려의 목적을 상실한 사업과 수익이 특정 개인인 경우의 보조사업은 폐지하고, 농림수산시설 중 수익이 수반되는 사업은 장기 저리 융자 제도로 대체해야 한다.

22) 또한 현행 '보조금의 예산 및 관리에 관한 법률' 제20조와 동법 시행령 제8조에 규정된 규모가 영세한 보조금의 통합 기준은 개별 보조사업자에게 교부하는 금액이 50만 원 미만인 경우로 되어 있으나 이 금액을 대폭 올려야 된다.

23) 미국의 경우 1991년도 연방보조금의 구성비(추정치)를 살펴보면, ① 특정 목적의 조건부 보조금(categorical grants)이 88.6%, ② 기능이 광범위한 포괄보조금(block grants)이 9.8%, ③ 지역 간 재정력 격차 감소와 지방정부의 지출 능력 강화를 위한 일반목적 보조금(general support grants)이 1.6%로서, 조건부 보조금이 차지하는 비율이 높은 편이나 조건부 보조금에서 지방정부에게 더 많은 재량권이 인정되는 포괄보조금으로 비중이 옮겨가고 있다(이영희, 1993: 34).

24) 이영조(1987: 172-173)에 의하면 국고보조금을 조건부 보조금과 포괄보조금으로 구분하는 기준으

구분 기준에 해당하는 사업으로는 지역 개발, 고용 및 직업훈련, 주택, 사회보장, 농업 보조, 교통·도시 개발, 자원 개발 등을 들 수 있다.[25]

(3) 국고보조사업 기준보조율의 법령화 확대와 적정 기준보조율 산정

우선 매년 기획재정부의 예산편성 기준이나 기획재정부 장관이 예산으로 정하는 더 많은 국고보조사업에 대해 기준보조율을 법령화해야 할 것이며, 또한 법령상에 정해진 기준보조율이 준수될 수 있도록 행정 여건의 조성과 제도적 장치를 마련해야 한다. 그리고 국고보조사업의 기준보조율 적정 수준은 대상 사업의 성격에 따라 상이할 뿐만 아니라 지방 재정 여건에 따라 달라져야 하므로 보조금의 예산 및 관리에 관한 법률 시행령에 규정하고 있는 보조사업별 기준보조율의 적정성(타당성)을 각종 자료 및 실증분석을 토대로 주기적으로 재검토할 필요가 있으며, 정부에서 지방비 부담을 수반하는 보조금에 대한 기준보조율을 정할 경우 관계 부처가 참여하는 협의체를 구성해 심의해야 한다. 또한 현재 국고보조금에 따른 광역과 기초자치단체 간의 지방비 부담 비율도 고정화시킬 것이 아니라 광역자치단체별 재정 특성을 감안하여 탄력적으로 운영될 수 있도록 개선해 나가야 한다. 따라서 현재 행정안전부령으로 되어 있는 사항을 광역자치단체별 조례로 제정해 운용하도록 전환할 필요가 있다.

(4) 차등보조율제의 활성화

국고보조금 제도의 지방비 부담이 어려워 국고보조사업을 반납하는 사례 등으로 지방정부의 부익부 빈익빈 현상을 없애기 위해 '보조금의 예산 및 관리에 관한 법률'에 정해진 차등보조율 제도를 단기적 관점에서 적극적으로 활용할 필요가 있다. 즉, 차등보조율제 적용 대상 국고보조사업의 범위를 확대해야 하며, 재정력이 빈약한 지방자치단체에 대해서는 인상보조율 적용을 확대해야 할 뿐만 아니라 부유단체인 보통교부세 불교부 단체에 대해서도 인하보조율의 적용을 확대해야 한다.[26]

로는 ① 편익의 외부 유출, ② 사업의 보편성, ③ 사업의 조장성, ④ 이해의 관련성, ⑤ 지역 주민의 참여의 필요성 등을 제시하고, 편익이 외부로 유출되는 사업, 중앙의 기능을 지방정부가 대행하는 사업, 장려의 필요성이 있는 사업 등에는 조건부 보조금이 필요하고, 모든 지방자치단체가 공통적으로 수행하고 있는 사업, 지역 주민의 의사 반영이 필요한 사업 등에 대해 포괄보조금이 필요하다고 했다.

25) 한국지방행정연구원(1991: 94-111)에 의하면, 포괄보조금의 대상 분야로 지역 개발, 주택, 대중교통 수단, 고용 및 직업훈련, 법집행 및 범죄 예방(신설) 등을 들고 있다.

26) 일본은 국고보조금을 지방교부세와 연계하여 보통교부세 불교부 단체에 대해 국고보조금의 인하보조율을 적용함으로써 국비를 상당히 절감하고 있다(橋本徹, 1988: 179).

한편 국고보조금의 성격상 기준보조율의 차등화의 정당성에 관한 이론(異論)이 있을 수 있기 때문에 차등보조율 적용에 신중한 검토가 필요하다는 주장도 있다(김경환, 1998: 182).

(5) 국고보조금 운용의 계획성 제고와 배분 방식의 합리화

국고보조금 운용의 계획성 제고를 위해서는 국고보조금이 지방정부의 예산편성 시기에 맞게 적정 내시(內示)되어야 하고 연도 중간에 변경 내시를 지양해야 하며, 아울러 보조사업비도 사업 진도에 맞게 월별・분기별로 적기(適期)에 지급됨으로써 사업 추진에 차질이 없도록 해야 한다.

한편 국고보조금 배분 방식의 합리화를 위해서는 지방정부별 중기 지역개발계획을 수립하고 이에 입각하여 중앙에 지원을 요구하는 이른바 보조금 사전신청주의를 실질화시켜 나아가되 재정력 궁핍으로 보조금 신청을 할 수 없는 지방정부에 대한 보완책을 강구해 나가야 할 것이며, 아울러 지방정부의 신청 없이 국가 시책상 필요하여 일방적으로 교부하는 보조금은 그 규모도 축소하고 배분 기준도 명확히 하여 보조금을 정치적 목적으로 이용되지 않도록 해야 한다.

제 3 편

지방자치단체의 지출

제 8 장 지방자치단체의 예산

제 1 절 지방자치단체 예산의 기초이론

1 지방자치단체 예산의 의의

1) 지방자치단체 예산의 개념

경제행위의 주체들인 가계(households), 기업(firms) 및 정부(governments)는 각각 자신의 예산을 갖고 있으나, 그 사용 목적이 서로 다르기 때문에 예산의 개념 또한 상이할 수밖에 없다. 이처럼 경제 주체를 기준으로 할 때 예산을 사적 예산(private budget)과 공적 예산(public budget)으로 나눌 수 있는데, 전자의 주종을 이루는 민간기업의 예산은 그 목표가 능률을 높여 최대의 이윤을 추구하고자 하는 반면에 후자는 공공의 복리 증진을 위해 존재한다.

지방자치단체 예산은 국가 예산과 마찬가지로 공적 예산[1]이다. 그러나 지방예산과

---

1) 쉬크(Schick, 1966: 243)는 "예산이란 계획된 목표들을 성취할 수 있도록 자금지출을 체계적으로 연관시키는 과정"으로, Collins 경제학사전은 "예산이란 한 회계연도의 계획된 세입과 세출을 명기한 재정기록(financial statement)"으로(C. Pass & B. Lowes, 1993: 45-46), 린치(Lynch, 1979: 5)는 "예산이란 일정 기간 내에 있어서 국가의 목표를 성취하는 데 필요한 여러 사업을 수행하기 위한 자금계획"으로 정의한다.

표 8-1 국가예산과 지방예산의 차이점

구분	국가예산	지방예산(지방자치단체)
예산의 내용	예산총칙, 세입 · 세출예산, 명시이월비, 계속비, 채무부담행위	국가예산의 경우와 동일
예산편성 지침	기획재정부 장관(4월 30일까지)	행정안전부 장관의 지침 없어짐 자치단체장의 자율적 지침
예산심의 확정	국회	지방의회
특별회계 설치	법률	조례
예산 과목 구분	법정(국가재정법)	법정(지방재정법)
예산의 전용	기획재정부 장관	지방자치단체의 장
예산안 제출일	회계연도 개시 90일 전	회계연도 개시 50일 전(광역) 회계연도 개시 40일 전(기초)
예산안 의결일	회계연도 개시 30일 전	회계연도 개시 15일 전(광역) 회계연도 개시 10일 전(기초)

자료: 배득종(2005: 217); 나중식(2007: 223).

국가예산은 <표 8-1>에서 볼 수 있듯이 몇 가지 측면에서 차이가 있다.

지방자치단체 예산이란 지방자치단체가 한 회계연도의 목표 달성을 위해 한정된 자원의 효율적 · 효과적인 활용 계획을 수치로 표시한 것이다. 지방자치단체 예산은 자원배분에 관련된 지역 주민, 지방의원, 관료, 그리고 이익집단 등 이해관계자들이 의사 결정 과정을 통해 자신들의 이익을 극대화하는 일련의 정치적 과정이다.

2) 지방자치단체 예산의 특징

지방자치단체 예산의 특징을 요약하면 다음과 같다(나중식, 2007: 221-222).

첫째, 지방자치단체 예산의 다양성이다. 각 지방자치단체는 그 권능과 규모가 다를 뿐 아니라, 자연적 · 사회적 · 경제적 조건도 상당히 다양하다. 따라서 예산의 규모도 다르고 예산의 내용도 다르다.

둘째, 지방자치단체 예산의 높은 경직성이다. 지방자치단체의 예산은 의존수입의 비중이 높고, 목적세 수입이나 용도가 정해져 있는 지방세외 수입이 많기 때문에 세출의 경직성이 높다. 그뿐만 아니라 국고보조사업에 수반되는 지방비 부담이 크기 때문에 경직성이 높게 나타난다.

셋째, 지방자치단체 예산의 한계성이다. 지방자치단체의 예산은 해당 지역의 주민생활과 직결되기 때문에 지역적 한계를 띠지만, 근래에 와서 지역적 한계성은 점차 퇴색되고 있다.

넷째, 지방자치단체 예산의 중앙의존성이다. 지방자치단체는 중앙정부가 교부·배정하는 지방교부세나 국고보조금에 따라 세출 규모가 크게 영향을 받기 때문에 중앙정부에의 의존성이 매우 크다.

3) 지방자치단체 예산의 기능

지방자치단체 예산의 기능은 접근 방법에 따라 여러 가지로 해석이 가능하다. 윌다브스키(Aaron Wildavsky)는 행정학자이면서도 예산이 정치 과정의 중심에 위치한다고 주장하면서 정치적 기능을 강조하고 있으며(Wildavsky, 1964: 4-5), 경제학자인 머스그레이브(R. A. Musgrave & P. B. Musgrave) 교수는 예산의 경제적 기능을 강조하고 있다.

한편 쉬크(Allen Schick)는 「PPB로의 길: 예산개혁의 단계」라는 논문을 통해 행정학적인 접근 방법으로 통제(control), 관리(management), 계획(planning)이라는 예산의 세 가지 기능을 제시했다. 쉬크가 말하는 세 가지 예산 기능은 예산제도의 설계 및 운영에서의 예산규범이라고 할 수 있다. 1970년대 이후 경제 성장의 둔화 내지는 경기 침체 현상으로 점감 시대(decremental age)가 도래하면서 정부재정의 대량 결손이라는 위협에 직면하면서 감축관리(cutback management)라는 저성장 시대의 예산 기능이 제시되었다.

(1) 통제 기능

지방자치단체 예산의 통제 기능은 예산집행에서 부정행위를 막는 것이 중점이 되며, 지역 주민에 대한 지방자치단체의 책임성 문제로 주로 예산 과정, 즉 예산편성·심의·집행과 결산 및 회계검사 등의 단계에서 이루어진다.

한편 지방의회의 예산심의·의결을 통해 지방자치단체 예산이 성립되는데, 이는 지방의회가 지방자치단체장에게 예산의 집행권을 부여하는 동시에 예산집행의 책임을 통한 통제 수단으로 이용하고 있다. 이러한 요건을 제대로 반영하고 있는 예산 제도가 바로 품목별 예산(line-item budget)이다.

(2) 관리 기능

지방자치단체 예산의 관리 기능은 일정액의 예산을 지출하여 최대한의 성과, 즉 능률의 극대화를 가져오는 데 주목표를 두는 것으로, 모든 예산절차에 적용되기는 하지만 특히 예산편성 단계에서 매우 유용한 기능이다. 이와 같은 예산관리 측면에서 중시되는 이념은 효율성(efficiency)과 효과성(effectiveness)이다. 그러므로 지방자치단체는 조직의 자원을 효율적으로 배치했는가를 파악하기 위해 업무 비용을 정확하게 측정하고, 더 나아가 그 성과를 파악하기 위해 성과지표를 개발할 필요가 있다. 이러한 요건을 제대로 반영하고 있는 예산 제도가 바로 성과주의예산(performance budget)이다.

(3) 계획 기능

지방자치단체 예산의 계획 기능은 일정액의 예산을 지출하여 최대한의 효과를 가져오는 데 중점을 두는 것으로, 지방자치단체의 장기적 기획과 단기적 예산편성을 유기적으로 연계시켜 좀 더 효율적인 자원배분 결정을 하도록 한다. 예산의 계획 기능은 목표의 결정, 대안의 평가 및 선정된 사업의 승인을 내포하는 것이므로 예산편성과 밀접하게 연계된다.

이와 같은 예산의 계획 기능은 예산을 장기적 시계(時界)를 갖고 지방자치단체의 정책 목표와 연계하여 파악하게 하는 점이 특징적이다. 이러한 요건을 제대로 반영하고 있는 예산 제도가 바로 계획예산(PPBS: planning programming budget system)이다.

(4) 감축관리 기능

지방자치단체 예산의 감축관리 기능은 예산 성장의 정치가 한계에 따른 지방자치단체의 예산 결손을 최소화시켜 보자는 것으로, 저성장 시대의 대량적 예산 결손을 어떤 방법으로 극복할 것인지 또한 정부예산의 삭감 위기를 그대로 방관만 할 것인가에 대한 대안적 기능이다. 예산의 감축관리는 두 가지 개념적 요인을 지니고 있는데, 그 요인의 하나는 점감성(decrement)이요, 다른 하나는 합리성(rationality)이다.

이와 같은 예산 결손의 심각성과 더불어 미국을 비롯한 서방 세계의 많은 나라에서 예산의 현안 문제를 해소하기 위해 중기 예산 목표를 수립하여 대처해 오고 있다. 이러한 요건을 제대로 반영하고 있는 예산 지향이 바로 합리적 점감주의(rational decrementalism)다(장노순, 1984: 217-223).

4) 지방자치단체 예산의 종류

지방자치단체 예산은 다양한 형태로 운영되고 있지만 여기에서는 우리나라에서 현재 운영되고 있는 예산의 종류를 중심으로 하여 살펴보기로 한다.

(1) 회계별 종류: 일반회계예산 · 특별회계예산

일반회계예산(general accounting budget)은 지방자치단체의 예산 가운데서 지역주민의 공공복리 증진을 위해 운영하는 것으로, 통상 지방자치단체 예산은 일반회계예산을 가리킨다. 지방자치단체의 일반회계예산은 그 세입을 지방세, 세외수입, 지방교부세, 보조금, 광역 · 지역발전특별회계 등으로 충당하며, 그 세출은 지방자치단체의 일반적인 활동을 하기 위한 기본적 지출로 구성된다. 이와 같은 일반회계의 예산사업은 비분할적 · 비배제적인 성질의 순수공공재 공급과 유사하기 때문에 사업의 성과에 대한 분석이 곤란할 뿐만 아니라 기업성보다 공공성이 강조된다.

특별회계예산(special accounting budget)은 지방자치단체의 예산사업 중 사업적 성격이 농후하거나 기업성이 중시되는 사업에 대해 일반회계와 구분하여 별도의 회계를 설치 · 운영하는 것이다. 그러므로 특별회계는 준공공재나 민간재와 밀접한 관련이 있고, 사업의 성과에 대한 평가가 가능하여 기업회계의 적용이 가능한 예산이다.

(2) 예산 성립 시기별 종류: 본예산 · 수정예산 · 추가경정예산

본예산(main supply estimates)은 다음 회계연도 예산에 대해 지방의회가 의결 · 확정하여 최초로 성립된 예산이다. 지방자치법 제127조 ②에 의하면 시 · 도의회에서는 회계연도 시작 15일 전까지, 그리고 시 · 군 · 구의회에서는 회계연도 시작 10일 전까지 의결해야 하는데, 이와 같은 법적 절차에 따라 최초로 성립된 예산을 본예산이라고 한다.

수정예산(revised estimates)은 지방정부가 예산안을 지방의회에 제출한 후 예산이 아직 최종적으로 의결되기 전에 예산안의 내용 중 일부를 변경할 필요성이 있을 때 수정 · 편성하는 예산이다. 지방자치법 제127조 ④에 의하면 예산안을 작성하여 지방의회에 제출한 후 중앙정부로부터 이전재원 변경과 해당 지역의 사회적 · 경제적 환경 변화로 인해 이미 편성된 예산안을 수정 · 재편성하여 지방의회에 다시 제출할 수 있도록 하고 있다. 이러한 절차에 따라 본예산안의 일부를 수정한 것을 말한다.

추가경정예산(supplemental budget)은 지방의회에서 의결되어 예산이 성립된 다음 회계연도가 개시된 이후 지방자치단체에 의해 집행 중에 있는 예산을 변경할 필요가 있을 때 이를 변경한 예산이다. 추가경정예산은 본예산을 집행하는 과정에서 예산 변경의 사유가 발생했을 때 편성한다는 점과 반드시 지방의회의 심의 · 의결을 다시 받아야 하는 점이 특징이다. 즉 지방자치법 제130조와 지방재정법 제45조에서는 지방자치단체의 장은 이미 성립된 예산을 변경할 필요가 있을 때에 추가경정예산안을 편성하여 지방의회에 의결을 얻어야 한다고 규정하고 있다.

(3) 예산 불성립 시의 종류: 준예산, 가예산, 잠정예산

회계연도 개시 전일까지 예산이 지방의회에서 의결되지 않으면 지방자치단체 예산은 성립되지 못한다. 이 경우 지방자치단체가 잠정적으로 예산을 사용할 수 있는 예산을 일반적으로 잠정예산[2]이라고 말한다. 그러나 우리나라에서는 이러한 잠정예산을 과거에는 가예산(假豫算)이라고 하다가 현재는 준예산(準豫算)이라 하고 있다.

이렇듯 예산 불성립 시 발생하는 행정의 마비나 혼란을 방지하기 위해 지방자치법 제131조에서는 지방자치단체장은 지방의회에서 예산안을 의결할 때까지 ① 법령이나 조례에 의해 설치된 기관 또는 시설의 유지·운영, ② 법률 또는 조례상 지출 의무의 이행, ③ 이미 예산으로 승인된 사업의 계속 등의 경우 전년도 예산에 준해 집행할 수 있도록 하는 준예산 제도를 규정하고 있다. 이러한 준예산은 이미 지방의회의 심의를 거쳐 실시한 전년도에 준해 집행되기 때문에 지방의회의 의결을 요하지 않을 뿐만 아니라, 본예산이 성립되면 준예산은 본예산에 의해 집행된 것으로 간주된다.

2 지방자치단체 예산의 원칙

예산 원칙은 예산 운영에서 지켜야 할 규범이다. 즉 예산 원칙은 예산의 편성·심의·집행 및 회계검사의 모든 예산 과정에서 지켜야 할 준칙(rules)이다. 다른 한편 예산 원칙이란 예산배분을 둘러싸고 전개되는 이해집단 간의 투쟁을 규제하기 위한 하나의 규범으로서 의미를 갖는다.

예산 원칙은 예산의 기능과 마찬가지로 학자들에 따라서, 시대가 변함에 따라서 달라질 수 있다. 그러므로 여기에서는 이미 여러 학자에 의해 주장되어 온 기존의 원칙 중 가장 중요하다고 생각되는 원칙들을 재조명하면서 기술해 보기로 한다.

---

2) 영국에서는 회계연도 개시일 전에 본예산이 의회를 통과하는 경우가 거의 없기 때문에 통상적으로 잠정예산이 편성되고 있으며, 미국의 경우도 회계연도 개시 전까지 세출예산법이 성립되지 않는 경우가 많아서 잠정예산을 자주 편성하곤 한다.

1) 예산 공개의 원칙

예산 운영의 모든 상태가 주민에게 공개되어야 한다는 원칙이다. 예산의 공개는 예산 운영의 투명성을 확보할 뿐만 아니라, 지역 주민의 정당한 요구와 비판을 받도록 한다는 데 그 의미가 있다. 다시 말해서 지역 주민의 알 권리 보호, 집행부 독주의 방지를 통한 재정민주주의를 구현하기 위한 것이다.

2) 예산총계주의 원칙

예산총계주의는 한 회계연도의 모든 수입을 세입으로 하고, 모든 지출을 세출로 하며, 세입과 세출은 모두 예산에 편입해야 한다는 것을 의미한다(지방재정법 제34조). 다만, 세입·세출예산 외로 처리할 수 있도록 한 현물출자와 기금 운영, 그리고 대통령령이 정하는 사유로 보관할 의무가 있는 현금 또는 유가증권, 과오납금의 반환 등에 대해서는 예외를 두고 있다.

3) 건전재정 운영의 원칙

지방자치단체는 그 재정을 수지 균형의 원칙에 따라 건전하게 운영해야 하고, 국가는 지방재정의 자주성과 건전한 운영을 조장하고, 국가의 부담을 지방정부에 전가해서는 안 된다. 또한 지방자치단체는 그 재정을 건전하게 운영해야 하며, 국가의 정책에 반하거나 다른 지방자치단체의 재정에 부당한 영향을 미치게 해서는 안 된다.

4) 수입금 직접 사용 금지의 원칙

지방자치단체의 모든 수입은 지정된 수납기관(지방금고)에 납부되어야 하며, 직접 사용할 수 없도록 되어 있다. 그러나 지출이 직접 수입을 수반하는 경비로서 지방재정법시행령 제22조에 규정된 수입대체경비는 그 수입이 확보되는 범위 내에서 직접 지출할 수 있는 예외가 있다.

5) 회계연도 독립의 원칙

지방자치단체의 회계연도는 매년 1월 1일에 시작하여 그해 12월 31일에 종료하는데, 각 회계연도의 경비는 당해 연도 세입으로 충당해야 한다는 것이다. 즉, 매 회계연도의 세출예산은 다음 연도에 사용할 수 없다는 것을 의미한다. 그러나 예산 운영의 신축성을 유지하기 위해 조상충용(繰上充用),[3] 계속비(지방재정법 제42조), 이월

예산(지방재정법 제50조), 채무부담행위(지방재정법 제44조), 세계잉여금의 익년도 세입에의 이입(移入), 지난 연도 수입·지출 등이 이 원칙의 예외로 인정된다.

6) 예산 목적 외 사용 금지의 원칙

지방자치단체장은 세출예산에 정한 목적 외에 경비를 사용할 수 없고, 각 기관 간이나 세출예산이 정한 각 장·관·항 상호간에 융통하여 사용할 수 없다는 것이다(지방재정법 제47조). 이러한 원칙에 대한 예외로서는 예산의 이용(移用)·전용(轉用)·이체(移替) 등이 있다.

3 지방자치단체 예산의 분류

예산의 분류란 예산의 종류와는 달리 세입과 세출의 내용을 일정한 기준에 따라 체계적으로 배열하는 것을 의미한다. 다시 말해 예산 분류란 필요한 예산정보를 창출하는 것을 의미한다. 이러한 예산정보는 누가, 어떤 목적으로 필요로 하는가에 따라 다양한 형태로 작성될 수 있다. 따라서 예산정보의 용도와 목적에 가장 부합하는 예산 분류를 개발하여 작성할 필요가 있다.

이와 같은 용도나 목적을 충족시키기 위해서는 다양한 유형의 예산 분류 방식을 필요로 한다. 그러나 여기에서는 현재 우리나라에서 가장 많이 사용되는 기능별·경제 성질별 분류를 중심으로 살펴보기로 한다.

1) 기능별 분류

예산의 기능별 분류(functional classification)는 지방자치단체가 수행하는 기능을 중심으로 예산을 분류하는 방식이다. 따라서 기능별 분류는 지방자치단체의 활동 영역별 예산배분 현황을 보여 주는 예산 정보다. 기능별 분류는 세출예산에만 해당하는 예산 분류 방식으로, 지방자치단체의 사업계획 및 예산정책의 수립을 용이하게 할 뿐만 아니라 입법부의 예산 심의에 도움을 주는 예산 분류 방식이다.[4] 특히 이 방식은

---

3) 이는 당해 연도 내의 수입으로 경비를 충당하다가 부족이 생긴 때에는 미리 지방의회의 의결을 얻어 다음 연도의 수입을 앞당겨 이에 충당·사용하는 것을 의미한다(지방재정법 제3조).

4) 기능별 분류는 지방자치단체가 어떤 목적과 정책 의사를 가지고 사업을 수행하는가를 잘 보여 준다는 점에서 목적별 분류로서 기술되기도 한다.

표 8-2 기능별 세출예산의 총계 규모(2005, 2007, 2009)

(단위: 억 원, %)

구분	2005		2007		구분	2009	
	금액	구성비	금액	구성비		금액	구성비
합계	1,070,625	100	1,280,366	100	합 계	2,065,456	100
일반행정	173,230	16.2	200,460	15.7	일반 공공행정	226,469	11.0
사회개발	533,616	49.8	651,890	50.9	공공질서 및 안전	35,361	1.7
경제개발	304,789	28.5	350,837	27.4	교육	86,893	4.2
민방위비	19,701	1.8	23,425	1.8	문화 및 관광	98,998	4.8
지원 및 기타 경비	39,289	3.7	53,754	4.2	환경 보호	218,298	10.6
					사회복지	456,772	22.1
					보건	31,980	1.5
					농림해양수산	155,411	7.5
					산업중소기업	50,507	2.4
					수송 및 교통	265,474	12.9
					국토 및 지역 개발	222,447	10.8
					과학 기술	7,815	0.4
					예비비	19,816	1.0
					기타	189,210	9.2

주: 최종 예산액 기준임.
자료: 행정안전부, 『2010년도 지방자치단체 예산개요』, 2010.

지역 주민들이 예산을 통해 지방자치단체가 수행하는 활동과 정책을 파악할 수 있는 유용한 예산정보다. 따라서 이를 '시민을 위한 분류(citizen's classification)'라고도 한다.

우리나라 지방자치단체 예산의 기능별 분류는 세입예산 5개 부문과 세출예산 14개 부문으로 되어 있다.

즉 세입예산의 기능별 분류는 ① 지방세, ②세외수입, ③ 지방교부세, ④ 교부금, ⑤ 보조금, ⑥ 지방채다.

반면, 세출예산의 기능별 분류는 2008년 사업예산제도의 도입에 따라 변경되어 ① 일반 공공행정, ② 공공질서 및 안전, ③ 교육, ④ 문화 및 관광, ⑤ 환경 보호, ⑥ 사회복지, ⑦ 보건, ⑧ 농림해양수산, ⑨ 산업중소기업, ⑩ 소송 및 교통, ⑪ 국토 및 지역 개발, ⑫ 과학 기술, ⑬ 예비비, ⑭ 기타 등으로 되어 있다.

2) 경제 성질별 분류

예산의 경제 성질별 분류(economic character classification)는 지방자치단체 예산이 지역경제에 미치는 영향을 분석·평가하기 위해 예산을 경제적 성격에 의해 분류하는 방식이다. 지방자치단체 예산이 지역경제에서 차지하는 비중은 매우 큰 만큼 지방재정의 운영에 관한 정보를 수요자에게 제공할 필요가 있다. 다시 말해서 경제 성질별 분류는 세입·세출예산을 경상계정과 자본계정으로 구분하여 분류하는 방식이다.

우리나라 지방자치단체 예산의 경제 성질별 분류는 8개 부문, 즉 ① 인건비, ② 물건비, ③ 경상이전, ④ 자본지출, ⑤ 융자 및 출자, ⑥ 보전재원, ⑦ 내부거래, ⑧ 예비비 및 기타 등으로 구분·분류하고 있다.

표 8-3 경제 성질별 총계 결산 규모(2009년)

(단위: 억 원, %)

구분	총계		인건비	물건비	경상 이전	자본 지출	융자 및 출자	보전 재원	내부 거래	예비비 및 기타
	금액	구성비								
합계	2,065,456	100	169,160	98,466	708,756	773,404	36,918	31,253	177,812	69,684
특별·광역시	542,620	26.3	22,582	16,508	213.460	154,801	13,661	8,631	101,966	11,008
도	490,285	23.7	20,250	10,247	187,055	185,738	20,103	12,670	42,778	11,441
시	543,026	26.3	55,330	37,880	154,948	237,040	1.216	7,846	21,807	26,956
군	281,933	13.6	31,200	18,017	65,499	147,212	1,629	1,702	7,344	9,326
자치구	207,590	10.1	39,796	15,811	87,792	48,611	308	402	3,914	10.951

자료: 행정안전부, 『지방재정연감』, 2010.

제 2 절 지방자치단체의 예산 과정

1 예산 과정과 회계연도

1) 예산 과정의 의의 및 특징

일반적으로 예산 과정은 예산의 편성, 심의, 집행, 그리고 결산 및 회계검사 등 4단계로 이루어지며, 이 과정을 통해 구체적으로 재원의 배분이 이루어진다. 이러한 예산 과정은 다양한 참여자들이 참여하는 결정 과정이며, 또한 지방자치단체가 그 목적을 달성하기 위한 수단을 선정하는 과정이다. 한편 예산 과정은 재원의 바람직한 배분 방식을 선정하는 기획 과정이며 재정계획이 수립되고 집행되는 과정이다. 이와 같은 지방자치단체의 예산 과정은 다음과 같은 몇 가지 특징을 지닌다(신무섭, 2003: 168-170).

첫째, 예산 과정은 일정한 기간을 단위로 하여 이루어진다.

둘째, 예산 과정에는 다양한 참여자가 결정에 참여한다.

셋째, 예산 과정은 상호의존적이다.

표 8-4 예산주기의 국면

구분	2007	2008	2009	2010	2011	2012
2008년도 예산	편성/심의	집행	결산/회계 검사			
2009년도 예산		편성/심의	집행	결산/회계 검사		
2010년도 예산			편성/심의	집행	결산/회계 검사	
2011년도 예산				편성/심의	집행	결산/회계 검사
2012년도 예산					편성/심의	집행

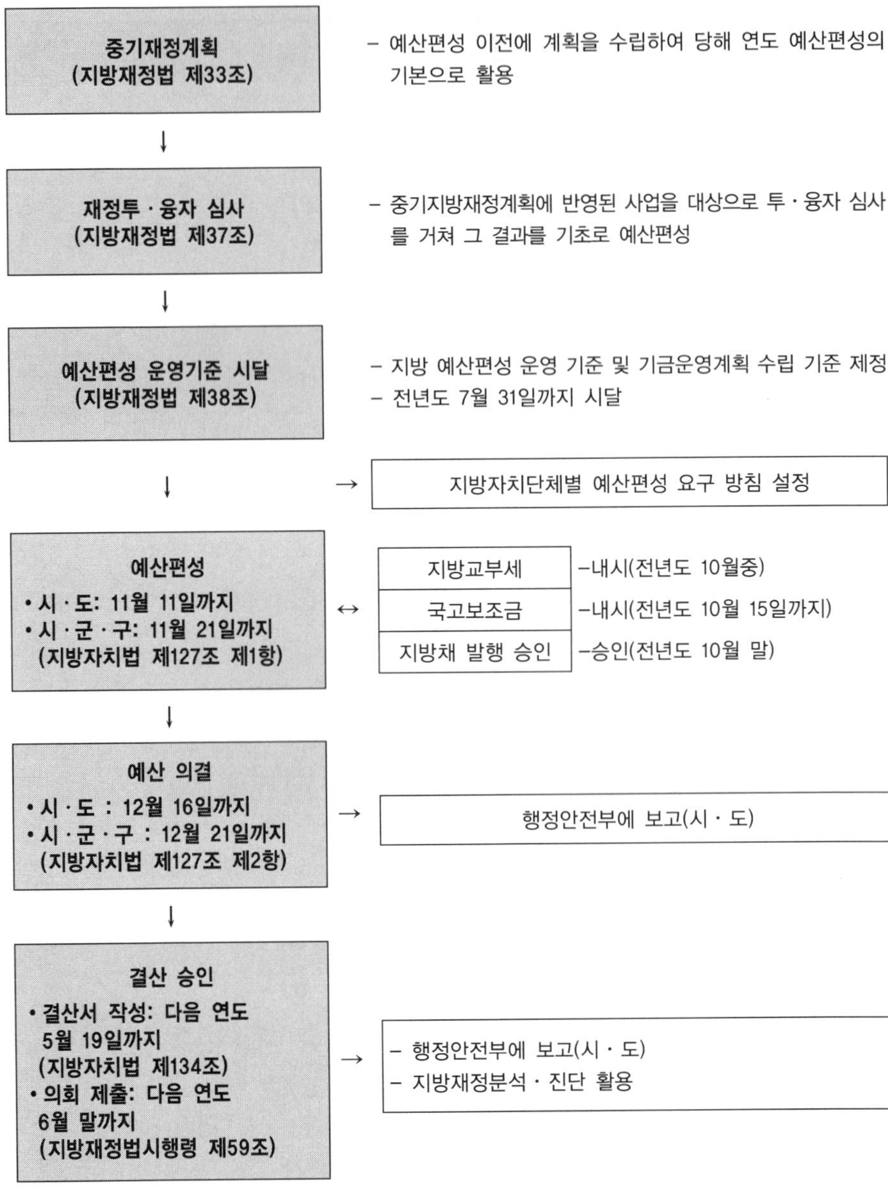

자료: 행정안전부, 2011년도 지방자치단체 예산편성 운영 기준 및 기금운용계획 수립 기준.

그림 8-1 지방예산 운영 시스템

넷째, 예산 과정은 주기적 · 반복적이다.

다섯째, 예산 과정은 분할 처리된다.

2) 예산주기와 회계연도

예산 과정이나 단계는 일정한 주기를 가지고 반복되는 특징이 있다. 이렇게 예산 과정의 단계들이 시간적 차원에서 반복되는 일정한 주기를 예산주기 또는 예산순기(budget cycle)라고 부른다. 또한 예산이 성립되어 효력을 가지는 기간이 있는데 이 기간을 회계연도(fiscal year: FY)라 한다. 회계연도를 중요시하는 이유는 지방자치단체의 수입과 지출을 명백히 정리하는 데 기준이 되는 기간이 필요하기 때문이다.

예산주기는 연속적이면서 매 회계연도마다 중첩되어 진행된다. 이를테면 지방자치단체의 입장에서 볼 때 특정 시점에서는 서로 다른 회계연도 예산이 서로 다른 국면을 동시에 수행하고 있다. 즉 특정 시점에서는 여러 개의 서로 다른 예산주기가 동시에 진행되고 있는 것이다. 이와 같은 예산주기의 중첩 국면은 앞의 <표 8-4>와 같다.

이와같이 매 회계연도에 걸쳐 예산주기가 진행되는 동안 각 단계와 시간적 차원에서 지방정부의 각 기관별로 권한과 책임이 배분된다. 즉 지방자치단체의 장은 예산의 편성과 집행에 대한 권한과 책임을 가지며, 지방의회는 예산과 결산에 대해 심의하는 권한을 행사한다. 이와 같은 주기를 지닌 지방예산의 운영 시스템은 [그림 8-1]에서 보는 바와 같다.

2 지방자치단체 예산의 편성

1) 예산편성의 의의

지방자치단체 예산의 편성이란 차기 회계연도에 지방자치단체가 수행하고자 하는 시책이나 사업계획 및 이러한 제반 활동을 위해 필요로 하는 재원의 획득과 지출에 대한 예정적 계산을 금액으로 표시하여 예산안을 작성하는 예산 과정의 첫 번째 단계다. 즉, 지방자치단체는 이 과정에서 사용될 재원을 추계하고, 기존의 사업 가운데 계속할 사업과 새로 착수할 사업을 선정하고 이에 소요되는 지출 규모를 확정하는 것이다.

2) 예산편성의 절차

지방자치단체의 예산편성 절차는 기본적으로 중앙정부와 대동소이하지만, 중앙정부의 국고보조금과 지방교부세가 확정되어야 하기 때문에 그 주기가 중앙정부보다 약 2개월 정도 늦을 뿐이다.[5] 일반적으로 지방자치단체의 예산편성 절차는 ① 중기재정계획의 작성, ② 재정투·융자 심사, ③ 예산요구서 작성 및 제출, ④ 예산사정 및 예산안 편성, ⑤ 지방의회에 예산안 제출의 순으로 이루어진다(지방재정법 제36조③) (나중식, 2007: 224-227).

(1) 중기지방재정계획 작성과 투·융자 심사

지방자치단체의 장은 예산편성 시 중기지방재정계획과 재정 투·융자사업에 대한 심사 결과를 토대로 해야 한다(지방재정법 제36조 ③).

중기지방재정계획은 지방자치단체의 재원 조달과 투자 방향을 담고 있는 다년도 연동재정계획(rolling financial plan)인 동시에 투자사업계획이다. 중기지방재정계획의 수립에 관한 자문을 위해 각 지방자치단체는 지방재정계획심의위원회를 두고 있다.

지방자치단체의 주요 투자사업을 예산에 반영시키기 위해서는 반드시 투·융자 심사를 거쳐야 하며, 투·융자 심사를 내실 있게 운영하기 위해 심사위원회 구성 시 민간 전문가를 일정 비율 이상 참여시키도록 하고 있다.

(2) 지방 예산편성 과정에 주민 참여

지방자치단체의 장은 대통령령이 정하는 바에 따라 지방 예산편성 과정에 주민이 참여할 수 있도록 하는 절차를 마련하여 시행할 수 있다(지방재정법 제39조).

(3) 예산요구서의 작성·제출

2007년 이전에는 행정자치부 장관이 지방자치단체에 예산안편성지침을 시달했다. 그러나 예산안편성지침이 지방자치단체장의 예산편성 자율성을 저해한다는 의견을 수용하여 이 제도를 폐지했다.[6]

---

5) 자치단체는 9~11월(지방교부세 및 국고보조금 가 내시는 10월 15일까지, 중앙 각 부처)에 예산안을 편성하여 시·도의회는 11월 11일까지(회계연도 개시 50일 전), 시·군·구의회는 11월 21일까지(회계연도 개시 40일 전) 제출하도록 규정하고 있다.

6) 2011년 현재는 행정안전부에서 예산편성 운영지침 및 기금운영계획 수립지침을 통해 각 자치단체가 예산을 자율적으로 편성하도록 하고 있다.

표 8-5 예산 조정 시 주요 검토 내용

단계	주요 검토 내용
1단계	① 예산요구서에 제시된 계수의 산출 근거는 정확한가? ② 불필요한 경비는 포함되어 있지 않은가? ③ 의무적 경비가 누락되지는 않았는가? ④ 법령 등에 반하거나 해석상 오류는 없는가?
2단계	⑤ 예산편성 관련 규정(예산편성 기준 및 세입세출예산 과목 구분과 설정 규정)에서 정한 경비는 준수되었는가? ⑥ 사업비에 본 운영계획상의 사업이 반영되고 있으며, 우선순위는 타당한가? ⑦ 그 사업의 긴급성은 어떠한가? ⑧ 주민의 요망도는 어느 정도인가? ⑨ 경제적 합리성은 어떠한가? ⑩ 금후 행정에 어떠한 영향을 미칠 것인가?
3단계	⑪ 세입과 세출의 균형을 맞추기 위해 예산요구액을 조정

자료: 행정안전부, 2011년도 지방자치단체 예산편성 운영기준 및 기금운용계획 수립 기준.

따라서 지방자치단체의 예산요구서 작성은 중기지방재정계획, 투·융자 심사 결과, 그리고 주민 참여를 바탕으로 하여 자체편성지침에 의거하여 이루어진다. 중앙정부의 예산편성 방식이 총액배분 자율편성제도(top-down)로 바뀜에 따라 지방자치단체에서도 이를 따르고 있다.

(4) 예산심사·조정 및 예산안 편성

예산요구서가 제출되면 예산 주관부서는 예산요구서의 설명을 듣고 난 다음 지방자치단체장의 재정 운용 방침, 재정 상황, 사업의 우선순위 등을 고려하면서 예산요구액을 조정한다. 조정 및 심사 시에는 소관 부서장의 설명을 들어야 하며, 세입예산을 증액 조정할 필요가 있을 때는 세입 주관 부서장의 의견을 들어야 한다. 예산 요구 부서와 예산 조정 시 주요 검토 내용은 <표 8-5>에서 보는 바와 같다.

(5) 예산안의 제출 및 고시

이와 같은 과정을 거쳐 편성된 예산안은 지방자치단체장에 의해 지방의회에 제출된다. 지방정부 예산안의 제출 기일은 시·도가 회계연도 개시 50일 전인 11월 11일까지, 시·군·구는 회계연도 개시 40일 전인 11월 21일까지 제출해야 한다(지방자치법 제127조 ①). 그러나 지방의회에 예산안을 제출한 후 부득이한 사유로 인해 그 내용의 일부를 수정할 필요가 있을 때에는 수정예산안을 작성하여 지방의회에 다시 제출할 수 있다(지방자치법 제127조 ④).

3) 예산편성의 발전 방안

지방자치단체의 예산편성 제도 및 절차와 관련하여 다음과 같은 몇 가지 발전 방안을 검토한다(윤두섭, 2004: 121-148).

(1) 중기지방재정계획의 실효성 확보

지방자치단체 중기지방재정계획의 실효성을 확보하기 위해서는 ① 국가재정 운용계획 수립 시 지방자치단체의 의견 반영, ② 부처별로 지방자치단체별·사업별·연도별 지원계획 수립 의무화, ③ 지방자치단체에서 수립한 중기지방재정계획을 국가재정 운용계획과 연계 조정하여 계획 내용에 의거, 체계적으로 지원해야 할 것이다. 또한 현재 5개년 연동계획으로 되어 있는 계획 기간을 자치단체장 임기인 4년, 그리고 국가재정 운용계획과도 일치시키는 방안이 고려되어야 한다.

(2) 투자사업의 투·융자 심사 강화

경제사회의 발전, 그리고 지가(地價) 변화, 인건비 상승 및 환율 변동에 따른 공사 자재비의 급등 등으로 각종 투자의 사업비 규모가 크게 신장되고 있다. 따라서 투·융자사업에 대한 자체심사 기능을 더욱 강화하기 위해 전문 인력의 활용뿐만 아니라, 심사에 대한 전문적인 분석 방법이나 심사 기법 등을 활용할 수 있도록 하는 공무원의 교육·훈련이 절실히 요청된다. 또한 투자심사를 거치지 않은 졸속사업(또는 지역 실정에 부적합하고 주민의 수혜도나 요구와는 별로 관련 없는 사업)은 예산에 반영·편성되는 일이 없도록 투자 심사와 예산을 연계시켜야 할 것이다.

(3) 예산편성 주기의 조정

예산편성 기간의 촉박은 합리적이고 계획적인 예산편성을 어렵게 만든다. 이를 위해서는 두 가지 방법이 고려될 수 있다. 첫째, 중앙정부의 예산편성 주기는 그대로 두고 지방자치단체의 주기를 앞당겨 조정하는 것이고, 둘째, 지방자치단체의 회계연도를 변경하여 국가예산 편성 주기와 일치시키는 방법이다.

(4) 주민참여 예산제도의 활성화

지방재정법 제39조에서는 지방예산 편성 과정에 주민 참여를 공식적으로 규정하고 있다. 우리의 경우 2003년 이후 일부 지방자치단체를 중심으로 주민참여 예산제도를 도입·실시하고 있음에도 불구하고 그 기대와 우려가 엇갈려 활성화되지 못하

표 8-6 예산 참여의 유형과 주민참여 예산제도

참여 유형 구분	정부 주도형	민·관 협의형		시민 주도형
		소극적 협의형	적극적 협의형	
예산결정 권한	관료 중심	협의에 의한 관료 의사 결정		시민 중심
의사 전달 유형	하향적 (정보 제공형)	쌍방형(협의형)		쌍방향(적극형)
참여 도구 (기제)	정보 공개	민원방, 설명회, 협의회, 공청회		시민참여위원회
참여 정도 (단계)	형식적 참여 단계 (정보 제공, 상담, 회유)	주민 권력 초기 단계(협동)		주민 권력 단계 (권한위임, 주민통제)
개념 및 범위	형식적 참여예산	주민참여 예산제도		

자료: 나중식(2007: 234).

고 있는 실정이다. 이미 일본·미국·독일 등과 같은 나라에서는 주민의 직접참여 유도, 공청회 개최, 시민조사위원회 활동, 이의 제기 규정 등 여러 가지의 형태로 지방예산 편성 과정에의 직접적인 주민 참여가 활성화되어 있다.

주민참여 예산제도는 "지방재정 운영에 대한 사전적 시민 통제기제"다. 즉, 사전적 시민통제 장치의 성격뿐만 아니라, 동시에 주민자치와 재정 주권에 근거해야 한다는 재정민주주의를 구현하기 위한 제도적 장치다. 이 제도는 예산 운영의 민주성, 투명성, 효율성을 증진시킬 수 있는 거버넌스적 국정 운영 패러다임에 부합하는 민·관 협력행정 모형의 일환이다(<표 8-6> 참조). 우리나라의 경우 광주광역시 북구와 울산광역시 동구가 주민참여 예산제도를 가장 모범적으로 도입·시행하고 있다(장노순, 2006: 1-24).

(5) 사업(프로그램) 예산의 정착화

프로그램 예산제도의 도입은 2004년 3월 국정과제 회의에서 추진하기로 결정되었으며, 이는 국가재정 통합 시스템인 디지털 예산회계 시스템의 구축과 연계해 추진하기로 했다. 중앙정부는 2007년부터 본격적으로 프로그램 예산제도를 적용하여 변경된 예산구조로 예산을 편성했지만, 지방자치단체는 1년 뒤인 2008년부터 도입·시행했다.

총액배분 자율편성예산제도(top-down)가 지방자치단체의 자율성을 확대하면서 책임성과 효율성의 향상을 기대하는 제도라면, 프로그램 예산은 지자체 예산구조에

서 운용 단위의 타당성과 효과성을 확보하려는 제도개혁이다. 지방자치단체에서 프로그램 예산이 성공적으로 정착되기 위해서는 이해 관계의 당사자인 주민과 지방의회, 그리고 지방관료 모두의 지원과 관심이 필요하다. 프로그램 예산을 통해 탁월한 성과를 창출하는 예산 지출과 그렇지 못한 예산 지출을 구분하고 이에 상응하는 보상과 제재도 마련되어야 한다(오영균 외, 2007: 656-657).

또한 사업예산이 성공적으로 시행되기 위해서는 조직별 임무, 전략·성과목표, 성과지표 등을 포함한 성과보고서를 작성해야 한다. 성과보고서 작성은 일회성, 획일적이기보다는 단계적, 점진적으로 확대시켜 나가면서 궁극적으로 사업예산 성과관리 제도를 법제화하여 구축하는 것이 바람직하다.

3 지방자치단체 예산의 심의

1) 예산심의의 의의

지방자치단체 예산의 심의란 지방자치단체장이 제출한 예산안에 담겨 있는 정책과 사업계획을 지방의회가 사전에 검토하고 재정 규모를 확정하는 단계다. 지방의회는 이와 같은 예산심의를 통해 지방자치단체장이 제안한 정책을 수정·보완·개정하는 정책결정 기능과 감독 기능을 수행하는 동시에 집행부에 대한 통제권을 행사한다.[7]

이와같이 예산심의란 주민의 대표기관인 지방의회가 집행기관이 제출한 예산안을 심의·의결하는 것으로, 이는 재정민주주의를 실현하려는 제도적 장치다. 지방자치단체의 예산심의는 지방자치법 제39조 2항에 의거 지방의회의 법적 의결 사항으로 되어 있다. 우리의 경우 지방의회는 예산심의 과정에서 세입예산과 세출예산의 삭감, 비목의 삭제에는 제한이 없지만 집행부의 동의 없이 새로운 비목을 설치하거나 증액할 수는 없다.

2) 예산심의의 절차

지방자치단체장에 의해 지방의회에 제출된 예산안은 다음과 같은 절차를 거쳐 심의·확정된다. 지방예산의 심의 의결 흐름은 [그림 8-2]에서 보는 바와 같다.

---

7) 이승기는 예산심의의 기능을 네 가지, 즉 ① 재정민주주의 실현, ② 정책형성 기능, ③ 행정의 감독 기능, ④ 지역 발전 기능으로 보고 있다(이승기, 2006: 52-53).

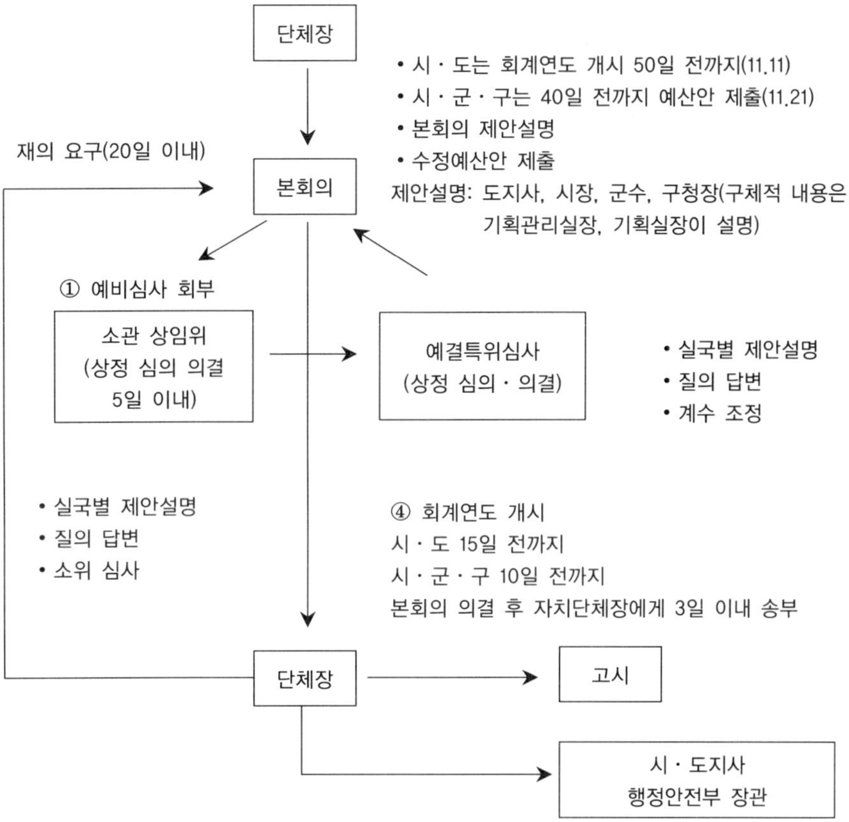

자료: 행정안전부, 2011년도 지방자치단체 예산편성 운영기준 및 기금운용계획 수립 기준.

그림 8-2 지방예산의 심의 의결 흐름도

(1) 예산안의 제출 및 제안 설명

지방예산의 편성권자인 지방자치단체장은 법령과 조례가 정하는 범위 내에서 예산편성지침 등의 합리적 기준과 경제 현실에 맞는 수입을 산정하여 이를 계상한 예산안을 작성하여 이를 지방의회에 제출한다. 이와 같은 절차를 거쳐 제출된 예산안에 대한 심사가 시작되면 지방자치단체장은 본회의에 출석하여 예산안이 작성된 배경과 그 속에 내포되어 있는 재정 · 경제정책의 방향 및 예산의 기본 내용과 관련된 제안 설명을 한다.

(2) 소관 상임위원회 및 예산결산특별위원회의 심의

예산안에 대한 지방의회의 심의는 소관 상임위원회와 예산결산특별위원회에 예산안이 회부됨으로써 이루어진다. 상임위원회가 설치되어 있는 지방의회의 경우에는 소관 상임위원회에서 예비심사를 거친 후 본회의 의결로 구성된 예산결산특별위원회에 회부하여 종합심사를 받게 된다. 그러나 상임위원회가 설치되어 있지 않은 시·군·구에서는 예비심사를 거치지 않고 예산결산위원회에 바로 회부하여 종합심사를 하게 된다. 예산결산특별위원회의 종합심사는 집행부의 설명 및 전문위원의 보고를 들은 후에 종합정책 질의 및 심사로 진행되며, 필요에 따라 계수조정소위원회를 구성하여 예산안에 대한 계수 조정을 함으로써 예산안의 심의가 완료된다.

(3) 본회의 의결 및 이송

예산결산특별위원회의 종합심사를 거친 예산안은 본회의에 상정된다. 본회의에서는 예산결산특별위원장이나 위원장이 지명한 의원이 종합심사의 결과 보고를 한다. 그 후 지방의원들의 정책 질의와 찬반 토론을 거쳐 의결함으로써 익년도 예산이 확정된다. 이러한 예산안의 의결 기한은 시·도의 경우 회계연도 개시 15일 전까지(전년 12월 16일), 시·군·구는 회계연도 개시 10일 전까지(전년 12월 21일)다. 이와같이 예산안이 의결된 때는 지방의회 의장은 3일 이내에 이를 당해 지방자치단체장에게 이송하게 되고 지체없이 그 내용을 행정안전부 장관(시·도의 경우) 또는 시·도지사(시·군·자치구의 경우)에게 보고한 후에 고시된다.

(4) 재의 요구

지방자치단체의 장은 지방의회의 의결이 월권 또는 법령에 위반되거나 공익을 현저히 해한다고 인정될 때에는 그 의결 사항을 송부받은 날로부터 20일 이내에 이유를 붙여 재의를 요구할 수 있다(김홍래, 2005: 303-304). 재의를 요구할 수 있는 경우는 다음과 같다.

첫째, 지방의회의 의결이 예산상 집행할 수 없는 경비가 포함되어 있는 경우
둘째, 법령에 의해 지방자치단체에서 의무적으로 부담해야 할 경비를 삭감한 경우
셋째, 비상재해로 인한 시설의 응급복구를 위한 경비를 삭감한 경우

3) 예산심의의 발전 방안

(1) 예산심의의 전문성 제고

예산심의의 효율성을 높이기 위해서는 지방의원의 전문성 제고와 전문위원의 역할 강화가 요청된다. 왜냐하면 예산심의는 방대한 자료에 대한 체계적이고 전문적인 검

토가 요구되는 일이기 때문에 전문적인 경험과 지식과 능력을 필요로 하기 때문이다.

따라서 지방의원들이 예산심의 과정을 감시·통제 기능을 중점적으로 수행하는 역할이라기보다는 정책형성 기능을 활성화하기 위한 역할로 인식할 필요가 있으며, 동시에 의원 보좌 기능(전문위원 증원 및 충원 등)의 강화 등과 같은 제도적·정책적 방안이 강구되어야 한다.

(2) 예산심의의 내실화

예산심의의 내실화를 위해서는 회계연도의 조정,[8] 지방재정력의 강화, 지방의회의 예산심의권 강화[9]뿐만 아니라, 시민단체나 주민들의 참여를 통한 예산심의 활동의 촉진과 통제를 가능하게 하기 위한 주민참여 예산제도, 예산공청회, 예산심의 관련 정보의 일상적 공개 등이 절실히 요구된다(황종규, 2005: 107).

4 지방자치단체 예산의 집행

1) 예산집행의 의의

예산집행이란 지방의회에서 의결·확정된 예산에 따라 수입을 조달하고 공공경비를 지출하는 일체의 재정활동을 의미한다. 즉, 예산집행은 일정 기간(월별, 분기별)에 걸쳐 지출원인행위를 할 수 있는 세출예산의 한도액을 통지하는 행위로서 최종 예산집행권자의 지출원인행위를 허용하기 위한 통제 수단이다(지방재정법시행령 제56조).

이러한 예산집행은 그 공정성의 확보와 관련하여 지방의회의 의도와 재정 한계를 엄수하기 위해 지방자치법 및 지방재정법 등에서 규정된 기준에 의거하여 이루어지고 있다. 또한 예산집행을 통해 지방정부의 재정활동이 구체화되므로 효율적인 예산

---

8) 광역의회의 예산심의 기간은 공식적으로 35일이며, 기초의회는 30일이다. 이러한 기간 내에 예비심사, 종합심사 등 종합적이고 체계적인 예산심의를 하기에는 너무나도 촉박하다.

9) 지방의회의 예산심의 권한은 상당히 제약되어 있다. 즉, 예산은 대부분 법령이나 조례에 의거 이미 지출 의무가 규정되어 있는 것이 많아 사실상 의회가 심의할 수 있는 범위가 매우 한정되어 있는 실정이다. 또한 자치단체장은 준예산을 사용할 수 있는 선결처분권, 그리고 집행 불가능한 경비 계상 및 의무적 경비의 삭감 계상에 대해 재의요구권을 가지고 있기 때문에 상대적으로도 지방의회의 예산심의권은 상당히 제약되어 있다.

집행이 이루어져야 하는데, 이러한 예산집행의 효율성을 판단하는 기준은 균형성, 합법성, 능률성, 일치성, 효과성 등으로 측정될 수 있다(심정근 외, 1997: 267).

2) 예산집행의 절차 및 신축성 확보

지방자치단체 예산이 지방의회의 심의·의결을 거쳐 확정되면 예산 배정·자금수급계획에 의거한 예산 배정을 통해 수입과 지출의 실행이 이루어지며, 예산의 미집행액은 익년도에 이월하는 순으로 예산집행이 이루어진다.

(1) 예산 배정

예산 배정은 배정계획서에 의거한 지출원인행위를 할 수 있도록 통지하는 행위라 할 수 있다(지방재정법시행령 제56조). 예산 배정은 예산배정계획의 수립을 통해 이루어지며 예산정기배정, 예산수시배정, 예산재배정의 절차를 통해 이루어진다. 다만, 지방자치단체 재무회계규칙 제24조에 의거 배정예산의 집행이 제한되는 경우도 있다.

(2) 이월

이월은 회계연도 독립의 원칙에 대한 예외로서 당해 연도에 사용하지 않은 세출예산을 다음 연도에 넘겨서 사용할 수 있도록 하는 제도다. 이러한 이월에는 명시이월(지방재정법 제50조 제1항), 사고이월(지방재정법 제50조 제2항), 계속비이월(지방자치법 제128조 및 지방재정법 제42조, 제50조 제3항)이 있다. 이와 같은 이월예산은 <표 8-7>과 같은 방법으로 관리된다.

표 8-7 이월예산의 관리 원칙

구분	명시이월	사고이월	계속비 이월
이월 단위	편성목 단위까지	편성목 단위	편성목 단위
요구권자	자치단체의 장	부서(기관)의 장	자치단체의 장
승인권자	지방의회	자치단체의 장	지방의회
요구 시기	회계연도 완료 후 10일 이내	회계연도 완료 후 40일 이내	회계연도 완료 후 10일 이내
확정 시기	회계연도 완료 후 30일 이내	회계연도 완료 후 60일 이내	회계연도 완료 후 30일 이내
기간 연장	사고이월 가능	불가능	의회 의결 연장, 사고

자료: 행정안전부, 2011년도 지방자치단체 예산편성 운영기준 및 기금운용계획 수립 기준.

(3) 예산 불성립 시의 예산집행

지방자치법 제131조와 지방재정법 제46조는 지방의회가 법정 기간 내에 예산을 의결하지 않을 때를 대비한 규정을 두어, 회계연도가 개시될 때까지 예산안이 의결되지 못한 경우에도 업무의 영속성을 유지하고 긴급한 상황에 대처할 수 있도록 하기 위해 다음 세 가지 목적을 위한 경비는 전년도 예산 수준에 준해 집행할 수 있도록 하고 있다. 즉, ① 법령이나 조례에 의해 설치된 기관이나 시설의 유지 및 운영, ② 법령상 또는 조례상 지출 의무의 이행, ③ 이미 예산으로 승인된 사업의 계속 등이다.

3) 예산집행의 신축성 확보 방안

예산이 성립된 후에 여건이나 정세 변동에 탄력성 있게 적응할 수 있도록 지방재정법에서는 예산집행의 신축성을 확보할 수 있는 방안을 규정하고 있는데, 그 내용을 살펴보면 다음과 같다.

(1) 예산의 이 · 전용과 이체

예산의 이용(移用)은 예산 성립 후에 생긴 사정 변경 등으로 부득이 세출예산의 각 소관 및 입법 과목(장 · 관 · 항) 상호간의 경비를 융통하는 것을 말하며, 이 경우 미리 예산으로 지방의회의 의결을 얻어야 가능하다(지방재정법 제47조 ①).

예산의 전용(轉用)은 세출예산의 각 세항이나 목(행정 과목) 간의 경비를 상호 융통하여 사용하는 것인데, 봉급 · 시설비 · 공공요금 등은 전용의 대상이 될 수 없다(지방재정법 제49조). 그러나 목 상호간의 전용을 제한하는 경우로 ① 다른 편성목으로 전용할 수 없는 경우(예: 총액인건비 범위, 시설비 및 부대비, 차입금 상환, 차입금 이자 상환, 예수금 원리상환금, ② 다른 편성목으로 전용받을 수 없는 경우(예: 업무추진비)가 있다.

표 8-8 예산의 이용, 전용, 이체, 변경 사용

구분	이용	전용	이체	변경 사용
적용 범위	정책사업 간	단위사업 간	실 · 과 · 사업소 간	세부사업 간
요구권자	지방자치단체장	부서(기관)의 장	부서(기관)의 장	사업담당자
승인권자	지방의회	지방자치단체장	지방자치단체장	실 · 국장, 사업소장

자료: 행정안전부, 2011년도 지방자치단체 예산편성 운영기준 및 기금운용계획 수립 기준.

예산의 이체(移替)는 지방자치단체의 기구 · 직제 또는 정원에 관한 법령이나 조례의 제정 또는 개폐로 인해 관계 기관 간의 직무 권한이나 기타의 변동이 있을 때 그 예산을 상호 이체할 수 있도록 하고 있다(지방재정법 제47조 제2항).

(2) 예비비

예비비는 지방자치단체가 재정활동을 수행할 때 예측할 수 없었던 불가피한 지출 요소에 대해 적절하게 대처하도록 하기 위한 제도로서, 지방자치단체 사업을 효율적으로 추진할 수 있도록 예산 운용에 탄력성을 부여한 제도다. 지방자치법 제129조는 예측할 수 없는 예산 외의 지출 또는 초과 지출에 충당하기 위해 세입 · 세출예산에 예비비 계상을 의무화하고 있다. 예비비를 사용한 후에는 예비비 지출에 관한 총괄표를 작성하여 다음 연도 지방의회의 승인을 얻어야 한다.

예비비의 지출 제한은 그 성격이나 제도 설치의 취지라는 측면에서 내재적 제약과 실정법상 제약을 하고 있다.

5 결산 및 결산검사

1) 결산의 의의 및 기능

(1) 결산의 의의

결산이란 지방자치단체의 한 회계연도 내의 수입과 지출의 실적을 확정적 계수로서 표현하는 행위다. 결산은 예산과의 괴리 정도, 재정 운영 성과 등을 체계적으로 분석하여 그 결과를 다음 연도의 예산편성과 재정 운영에환류하는 데 의의가 있다([그림 8-3] 참조).

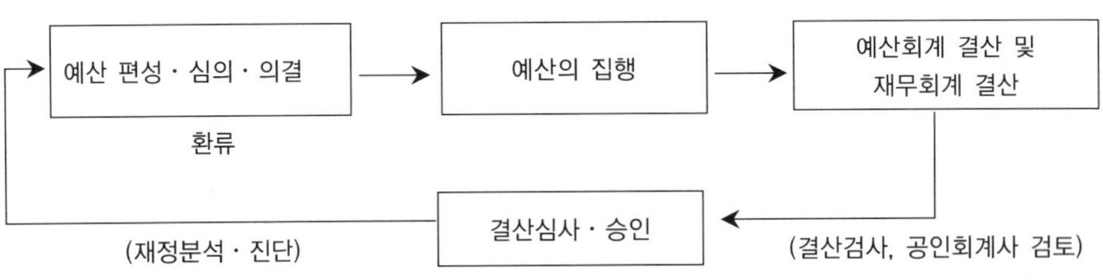

자료: 행정안전부, 2009 회계연도 지방자치단체 결산 작성 통합 기준.

그림 8-3 예산 과정의 환류

지방자치단체의 예산심의가 집행부에 대한 지방의회의 사전적 통제인데 비해 결산은 사후통제 수단이다. 따라서 지방의회의 결산승인권은 예산심의권과 함께 지방자치단체에 대한 중요한 재정적 통제 수단이 된다.

지방의회는 결산의 검사・심의 과정에서 비록 위법・부당한 수입이나 지출이 발견되어도 그 자체를 무효로 하거나 취소할 수 없어서 결산은 법률적이라기보다는 정치적・역사적 산물인 것이다. 그러나 결산검사를 통해 그 심사 결과의 감사 활용과 익년도 예산안 심사에의 반영이 가능하므로 미래의 지방재정계획의 수립과 예산편성에 대한 적절한 수단으로 활용될 수 있다.

(2) 결산의 기능

① 다음 연도 예산편성과 심의 시 확인 자료 활용
② 자치단체장의 행・재정적 사무 처리에 신중
③ 예산집행 결과에 대한 책임성의 명확화
④ 주민에 대한 재정 보고 및 지방의회의 재정통제 수단
⑤ 예산집행의 책임 해제

2) 결산서의 작성 및 내용

(1) 결산서의 작성

지방자치단체의 장은 지방자치법 제134조 제1항에 의거 출납폐쇄 후 80일 이내에 결산서 및 증빙서류를 작성하고 지방의회가 선임한 검사위원회의 검사의견서를 첨부하여 다음 연도 지방의회의 승인을 얻어야 한다. 지방의회에 제출하는 세입・세출결산보고서, 계속비결산보고서, 지방자치단체의 채권・채무에 관한 보고서, 재무보고서를 첨부해야 한다. 예산회계 결산과 재무회계 결산의 비교는 [그림 8-4]에서 보는 바와 같다.

지방자치단체의 장은 결산서를 의회에 제출하기 전에 지방자치법 제134조와 동법 시행령 제83조에 의해 선임된 결산검사위원회의 검사를 받아야 한다.

(2) 결산서의 내용

결산서에는 세입・세출결산보고서, 계속비결산보고서, 지방자치단체의 채권・채무에 관한 보고서, 재무보고서 등이 포함되어야 하는데, 특히 <표 8-9>의 사항을 명백히 해야 한다.

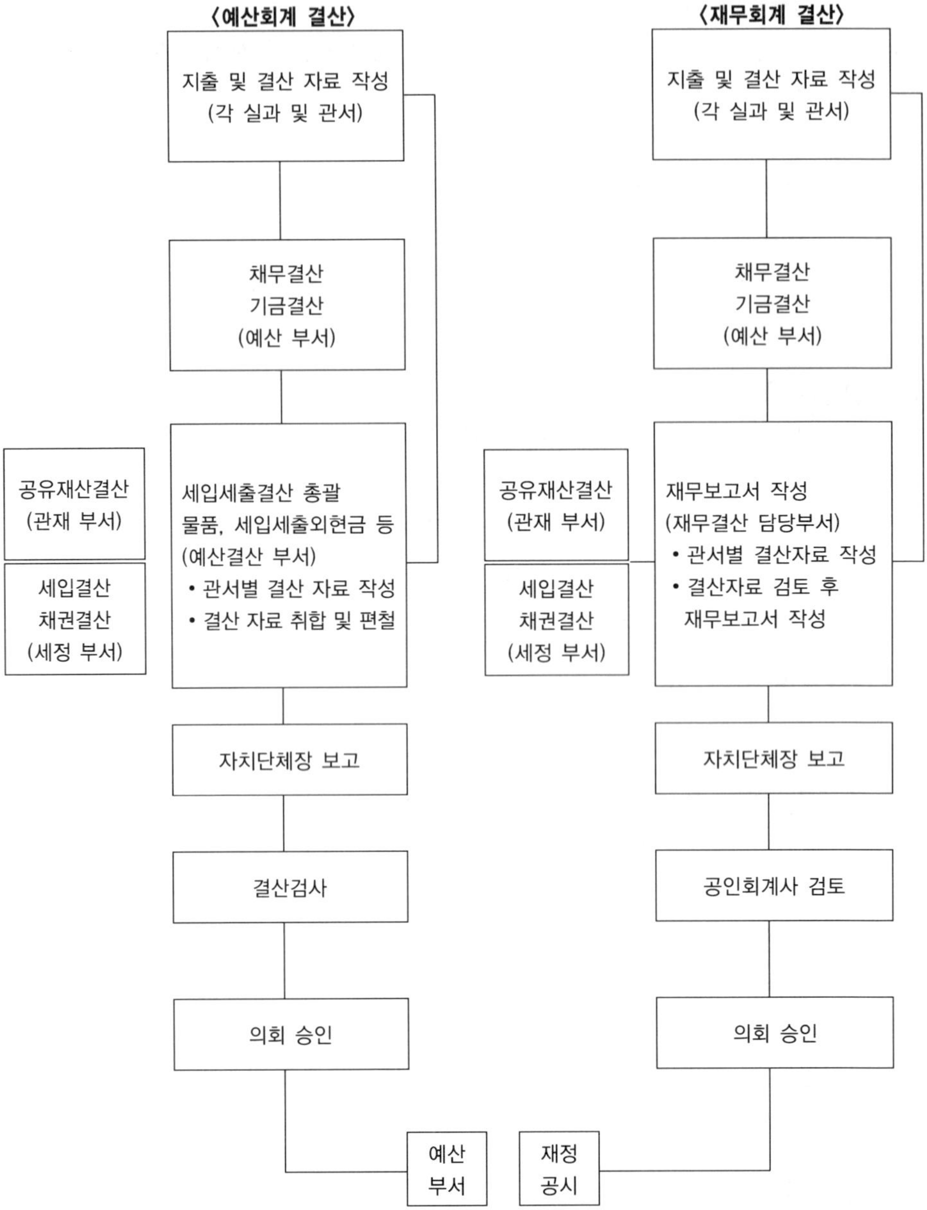

자료: 행정안전부, 2009 회계연도 지방자치단체 결산 작성 통합 기준.

그림 8-4 예산회계 결산과 재무회계 결산의 비교

표 8-9 세입·세출결산서의 포함 내용

세입 측면	세출 측면
• 세입예산액 • 징수결정액 • 수납액 • 결손처분액 • 미수납액	• 세출예산액 • 예산 성립 후 증감액 • 예비비 사용액 • 전용 등 증감액 • 수입대체경비의 초과지출액 • 예산현액/지출액
	• 다음 연도 이월액/집행 잔액

자료: 행정안전부, 2009 회계년도 지방자치단체 결산 작성 통합 기준.

3) 결산검사의 절차

결산검사는 지방의회가 선임한 검사위원이 지방자치법시행령 제84조의 규정에 의한 결산 내용을 검사한다. 결산검사위원회의 검사 범위는 예산집행의 결산 정리 등 재무 운영의 적법성, 적정성에 주안을 두고 심사한다(지방자치법시행령 제84조 제1항, 결산검사위원 선임 및 운영에 관한 조례 제7조 제1항). 결산검사위원회는 ① 세입·세출의 결산, ② 계속비, 명시이월비 및 사고이월비의 결산, ③ 채권 및 채무의 결산, ④ 재산 및 기금의 결산, 금고의 결산 등을 검사한다.

4) 결산의 승인 및 결산승인 고시

결산의 승인은 지방자치단체가 결산검사위원회의 의견서를 첨부하여 제출한 결산서를 지방의회에서 의결함으로써 이루어진다. 결산은 단지 의회 승인으로 끝나는 것이 아니고, 그 결과가 해당 자치단체의 재정 운영 상황을 한층 더 건전하게 하고 적정화하는 데 도움을 주기 위한 것이다.

지방자치단체의 장은 의회가 결산을 승인한 경우 이를 5일 이내에 시·도에서는 행정안전부 장관에게, 시·군·구에서는 시·도지사에게 각각 보고하고 그 내용을 고시해야 한다(지방자치법 제134조 제2항). 또한 지방자치단체의 장은 조례가 정하는 바에 따라 매 회계연도마다 1회 이상 결산 결과를 공시해야 한다(지방재정법 제60조).

제 3 절 지방자치단체와 사업예산제도

1 사업예산제도의 도입 및 기본 구조

1) 사업예산제도의 도입

국민경제에 대한 예산의 비중이 크게 증대하고 예산구조가 복잡해짐에 따라 기존 품목별 예산제도로서는 사업의 성과 목표 달성을 파악하기가 매우 어렵게 되었다. 즉, 기존 예산제도는 주로 투입(input) 중심으로 운영 되고 있어 예산집행의 성과관리가 체계적으로 이루어지지 못하고 있는 실정이다. 따라서 예산 운용의 효율성, 효과성, 투명성을 좀 더 제고하기 위해서는 투입 위주의 예산 운영 방식에서 벗어나 성과 또는 산출(output) 중심의 운영 체계[10]로 전환할 필요가 있다.

우리나라의 경우, 참여정부가 2003년 재정세제 개혁의 일환으로 재정사업 성과관리 제도의 도입 방안이 보고·협의되면서 점차적으로 확대, 적용해 왔다. 2006년에는 성과목표관리 대상기관을 48개 기관으로 확대하여 2007년도 성과계획서를 작성하도록 했고, 2008년도에는 59개 기관이 성과계획서를 작성했다.

참여정부의 성과관리제도의 도입과 관련하여 지방자치단체의 예산회계제도가 전면적으로 개편되면서, 2004년 3월부터 자치단체 사업예산제도가 9개 지자체(광주 동구, 대전 서구, 경기 부천, 강원 속초/평창 등) 시범 운영기관으로 지정되었다.

2005년 8월에는 지방재정법상 성과 중심의 사업예산제도의 추진 근거가 마련되었고, 2006년 12월에는 사업예산편성 시범 운영 매뉴얼이 마련되어 2007년 3월에 자치단체 사업예산서가 시범적으로 편성되었다. 이어서 2007년 7월에는 2008년도 지방자치단체 사업예산 운영규정을 확정했으며, 동년 5월에 사업예산 성과관리 실행계획을 수립하여 시행했다.

10) 성과 또는 산출 중심의 운영 체계는 뉴질랜드, 영국, 미국, 호주, 네덜란드 등 많은 OECD 선진국들이 1980년 이후 추진해 왔다.

자료: 행정안전부, 2011년도 지방자치단체 예산편성 운영 기준 및 기금운용계획 수립 기준.

그림 8-5 세출예산의 사업별 분류

2) 사업예산제도의 개념과 기본 구조

사업예산제도란 품목을 중심으로 편성하는 방식이 아닌, 사업(정책, 단 위, 세부사업)을 중심으로 구조화하여 하나의 사업에 소요되는 비용이 일목요연하게 표시되어, 지역 주민 등 예산을 전혀 모르는 이해관계자도 이해하기 쉽도록 하기 위한 예산제도다. 즉, 지방자치단체의 전략과 정책을 체계적으로 사업에 반영하기 위해 분야·부문과 정책사업·단위사업·세부사업이 일정한 규칙에 따라 계층을 형성하도록 사업을 구조화한 것이다.

요컨대 조직별 임무와 전략·성과 목표에 따라 사업을 정책·단위·세부사업으로 설정하는 것으로, 이는 [그림 8-5]와 [그림 8-6]에서 보는 바와 같다.

〈사업구조〉

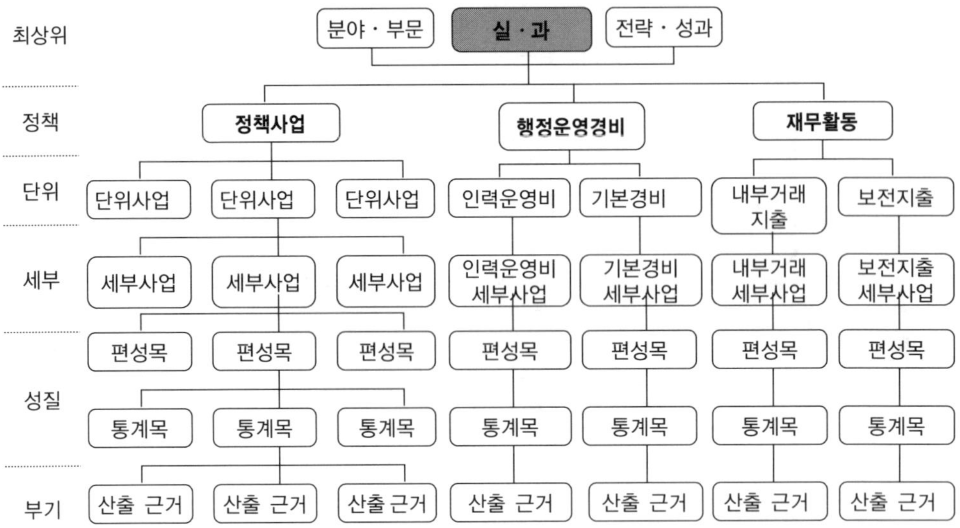

주: 하나의 실·과에서 여러 개의 정책사업 설정 가능(다만, 정책사업은 단일 부문만으로 구성), 통계과목과 산출 근거는 예산서상에 표시되지 않고 통계관리 등 내부관리 목적으로 사용함.
자료: 행정안전부, 2011년도 지방자치단체 예산편성 운영 기준 및 기금운용계획 수립 기준.

그림 8-6 세출예산의 사업구조

2 사업예산제도의 정책 · 단위 · 세부사업 설정 및 운영

1) 정책사업, 단위사업, 세부사업의 설정[11)]

(1) 정책사업의 설정

정책사업은 재정사업과 업무를 대상으로 부서의 성과 목표를 고려하여 정책적으로 일관성을 가진 다수의 단위사업들의 묶음을 말한다. 정책사업은 1차적 사업 단위로서 하부사업인 단위사업의 설정 근거가 된다. 정책사업의 설정에서는 ① 1개의 정책사업은 단일 부문으로만 구성, ② 1개의 정책사업은 단일 조직(실 · 과)에서만 운영, ③ 1개의 정책사업은 다수의 회계 및 기금을 포함할 수 있음, ④ 적정 정책사업의 수

11) 행정안전부, 2011년도 지방자치단체 예산편성 운영 기준 및 기금운용계획 수립 기준 참조.

(실・과의 특성을 고려하여 2~8개 정도) 등을 고려, 반영한다.

(2) 단위사업의 설정

단위사업은 정책사업을 세분한 다수의 실행 단위로서 정책사업을 수행하기 위한 활동 근거다. 단위사업의 설정에서는 ① 1개 단위사업은 동일 회계 또는 기금으로만 구성, ② 적정 단위사업 수(통상 1개의 정책사업은 4~5개로 구성, 최대 10개를 넘지

표 8-10 사업예산제도의 예산관리・운영

구분		시기	조직	정책사업	단위사업	세부사업	편성목	통계목	산출근거
예산편성	요구	전년 9월	○	○	○	○	○	○	○
	확정	전년 12월	○	○	○	○	○	내부관리	내부관리
예산배정계획	요구	전년 12월	○	○	○	○	○	○	
	확정	당해 1월	○	○	○	○	○	내부관리	
예산배정	요구	수시	○	○	○	○	○	○	
	확정	정기・수시	○	○	○	○	○	내부관리	
예산재배정	요구	수시	○	○	○	○	○	○	
	확정	수시	○	○	○	○	○	내부관리	
예산이용	요구	사유 발생 시		○	○	○	○	○	
	확정	사유 발생 시		○	○	○	○	내부관리	
예산전용	요구	사유 발생 시		범위 내	○	○	○	○	
	확정	사유 발생 시		범위 내	○	○	○	내부관리	
변경사용	요구	사유 발생 시			범위 내	○	○	○	
	확정	사유 발생 시			범위 내	○	○	내부관리	
예산이체	요구	사유 발생 시	○	○	○	○	○	○	
	확정	사유 발생 시	○	○	○	○	내부관리		
예산이월	요구	사유 발생 시	○	○	○	○	○	○	
	확정	사유 발생 시	○	○	○	○	○	내부관리	

자료: 행정안전부, 2011년도 지방자치단체 예산편성 운영 기준 및 기금운용계획 수립 기준.

않도록 함) 등을 고려, 반영한다.

(3) 세부사업의 설정

세부사업은 단위사업을 수행하기 위한 수 개의 사업 단위로서 가장 하 위의 사업 단위다. 세부사업의 설정에서 ① 광역자치단체는 직접사업과 지원사업을 구분, ② 보조재원 포함 사업과 자체재원사업 등을 고려, 반영한다.

2) 사업예산제도의 예산관리 및 운영

사업예산제도 운영상 예산편성, 예산배정·재배정, 예산 이용, 예산 전용, 변경 사용, 예산 이체, 예산 이월 등 예산관리는 앞의 <표 8-10>과 같이 이루어진다.

3 사업예산제도의 향후 시행계획과 과제

행정안전부는 2011년도 지방자치단체 예산편성 운영기준을 통해 <표 8-11>에서 보는 것처럼 사업예산제도의 향후 시행계획을 구체적으로 밝히고 있다. 이 계획에 의하면 2012년도에 모든 광역자치단체로 하여금 예산성과보고서를 작성하도록 하고, 2013년도에는 모든 기초자치단체가 성과예산서를 작성하도록 되어 있다. 이를 토대로 2014년 이후에 사업예산 성과관리제도의 법제화를 추진할 계획이다.

이와 같은 사업예산제도가 성공적으로 도입·운영되기 위해서는 다음과 같은 과제들을 개선해 나갈 필요가 있다.

첫째, 모든 지자체가 사업예산 체계와 성과관리 체계를 최대한 일치시키는 예산

표 8-11 추진 경과 및 향후 시행계획

구분		기반 조성(~2010)	본격 확산(2011~2013)	성숙(2014~)
대상 기관	광역	성과예산서(시범)	성과예산서 예산성과보고서(시범)	
	기초		성과예산서(선도기관)	예산성과보고서
평가 방법		통합평가	좌동	좌동
법제화		–	–	의무화 규정

운영의 노력을 경주해야 한다.

둘째, 사업예산제도가 조기 정착될 수 있도록 하는 관련 법률 체계를 가급적 조속히 마련해야 한다.[12)]

제 4 절 지방자치단체와 광역 · 지역발전특별회계

1 광역 · 지역발전특별회계의 도입 및 의의

1) 국가균형발전특별회계의 도입

참여정부에서는 국가균형발전특별법을 제정하여 국가균형발전계획을 수립하도록 하고 있으며, 이 계획의 추진을 재정적으로 뒷받침하기 위해 국가균형발전특별회계(이하에서는 '균특회계'라고 함)를 설치하도록 했다. 균특 제도는 그동안 여러 부서에서 분산 추진되어 왔던 각종 지역개발 및 균형발전사업을 하나의 특별회계로 통합 운영함으로써 국가재정 운영의 효율성, 계획성, 일관성을 달성하고자 하는 그 나름의 합리적인 정책 목적을 위해 출범했다(임성일, 2007: 15-16).

지금까지 지방자치단체는 해당 지역에서 불필요한 사업임에도 불구하고 중앙정부에서 보조금 등 자금 지원을 한다고 하니까 무리하게 지방사업을 추진하는 경우가 적지 않았다. 반면에 중앙정부의 입장에서도 각 부처가 국가 시책을 중심으로 자기의 입장만을 내세우며 지방자치단체들에게 시책사업의 시행을 추진해 왔다. 따라서 지방자치단체에 투입되는 자금들이 매우 산발적 · 중복적으로 배분되어 왔으며, 그 결과 해당 지역이 스스로 마련한 계획에 입각하여 사업을 추진하기가 어려운 실정이었다.

이와 같은 중앙정부 지원의 무계획적인 지방 관련 예산들을 지방자치단체가 통합적 · 효율적 · 효과적으로 관리하기 위한 취지에서 균특회계를 설치했다. 균특회계의 관리 주체는 중앙정부와 국가균형발전위원회이지만 이 회계의 재원 사용 및 관리자는 지방자치단체다. 균특회계의 기본 아이디어는 각 지방자치단체들에게 일정한 한

12) OECD 선진국은 성과관리 시스템의 운영을 위해서 법률 체계를 우선적으로 마련한 반면, 우리나라의 경우는 시범적 실시와 운영 후 법률 체계를 마련한다는 점에서 차이를 드러낸다.

도의 자금을 부여한 다음, 이 한도액 범위 내에서 지방자치단체가 필요한 사업을 신청하여 받도록 한다는 것이다(배득종, 2005: 226).

균특회계의 의의와 기본 특징을 요약하면 다음과 같다.[13]

첫째, 지역사업의 수요자인 지방자치단체의 특성과 우선순위를 최대한 반영하여 국가 균형발전 시책을 효과적으로 지원한다.

둘째, 국가재정 운용계획, 국가균형 발전계획(5개년계획)과 예산편성을 유기적으로 연계하여 체계적·안정적으로 재정을 지원함으로써 사업의 효율성을 제고한다.

셋째, 지방자치단체 재정 상황 및 사업성과 평가의 결과를 고려하여 차등 지원하는 등 각종 인센티브 시스템을 도입한다.

2) 국가균형발전특별회계의 개편과 그 방향

이명박 정부에서는 2008년 제1차 국가균형발전위원회(7. 21)에서 광역경제권 중심의 새로운 지역 발전전략과 정책을 추진하기 위해 국가균형발전특별법(2009.4.22)을 개정했다. 이로써 국가균형발전계획(5개년)은 지역발전계획으로, 국가균형발전위원회는 지역발전위원회로, 국가균형발전특별회계는 광역·지역발전특별회계(이하에서는 "광특회계"라고 함, 2010년부터 운용)로 변경되었다. 광특회계로의 개편 목적은 ① 광역경제권 중심의 신지역발전정책에 대한 지원, ② 기존 균특회계의 문제점[14] 개선이었다.

광특회계는 다음과 같은 네 가지 기본 방향에서 추진되었다.[15]

첫째, 지자체 간 연계 투자 활성화를 통한 광역경제권 조성 촉진

둘째, 예산편성·운용 과정상의 지자체 자율성 제고

셋째, 지자체의 책임성 강화

넷째, 유사 사업 통·폐합을 통한 투자효율성 제고

---

13) 국가균형발전위원회, 국가균형발전특별회계 운영체계(2005).

14) 균특회계는 ① 국가균형발전정책의 재정적 지원, ② 지방산업 활성화와 지방대학 육성을 통한 지역 간 격차 해소, ③ 기존 보조금 운영과 달리 지자체 자율성 확대 등에 기여했지만, 그러나 ① 소규모 분산 투자로 인한 지역 간 나눠주기식 재원배분, ② 지자체의 실질적 자율성 제고 미흡, ③ 연례적 예산이월 관행 등 집행 부진, ④ 부처/지역 간 유사 중복사업 과다, ⑤ 지자체의 노력과 성과에 상응한 인센티브 미흡 등의 문제점을 드러냈다.

15) 자세하고 구체적인 내용은 행정안전부의 『2010 지방자치단체 예산개요』 참조.

2 광역 · 지역발전특별회계의 체계 및 구조

1) 광역 · 지역발전특별회계의 구조

광역 · 지역발전특별회계는 지역발전 계정, 광역발전 계정, 제주특별자치도 계정 등으로 되어 있다. 2010년도 광역 · 지역발전특별회계의 최종 예산액은 9조 8,615억 원이었다.

표 8-12 국가균형발전특별회계와 광역 · 지역발전특별회계 비교

구분	국가균형발전 특별회계	광역 · 지역발전 특별회계
목적	• 국가균형발전 지원	• 지역의 특화 발전 및 광역 경제권 경쟁력 향상 지원
회계구조	• 지역개발사업계정: 6.2조 원 • 지역혁신사업계정: 2.0조 원 • 제주특별자치도계정: 0.4조 원 ⇒ 합계: 8.6조 원('2009 예산 기준)	• 지역개발 계정: 3.7조 원 • 지역혁신 계정: 5.3조 원 • 제주특별자치도계정: 0.4조 원 ⇒ 합계: 9.4조 원('2010 예산 기준)
지역 계정	• 200여 개 세부사업으로 구성	• 24개 포괄보조사업으로 통폐합
광역 계정	• 시 · 도 단위 사업에 주로 지원	• 시 · 도 간 연계 사업 중점 지원
재원배분	• 과거 실적치(재원배분모형 적용) 기준으로 재원배분	• 지자체 노력 및 성과 등과 연동된 재원 비중을 단계적으로 확대
예산 편성	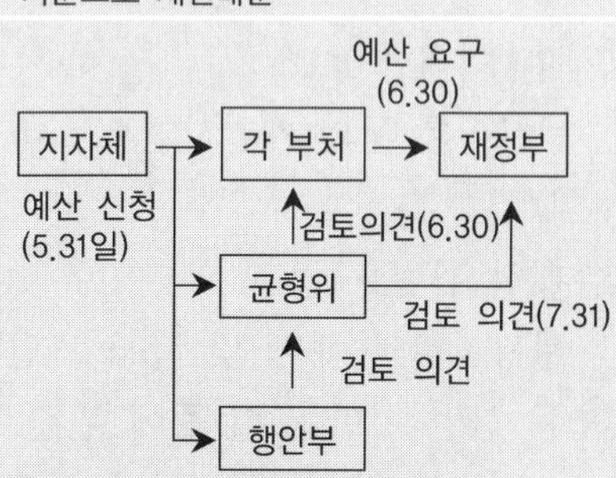	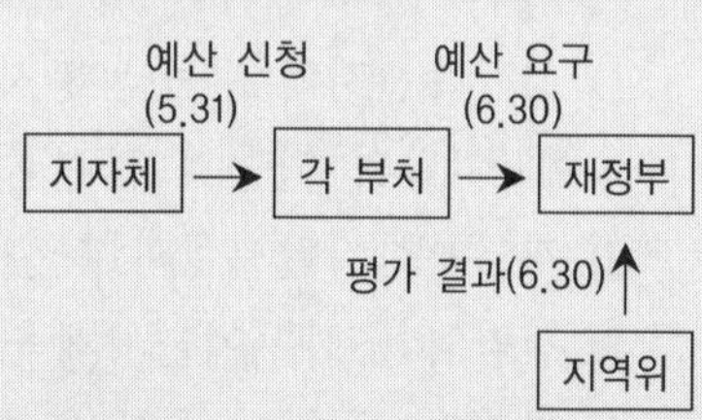
예산 검토	• 200여 개의 세부사업을 대상으로 적정성 검토	• 24개 포괄보조사업을 대상으로 적정성 검토
예산 집행	• 낮은 실집행률, 상습적인 예산 이월 사례 빈번	• 최대 이월 가능 기간을 2회계연도로 제한 (미집행 시 국고 반납)

자료: 행정안전부, 『2010년도 지방자치단체 예산개요』.

지역개발 계정은 지자체별로 지출 한도 내에서 자율적으로 예산을 편성하도록 했다. 광특회계 하에서 200여 개의 세부사업을 24개의 포괄보조금 사업으로 개편했다.

광역발전 계정은 광역경제권 선도산업, 거점대학 등 시·도 간 연계사업을 중점 지원하는 것으로, 중앙부처가 지자체 등과 협의하여 예산을 편성하도록 했다.

제주특별자치도 계정은 지역·광역 계정의 전반적인 개편 방향에 부합하도록 제주특별자치도의 국고보조사업을 별도로 계상하도록 했다.

2) 국가균형발전특별회계와 광역·지역발전특별회계의 비교

국가균형발전특별회계와 광역·지역발전특별회계를 몇 가지 기준으로 비교하면 앞의 <표 8-12>에서 보는 바와 같다.

3 광역·지역발전특별회계의 대상 사업

1) 지역개발 계정의 대상 사업

지역개발 계정은 '18+4개'의 포괄보조사업을 지원 대상으로 하고 있다(국가균형발전특별법 제34조 제2항에서 정한 사업). 18개 포괄보조사업은 시·도 자율편성사업이며, 낙후지역 개발 등과 관련된 4개 사업은 시·군·구 자율편성사업으로 운영한다. 지역개발 계정의 대상 사업은 다음과 같다(행정안전부, 2011년도 예산편성 운영지침 및 기금운용 수립지침).

(1) 지방자치단체의 다음 각 호의 사업에 대한 보조
  ① 성장촉진지역, 특수상황지역, 농산어촌 등의 개발사업으로서 기초생활권 생활 기반의 확충과 관련한 사업
  ② 지역사회기반시설의 확충 및 개선 관련 사업
  ③ 지역의 문화·예술·체육 및 관광자원의 개발 및 확충 관련 사업
  ④ 지역의 물류·유통기반 확충 등 산업 기반 조성 등에 관한 사업
  ⑤ 지역의 특성 있는 향토자원의 개발 및 활용에 관한 사업 등

(2) 지역 발전을 촉진하기 위한 조사·연구사업에 필요한 경비

(3) '공공자금관리기금법'에 따른 공공자금관리기금으로부터의 예수금의 원리금 상환

(4) 일시차입금의 원리금 상환

(5) 계정의 관리 · 운영에 필요한 경비

(6) 회계의 광역발전 계정 및 제주특별자치도 계정으로의 전출금

(7) 국가 및 지방자치단체가 지역 발전을 위해 시행하는 지역개발사업에의 자금의 융자 등 필요한 경비의 지원

2) 광역발전 계정의 대상 사업

광역발전 계정은 국가균형발전특별법 제35조 제2항에서 정한 대상 사업을 지원 대상으로 하는데, 그 대상 사업은 다음과 같다(행전안전부, 2011년도 예산편성 운영지침 및 기금운용 수립지침).

(1) 광역경제권 활성화 및 지역경쟁력 강화를 위한 교통 · 물류망 확충 관련 사업에 대한 출연 · 보조 또는 융자

(2) 광역경제권 지역선도산업 및 지역전략산업의 육성과 투자 및 고용 창출 촉진에 관련된 사업에 대한 출연 · 보조 또는 융자

(3) 광역경제권에 속한 지방대학의 경쟁력 향상 및 지역 인적 자원의 개발 관련 사업에 대한 출연 · 보조 또는 융자

(4) 광역경제권의 과학 기술의 진흥 및 특성화 관련 사업에 대한 출연 · 보조 또는 융자

(5) 공공기관 · 기업 및 대학 등 인구집중 유발시설의 지방 이전에 관한 사업에 대한 융자 등 필요한 경비의 지원

(6) 광역경제권에 속한 관광자원의 육성 촉진 및 문화 · 체육활동 지원 등에 대한 출연 · 보조 또는 융자

(7) 광역경제권의 주요 성장 거점에 대한 출연 · 보조 또는 융자

(8) 관련 법령에 따라 지방으로 이관되는 특별지방행정기관의 이관사무 수행에 필요한 경비

(9) '개발제한구역의 지정 및 관리에 관한 특별조치법' 제26조 제2항에 따른 사업에 필요한 경비(주민지원사업, 토지 매수비용, 훼손지 복구, 공원화사업, 인공조림 조성, 개발제한구역의 합리적 관리를 위한 조사 · 연구 등에 드는 비용)

(10) 광역경제권 활성화와 지역경쟁력 강화를 위한 조사 · 연구사업에 필요한 경비

(11) '공공자금관리기금법'에 따른 공공자금관리기금으로부터의 예수금의 원리금 상환

(12) 제33조 제1항에 따른 소속 재산의 관리·운영에 필요한 경비

(13) 일시차입금의 원리금 상환

(14) 계정의 관리·운영에 필요한 경비

(15) 회계의 지역개발 계정 및 제주특별자치도 계정으로의 전출금

(16) 그 밖의 광역경제권 중심의 지역발전에 관한 사업의 시행에 필요한 자금의 융자 등 필요한 경비의 지원

3) 제주특별자치도 계정의 대상 사업

제주특별자치도 계정은 국가균형발전특별법 제35조 제2항에서 정한 대상 사업을 지원 대상으로 하는데, 그 대상 사업 다음과 같다(행정안전부, 2011년도 예산편성 운영지침 및 기금운용 수립지침).

(1) 제주특별자치도에 대한 다음 각 목의 출연·보조 또는 융자 등

(2) '제주특별자치도 설치 및 국제자유도시 조성을 위한 특별법'에 따라 이관되는 특별지방행정기관 이관사무의 수행에 필요한 경비와 자치경찰로 이체(移替)되는 경찰 인력에 대한 인건비 상당액 및 그 운영비 일부

(3) 일시차입금의 원리금 상환

(4) 회계의 지역개발 계정 및 광역발전 계정으로의 전출금

(5) 그 밖의 계정의 관리와 운영에 필요한 경비

제 9 장 지방자치단체의 회계관리

제 1 절 정부회계의 의의와 재무제표

1 정부회계의 의의와 특징

정부회계는 정부의 경제적 활동을 측정하고 전달하는 과정으로 정부자산을 보호하고, 개별적인 자원의 관리에 대해 보고하며, 정책결정을 위한 정보를 제공하려는 목적을 가지고 있다. 정부회계를 주체에 따라 구분하면 중앙정부회계, 지방정부회계 그리고 공기업회계로 나뉜다. 한편 정부회계는 누구에게 보고할 것인가에 따라 외부보고 목적인 재무회계(financial accounting)와 내부 목적인 관리회계(managerial accounting)로 구분된다.

재무회계는 주로 당해 조직의 운영에 직접 관여하지 않은 외부 이해관계자들에게 그 조직의 재무 상태, 운영 결과 등에 관한 정보를 제공하는 것을 목적으로 하는 회계다. 즉, 재무제표를 작성하는 것이라 할 수 있다. 한편 정부사업의 효과와 효율을 따지는 성과감사와 정책결정의 질을 높이기 위해서는 신뢰할 수 있는 정보가 구비되어 있어야 하며, 이때 이용되는 것이 원가회계(cost accounting) 혹은 관리회계인데 이는 관리기획 및 통제에 필요한 정보를 제공하려는 것으로 비용 추정, 기획, 비용통제, 성과측정, 관리동기화 등의 문제에 필요한 자료를 제공하려는 것이다.

모든 조직은 특정한 목표를 가지고 있는데 이러한 목표를 달성하기 위한 활동을 기록하고 보고하는 회계가 필요하지만 정부와 기업은 목적, 활동 및 관리 과정에서 큰 차이를 보인다. 정부의 재무보고는 자본시장보다 정치시장에 대한 정보 요구를 충족시켜야 한다. 기존에 사용하는 현금주의 방식인 예산회계란 지출을 통제하고 수입에 관한 규정을 지키기 위해 사용되는 관리통제 기법이다. 예산회계 기법은 특히 예산의 법적 성격이 구속력을 갖는 일반회계에서 매우 중요한 지출통제 수단이다.

1) 단식부기와 복식주의

부기(bookkeeping)는 원래 '장부의 기록'을 줄인 말로, 하나의 거래가 조직에 미치는 영향을 기록하고 분류·집계하여 정보화하는 방식으로 회계의 가장 중요한 수단이다.

① 단식부기

거래의 영향을 한 가지 측면에서 수입과 지출로만 파악·기록한다. 주로 현금을 수반하는 거래만을 장부에 기입, 보고한다.

② 복식부기

거래의 영향을 차변과 대변의 상반된 측면에서 파악, 각각 별도의 절차를 거쳐 기록·집계한다. 복식부기는 단식부기에 비해 회계 처리가 복잡하고, 별도의 관리비용이 소요되는 단점이 있다.

장점으로는 첫째, 복식부기는 경제의 일반적 현상인 거래의 이중성을 회계정보화하는 방식을 취함으로써 현금의 증감과 같이 단일 계정의 변동을 중심으로 기록하는 단식부기에 비해 자산, 부채 및 자본 등 모든 계정의 변동에 대한 정보를 체계적으로 포착할 수 있다는 것이다. 복식부기에서 발생주의 회계를 용이하게 처리할 수 있는 것은 이 때문이다. 둘째, 복식부기는 대차 평균의 원리에 입각한 자기검증 기능을 가지고 있으므로, 단식부기에 비해 내부통제의 기능이 우수하다. 전통적인 복식부기가 루카 파치올리(Luca Pacioli) 이후 500여 년 간 유지된 것은 이 때문이다.

2) 회계 단위: 펀드회계

이윤을 극대화하려는 기업과는 달리 정부는 지출하는 만큼의 자원을 동원하기 때문에 자원을 사용하는 데 주된 관심은 책임성의 확보에 있다. 따라서 정부회계는 들어오고 나간 자금을 정확히 기록하는 데 관심을 두고 있다. 이에 따라 정부회계 제도는 펀드라는 기본적인 회계 개념을 중심으로 조직되어 있는데, 이는 규정된 목적과 용도에 따라 자원을 분리하여 계리하려는 것이다.

펀드(fund)[16]는 특정한 활동을 수행하기 위해 분리된 자체의 균형회계를 가진 회계 실체(entity)다. 펀드회계의 사용은 정부회계와 기업회계의 가장 큰 차이인데 기업은 그 규모에 상관 없이 기업재무 운영의 결과를 단일의 실체로 보고하고 있다.[17] 지방자치단체의 경우 일반회계, 기타 특별회계, 기금회계, 지방공기업 특별회계로 구분된다.

미국의 주 및 지방정부의 펀드는 정부펀드, 사업펀드, 수탁펀드 등 세 가지 유형으로 구분된다(강인재, 2003: 111). 정부펀드(Governmental Funds)는 일상적 혹은 반복적인 정부의 활동을 포괄하려는 것으로 일반펀드, 특별수익펀드, 자본시설취득펀드, 부채상환펀드, 영구펀드로 세분된다. 사업펀드(Proprietary Funds)는 서비스에 대한 요금이 부과된다는 점에서 기업과 성격이 유사한데 기업펀드와 내부서비스펀드로, 수탁펀드(Trust Funds)는 정부가 개인 혹은 다른 조직을 위해 자산을 보유할 때 설치・운영하는 것으로 소모성 수탁펀드, 연금펀드 등으로 구분된다.

3) 회계의 측정 초점과 인식 기준

회계정보는 적절하고 편견이 없어야 하며, 입증 가능하고 양적으로 표시되어야 하는데, 이러한 기준에 도달하기 위해 회계정보를 정의하고, 기록하고, 전달하는 데에 일정한 원칙이 요구된다. 이러한 원칙 중 가장 중요한 것은 정부의 경제적 활동을 측정하고 전달하는 과정인 측정의 문제와 재정적 결과를 보고하는 문제다.

회계의 측정 초점(measurement focus)은 재무 상태와 운영 결과를 보고하는데 무엇을 측정 대상으로 할 것인가 하는 문제다. 재무보고에서 재무자원만을 보고할 것인가, 고정자산을 포함한 모든 경제적 자원을 대상으로 하여 그 흐름과 상태를 보고할 것인가의 문제다. 재무자원(financial resources)의 유입과 유출 및 잔액의 측정에 회계의 초점이 맞춰지면 재무자원을 측정한다고 하며, 경제적 자원 전체(고정자산 등도 포함하여)가 얼마나 잘 유지되는가를 보기 위해서는 자본 유지(capital maintenance) 또는 모든 경제적 자원(economic resources)을 측정한다고 한다.

16) 회계 실체는 지방자치단체의 회계 구분에 따라 일반회계, 기타 특별회계, 기금회계 및 지방공기업 특별회계의 유형으로 구분된다(지방자치단체 회계 기준에 관한 규칙 제6조).

17) 펀드(fund)를 기금으로 번역하는 경우 정부에서 사용하는 기금(基金)과 혼동되기 때문에 펀드라는 용어를 사용하고자 한다.

회계 인식 기준은 수익, 지출 비용 및 재무자원의 이전과 자산과 부채를 어느 시점에서 계정에 인식하고 재무제표에 보고할 것인가를 결정하는 기준이다. 정부회계의 경우 현금주의 기준(cash basis)과 발생주의 기준(accrual basis), 수정된 발생주의 기준(modified accrual basis)으로 구분할 수 있는데, 현금주의 기준에 의하면 수익과 재무자원의 유입은 현금이 회수된 시점에서 인식되고 지출, 비용 및 재무자원의 유출은 현금이 지급된 시점에서 인식된다. 이때 수익을 수입(receipt)이라 하고, 현금 기준에 의한 지출을 지불(disbursement)이라 한다. 반면 발생주의 회계는 거래나 사건이 발생된 기간에 인식한다. 수익은 수익이 가득(earned)된 때 기록하고, 지출이나 비용은 그들이 발생된(incurred) 때에 기록한다.

2 재무제표와 재정보고서

재무제표(financial statements)는 회계 실체의 재무정보를 제공하는 핵심적인 수단으로 대차대조표, 손익계산서, 현금흐름표, 이익잉여금처분계산서로 공인된(certified) 서류를 말한다.

<표 9-1>은 의사결정자들이 요구하는 네 가지 기본적인 질문을 요약한 것이다(Harrison & Horngren, 2001: 13).

재정보고서(financial report)는 "자치단체의 재정적 조건과 재정활동에 관한 정보를 교류하는 전체적인 과정"으로 정부의 재정 조건에 대해 관심이 있는 모든 사람이 이용할 수 있는 객관적인 정보원이며, 정부의 펀드(fund)들이 법률에 근거하여 적절히 운용되고 있으며, 정부의 재정 상태가 어떠한가를 알려 준다.

이 보고서는 예산의 집행을 평가하는 데 매우 중요한데 그러기 위해서는 현재의 재정 상태와 정부 펀드가 소유한 현금의 양, 자원 사용에 대한 책임성, 기금 잔액 그리고 부채 상태가 표시되어야 한다.

재정보고서 = 재무제표(financial statement) + 각종 통계자료

대부분의 정부에서 사용되는 일반적인 재무제표는 다음과 같다.

표 9-1 재무제표의 유용성

질문	답변	관련된 재무제표
1. 회계 실체가 기간 내 얼마나 잘 운영했는가?	수익 − 비용 = 순수입(순손실)	손익계산서
2. 회계 실체의 이익잉여금이 기간 내 왜 변화했는가?	초기이익잉여금 +(−) 순수입(순손실) − 배당금 ----------------- 기말이익잉여금	이익잉여금 처분계산서
3. 기간 말 회계 실체의 재정적 상태가 어떠한가?	자산 = 부채+소유자 지분	대차대조표
4. 회계 실체가 기간 내 현금을 어느 정도 창출하고 지불했는가?	경상현금 흐름 +(−)투자현금 흐름 +(−)재무현금 흐름 ----------------- 기간 내 현금 흐름의 증감	현금흐름표

① 대차대조표(balance sheet)

일정 시점에서의 정부의 개개 또는 펀드의 재정 상태, 즉 자산, 부채 그리고 펀드 잔액(fund balance)이 얼마인가를 나타내 준다. 일정 시점은 보통 회계연도 초와 회계연도 말로서 두 기간의 정부의 자산이나 부채 등이 얼마인가를 일목요연하게 표시해 준다.

② 손익계산서(수입 및 지출보고서)

손익계산서는 추정된 수입과 실제 수입, 그리고 승인된 지출과 실제 지출 등 정부 자원의 흐름과 상태를 표시해 준다. 추정 및 실제 수입보고서는 정부에서 수입을 어느 정도 잘 예측했으며, 과거의 수입과 비교하여 수입이 어떻게 변화했는가를 나타내 주며, 지출보고서는 승인된 지출과 실제 지출액이 어떻게 상이한가를 나타내 준다.

③ 펀드 잔액의 변동표

회계연도 내에 기금 잔액이 어떻게 변화했으며, 그 변화가 어디에서 유래했는가를 나타내 준다. 기금 잔액의 일부분으로 미래의 특정한 사용을 위해 별도로 적립한 유보금(reserve)이 포함된다.

④ 현금흐름표

현금흐름표는 현금 수납 및 지급 등 현금의 흐름을 일목요연하게 나타내 준다. 현금예산(cash budget)의 주요한 내용으로 현금가용액에 대한 정확한 정보는 재정 위기의 예측에 필수적인데 재정활동에서는 현금의 흐름은 수익과 비용을 대비한 소득이나 자산·자본의 정보보다 더 많이 활용된다.

제 2 절 정부회계 기준의 의의와 중요성

1 정부회계 기준의 의의

기존의 현금주의 방식인 예산회계와 병행하여 발생주의 회계제도를 도입하는 것은 단순히 정부의 회계 처리에서 자산과 부채의 개념을 도입하고 거래의 8요소를 적용하여 대차 평균의 원리를 실현함으로써 회계의 투명성을 높이는 데 그치는 것이 아니다.[18] 발생주의 회계제도는 정부재정 운영을 예산 대비 집행, 재정 단위 간, 또는 유사 업무를 취급하는 민간 재정 부문과의 비교분석을 통해 정부재정 전체로서 경제성, 효과성, 효율성까지도 가늠해 보고자 하는 것이라 볼 수 있다. 이러한 비교·분석을 가능케 하는 가장 기본이 되는 개념은 회계학적으로 수익과 비용을 어느 시점에서 인식하는가가 관건이 된다.

정부회계 기준은 정부의 자산과 부채, 수익과 비용을 어느 정도, 어느 시점에서 인식할 것인가를 일정한 기준에 의해 표준화함으로써 복식부기 회계에 의해 산출되는 회계정보의 신뢰성과 적실성(relevance)을 제고한다.

지방자치단체회계 기준이란 지방자치단체의 경제적 사건을 측정하고 기록, 분석, 보고하는 절차와 제반 사항을 규율하는 규정이다. 그간 기업에서는 표준화된 기업회계 기준을 엄격히 적용했는데 이제 지방자치단체에서도 예산집행의 결과를 회계 처리하여 재무제표를 작성할 때는 일정한 회계 기준에 의해 제반 사항을 처리해야 한다는 것이다.

이는 지방자치단체회계 기준에 의해 재무제표를 작성하고 회계보고를 실시함으로써 정보의 이해가능성을 높일 뿐 아니라, 자의성과 정보의 왜곡을 방지하며 유사한

18) 정부회계의 개혁은 크게 단식부기를 복식부기로 바꾸는 것에 그치지 않고, 현금주의 회계 기준을 발생주의로 전환시키는 것을 의미한다. 따라서 정부 회계개혁을 복식부기의 도입으로 표현하는 것은 올바른 표현이 아니다.

조직 간의 비교가능성을 제고할 수 있기 때문이다.

이해를 돕기 위해 정부예산 운영에 대한 감사를 예로 들어 설명해 보자. 기존의 예산회계에서 감사는 기껏해야 불부합 정도를 찾아내어 해당 관서로 하여금 회계 처리의 오류를 시정하게 하는 서면감사와 회계 부정을 색출하는 실지감사가 대부분이다. 이때 감사의 준거는 관련 법규라 할 것이다.

발생주의 회계제도에 의해 자산, 부채, 순자산 및 수익과 비용에 대한 명확한 개념 정립을 근거로 각종 계정 과목이 설정되고 이의 적절한 분류를 거쳐 재무제표가 작성되면 현행 감사원의 고가 구매, 비위 적발 위주의 단편적인 회계검사 관행은 재무제표의 투명성, 신뢰성 검증과 더불어 이의 분석을 통한 경제성, 능률성, 효과성의 검증에 이르기까지 동태적이고 종합적인 검증·분석이 가능해질 것이다.

회계 기준은 회계의 측정·보고의 기준이 된다. 이러한 기준은 "정보이용자의 경제적 의사 결정에 유용한 정보를 제공한다"는 회계 목적과 자명한 명제로 존재하는 회계 공준,[19] 그리고 회계 원칙, 회계 기준의 순으로 추론될 수도 있으며, 역으로 회계 실무로부터 정립될 수도 있다.

그간 지방자치단체에서 사용되어 온 예산회계는 지방재정법 등 예산회계 법규를 이해하고 이를 준수하면 되었으나 이제는 통일적인 회계 기준을 제정하고 이를 실무에 적용하고, 회계감사는 관련인들이 이러한 회계 기준을 준수했는지를 판단하게 되는 과정을 택하게 된 것이다.

2 회계 처리와 재무보고의 일반 원칙

지방자치단체회계 기준 제5조는 지방자치단체가 발생주의·복식부기 방식에 의해 회계 처리와 재무보고를 하도록 명시하고 있다. 또한 기업회계의 경우와 마찬가지로 객관성, 명료성, 충분성, 비교가능성, 중요성, 경제적 실질의 반영과 같은 일반 원칙을 따르도록 규정하고 있으나, 기업회계 기준에는 포함되고 있는 보수주의 원칙은 상황

19) 회계 공준으로는 일반적으로 기업 실체, 계속기업, 화폐가치 안정, 회계 기간 등이 있다. 공준(公準, postulate)이란 이론을 설명하는 데 필요한 전제 조건 또는 가정을 의미하며, 회계 공준은 회계가 이루어지는 경제적·정치적·사회적 환경에 관한 기본적인 가정을 말한다. 즉, 회계 공준은 회계이론과 실무에서 회계이론을 체계화하는 기반이며, 회계 실무를 이론적으로 설명하고 또한 비판적으로 검토하기 위한 회계 원칙의 기초적인 전제인 것이다(이남국, 2002).

에 따른 신축성이 중요한 요소가 아닌 정부회계에서는 적절한 원칙으로 볼 수 없어 제외하고 있다. 이를 설명하면 다음과 같다.

① 발생주의·복식부기 회계제도

발생주의 복식부기 회계제도는 회계 주체의 재정 상태와 운영 실적을 거래가 발생한 시점에 대차의 평균 원리를 이용해 처리하는 방식이다.

② 신뢰성의 원칙

신뢰성 있는 회계정보는 첫째, 그 정보가 나타내고자 하는 대상을 충실히 표현하고 있어야 하고(표현의 충실성), 둘째, 객관적으로 검증 가능해야 하며(검증가능성), 셋째, 중립적이어야(중립성) 한다.

③ 이해가능성의 원칙

이해가능성의 원칙이란 회계정보가 정보 이용자에게 이해 가능하도록 제공되기 위해서는 회계정보가 간결하고 알기 쉬운 용어를 사용하며, 회계보고서의 양식과 내용이 표준화되어야 한다는 것이다.

④ 충분성의 원칙

충분성의 원칙이란 정보 이용자의 의사 결정이나 판단에 영향을 미칠 수 있는 중요한 회계정보와 그 산출 근거인 회계 방침 및 회계 처리 기준은 모두 공개되어야 한다는 것이다.

⑤ 계속성의 원칙

계속성의 원칙이란 회계 처리 기준, 회계절차 및 회계 처리 방법을 적용할 때 매년 동일하게 계속적으로 적용해야 하며, 타당한 이유 없이 변경해서는 안 된다는 것이다. 회계 기준의 계속 적용은 회계 자료의 기간별 비교가능성을 높임으로써 시계열 회계 자료 분석의 유용성을 높이고, 임의적인 회계 원칙의 변경을 통한 재무제표의 왜곡을 방지할 수 있다.

⑥ 중요성의 원칙

중요성은 회계 항목이 정보로 제공되기 위한 최소한의 요건으로 특정 정보가 생략되거나 잘못 표시된 재무제표가 정보 이용자의 판단이나 의사 결정에 영향을 미칠 수 있는 정보를 말한다. 중요성은 일반적으로 당해 항목의 성격(질적 기준)과 금액(양적 기준)의 크기에 따라 결정된다.

⑦ 실질 우선의 원칙

실질 우선의 원칙은 회계정보가 목적 적합하고 신뢰할 수 있기 위해서는 재무제표 작성 시 거래나 사건을 형식보다는 경제적 실질에 따라 회계 처리하고 보고해야 한다는 원칙이다. 예를 들어, 금융 리스의 경우 그 형식은 자산을 임차하고 임차료를 지불하는 것이나 그 실질은 상당한 기간 동안 그 자산의 경제적 효익을 향유하며 그 대가를 분할하여 지급하는 것이다.[20] 따라서 금융 리스는 실질 우선의 원칙을 적용하여 리스 이용자의 자산으로 처리해야 한다는 것이다.

제 3 절 지방자치단체회계 기준의 주요 내용

현금주의·단식부기의 현행 정부회계 제도를 발생주의·복식부기로 전환하려는 정부회계 제도의 개혁은 1999년부터 시작되었다. 그간 2004년까지 9개 자치단체에 대한 복식부기 시범사업이 성공리에 추진된 바 있으며, 2003년에 구성된 지방회계기준심의위원회는 2004년 초에 지방자치단체 회계 기준 공개 초안을 완성하여 이를 토대로 '지방자치단체회계 기준'(2006. 10) 및 '지방자치단체 발생주의 복식부기회계 처리지침'(2006. 11)이 제정되었다.

이하에서는 2006년 제정되어 수차례 개정된 지방자치단체회계 기준에 관한 규칙에 제시된 지방자치단체회계 기준의 주요 내용을 설명한다. 지방회계 기준은 지방자치단체의 재정 상황을 공정하게 보고하기 위한 회계 처리와 재무보고에 관한 기준을 제시하는 것을 목적으로 하는 것으로 지방자치단체 회계 처리 및 재무보고와 관련하여 통일성과 객관성을 부여함으로써 정보 이용자에게 유용한 정보를 제공하고, 지방자치단체의 재정투명성과 공공책임성을 제고하는 것을 기본 방향으로 한다.

1 지방자치단체회계 기준의 구성 체계

지방자치단체회계 기준 제정안은 총 8장으로 나뉜 60개 조문과 부칙 조문으로 구

20) 행정에서는 편익이라는 용어를 사용하고 있으나 회계학에서는 편익보다 효익이라는 용어를 사용하고 있다.

성되어 있다. 각 장의 주된 내용은 <표 9-2>와 같다.

제1장 총칙은 기준의 목적, 기준의 적용, 용어의 정의, 재무보고의 목적과 일반 원칙을 개괄적으로 기술하며 보고 실체와 회계 실체를 규정하고 있다. 제2장은 재무보고서의 구성을 규정하고 재무제표의 종류와 작성 원칙을 기술하고 있다.

제3장은 재정상태보고서에 대한 규정으로서 재정상태보고서의 구성 요소인 자산, 부채 및 순자산의 정의, 자산 및 부채의 인식 기준, 재정상태보고서의 작성 기준과 자산, 부채와 순자산의 분류를 제시하고 있다. 제4장은 재정운영보고서에 대해 규정하고 있으며, 재정운영보고서의 구성 요소인 수익과 비용의 정의, 수익과 비용의 인식 기준, 재정운영보고서의 작성 기준과 수익과 비용의 분류를 제시하고 있다.

제5장은 현금흐름보고서에 대해 규정하며 현금 흐름의 구분과 현금흐름보고서의

표 9-2 지방자치단체 회계 기준의 구성

조문	주요 내용
제1장 총칙 (제1조～제6조)	• 회계 기준 제정 목적, 기준의 적용, 용어의 정의, 재무보고의 목적과 일반 원칙, 보고 실체와 회계 실체의 유형 등을 기술 • 일반회계, 특별회계, 기금회계 등 지방자치단체의 모든 회계를 총괄하여 보고
제2장 재무보고서 (제7조～제9조)	• 재무보고서의 구성, 재무제표의 종류, 재무제표의 작성 원칙 등을 포괄적으로 기술
제3장 재정상태보고서 (제10조～제25조)	• 재정상태보고서의 의미와 구성 요소 및 인식 기준 • 재정상태보고서의 구성 요소인 자산, 부채, 순자산의 정의와 인식 기준 및 분류 등을 기술
제4장 재정운영보고서 (제26조～제34조)	• 재정운영보고서의 의미와 구성 요소 및 인식 기준 • 재정운영보고서의 구성 요소인 수익과 비용의 정의 및 인식기준, 분류 등을 기술
제5장 현금흐름보고서 (제35조～제37조)	• 현금흐름보고서의 의미와 구분, 작성 기준 등을 기술
제6장 순자산변동보고서 (제38조～제39조)	• 순자산변동보고서의 의미와 구성 요소 등을 기술
제7장 결산 총평, 주석, 필수보충정보 및 부속명세서 (제40조～제44조)	• 각 재무보고서의 의미와 작성지침 등을 기술
제8장 자산 및 부채의 평가(제45조～제60조)	• 자산과 부채의 평가 기준 및 특수한 회계 처리에 대한 사항을 기술

작성 기준을 주된 내용으로 하고 있다. 제6장은 순자산변동보고서에 대해 규정하며 순자산의 증가 및 감소 항목을 제시하고 있다. 제7장은 결산 총평, 주석, 필수보충정보, 부속명세서 및 이에 대한 작성지침을 주요 내용으로 하고 있다.

제8장은 자산 및 부채의 평가에 대한 규정이다.

2 재정상태보고서

재정상태보고서는 특정 시점의 재정 상태를 나타내는 재무제표로 자산, 부채 및 순자산으로 구성된다. 재정상태보고서는 정부 자산과 부채의 내역 및 상호 관계를 체계적으로 나타냄으로써 실질적인 공공 서비스의 공급 능력을 보여 주는 데 목적이 있다.

재정상태보고서의 양식 사례는 <표 9-3>과 같다. 재정상태보고서의 구성 요소는 다음과 같다.

1) 자산 및 부채의 인식 기준

자산의 인식(recognition)이란 거래의 결과로 발생하는 자산을 언제 인식하는가, 즉 기록 시점을 결정하는 문제다. 자산은 공공 서비스 잠재력을 창출하거나 미래의 경제적 효익이 회계 실체에 유입될 것이 거의 확실하고 그 금액을 신뢰성 있게 측정할 수 있을 때 인식한다. 그러나 문화재, 예술작품, 역사적 문건 및 자연자원은 자산으로 인식하지 않고 필수보충 정보의 관리책임 자산으로 보고한다. 이와 같은 회계 처리는 공공 부문에서 문화재나 예술작품 등의 자산이 매각 또는 수익 창출 목적으로 취득 또는 보유되지 않는 것이 일반적이기 때문에 그러한 특성을 나타내기 위한 것이다.

부채는 회계 실체가 부담하는 현재의 의무를 이행하기 위해 경제적 효익이 유출될 가능성이 거의 확실하고 그 금액을 신뢰성 있게 측정할 수 있을 때 인식한다.

2) 자산의 분류[21)]

자산은 유동자산, 투자자산, 일반유형자산, 주민편의시설, 사회기반시설, 기타 비유

---

21) 관리책임 자산은 유산자산, 자연자산과 같이 합리적인 가치 측정이 어렵고 보존을 위한 비용만 발생하며, 처분의 대상이 되지 않는 자산이나 회계 실체가 반드시 책임 있게 관리할 책무가 있는 자산이다. 따라서 재정상태보고서의 자산에서 제외하되 필수보충 정보로 표시된다.

표 9-3 재정상태보고서

당해 연도 20××년×월×일 현재
직전 연도 20××년×월×일 현재

지방자치단체명: (단위 : 원)

과 목	당해 연도(20××년)						직전 연도(20××년)					
	일반회계	기타 특별 회계	기금 회계	지방 공기업 특별 회계	내부 거래	계	일반회계	기타 특별 회계	기금 회계	지방 공기업 특별 회계	내부 거래	계
자산												
Ⅰ. 유동자산												
현금 및 현금성 자산 단기금융상품 …												
Ⅱ. 투자자산												
장기금융상품 장기대여금 …												
Ⅲ. 일반유형자산												
토지 건물 건물감가상각 누계액 …												
Ⅳ. 주민편의시설												
도서관 주차장 …												
Ⅴ. 사회기반시설												
도로 도시철도 …												
Ⅵ. 기타 비유동자산												
보증금												
무형자산												
자산 총계												
부채												
Ⅰ. 유동부채												
단기차입금 유동성 장기차입부채 …												
Ⅱ. 장기차입부채												
장기차입금 지방채증권												
…												
Ⅲ. 기타 비유동부채												
퇴직급여충당부채												
…												
부채 총계												
순자산												
Ⅰ. 고정순자산 **Ⅱ. 특정순자산** **Ⅲ. 일반순자산**												
순자산 총계												
부채와 순자산 총계												

동자산으로 분류된다. 보고서를 간편하게 하려는 국제적인 회계의 추세에 맞추어 대분류 과목으로 유동자산과 비유동(또는 고정)자산을 구분하지 않는다. 행정용 청사 등 통상적인 목적의 일반유형자산과 도서관, 공원 등을 포함하는 주민편의시설은 구분되어 표시된다. 사회기반시설은 초기에 대규모 투자가 소요되고 파급 효과가 장기간에 걸쳐 나타나는 지역사회의 기반적인 자산으로 도로, 도시철도, 상수도시설, 수질정화시설 등을 말한다.

3) 부채의 분류

부채는 유동부채, 장기차입부채 및 기타 비유동부채로 분류한다. 유동부채는 회계연도 종료 후 1년 내에 상환되어야 하는 부채로서 단기차입금, 유동성 장기차입부채, 기타 유동부채 등을 포함한다. 장기차입부채는 장기차입금, 지방채증권 등을 포함한다. 기타 비유동부채는 유동부채와 장기차입부채에 속하지 아니하는 부채로서 퇴직급여충당부채 및 장기예수보증금, 장기선수수익 등을 포함한다.

4) 순자산의 분류

순자산은 기능과 용도를 기준으로 고정순자산, 특정순자산 및 일반순자산으로 분류한다. 고정순자산은 일반유형자산, 주민편의시설 및 사회기반시설의 투자액에서 당해 시설투자재원 목적으로 조달한 장기차입금 및 지방채증권 등을 차감한 금액이며, 특정순자산은 채무 상환 목적이나 적립성기금의 원금과 같이 그 사용 목적이 특정되어 있는 재원과 관련된 순자산을 말한다. 일반순자산은 순자산에서 고정순자산과 특정순자산을 제외한 나머지로 회계 실체가 자유롭게 사용할 수 있는 금액을 의미한다.

3 재정운영보고서

그간 회계연도 동안의 재정 운영 결과를 표시하는 재무제표로 수익 및 비용으로 구성된 재정운영보고서가 개정되어 회계연도 동안 수행한 자치단체의 기능, 정책사업, 단위사업 등(이하 '사업'이라 한다)의 원가와 회수된 원가 정보를 포함한 재정 운영결과를 나타내고 있다. 이는 <표 9-4>와 같다.

표 9-4 재정운영보고서(기능별)

당해 연도 20××년×월×일부터 20××년×월×일까지
직전 연도 20××년×월×일부터 20××년×월×일까지

지방자치단체명: (단위 : 원)

과목	당해 연도(20××년)			직전 연도(20××년)		
	총원가	사업수익	순원가	총원가	사업수익	순원가
Ⅰ. 사업순 원가						
일반공공 행정 공공질서 및 안전 …						
Ⅱ. 관리운영비						
1. 인건비 급여 … 2. 경비 도서 구입 및 인쇄비 …						
Ⅲ. 사업외 비용						
자산처분손실 기타 비용 …						
Ⅳ. 사업외 수익						
자산처분이익 기타 이익 …						
Ⅴ. 재정운영 순원가 (Ⅰ+Ⅱ+Ⅲ-Ⅳ)						
Ⅵ. 일반수익						
1. 자체조달수익 지방세수익 경상세외수익 … 2. 정부간 이전수익 지방교부세 수익 시도비 보조금수익 … 3. 기타 수익 기타 재원 조달 …						
Ⅶ. 재정 운영 결과 (Ⅴ -Ⅵ)						

210㎜×297㎜[일반용지 60g/㎡(재활용품)]

순원가보고서의 구조는 정부 각 단위사업이나 활동의 원가 합계에서 수행 과정에서 발생한 수익을 차감하여 순원가에 대한 정보를 제공함으로써 사업의 산출물과 성과를 비교 평가할 수 있는 정보를 제공한다.

개정 전 재정운영보고서의 비용은 기능별로 표시하고, 비용을 성질별로 분류하는 성질별 재정운영보고서는 필수보충 정보로 보고했는데 총원가(full cost), 원가 회수(관련 수익) 등에 대한 정보가 부재하여 재정운용보고서의 유용성이 미흡하다는 지적이 많았다.

1) 재정운영보고서의 의의와 요소

재정운영보고서는 사업 순원가, 재정운영 순원가, 재정 운영 결과로 구분하여 표시한다.

이에 대한 자세한 설명은 제4절 원가회계에서 설명한다.

재정운영보고서의 요소인 수익은 자산의 증가 또는 부채의 감소를 초래하는 회계연도 동안의 거래로 인한 순자산의 증가를 말하며, 다만 관리전환이나 기부채납 등에 의한 순자산 증가는 포함하지 아니한다. 비용은 자산의 감소 또는 부채의 증가를 초래하는 회계연도 동안의 거래로 인한 순자산의 감소를 말한다.

2) 수익과 비용의 인식 기준

기업의 경우와는 달리, 지방자치단체에서는 대가 없이 재화나 용역이 이전되는 비교환 거래의 형태가 빈번하게 발생할 수 있다. 따라서, 수익의 인식 기준은 교환 거래와 비교환 거래를 구분하여 다음과 같이 규정하고 있다. 교환 거래에 의한 수익은 재화나 서비스 제공의 반대급부로 발생하는 사용료, 수수료 등으로 수익 창출 활동이 완료되고 그 금액을 합리적으로 측정할 수 있을 때 인식하며, 비교환 거래에 의한 수익은 직접적인 반대급부 없이 발생하는 지방세, 보조금, 기부금 등으로 해당 수익에 대한 청구권이 발생하고 그 금액을 합리적으로 측정할 수 있을 때 인식한다.

비용의 경우도 교환 거래에 의한 비용은 대가를 지급하는 조건으로 민간 부문이나 다른 공공 부문으로부터 재화와 서비스의 제공이 완료되고 그 금액을 합리적으로 측정할 수 있을 때 인식하며, 비교환 거래에 의한 비용은 가치의 이전에 대한 의무가 존재하고 그 금액을 합리적으로 측정할 수 있을 때 인식한다.

표 9-5 현금흐름보고서

당해 연도 20××년×월×일부터 20××년×월×일까지
직전 연도 20××년×월×일부터 20××년×월×일까지

지방자치단체명: (단위: 원)

과목	당해 연도(20××년)						직전 연도(20××년)					
	일반 회계	기타 특별 회계	기금 회계	지방 공기업 특별 회계	내부 거래	계	일반 회계	기타 특별 회계	기금 회계	지방 공기업 특별 회계	내부 거래	계
Ⅰ. 경상활동으로 인한 현금 흐름												
1. 경상활동으로 인한 현금 유입액												
자체조달수익 정부간 이전수익 …												
2. 경상활동으로 인한 현금 유출액												
인건비 운영비 정부간 이전비용 민간 등 이전비용 …												
Ⅱ. 투자활동으로 인한 현금 흐름												
1. 투자활동으로 인한 현금 유입액												
대여금의 회수 장기투자증권의 처분 일반유형자산의 처분 …												
2. 투자활동으로 인한 현금 유출액												
대여금의 상환 장기투자증권의 취득 일반유형자산의 취득 …												
Ⅲ. 재무활동으로 인한 현금 흐름												
1. 재무활동으로 인한 현금 유입액												
차입금의 차입 지방채증권의 발행 …												
2. 재무활동으로 인한 현금 유출액												
차입금의 상환 지방채증권의 상환 …												
Ⅳ. 현금의 증가(감소)(Ⅰ+Ⅱ+Ⅲ)												
Ⅴ. 기초의 현금												
Ⅶ. 기말의 현금(Ⅳ+Ⅴ)												

3) 수익의 분류

수익은 재원 조달의 원천에 따라 자체조달수익, 정부간 이전수익, 기타 수익으로 구분한다. 자체조달수익은 지방자치단체가 독자적인 과세 권한과 자체적인 징수활동에 의해 조달된 수익으로 지방세수익, 경상세외수익, 임시세외수익 등을 포함하며, 정부간 이전수익은 지방자치단체가 국가 또는 상위정부의 교부에 의해 조달된 수익으로 지방교부세수익, 조정교부금수익, 재정보전금수익, 국고보조금수익, 시도비보조금수익 등이다. 기타 수익은 자체조달수익 혹은 정부간 이전수익이 아닌 수익을 일컬으며, 회계 간 전입금수익, 기부금수익, 외화평가이익 등이 해당된다.

4) 비용의 분류

비용은 그 성질에 따라 인건비, 경비, 정부간 이전비용, 민간 등 이전비용, 기타 비용으로 분류한다.

4 현금흐름보고서

현금흐름보고서는 회계연도 동안의 자금의 원천과 사용 결과를 표시하는 재무제표로 경상활동, 투자활동 및 재무활동으로 구성된다. 현금흐름보고서는 현금자원의 변동에 관한 정보를 보여 준다. 현금흐름보고서의 양식 사례는 앞의 <표 9-5>와 같다.

현금 흐름으로 경상활동은 보고 실체의 행정 서비스와 관련된 활동을 말하며, 투자활동과 재무활동에 속하지 아니하는 거래를 모두 포함한다. 투자활동은 자금의 융자와 회수, 출자금·일반유형자산·사회기반시설 및 무형자산의 취득과 처분활동 등을 말한다. 재무활동은 자금의 차입 및 상환활동, 지방채의 발행 및 상환활동 등을 말한다.

5 순자산변동보고서

순자산변동보고서는 회계연도 동안의 순자산의 증감 내역을 표시하는 재무제표로 재정 운영에 따른 운영 차액 및 기타 순자산의 변동을 포함한다. 순자산변동보고서의 양식 사례는 <표 9-6>과 같다.

표 9-6 순자산변동보고서

당해 연도 20××년×월×일부터 20××년×월×일까지
직전 연도 20××년×월×일부터 20××년×월×일까지

지방자치단체명: (단위: 원)

과목	**당해 연도(20××년)**						**직전 연도(20××년)**					
	일반 회계	**기타 특별 회계**	**기금 회계**	**지방 공기업 특별 회계**	**내부 거래**	**계**	**일반 회계**	**기타 특별 회계**	**기금 회계**	**지방 공기업 특별 회계**	**내부 거래**	**계**
Ⅰ. 기초순자산												
Ⅱ. 재정 운영 결과												
Ⅲ. 순자산의 증가												
전기오류 수정이익 회계 기준 변경으로 생긴 누적이익 자본보조금 …												
Ⅳ. 순자산의 감소												
전기오류 수정손실 회계 기준 변경으로 생긴 누적손실 납부금 및 전출금 …												
Ⅴ. 기말순자산 (Ⅰ+Ⅱ+Ⅲ−Ⅳ)												

6 결산총평, 주석, 필수보충 정보 및 부속명세서

결산총평에는 정보 이용자들이 재무제표에 포함된 중요한 회계정보를 쉽게 이해할 수 있도록 하기 위한 머리말, 재무분석 등의 설명자료를 말한다.

주석(註釋)은 정보 이용자에게 충분한 회계정보를 제공하기 위해 채택한 중요한 회계정책, 회계 과목의 세부 내역 및 재무제표에 중대한 영향을 미치는 사항을 설명한 것을 말한다.

필수보충 정보는 재무제표의 내용을 보완하고 이해를 돕기 위해 필수적으로 제공되어야 하는 정보를 말한다.

7 자산 및 부채의 평가

재정상태보고서에 기재하는 자산의 가액은 당해 자산의 취득원가를 기초로 하여 계상함을 원칙으로 한다. 다만, 교환, 기부채납, 관리전환, 기타 무상으로 취득한 자산의 가액은 공정가액을 취득원가로 한다.

부채의 가액은 회계 실체가 지급 의무를 지는 채무액을 말하며, 채무액이란 이 기준에서 별도로 규정하는 것을 제외하고는 만기 상환가액으로 함을 원칙으로 한다.

지방자치단체회계 기준은 지방 재정 운영에 엄청난 변화를 가져올 수 있는 제도라 할 수 있다. 그간 정부회계 및 예산 전문가와 행정안전부 복식부기팀, 지방자치단체 복식부기 관련 공무원들이 수많은 회의와 워크숍을 통해 우리나라 실정에 적합한 회계 기준을 마련하기 위해 많은 노력을 기울였다. 문제는 지방자치단체회계 기준은 회계 법규와 마찬가지로 영구불변인 것이 아니라 시대 상황에 따라 변화되어야 하며, 수차례 개정된 바 있다.

따라서 행정안전부에 설치되었다 폐지된 지방자치단체 회계기준심의위원회가 부활되고 더 많은 역할이 주어져야 한다. 국제 기준에 일치하는 회계 기준의 제정이 필요할 뿐만 아니라 중장기적으로는 현행 법조문 형식을 기준서로 변경하는 작업도 준비해야 한다. 이 과정에서 관련 학회의 연구활동도 더욱 활성화되어야 할 것이다.

제 4 절 지방자치단체의 원가회계

1 원가의 의의 및 목적

2010년 12월 지방자치단체 원가계산 준칙이 제정되어 2011 회계연도 결산 시에는 모든 자치단체가 이 기준을 적용한 재무보고서를 시범 작성하게 될 것이다. 원가회계 제도는 성과 중심의 지방 재정 운영을 가능케 하는 기본 인프라다(김수희, 2010: 62).

원가정보는 사업예산과 성과평가, 결산정보 간의 핵심 연계고리인데 우리나라 지방자치단체는 2007년 발생주의회계의 도입, 2008년 사업예산제도 도입, 2010년 16개 광역자치단체 성과예산서 시범 편성 등 성과 중심의 지방재정 운영 체제를 확립하기 위해 다수의 재정개혁을 추진한 바 있다.

1) 원가의 개념

원가는 종종 비용이나 지출과 혼동되어 사용되고 있으나, 발생주의 회계에서는 재화나 용역을 획득하기 위해 희생된 경제적 효익(economic benefit)을 의미한다. 원가는 지방자치단체가 사업의 목표를 달성하고 성과를 창출하기 위해 직·간접적으로 투입한 경제적 자원의 가치를 말한다.

비용(expense)은 순자산의 감소를 초래하는 자산의 감소 또는 부채의 증가로 회계연도 동안의 경제적 이익의 감소다. 비용은 다른 실체에게 재화와 용역을 제공하는 과정에서 소비되는 자원으로 발생주의 개념에 따라 측정된 것이다. 비용과 원가는 구별하지 않고 혼용되는 경우가 많다.

지출(expenditure)은 현금주의에서 사용되는 개념으로 재무자원의 감소를 의미한다. 따라서 지출은 새로운 자원이 획득될 때 인식되고 비용은 자원이 소비될 때 인식된다.

예를 들어 공장에서 기계를 1억 원을 지불하고 구입하는 경우 기계의 원가는 1억 원인데 이는 미래에 사용할 수 있는 경제적 편익을 1억 원 희생했기 때문이다. 원가는 미소멸 원가와 소멸 원가로 구분된다. 미소멸 원가는 아직도 미래의 경제적 편익을 가지고 있는 부분을 의미하며, 자산이라고 한다. 소멸 원가는 경제적 편익이 소멸

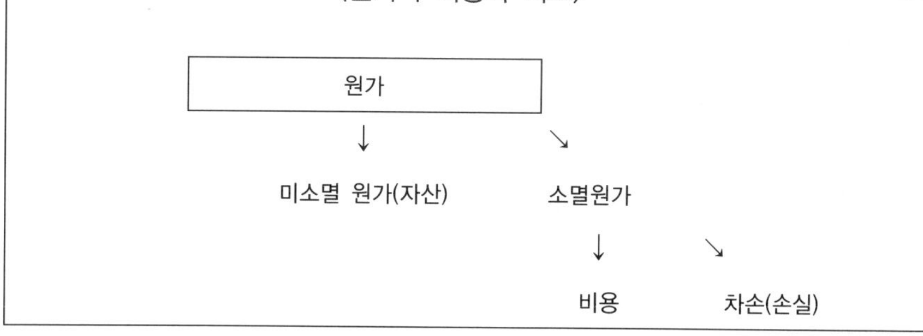

〈원가와 비용의 비교〉

된 부분을 의미하며 손익을 얻는 데 기여하는 과정에서 소멸되었으면 비용이라고 하고 수익을 얻는 데 기여하지 못하면서 경제적 편익이 소멸되었다면 손실이라고 한다.

2) 원가의 효용

원가회계의 관리적 유용성에 대한 IFAC 공공부문위원회(Public Sector Committee)의 정부원가회계에 대한 연구보고서(2000)는 다음과 같다.

- 예산 수립(budgeting)
- 비용통제 및 절감(cost control and reduction)
- 가격 및 요금 결정(setting prices and fees)
- 성과평가(performance measurement)
- 사업평가(program evaluation)
- 경제적 의사 결정(a variety of economic decision)

이러한 필요로 재정운영보고서를 작성하는 재무제표가 미국 연방정부나 영국 중앙정부에서 사용하는 순원가(net cost)보고서다.

2 원가 계산 준칙의 주요 내용

지방자치단체 원가 계산 준칙은 제1장 총칙, 제2장 원가의 계산, 제3장 원가정보의 활용 및 관리로 구성되어 있다. 원가 계산 준칙은 지방자치단체 회계 기준에 관한 규칙 제29조 제3항에 따른 원가 계산에 따른 세부 사항을 정하기 위해 제정된 것이다.

1) 총칙

총칙에는 준칙의 목적, 용어 정의, 준칙의 적용 범위와 원가 계산의 목적을 규정하고 있다.

적용 범위는 지방자치단체 회계 기준 제2조 제1항 규정의 적용 대상이 되는 일반회계, 지방공기업특별회계, 기타 특별회계 및 기금 등의 회계 실체다.

자치단체 원가 계산의 목적(제4조)은 다음과 같다.

① 사업관리자나 예산편성 관계자 등 회계정보 이용자에게 사업 등에 대한 원가정보를 제공함으로써 원가와 산출물이나 성과를 고려한 의사결정을 통해 자원을 효율적으로 사용하게 한다.

② 사용자 부담 기준으로 제공하는 공공서비스에 대해 원가 회수 정도와 독립채산제의 운영 여부에 관한 회계정보를 제공하여 의사결정에 활용함으로써 더 나은 사업관리와 사업계획 수립 등으로 사업 목적을 달성하게 한다.

③ 성과 목표 수립이나 평가 등 성과관리 중심의 재정 운영이나 특정 사업이나 활동의 효율적 수행 여부, 관리 운영 방법의 능률성 검증 등 의사 결정 자료로 사용하게 한다.

④ 사업 등의 원가정보나 관리운영비 정보를 제공하여 의회나 시민단체 등 외부 회계정보 이용자에게 더 나은 회계책임성 평가를 하도록 하며 아울러 재정집행의 투명성을 개선한다.

2) 원가의 계산

지방자치단체의 재정운영보고서 작성을 위한 원가계산 과정은 다음과 같다.

① 직접원가에 간접원가를 합산하여 사업 총원가를 계산한다

② 사업 총원가에서 사업수익을 차감하여 사업 순원가를 계산한다

③ 사업 순원가를 모두 합산하여 관리운영비와 사업외비용을 더하고 사업외 수익을 차감하여 재정운영 순원가를 산출한다

④ 재정운영 순원가에서 일반수익을 차감하여 재정 운영 결과를 계산한다

(1) 원가 대상의 설정

'원가 대상'이란 발생된 원가를 집계하는 기능, 정책사업, 단위사업, 세부사업 등(이하 "사업 등"이라 한다)으로서 원가를 개별적으로 측정할 필요가 있는 항목을 말한다. 원가 대상의 설정(제7조)은 ① 원가 대상은 의사 결정이나 관리통제가 필요하여

원가를 개별적으로 측정할 필요가 있는 단위로 설정해야 한다. ② 예산편성 기준에 따른 세부사업이 여러 종류의 재화 또는 용역을 제공한다면 각 재화 또는 용역을 원가 대상으로 설정할 수 있다. ③ 예산편성 기준에 따른 행정운영경비 및 재무활동은 원가 대상으로 설정할 수 없다.

〈원가 계산 예시〉

• '주민 편의적인 여권 운영' 단위사업에 대한 원가 계산

① 직접 원가: 10,000,000원
② 다른 사업 단위에서 배부받거나 배부해 준 간접 원가 → 비배부
③ 사업수익(관련 수수료 수익): 5,000,000원
⇨ 사업 총원가 = 10,000,000원(직접 원가) + 0원(간접원가) = 10,000,000원
사업 순원가 = 10,000,000원(총원가) − 5,000,000원(사업수익) = 5,000,000원

(2) 사업 총원가

사업 총원가는 특정 사업을 수행하기 위해 투입한 직접원가의 합계에서 배분받은 간접원가를 더하고, 다른 부서로 배분한 간접원가는 빼서 계산한다.

간접원가에 해당하는 관리운영비를 배분하지 않기 때문에 사업 총원가는 대부분 직접원가인 해당 사업의 현금성 지출과 비현금성 지출인 감가상각비를 합한 것이다.

직접원가는 원가 대상이 되는 사업의 추진을 위해 직접 사용한 원가를 말하며, 인건비, 이전비용, 감가상각비를 포함한다. 간접원가는 여러 사업의 추진에 사용되어 원가 대상에 직접 부과하는 것이 적절하지 아니한 원가를 말한다. 간접원가는 적용가능성, 원가 대상과의 인과 관계 등을 고려한 합리적 배부 기준에 따라 배부한다.

(3) 사업 순원가

사업 순원가는 원가 대상의 사업 총원가에서 그 원가 대상의 사업수익을 빼서 계산한다. 행정형 회계 실체의 사업 순원가는 사업의 추진에 투입한 자원 소모액에 관한 정보를 제공하고 사업형 회계 실체의 사업 순원가는 서비스의 제공을 서비스의 원가 회수 정도에 관한 정보를 제공한다.

사업수익은 사업의 추진 과정에서 직접 발생한 수익과 국가 등으로부터 사업과 관련하여 받은 수익 등을 말한다. 사업수익은 서비스 요금 수익과 보조금 등으로 구분된다. 단 과태료·과징금 등의 제재금수익, 변상금, 위약금 등과 같이 서비스 제공의

대가 아닌 비교환수익과 특정 사업에 사용될 자산의 취득을 지원하기 위한 자본보조 목적의 보조금 등은 사업수익에서 제외한다.

(4) 재정운영 순원가

재정운영 순원가는 사업 순원가에 관리운영비와 사업외비용을 더하고 사업외 수익을 빼서 계산한다.

관리운영비는 조직의 일반적이고 기본적인 기능을 수행하는 데 필요한 인건비, 기본 경비 등 운영경비를 말한다. 사업외 비용은 이자비용, 자산감액 손실 등 사업 등과 관련이 없거나 임시 우발적으로 발생되어 사업 등에 배분하는 것이 적절하지 아니한 비용이다. 사업외 수익은 교환거래로 발생한 수익이지만 사업 등과 관련이 없거나 사업수익으로 보는 것이 적절하지 아니한 수익이다.

(5) 재정 운영 결과

재정 운영 결과는 재정운영 순원가에서 일반수익을 빼서 계산한다. 재정 운영 결과는 유입된 자원에서 사용・소모된 자원의 차이 즉, 자원의 사용 결과를 의미한다. 일반수익은 사업수익이나 사업외 수익에 속하지 아니하는 지방세수익, 과태료수익 등 비교환 거래 수익을 말한다.

제10장 지방 공공 서비스의 경영화

제 1 절 지방 공공 서비스의 민영화

1 지방 공공 서비스의 개념과 특징

1) 지방 공공 서비스의 개념

지방 공공 서비스(local public services)는 어원적으로 '지방'이라는 개념과 '공공 서비스'라는 개념이 합쳐져서 만들어진 것이다. 즉 지방[1)]이라는 공간에서 생산, 제공되며 소비되는 공공 서비스[2)]인데, 이는 공공 서비스의 성격에 지방이라는 지역적・공

1) 지방의 개념은 다음과 같다. 첫째, 지방은 주로 공간적・지리적인 의미로 전국과 대비되는 한 국가네 일부분의 토지를 가리킨다. 둘째, 주로 정치・행정적 의미로, 중앙에 대해 국가 또는 영토를 구성하는 도시 이외의 토지를 말한다. 이는 흔히 지방정치나 지방문화 등 중앙정부가 있는 수도를 제외한 여타의 지역을 의미한다. 셋째, 지역(region) 개념과 동일한 의미로 사용한다. 따라서 현실적으로 지역과 지방의 공간적 영역은 일치할지 모르지만, 지역은 기능적・정책적 의미를 강하게 가지는 반면, 지방은 정치・행정적이며 인지적 의미를 강하게 가진다. 즉 모든 지방은 지역일 수 있는 반면, 모든 지역은 지방이 아니다. 예를 들어 서울은 하나의 지역이기는 하지만 결코 지방이 아니기 때문이다(손희준. 1996: 2).

2) 공공 서비스는 일명 공공재(public goods)라고 할 수 있으며 민간재(private goods)와 구별되면서, 일반적으로 공공기관을 통해 공급되는 재화와 서비스를 지칭한다(김동건, 2005: 76). 한편 시민의 관

간적 요소가 첨가된 개념으로 파악할 수 있다.

힐(Peter Hill)은 서비스와 재화를 엄격히 구분하는데, 재화(財貨, goods)는 경제적 단위 사이에서 소유할 수 있고 양도될 수도 있는 물리적 객체인 반면, 서비스(services, 用役)는 개인이나 재화의 상태에 대해 다른 경제적 단위의 활동 결과에 의해 초래되는 변화로 인식한다(Hill, 1977). 따라서 서비스는 한 번 양도되면 다른 사람, 다른 시점에 양도될 수 없는 일시성을 가지며, 또한 저축이 불가능하며, 생산과 소비가 거의 동시에 발생하는 특성이 있다. 그러나 공공재이론은 재화와 서비스의 성격을 중심으로 재화와 서비스를 구분하지 않는다.

결국 지방 공공 서비스는 "지역 주민들의 공적인 수요를 충족시키기 위해, 지방자치단체나 이에 준하는 기관이 생산·공급하는 공공 서비스"로 정의할 수 있다.

2) 지방 공공 서비스의 특성

(1) 공공재적 성격

재화와 서비스는 그 성격에 따라 [그림 10-1]과 같이 구분할 수 있으며, 지방 공공 서비스는 공공재에 속해 다음과 같은 특성을 갖는다.

지방 공공 서비스는 이러한 공공재적 특성 때문에, 원활한 공급과 적절한 생산을 위해서는 정부의 개입이 필요하다. 또한 일단 정부나 민간에 의해 제공되면, 누구나 집단적으로 소비할 수 있기 때문에 무임승차자(無賃乘車者, free-riders) 문제가 발생하며, 이들 무임승차자들을 적절히 규제할 수 있는 규제 장치가 필요하다.

또한 지방 공공 서비스는 외부효과(externalities)를 발생시킨다. 예를 들어 도시정부가 특정 지역에 지하철을 건설하면, 지하철역 인근 지역은 상가가 집중하거나 지가가 상승하는 등 외부경제 효과(external economies)가 나타나기도 하는 반면, 과밀

재화 및 서비스의 특징		비배제성	
		배제 가능	배제 불가능
소비의 비경합성	경합	시장재/민간재	공동재
	비경합	요금재	공공재(집합재)

그림 10-1 재화 및 서비스의 유형

점에서 볼 때 공공 서비스는 "시민으로부터 행정의 대행을 위탁받은 정부가 행정의 주체인 시민에게 응당 제공해 주어야 할 행정 서비스"에 해당한다 (최호준, 1986: 29).

집중으로 인한 범죄 증가, 공해, 환경 파괴 등 외부불경제 효과(external diseconomies)가 발생하기도 한다.

2) 공간적 성격

지방 공공 서비스는 지리적 · 공간적 특성이 있는데, 이는 지방 공공 서비스가 특정 지역을 대상으로 공급되는 것이 일반적이고, 서비스의 수혜자를 어느 정도 공간적으로 구분할 수 있기 때문이다. 따라서 시설의 위치와 관련된 입지 선정(location) 문제가 포함된다. 즉 시설 입지는 지역 주민들의 접근성(accessibility)과 공간적 효율성(locational efficiency), 서비스 배분의 형평성 등을 통해 판단해야 한다.

2 지방 공공 서비스의 공급 유형

1) 공급 관련 요소

공공 서비스의 생산 및 공급 과정에는 세 가지 유형의 각기 다른 참여자가 있다. 첫째, 소비자(consumer)는 서비스를 직접 획득하거나 소비하는 집단이며, 둘째, 생

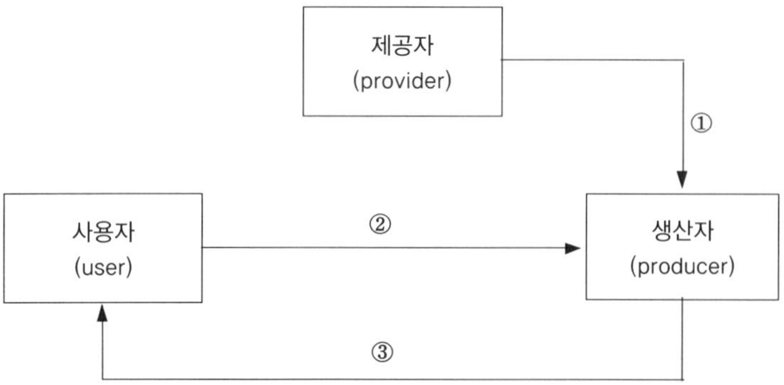

주: ① 제공자는 생산자를 선정, 지정하거나 생산자에게 서비스 공급권을 부여함
② 서비스 비용의 지불
③ 서비스 전달
자료: 박재희 외(1998: 7)에서 재인용.

그림 10-2 서비스의 공급 관련 요소

산자(producer) 또는 공급자(supplier)[3]는 직접 서비스를 생산하거나 생산된 서비스를 소비자에게 전달하는 기관(주로 정부, 시민의 자원봉사조직, 민간기업, 비영리단체 혹은 소비자 자신)이며, 셋째, 서비스 제공자 또는 공급 결정자(arranger or provider)는 소비자에게 서비스를 공급할 생산자를 결정하는 기관이다(Savas, 1987). 이를 간단히 나타내면 앞의 [그림 10-2]와 같다.

2) 공급 유형

공공 서비스 공급 방식은 공급 주체별로 그리고 공급 유형별로 나눌 수 있는데, 먼저 참여 주체별로 살펴보면 다음과 같다.

공공 공급형은 공공 부문에서 서비스를 직접 공급하는 것으로, 국가나 지방자치단체가 직접 공급하는 형태와 공사 또는 공기업을 설치하여 간접적으로 공급하는 형태가 있다.

공공·민간 병존형은 공공 부문과 민간 부문이 동시에 서비스를 공급하는 형태로 병원, 대학, 미술관 및 복지 서비스 공급이 이에 속한다.

공공·민간 협력형은 공·사 부문이 공동으로 특정 서비스를 공급하는 경우로, 협력 관계에 따라 ① 사업 분담형, ② 자금 분담형, ③ 유도형으로 구분된다. 사업 분담형은 서비스 생산 업무를 공사가 합의 하에 분담하는 것으로 예를 들어 도로·토지 등 기반시설에 대한 정비는 공공 부문이 맡고, 건물 및 시설물의 건설은 민간 부문이 담당하는 경우 등을 들 수 있다. 자금 분담형은 공·사가 생산비용을 분담하는 것이며, 유도형은 사업 주체는 민간 부문이지만, 공공 부문의 재정 지원을 통해 공공 서비스 긍급을 유도하고 장려하는 경우다.

민간 위탁형은 공공 부문에서 일상적으로 하고 있는 공공 서비스 공급 업무의 일부 또는 전부를 민간 부문에 위탁하여 공급하는 유형이다.

민간 공급형은 민간 부문이 사업 주체가 되어 공급하는 유형으로, 일반적으로 전력, 가스 등 지역 독점형의 공공 서비스와 항공, 도로 운송 등의 서비스가 이에 속한다.

또한 공공 서비스의 공급 결정과 생산자에 따라 서비스의 공급 유형별[4]로 구분하

---

3) 공공 서비스에 관한 대부분의 문헌에서 생산은 서비스 공급과 전달을 함축하는 의미로서 세 가지 용어는 상호 대체적으로 사용되고 있다. 여기서도 생산, 공급, 전달은 동일한 의미로 사용한다.

4) 컬린 등은 공급 유형을 다음과 같이 분류한다. ① 통합 방법(consolidated mode): 세 가지 활동을 한 행위자(actor)가 모두 맡는 것으로서 정부의 직접 공급을 의미한다. ② 계약 방법(contract mode): 계획하고 재정 부담은 하지만 생산은 하지 않는다. ③ 보조금 방법(grant mode): 재정 부담만 하고 서

공급 유형	서비스 내용 및 종류
공공 공급형 (공)	직할형: 국방, 외교, 경찰, 소방 공기업형: 우편, 전화, 고속도로, 상·하수도, 철도
공공·민간 병존형 (공) (민)	병원, 학교, 미술관, 숙박시설, 양로원, 주택시설, 주택 개발, 택지 개발, 주차장, 스포츠 시설, 도시권 교통, 산림사업.
공공·민간 협력형 (공 민)	사업 분담형: 대형 종합 프로젝트, 항만, 공항, 해양, 신교통 프로젝트, 레크리에이션 자금 분담형: 교통센터, 장애자 복지시설 유도형: 시가지 재개발, 거리 질서, 문화재 보존
민간위탁형 (공) → (민)	쓰레기 수거, 각종 검사 업무
민간 공급형 (민) (공적 통제)	지역 독점형: 전기, 가스 사업 인허가형: 항공, 도로 운송

자료: 김동건(1986: 70).

그림 10-3 서비스 공급 주체별 유형과 서비스 내용

면 다음과 같다(손희준, 1992: 72-73).

정부의 직접 공급(government service)은 정부의 인력을 이용하여 정부기관에 의해 서비스를 전달하는 것으로서 정부가 공급 결정자와 생산자가 된다. 이는 두 가지 유형이 있는데, 하나는 그 비용을 조세로 충당하는 것이며, 다른 하나는 그 비용을 소비자가 직접 지불하는 경우로 수수료나 요금 등 사용자 부담금(user charges)을 받는 경우다.

정부간 협정 또는 계약(intergovernmental agreement)은 서비스를 공급하기 위해 한 정부가 다른 정부에 서비스를 공급을 위탁하고 비용을 지불하는 경우로, 여기서 한 정부는 생산자가 되고, 다른 한 정부는 서비스 공급 결정자가 된다.

비스의 계획이나 생산은 하지 않는다(Kirlin, Ries, & Sonenblum. 1977: 114).

계약(contract)은 정부가 민간기업이나 비영리조직과의 계약을 통해 시민에게 서비스를 전달하는 방법(Rehfuss, 1989)으로, 민간조직이 생산자가 되고 정부는 생산자에게 비용을 지불하는 서비스 공급 결정자가 된다.

허가 또는 지정(franchise)은 정부가 공급 결정자이며, 민간이 생산하나 비용은 소비자가 생산자에게 직접 지불한다. 종류는 민간기업에게 특정 서비스의 공급권을 독점적으로 부여하고 정부가 가격규제 등 통제 및 감독을 실시하며 비용은 소비자가 지불하는 독점적 허가와 택시 등 사업 면허를 부여하여 소비자의 서비스 선택권을 보장하고, 소비자와 정부가 동시에 공급 결정자가 되는 경쟁적 허가가 있다.

보조금(grants)은 정부가 생산자에게 보조금을 지급하거나 세제상의 혜택을 주는 것을 말한다. 이 경우 생산자는 민간기업(영리 혹은 비영리)이며, 공급 결정자와 비용 지불자는 정부와 소비자가 된다.

지불증서(vouchers)[5]는 특정 계층의 소비자가 특정한 서비스를 이용할 수 있도록 소비자에게 지불증서를 주어 소비자가 비교적 자유롭게 서비스를 선택하도록 하는 것이다. 이 경우 생산자는 민간기업이며, 정부와 소비자가 생산자에게 비용을 지불한

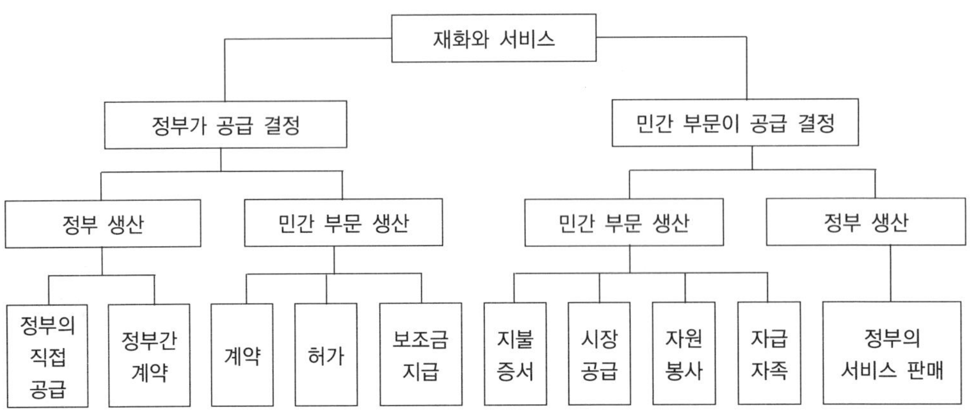

자료: Savas(1987: 5).

그림 10-4 공공 서비스의 공급 유형

---

5) 우리나라에서 voucher란 용어는 학자마다 달리 번역하고 있다. 예를 들어 현금증서 또는 증서(권원용·최태호, 1988; 조정제, 1990) 및 이용권(박경원, 1991) 등으로 사용되고 있는데 여기에서는 지불증서로 사용하고자 한다. 좀 더 자세한 내용은 Gary Bridge(1977)와 Mark Blaug(1984) 등을 참조할 것.

다. 일반적으로 빈민계층에게 지급하는 식권(食券, food stamp)이나 우리나라의 노인들에게 지급하는 경로우대증 같은 것이 이에 해당한다.

시장 공급(market)은 시장재와 요금재의 경우 소비자가 스스로 서비스에 대한 공급 결정도 하고 생산자를 선택하여 그 비용도 지불하는 것이다. 정부는 가격이나 상품의 질에 대한 약간의 규제만 한다.

자원봉사(voluntary service)는 인적 서비스(human service)의 경우 자원조직이 자발적인 노력을 통해 공급하는 것으로, 자원조직이 공급 결정자가 되어 직접 서비스를 공급하거나, 민간기업에 비용을 지불하여 대신 생산케 하는 경우가 있다.

자급자족(self-service)은 가장 기본적인 공급 유형으로서 자신이나 가족 구성원 스스로가 서비스를 생산하여 소비하는 경우다. 방범활동으로 사설 경비업체를 고용하는 경우가 이에 속한다. 이 경우 다른 주체의 활동이나 역할은 전혀 없다. 최근 도시문제가 복잡해지고, 서비스 수준에 대한 요구가 급격히 증가하면서 시민 개개인들과 가족의 역할이 강조된다(이달곤, 1988: 166-168).

정부의 서비스 판매(government vending)는 정부가 민간기업과의 경쟁적 상태에서 서비스를 생산하고, 소비자가 이를 소비하는 형태다. 정부가 민간기업과 경쟁적으로 담배나 인삼 등을 판매하는 경우가 이에 해당한다.

3 민영화의 개념과 방법

1) 민영화의 개념

민영화(民營化, privatization)[6]란 1970년대에 미국을 중심으로 확산된 용어이며, 특히 1979년 영국 보수당 내각이 들어서면서 민영화 정책이 보수당의 강령이 되면서 전 세계적으로 확산되었다(Ascher, 1987: 3-4). 이때의 민영화는 주로 국영 공기업의 민영화를 가리키는 것으로 주로 소유권의 전환 또는 정부 보유 주식의 매각 등으로 이해되던 것이, 1980년대 초부터는 공공 서비스의 민간 공급으로까지 확대되었다.

또한 미국의 해외 원조기관인 AID(the US Agency for International Development)는 민영화를 공공 부문의 기능(function), 활동(activity), 조직(organization)을 민간

6) 민영화를 민간화로 이해하는 학자들도 있으나 여기에서는 좀 더 친숙한 민영화로 통일하여 사용하고자 한다.

부문으로 이전하는 것으로 규정하고, 자유시장 경제와 경쟁 원리를 도입하는 것으로 정의한다(윤성식, 1998: 495). 이러한 민영화의 개념에 대한 학자들 간의 정의를 살펴보면 다음과 같다.

사바스(E. S. Savas)는 민영화를 어떠한 활동이나 어느 산업의 소유에서 정부의 역할을 축소하거나 민간 부문의 역할을 증대시키는 활동이라고 정의하고 있으며(Savas, 1987), 콜더리(T. Kolderie)는 특히 공공 서비스의 제공이라는 측면을 강조하여, 서비스의 공급과 생산을 분리하여 서비스 생산의 민영화(privatizing production)는 단순히 생산 주체가 정부기관에서 비정부조직으로 전환 또는 대체됨을 의미하며, 서비스 공급의 민영화(privatization the provision of service)는 서비스의 수요자, 규제자, 기준 설정자, 정책결정자로서의 정부 역할을 축소시켜 주민들 자신이 그 서비스의 구입 여부와 대가 지불 여부를 필요에 따라 스스로 결정하는 것이라고 한다(Kolderie, 1986).

2) 민영화 방법

정부는 일반적으로 재화나 서비스에 대한 공급(provision), 보조금(subsidy) 및 규제(regulation) 등 세 가지 형태로 국가의 사회경제 활동에 개입하고 있으며, 이러한 정부 기능에 따라 민영화의 다양한 형태가 나타난다(Le Grand & Robinson, 1984). 또한 민영화의 개념은 민영화가 요구하는 정부개입의 축소나 제거 형태에 의해서만 달라지는 것이 아니라, 정부개입 대신에 제시된 대안이 무엇이냐에 따라서도 그 방법이 달라진다.

첫째, 공공 소유 및 공공 서비스 제공의 민영화로, 이는 다시 중앙정부 차원의 공기업 민영화와 지방정부 차원의 공공 서비스 민영화로 구분할 수 있는데, 공기업의 민영화는 주로 소유권의 변화로, 정부자산이나 공기업의 완전 매각, 공기업 주식의 국민주로의 보급 등이 해당되며, 공공 서비스의 민영화는 주로 서비스 생산의 민영화로 생산 주체의 변화를 의미한다.

둘째, 재정 부담의 민영화로, 정부가 제공하는 서비스에 대해 사용자 부담 원칙을 확대 적용하고, 보조금의 삭감이나 공공 서비스 요금 보조의 철회, 허가 자원조직 공급 및 자급자족 등을 의미한다.

셋째, 정부개입의 민영화로, 규제 완화 및 철회, 시장 진입의 자유화를 말한다.

결국 민영화란 단순한 의미의 공기업의 민영화나 사유화뿐만 아니라 공공 부문의 기능을 분담하는 모든 민간 부문의 참여와 민간 영역의 확대를 의미하는 것으로 이해된다.

표 10-1 민영화 개념 및 방법

정부개입의 형태	민영화의 의미	민영화의 방법
공공 소유 및 공공 서비스의 제공 • 소유권 • 공급 • 생산	공기업의 민영화 • 소유권의 민영화 공공 서비스의 민영화 • 공급의 민영화 • 생산의 민영화	정부의 자산이나 국영기업의 매각 국민주의 보급 민간 공급의 확대 계약(contract) 지불증서(voucher) 허가(franchise) 자원봉사 자유경쟁시장 자급자족
재정 동원 또는 보조금 지급 (financing)	비용 부담의 민영화, 정부보조의 축소	사용자 부담 원칙 확대 보조금의 삭감 공공자금 보조의 철회 허가 자원봉사 자유경쟁시장 자급자족
규제(regulation)	규제의 완화 및 철폐	가격 및 질의 규제 완화와 철폐 시장 진입의 자유화

자료: 손희준(1991).

4 지방 공공 서비스의 민영화 방안

1) 민영화 대상

지방 공공 서비스의 민영화를 위해 고려해야 할 문제는 우선 민영화할 수 있는 부문이 무엇인가 하는 것이다. 이는 현재 정부의 기능 재검토에서 출발하여, 지방정부 기능 혹은 행정 수비 범위의 적정화 모색을 거쳐, 부문별로 적용 가능한 대상을 선정하는 문제다. 그 다음은 어떠한 방향으로 민영화할 것이며 어떠한 형태로 추진할 것인가를 결정하는 문제다.

우선, 정부가 개입할 필요성이 있는 부문 또는 서비스인가의 여부를 결정하기 위해서는 공공성을 고려해야 한다. 공공성이 인정될 때는 어떤 형태로든지 정부가 개입할 필요가 있으며 민영화 여부는 함께 고려될 수 있다. 공공성이 없거나 적은 경우에는 시장 기능에 맡기는 것이 당연하다. 정부의 개입이 필요하다고 인정될 경우 어떠한 형태로 개입할 것인가의 여부를 결정해야 하며, 이 과정에서 민영화의 가능성이 판단될 수 있다. [그림 10-5]는 이러한 민영화와 민간자원의 활용 부문의 선정을 위한 의사 결정 과정을 표시한 것이다(심정근 외, 1997 323-325.)

이와 같은 의사 결정 과정에 따라 민영화 선정 기준인 공공 서비스의 속성 · 민간 부문과의 상대성 · 비용과 효과 등을 고려하여 민영화 대상을 분류한다. 이러한 민영화 대상으로 가능성이 높은 분야는 ① 영선관리(순수노무 분야), ② 쓰레기 · 분뇨 수거, ③ 사회복지, ④ 문화 · 예술 · 체육, ⑤ 환경 · 위생, ⑥ 관광 · 오락, ⑦ 토목사업, ⑧ 각종 자격 · 면허시험, ⑨ 조사 · 통계 ⑩ 교통, ⑪ 정보 시스템 등이다.

2) 민영화의 활용 방안

민영화가 가능한 대상 서비스가 선정되면 적절한 민영화 방법과 활용계획을 수립

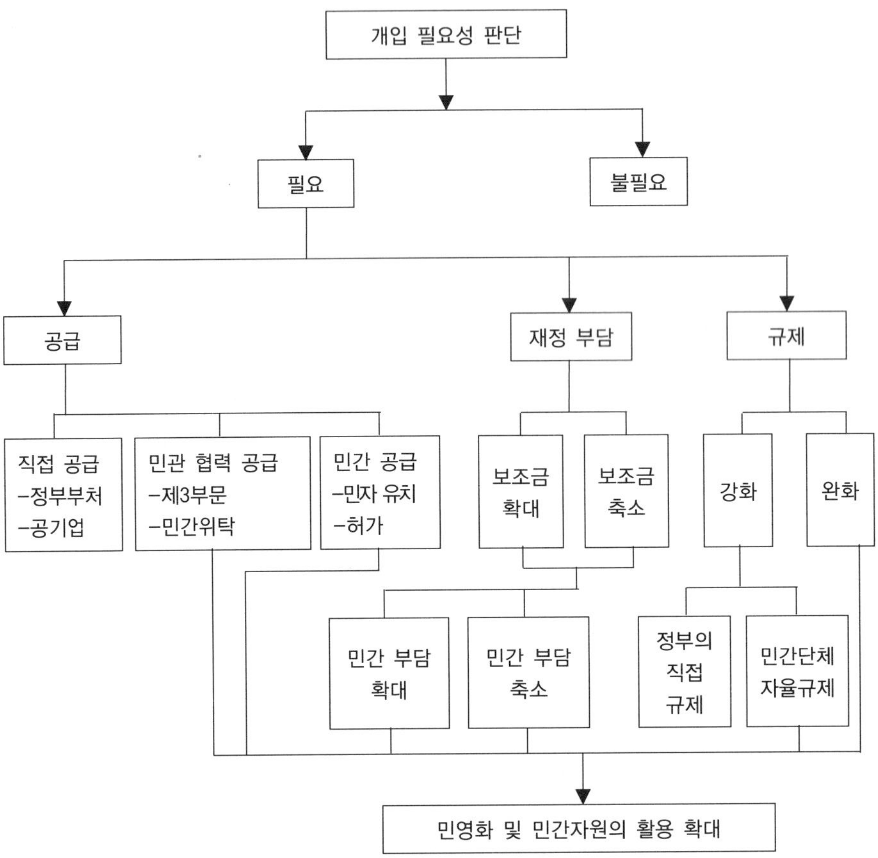

자료: 심정근 외(1997: 325).

그림 10-5 민영화 활용 부문의 의사결정 과정

해야 한다. 우선 대상 서비스의 성격을 분석하여 가장 적합한 민영화 방법을 연계하고, 이를 위한 법적·제도적 장치를 마련하며, 민간 부문과의 계약을 통할 경우에는 민영화의 성과에 따라 재계약이나 계약 파기 또는 불성실하게 이행 시 보상금이나 배상금의 청구 방안 등을 계약서에 명기해야 한다. 또한 민영화된 서비스의 성과와 효과성에 대한 지속적인 평가와 모니터 활동은 반드시 필요하다. 따라서 지방 공공서비스의 민영화는 단순히 행정 수비 범위의 축소가 아니라, 서비스의 다양화와 질적 향상 및 민간 부문의 활력을 지역경제에 도입한다는 점에서 강구되어야 한다.

그러므로 지방 공공 서비스의 민영화를 활용하기 위해서는 전제 조건과 그 한계점을 고려하여 도입해야 하며(심정근 외, 1997: 326-328), 민영화의 효과를 극대화하기 위해서는 경제적 측면뿐만 아니라 이를 통한 사회적 형평성의 효과까지도 함께 고려해야 한다.

제 2 절 지방공기업과 제3섹터

1 지방공기업의 개념과 특징

1) 지방공기업의 개념

지방공기업법은 지방공기업을 "지방자치단체가 직접 기업을 설치·경영하거나 법인을 설립하여 경영하는 기업"으로 정의한다(지방공기업법 제1조). 그러나 학자에 따라 지방공기업의 포괄 범위에 대한 견해의 차이가 있다.

광의의 지방공기업 개념은 지방자치단체가 경영하는 모든 사업을 포함시킬 수 있지만, 협의의 개념은 사경제적인 수익성 사업을 제외한 주민복리 증진을 위한 사업으로 한정할 수 있다. 그러나 일반적으로 지방공기업은 지방자치단체가 주민복리 증진을 목적으로 경영하는 사업 가운데 기업성을 가진 사업으로 한정된다. 이 경우 박물관이나 도서관과 같이 수익성이 없는 것, 도로·공원사업과 같이 무상으로 일반 주민에게 제공되는 서비스는 제외된다. 이론적으로는 이러한 최협의의 지방공기업 개념이 타당하나, 우리나라에서는 협의의 개념까지 포함하고 있는 것으로 보인다.

2) 국가공기업과의 차이

(1) 형태

국가공기업은 철도, 체신 등 극히 일부를 제외하고는 대부분이 주식회사나 공사의 형태를 취하고 있으나 지방공기업은 거의 대부분이 사업소(지방직영기업)의 형태를 취하고 있고, 지방공사·공단·민관공동 출자사업은 극히 초보 단계에 있다.

(2) 활동 범위

국가공기업은 특수한 경우를 제외하고는 그 사업활동의 범위가 전국적이나 지방공기업은 특정한 행정구역 내에 한정된다. 사업 영역면에서도 국가공기업은 교통·통신 부문을 에너지, 철강, 화학공업, 건설, 금융, 문화활동 등 광범위한데 비해 지방공기업은 상·하수도, 지하철, 병원, 주택사업, 택지 조성, 시장 등 주민의 일상생활과 밀접한 관련이 있는 분야에 한정되어 있다.

(3) 지주회사의 보유

국가공기업은 자회사를 보유하는 지주회사가 다수 있다. 산업은행, 한국전력, 한국전기통신공사 등이 그것이다. 이러한 지주회사는 이론상 주식회사나 공사의 경우에만 가능하므로 아직 지방공사나 민관공동 출자사업이 제대로 뿌리를 내리지 못한 지방공기업에서는 지주회사를 찾아볼 수 없다.

(4) 조직 · 인사상의 독립성

국가공기업은 주식회사나 공사의 비중이 높아 비교적 조직·인사상의 독립성이 높은 반면, 지방공기업은 대부분 직접경영 방식으로 운영되고 있어 조직 인사상의 독립성이 낮다.

(5) 예산 · 회계상의 독립성

'공공기관의 운영에 관한 법률'의 적용을 받는 주식회사나 공사 형태를 지닌 국가공기업은 물론 정부기업예산법의 적용을 받는 철도·체신사업도 특별회계로 운영되어 상당한 회계상의 독립성을 갖는다. 이에 반해 대부분이 지방직영기업으로 구성된 지방공기업은 예산상의 독립성이 낮다. 지방공기업법은 모든 지방공기업에 대해 특별회계의 설치를 의무화하고 있으나, 아직도 이익금의 자기처분 등에서 많은 제한을 받고 있다.

3) 지방공기업의 특징

(1) 지역성

지방공기업은 공기업의 일반적 특성인 공공성과 기업성 이외에도 지역성을 그 특징으로 한다. 지방공기업의 대상은 지역 주민 또는 지역산업에 국한되는 것이 대부분이며, 주요 사업 목적은 주민복지 향상 및 지역산업 발전으로 되어 있다.

지방공기업은 재화나 서비스를 지역 내에서 생산하여 자체적인 배분 체계를 통해 배분한다. 따라서 지방공기업이 생산・공급하는 제품의 형태와 내용 그리고 가격도 지역별로 차이가 있다.

(2) 공익성

지방공기업은 사적 이윤 추구에 경영 목적을 두지 않고, 공공복리의 추구에 목적이 있다. 따라서 시・도에서 운영하는 경마・경륜・복권 등 사행사업은 비록 공공기관에 의해 기업적 형태로 운영되더라도 지방공기업의 범주에 포함되지 않는다.

(3) 기업성

지방공기업의 기업성은 형식적인 면과 내용적인 면으로 구분할 수 있는데, 형식적인 측면은 독립채산제를 채택하거나 수익자 부담 원칙을 정해 재화 및 서비스의 판매 수입으로 소요비용을 충당하는 것을 말한다. 내용적인 측면은 경영 목표를 효율적으로 달성하기 위해 인력 및 자산 등 내적 자원을 적극적으로 활용하고, 조직・예산・인사 등 경영 전반에 걸친 문제점을 개선해 나가는 기업가 정신을 의미한다.

일반적으로 지방공기업에서의 기업성은 재화 또는 서비스의 제공을 받는 자가 그 수익에 상응하는 비용을 부담함으로써 달성되는 것처럼 인식하고 있다. 따라서 기업성은 기업적 형태를 갖는 데 그치는 것이 아니라, 기업적 내용으로 운영되는 데 그 의의가 있다.

2 지방공기업의 유형

1) 지방직영기업

지방자치단체 또는 지방자치단체조합이 직접 그 직원과 조직을 통해 운영하는 방식으로 일반행정기관에 적용되는 법령이 그대로 적용된다. 따라서 그 직원은 공무원이며, 예산 절차도 정부예산의 특별회계와 동일하다. 과거 직접경영 방식으로 구분하던 것을 1992년 지방공기업법이 개정되면서 지방직영기업으로 용어가 전환되었다(김종순, 1997: 397).

따라서 지방직영기업은 지방정부의 행정기구 형태로 조직되며 자치단체장의 직접적인 통제를 받는다. 즉 지방정부의 사업본부, 사업단(소) 국·과 조직과 같이 관료제적 방식으로 운영되며 매년 지방의회의 의결을 얻어 확정되는 예산에 의해 운영된다. 아울러 지방공기업법의 적용을 받고 동법에 규정한 것을 제외한 것은 지방자치법 및 지방재정법, 기타 관계 법령을 적용받는다. 따라서 지방직영기업은 자주적 경영의 결여, 채산성 유지 곤란, 행정구역을 초월한 업무 수행의 한계성, 책임 의식의 희박, 관리 능력의 한계 등 문제를 안고 있다.

우리나라에서는 상하수도사업, 공영 개발 등이 직접경영 방식으로 운영되며, 수익성보다는 안정적인 생산·공급이 중요하다는 점에서 직접경영의 타당성이 인정된다. 그러나 생활용수 이외의 많은 생활필수품이 민간에 의해 공급되고 있는 점을 고려하면 일상생활과의 관련성이 경영 개입의 정도를 나타낸다고 보기는 어렵다(김종순, 1997).

2) 지방공사·공단

공사(公社)는 20세기 정부 부문에서 만들어진 가장 위대한 발명품이라고 인식되는 공기업 형태다(Robson, 1962: 28). 이러한 지방공사·공단은 전액 자치단체가 출자함으로써 자치단체의 소유다. 다만, 현행 제도상 자본금의 1/2를 초과하지 아니하는 범위 안에서 자치단체 이외의 자(민간)가 출자하여 설립할 수 있기 때문에 민관(民官)이 공동 출자할 수 있는 조직은 지방공사뿐이다.

또한 지방공사·공단은 법인으로서 법적 독립체이며, 요금 수입으로 자금을 충당하기 때문에 지방정부와는 독립된 재정구조를 지닌다. 이러한 지방공사·공단의 직원은 공무원이 아니며 그 직원의 임용과 보수에 관한 규정은 자체적으로 제정한다. 그러나 지방공사는 일종의 독립된 사업을 경영하는 회사 형태로 불하가 가능하나, 지방공단은 특정 사무를 지방정부로부터 위·수탁받은 일종의 공공기관으로 불하가 불가능하다. 또한 경영자의 명칭이 공사의 경우 사장, 부사장, 이사로 불리나, 공단의 경우는 이사장, 부이사장, 이사로 불리는 차이점이 있다.

3) 위탁경영 방식

위탁경영 방식은 공기업 경영의 효율성을 제고하기 위해 지방자치단체가 시설을 건설·보유하지만 경영은 민간에 위탁하는 방식으로 간접경영 방식의 일종이다. 시·도립병원과 같이 지방자치단체가 보유하는 주식이나 지분의 매각 없이 공기업의 경영권만 민간에 위탁하는 경우를 말한다.

위탁경영은 경영의 전반적 사항을 위탁하는 완전위탁과 경영의 일부 사업에 한정하여 위탁하는 부분위탁으로 구분된다. 부분위탁에 적합한 사업은 수도사업의 검침이나 수금 업무 등 단순 반복 작업으로서 경영의 능률화 및 원가 절감을 위해 계속 증가할 전망이다.

완전위탁에 적합한 사업은 레저시설, 관광사업 등 비교적 공익성이 약하거나 지역주민의 일상생활과는 거리가 멀고, 경영에 전문적인 지식을 필요로 하는 사업이다. 그러나 위탁경영의 경우에도 위탁기업의 효율적인 경영을 위해 위탁자인 지방자치단체는 수탁자인 민간기업의 경영에 대해 일정한 지휘·감독을 행해야 한다.

4) 민관공동 출자 방식

민관공동 출자사업이란 지방자치단체(제1섹터)와 민간조직(제2섹터)이 공동으로 자금을 출자하여 경영하는 방식으로 제3섹터로 알려져 있다. 즉, 자치단체와 민간 부문을 종합한 민관공동 협력 방식에 의해 서비스를 제공하는 것으로 지방공기업의 특성인 공공성과 기업성의 조화라는 측면이 특히 강조된다.

이러한 방식의 등장 배경은 지방자치와 분권화의 추구로 인한 공공 수요의 증가, 정부실패와 재정 부담의 가중, 공공 부문의 생산성 추구 등을 꼽을 수 있다(이계식 외, 1998: 203-204). 이러한 민관공동 출자 방식에 의한 경영 형태는 지방공사형과 주식회사형으로 구분되는데, <표 10-2>와 같은 경영상의 차이점이 있다.

지방공사형은 자치단체가 50% 이상의 자본금을 출자한 법인으로 농촌지역보다는 도시지역에서 활발하게 전개되고 있으며 사업 내용별로는 도시지역이 관광, 교통, 환경문제를 중심으로 설립된 반면, 농촌지역은 농·수·축산을 중심으로 설립되고 있어 대조를 보인다.

주식회사형은 자치단체가 자본금의 50% 미만을 출자·출연하여 설립한 법인으로 대부분 광역자치단체 위주로 운영되고 있는데, 주로 수출입 대행, 정보 제공, 무역 알선 등과 같은 지역경제 활성화를 위한 사업들이 주종을 이룬다. 반면에 기초자치단체는 주로 지역 특성을 활용한 사업을 운영하고 있다.

우리나라의 '지방공기업법'에서는 지방공기업의 유형을 <표 10-3>과 같이 지방공기업의 경영 형태로 분류하고 있다.

표 10-2 민관공동 출자사업의 비교

구분		지방공사형	주식회사형
법적 근거		지방공기업법(상법 준용)	상법
출자 방법		주식 발행	주식 발행
설립 인가		조례 제정, 행정안전부 장관 인가	행정안전부 승인(관 출자 비율 1/4 이상)
인사	사장	행정안전부 장관 승인, 단체장 임면	이사회 또는 주주총회
	이사, 감사	단체장 승인, 사장 임면	창립 총회
통제	주주권	소유 주식만큼 지자체 행사	좌동(단, 관 출자 비율 1/4 이상)
	재무회계	행정안전부 예산편성 지침	기업식 운영
	공무원 파견	자치단체 소속 공무원을 공사에 파견하거나 겸임하게 할 수 있음	좌동(단, 단체장은 서류 제출 요구, 업무·회계검사, 경영지도권 행사)

표 10-3 지방공기업의 경영 형태

경영 형태			자치단체 출자 비율	비고
직접경영	지방직영기업		출자 개념 없음	정부조직 형태
간접경영	지방공단		100%	민간 출자 불허
	지방공사	전액출자형	100%	
		제3섹터형	50% 이상	광의의 제3섹터
	지방공사와의 출자·출연법인		50% 미만	협의의 제3섹터 (주식회사 형태)

3 제3섹터의 활용 방안

1) 제3섹터의 개념 및 유형

(1) 제3섹터의 개념

제3섹터(third sector)는 국가에 따라 개인에 따라 다소 상이하게 사용되고 있으나 크게 두 가지로 분류할 수 있다. 하나는 주로 영・미와 서유럽 국가에서 사용되는 개념으로 제1섹터인 공공 부문[7]과 제2섹터인 민간 부문 중 어느 쪽에도 속하지 않는 독립 섹터를 의미하며, 종교법인, 소비자단체, 주민운동조직, 권리옹호단체 등과 같은 비영리단체가 이에 속한다. 이들 단체는 정부 부문과 민간 부문이 모두 할 수 없거나 효율적으로 수행하지 못하는 일들을 법적으로 허용된 범위 내에서 대신 수행하기 위해 생겨난 조직으로서 필요한 인적 자원을 대개 자발적인 지원자에 의존하는 것이 특징이다. 이런 측면에서 대부분의 서구 학자들은 '제3섹터'를 '자발 부문(voluntary sector)' 또는 '비영리 부문(nonprofit sector)'[8]과 동의어로 사용하기도 한다.

또 다른 개념은 주로 일본에서 통용되고 있는 것으로 공공 부문과 민간 부문의 속성－예를 들어, 민간 부문의 능률성과 전문성, 그리고 공공 부문의 공익성과 책임성 등－을 서로 합치거나 절충한 것을 의미한다. 일본에서 제3섹터 분야의 권위자로 알려져 있는 이데이 노부오(出井信夫)는 '제3섹터'를 "공공섹터(국가, 지방공공단체, 정부 관계 기관 등의 특수법인)와 민간섹터(기업, 경제단체, 공익법인체 등)가 공동으로 출자・출연하여 설립한 상법상 주식회사 또는 민법상의 재단법인"으로 규정하고 있다(出井信夫, 1994. 5: 37-54). 또한 그는 <표 10-3>과 같이 구성 주체에 따라 세분화하여 제3섹터(자치단체와 기업), 제4섹터(자치단체와 주민), 제5섹터(주민과 기업), 그리고 조인트 섹터(자치단체, 기업, 주민)로 분류한다.

반면 에치오니(A. Etzioni)는 정부, 기업, 주민단체의 결합 형태를 세 가지 유형, 즉

7) 공공 부문 속에는 정부, 공기업, 비영리단체인 공익기관이 포함되므로 이러한 용어상의 혼동을 피하기 위해 에치오니(A. Etzioni)는 섹터(sector)의 구분을 제1, 제2, 제3섹터로 하는 대신, 민간섹터(private sector: 영리추구조직), 정부섹터(governmental sector), 그리고 공공섹터(public sector: 비영리 자발조직)로 사용할 것을 제안하고 있다(Etzioni, 1973: 316).

8) 자발 부문에 관한 좀더 상세한 내용은 Wolch(1990)와 Gidron(1992) 등을 참조할 것.

표 10-4 일본의 제3섹터와 구성 주체

구분	구성 주체	법인 형태(사례)
제3섹터	자치단체와 기업	· 주식회사(安北綜合開發株式會社 등) · 재단법인(지역활성화센터 등)
제4섹터	자치단체와 주민	· 사단법인(실버人材센터 등) · 주식회사(七日町再開發빌딩 등)
제5섹터	주민과 기업	· 재단법인(후지기념재단 등) · 공익신탁(Community fund 등) · 주식회사(생활폐품 재활용사업 등)
조인트 섹터	자치단체, 주민, 기업	· 재단법인(강변녹화기금, 공공시설관리재단 등) · 주식회사(시가지정비사업, 사회복지, 교육문화 관련 사업 등) · 공익신탁(환경기금, 장학기금, 국제교류기금 등)

① 정부적 요소와 민간적 요소를 동시에 가지고 있는 것(의료보험, 우편 제도 등), ② 자발적 연합 형태를 띠는 것(적십자사 등), ③ 비영리적 기업 형태를 취하는 것(포드 재단 등)으로 구분하고 이들을 모두 제3섹터로 간주한다(Etzioni, 1973: 315).

이와같이 제3섹터는 형태와 기능면에서 매우 다양하고 광범위하여 하나의 통일된 개념으로 정의하기가 매우 어려울 뿐 아니라 개념상 그 범주를 정하는 일도 쉽지 않다(박재희 외, 1997: 4-6). 우리나라에서 지방정부가 도입 추진하고 있는 제3섹터는 그 사용 의미가 매우 다양하여 한편으로는 공공 부문에 민간 부문의 능력을 도입하는 것을 의미하기도 하고, 또 다른 한편으로는 공공 부문에 민간 부문의 선도나 지원에 의한 민간 부문의 활성화와 관련하여 사용되기도 한다.

(2) 제3섹터의 유형

공공 서비스 분야에서 제3섹터의 사업 유형은 민간 부문과 정부 부문 간 협력 관계의 특성을 기준으로 민관공동 출자, 민관공동 경영, 그리고 민간위탁으로 구분할 수 있다.

민관공동 출자형의 경우, 민관의 협력 관계는 사업에 필요한 재원의 공동 부담에 국한되며 운영은 출자자가 정하는 제3의 전문하도급 업체가 맡게 되며, 민관공동 경영의 경우에는 사업자본금을 공동으로 부담할 뿐 아니라 사업의 운영도 공동으로 관리하는 것이 특징이다. 그리고 민간위탁의 경우에는 기본 시설에 필요한 투자는 정부가 맡되, 민간은 시설 운영 및 관리만을 책임지고, 이로부터 발생하는 수익금을 가져

표 10-5 공공 서비스 분야에서 민·관 협력 형태

사업 형태	시설 투자 재원	운영관리 주체	운영비
민관공동 출자	민·관	민간 전문업체 (민간 하도급자)	민·관
민관공동 경영	민·관	민관합동 경영	민·관
민간위탁	관	민간기업	관 또는 주민

가게 된다.

또한 제3섹터의 유형과 사업 방식과의 관계에서 본다면 첫째, 시설관리 운영형과 서비스 대행형 제3섹터인 경우 일반적으로 민간위탁 사업 방식이 가장 흔히 사용되고 있으며, 둘째, 기업경영형 제3섹터에서는 민관공동 경영 방식 또는 민관공동 경영 방식과 민관공동 출자형의 혼합 방식, 그리고 지역개발형 제3섹터의 경우는 민관공동 출자 방식이 사용되는 것이 일반적이다.

이러한 분류 외에도 제3섹터의 유형은 조직 형태, 기능, 설립 목적, 적용 대상 등 그 분류 기준에 따라 매우 다양하다. 즉 조직의 형태에 따라 공사형, 상법상의 주식회사형 민법상의 재단법인과 사단법인[9]으로 분류하기도 하며, 기능에 따라 행정 보완형, 민간 활용형, 민간 유도형으로 분류하기도 한다. ① 행정 보완형은 정부가 독자적으로 수행해 오던 각종 행정 업무 또는 공공 서비스 전달 업무를 민간단체 또는 기업에 위탁 또는 공동으로 수행함으로써 정부의 업무 분량을 줄이고 동시에 서비스 질과 효율성을 높이려는 것이 주목적이고, ② 민간 활용형은 자원, 기술, 경영 노하우 면에서 정부가 부족한 부분을 민간 부문의 활용을 통해 충족시키기 위한 것이며, ③ 민간 유도형은 미래 전망이 불투명한 새로운 사업 분야에 정부가 선행하여 투자를 하거나 위험 부담을 감수함으로써, 민간의 진출을 촉진·장려하기 위한 목적에서 설립되는 제3섹터라고 볼 수 있다.

이 밖에 설립 목적에 따라 ① 지역 개발 수단으로서 제3섹터, ② 민영화 수단으로서 제3섹터, ③ 서비스 공급의 광역화를 위한 제3섹터, ④ 공영화 수단으로서 제3섹터가 있고, 또 자산 내용에 따라 자본집약적 제3섹터와 지식집약적 제3섹터로 분류하기도 한다(오희환, 1993: 9).

---

9) 제3섹터의 근거법이라 할 수 있는 '지방공기업법'에 의하면 현재 우리나라에서 설립 가능한 제3섹터 조직 형태는 지방공사, 민법상의 재단법인, 상법상의 주식회사 등 세 가지가 있으며, 민법상의 사단법인체의 설립에 관한 규정 조항은 아직 마련되어 있지 않다.

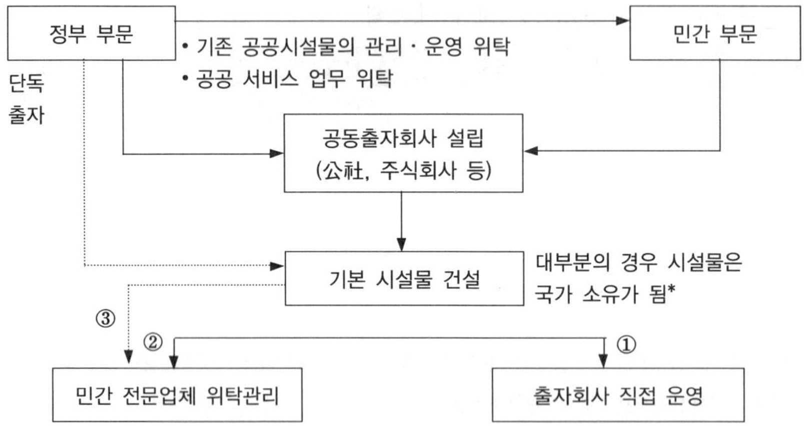

주: 현행 '사회간접자본시설에 대한 민간자본유치촉진법' 제22, 23, 24조는 국가 소유지 내에 설치된 시설물에 대해 설치자는 그 시설물에 대한 '무상 사용권' 또는 '관리운영권'은 가질 수 있으나 소유권은 가질 수가 없도록 규정하고 있다.
① 민관공동 출자형, ② 민관공동 경영형, ③ 민간 위탁형

그림 10-6 제3섹터 사업 형태

2) 제3섹터의 실태 및 문제점

(1) 제3섹터의 운영 실태

제3섹터가 소개된 것은 최근의 일이지만, 이와 유사한 제도는 1960년대 초부터 존재했었다. 최초의 제3섹터는 1962년 부산시 일원의 분뇨 수거 및 처리를 목적으로 설립된 부산위생주식회사로 부산시가 34.4%, 민간인이 65.6%를 출자해 설립했다. 그 후 1960년대 말 박정희 대통령의 지방 순시를 통해 지역 개발과 농어민 소득 증대를 위한 사업 주체로서 민관 공동출자의 회사 설립을 지시한 것이 계기가 되어 다수 설립되었다. 그러나 이러한 제3섹터는 제도적 뒷받침 없이 설립된 데다 경영 부실로 폐지되거나 새로운 지방공사로 흡수되고, 나머지는 명맥만 유지했다.

그 후 지방공기업법에 의한 최초의 제3섹터라고 할 수 있는 장흥표고유통공사가 1992년에 설립되면서 많은 수의 제3섹터가 지방공사의 형태로 설립되었으며, 2010년 7월 현재 지방자치단체가 50% 이상 출자한 제3섹터는 경기평택항만공사, 고양도시공사, 태백관광개발공사, 제주관광공사 4개만이 존속하고 있다.

또 다른 형태의 제3섹터는 지방공기업법에 의거하여 지방자치단체가 2분의 1 미만을 출자 또는 출연하여 지방자치단체 외의 자와 공동으로 설립한 상법상의 주식회사

표 10-6 지방공사형 민관공동 출자사업 현황(2010. 7. 1)

자치단체	공사명	사업 내용
경기도	경기평택항만공사	-평택항의 부두 개발 및 관리 · 운영 -평택항의 배후지 개발 및 관리 · 운영
고양시	고양도시공사	-토지 개발 등을 위한 토지의 취득 · 개발 · 비축 및 공급 · 임대관리
태백시	태백관광개발공사	-체육시설업, 휴양콘도미니엄업, 관광호텔업 및 관광객 이용시설업
제주특별자치도	제주관광공사	-관광통합 홍보마케팅 -관광상품 개발 및 관광사업 지원

자료: 행정안전부(2010a).

이므로, 주식회사형 제3섹터는 원칙적으로 민법과 상법 중 재단법인이나 주식회사에 관한 규정에 따라 운영된다. 다만 지방공기업법은 지방자치단체가 자본금 또는 기본재산의 1/4 이상을 출자 또는 출연하고자 할 때에는 미리 행정안전부 장관의 승인을 얻도록 했다. 또한 통제에 관한 사항 외에 지방공사에 해당되는 규정 중 사업 연도, 대행사업의 비용 부담, 공무원의 파견 겸임, 권한의 위임 등에 관해서는 지방공기업법의 규정을 준용하도록 하고 있다.

1994년 우리나라 제3섹터의 가장 큰 변화는 주식회사형 법인의 출현이었다. 즉 경상북도, 경상남도 및 제주도에서 농산물 및 중소기업제품 수출입대행을 위한 무역회사를 설립했는데, 특히 경남무역은 최초의 도 단위 민관합동 법인이라는 점에서 그 의의를 인정받고 있다. 1995년 이후에도 계속적인 주식회사형 제3섹터가 설립되었으며, 2010년 7월 현재 서울관광마케팅(주), (주)벡스코, 강남모노레일(주), 인천대교(주) 등 주식회사 형태의 38개 법인이 운영되고 있으며, 사업 내용은 관광상품 개발, 관광 홍보 및 관광객 유치, 국내외 박람회 및 전시회 개최 등 다양하다.

(2) 제3섹터 활용상의 문제점

우리나라의 제3섹터는 다양한 사업 내용으로 발전 추세에 있으나 동시에 많은 문제점이 제기되고 있다. 실제로 2010년 7월 현재 대상 42개 법인 중에서 2009년 경영성과 결과 (주)광주광역정보센터 및 수완에너지(주) 등 20개 민관공동 출자사업이 적자 경영을 나타냈고, 해산 절차가 진행 중이거나 사업 자체가 불투명한 법인도 나타났다. 따라서 현재 우리나라에서 시행 중인 제3섹터 사업들의 공통된 문제점은 다음과 같다.

① 사업에 대한 사전 검토 결여 및 사후평가제의 부재

제3섹터 중 상당수가 사전 검토와 계획성의 결핍 등으로 설립 후 경영 부진을 면치 못하고 있는 것으로 나타나고 있다. 따라서 사업의 계획 단계에서부터 사업의 채산성뿐만 아니라, 다양한 사업 방식 간 비교 검토 등 좀 더 면밀한 사전조사와 연구가 필요하다. 또한 사업 주체도 무조건 상법상의 주식회사 형태를 취할 것이 아니라, 사업 내용에 따라서 재단법인이나 공익신탁 등 다양한 형태의 장·단점에 대한 비교·검토가 필요하다.

사전 검토의 결여과 함께 현재 운영 중인 대부분의 사업에 대해 사후평가가 부적절하게 형식적으로 이루어지거나 아예 사후평가를 위한 법적 제도가 마련되지 않아 결과적으로 현행 사업에 대한 객관적인 평가와 개선이 이루어지지 않고 있다(김재훈, 1996; 송대희, 1990; 이혁주·최병대, 1995).

② 법적 장치의 미비

현행 제3섹터의 근거법은 지방공기업법 및 민자유치촉진법과 국유 철도의 운영에 관한 특례법 등 개별법이 존재한다. 민자유치촉진법과 지방공기업법은 성격상 차이가 나지만 민간자본의 활용에 초점을 두고 있는 점에서유사하다. 이처럼 제3섹터에 관한 현행법은 미국처럼 민관 협력의 형태에 초점이 맞추어져 있기보다는 민간자본의 활용에 중점을 두고 있으며, 비영리적 사업보다는 영리적 사업에 더 중점이 주어져 있다.[10] 실제 현행 민자 유치법은 사회간접자본(SOC)의 확충을 위한 세제나 재정 지원의 규정을 두고 있지만, 비영리적 공공 서비스 분야의 제3섹터 사업에 대해서는 필요한 각종 세제 및 금융 지원이 제도화되어 있지 않다(김명진, 1994: 37-38).

앞으로 제3섹터의 사업 영역을 좀 더 공익성이 높은 공공 서비스 분야로 확대하기 위해서는 단순한 민간자본의 참여 수준을 넘어서 전문지식, 기술을 통한 민간 참여와 자발적 시민단체와 비정부기구(NGO)의 참여까지 가능하게 하는 '민관협력법(public-private partnership act)'의 제정과 같은 새로운 법적 근거가 마련되어야 한다.

10) 이것은 제3섹터를 지방공사와 동일 개념으로 보는 일본의 법제도와 매우 흡사한 것으로 우리나라의 제3섹터는 일본의 영향을 받은 결과로 판단된다.

표 10-7 주식회사형 제3섹터 현황(2010. 7. 1)

출자 구분	단체 수	단체별
합계	38	
지자체 25~50% 미만 출자	27	서울관광마케팅(주), (주)벡스코, 부산관광개발(주), (주)엑스코, (주)광주광역정보센터, 재단법인 대전컨벤션뷰로, 안산도시개발(주), (주)강원심층수, 와인코리아(주)농업회사법인, 농업회사법인(주)속리산유통, (주)삽교호함상공원, (주)홍주미트, 농업회사법인(주)고창황토배가유통, (주)무안황토랑유통공사, 청해진미완도전복(주), 농업회사법인 고흥군유통주식회사, 농업회사법인 화순농특산물유통회사, 농업회사법인 영광군유통주식회사, 경북통상(주), (주)울진로하스코리아, (주)울진농수산물유통농업회사법인, (주)경남무역, 가온소프트(주), 농업회사법인 합천유통(주), 토요애유통(주), 마산해양신도시(주), (주)제주국제컨벤션센터
지자체 25% 미만 출자	11	강남모노레일(주), 인천대교(주), 한국씨이에스(주), 수완에너지(주), (주)아름다운인제관광, (주)청주테크노폴리스, 지앤아이(주), (주)탑글로리, (주)완도수산물유통, (주)케이씨피드, (주)제주항공

자료: 행정안전부(2010a).

③ 경영에서 민간 부문의 자율성 부족

우리나라 공기업과 정부출연기관의 경영자들은 정치적으로 결정되는 것이 관례였으며 대부분 "퇴직을 앞둔 관리나 다른 부서로 가기 위한 전 단계로서 거쳐 가는 자리 역할"밖에 하지 못했다(이혁주 · 최병대, 1995: 5). 따라서 이들은 사기업의 전문경영인들에 비해 공식적 목표 추구의 동기가 작을 뿐만 아니라 해당 분야에 대한 전문지식 또한 결여된 경우가 많았다.

④ 사업 추진 절차의 복잡성

민관공동 출자사업을 위한 인 · 허가 절차가 지나치게 다단계적이고 복잡하다. 예를 들어, 민자 역사의 경우는 다른 제3섹터 사업 분야에 비해 관련 법 체계와 사업자 선정을 위한 방법 및 절차 등이 비교적 잘 정비되어 있는 것으로 알려져 있지만, 출자회사의 설립에서 역사 건립에 이르기까지 최소한 6개 이상의 정부기관으로부터 승인을 받도록 되어 있는 등 절차가 지나치게 복잡하고 시일이 오래 걸린다.

3) 제3섹터의 활성화 방안

(1) 관련 제도 및 법규의 정비

우리나라 현행 법체계상 제3섹터의 법적 근거는 극히 불명확하고 또한 출자 제한

위주로 규정하고 있어 관련 법·제도의 정비가 필요하다.

첫째, 지방출자단체에 대한 일률적이고 명확한 체계의 확립을 위해 지방출자단체의 구체적 규정을 지방공기업법 내에 체계화해야 한다.

둘째, 지방공사에 대한 개념도 지방공기업법에 정확히 규정하여 자본금의 일정 비율 이상(50%)을 출자한 경우를 지칭하도록 명시화해야 한다.

셋째, 지방공기업법상의 제3섹터 설립 제한 규정(제49조 제1항)은 제한 효과가 지나치게 크다. 따라서 설립상의 제한을 철폐하거나 대폭 완화하여 제3섹터의 참여 범위를 실질적으로 확대하는 것이 바람직하다.

넷째, 현행 지방공기업법 제53조 제2항에 의하면 제3섹터 형태의 지방공사 설립 시 민간 투자는 50% 미만으로 제한되어 있다. 이는 민간의 투자 심리를 위축시키는 요인이 되며, 좀 더 민간의 투자를 활성화하기 위해서는 민관합자 투자의 비율을 대폭 높이는 법률 개정이 필요하다.

(2) 민간 참여 활성화를 위한 제도 도입

① 제3섹터 사업의 자율성 확대

현재 제3섹터 사업에 대한 통제는 지방공단과 지방공사의 통제 방법과 범위가 동일하여 합리적인 기업 운영과 민간 능력의 도입에 적지 않은 장애 요인이 되고 있다. 따라서 좀 더 자율적인 경영을 위해 기존의 통제 수단을 완화하거나 차별화할 필요가 있다.

② 합리적인 인사 제도 확립

제3섹터의 운영에서 합리적인 인사 제도를 수립하기 위해서는 다음과 같은 몇 가지를 검토할 필요가 있다.

첫째, 일본의 경우처럼 제3섹터에 대해 공무원 파견 제도와 겸직 제도를 검토할 필요가 있다. 즉, 공무원의 파견을 통해 제3섹터에 대한 직·간접적인 지도·감독을 시행하고 공무원의 파견을 좀 더 원활히 하기 위해서는 파견 직원의 신분상의 불이익이 생기지 않도록 하는 제도적 장치를 마련할 필요가 있다.

둘째, 제3섹터에 대한 현실적인 제약과 독립성 및 전문성의 확보를 고려하여 관리자의 자격을 좀 더 완화하고, 제3섹터가 주민들의 호응을 얻기 위해 민간 경영인의 영입도 가능하도록 문호를 열고 그 임기를 보장하는 제도의 도입도 검토되어야 한다.

③ 장기적인 지원 대책 마련

일본은 민활법(民活法), 민도법(民導法), NTT법, 지역종합정비자금 대부제도 등 법적 제도를 강구해 제3섹터의 활성화와 민간 참여를 적극적으로 유도했다. 우리의 경우도 이를 근거로 장기적인 지원 대책을 강구하면 다음과 같다.

첫째, 제3섹터의 사업 내용과 수지구조, 민간자본의 상황을 근거로 적정액의 출자 확보와 이와 같은 자금 조달의 편리를 위해 금융기관 등이 대부를 하게 함으로써 제3섹터의 설립을 지원하고, 이러한 출자 및 대부에 대해서는 각종 세제상의 조치가 있어야 한다.

둘째, 민간자본을 적극적으로 유도하기 위해 투자 기반을 조성하고 민간자본을 출자하도록 유도하기 위한 각종 정책적 지원책 및 유인책을 마련한다. 따라서 제3섹터를 설립하기 위한 자금의 융자 또는 회사채 발행의 알선, 지불 보증, 긴급 보조금의 지원 그리고 법인세, 부동산 취득세, 재산세 등 세제상의 감면 조치 등을 검토할 수 있다.

④ 사업의 표준화 및 설립 모형의 보급

주민의 자율적 참여를 유발하여 체계적으로 민간자본을 유치하기 위해서는 다음과 같은 표준화된 자본 유치 절차를 수립하고 추진하는 것이 바람직하다. 즉 ① 민자 유치 대상사업의 선정, ② 민자 유치 기본계획의 수립, ③ 공고 및 설명회, ④ 민간 투자자의 공모, ⑤ 민간 투자자의 선정, ⑥ 실시계획의 수립, ⑦ 사업 시행, ⑧ 준공 검사 및 사후관리 등을 들 수 있다.

우리나라에서 제3섹터 사업에 대한 논의가 본격적으로 이루어진 것은 일천하여 아직까지 명확한 개념 정립이나 체계적인 연구가 부족한 실정이며, 객관적으로 평가할 수 있는 사례도 부족하다. 그러나 취약한 지방재정의 문제 해결과 작은 정부 실현을 위한 실천 방안으로 각광받고 있는 상황에서 지역 주민에게 양질의 서비스를 제공하고 지역의 발전을 위한 수단으로서 제3섹터 사업 방식의 적극적인 활용이 요구된다. 또한 제3섹터 사업은 지방자치단체와 기업뿐만 아니라 시민단체 및 주민들과의 협력이 뒤따라야만 성공적인 제도로 정착되어 나갈 수 있을 것이다.

제11장 지방자치단체의 세출분석

제 1 절 지방세출의 의의

1 지방세출의 개념과 특징

1) 지방세출의 개념과 중요성

지방세출이란 지방자치단체가 공적인 활동을 수행하는 데 필요한 물적 자원, 즉 재화를 지출하는 것을 말한다.[1] 따라서 지출이라 하면 일정한 기간(期間)의 개념이 포함되지 않기 때문에 회계연도라는 기간을 고려할 경우에는 세출(歲出)이라는 용어를 사용한다.

지방자치단체는 자신들의 활동을 수행하기 위해 조세 등의 방법을 통해 민간 부문으로부터 재원을 조달한다. 이처럼 지방자치단체 활동을 위한 재원 조달의 근본적인 당위성은 지역 주민들이 만족하거나 혹은 편익을 얻을 수 있는 공공 서비스의 제공에 있고, 곧바로 지방자치단체의 세출활동은 공공 서비스 제공의 수단이 된다. 그러

1) 지방세출 또는 지출을 경비(經費)라고 표현하기도 한다(이상희, 1992: 76) . 그러나 세출(歲出)이란 정부의 한 회계연도에서 국고로부터 유출되는 일체의 지출로서 세입과 대비되는 개념으로 파악하여 경비보다는 세출로 사용한다.

나 모든 지출이 지역 주민의 복리를 위한 지방자치단체의 활동에만 지출되는 것은 아니며 좁은 의미에서 이러한 활동과 관계 없는 지출은 지방세출에서 제외된다(이상희, 1992).

따라서 지방세출은 지방재원의 분배(distribution), 배분(allocation), 조정(co-ordination) 기능을 담당하며, 이를 통해 지역 주민의 공적 욕구와 수요를 충족시키는 역할을 한다(한국지방자치학회, 1995: 414).

지방자치단체의 세출은 그 지방자치단체가 수행하고자 하는 모든 행정 기능과 업무를 금전적으로 표현한 것이기 때문에, 지방세출이야말로 지방재정 활동의 궁극적인 목표라고 할 수 있다. 이에 반해 세입은 이러한 지방자치단체의 활동과 수행을 위해 필요한 재원을 여하히 확보할 것인가를 나타낸 수단적 명세에 불과하다. 따라서 지방재정에서 지방세입보다 지방세출의 중요성이 더욱 강조되어야 한다고 하겠다.

2) 지방세출의 특징

지방세출의 특징 역시 지방재정의 특징과 유사하나, 좀 더 세분하면 다음과 같이 요약할 수 있다(최창호, 1994: 356-357).

① 다양성(多樣性): 모든 지방자치단체별로 세출 양태는 상이하고, 또한 각 지방자치단체가 처해 있는 상황이 다르기 때문에 각 지역의 행정 수요가 상이하고, 따라서 그 행정 수요에 대응하기 위한 지방자치단체 세출의 내용도 다양할 수밖에 없다. 그러나 오늘날에는 이와같이 다양한 지방세출을 지방자치단체의 규모나 그 경제·사회적 여건 등을 감안하여 그 문제의 공통성을 추출하여 이를 유형별로 해결하려는 노력이 경주되고 있다.

② 경직성(硬直性): 지방세출의 경직성은 다음의 세 가지를 들 수 있다. 첫째, 지방재정의 취약성으로 인해 경직성 경비의 비중이 너무 높아, 계획적이고 자율적인 재정 운용에 막대한 장애 요인으로 작용하고 있다. 특히 시·군 등 기초자치단체의 경우는 인건비와 물건비 등 경직성 경비 비율이 매우 높은 실정이다. 둘째, 일반재원보다 특정 재원의 비중이 높아 세출의 용도가 지정되어 있기 때문에 경직성이 높을 수밖에 없다. 지방세의 목적세와 세외수입도 비도(費途)가 정해져 있는 경우가 많아 자체재원이라고 해도 세출 용도는 한정되어 있고, 의존재원의 경우 국고보조금과 지방양여금 등 특정 재원의 비중이 높아 지방세출의 경직성을 강화시키고 있다. 셋째, 국고보조금에 수반되는 지방비 부담이 과중하여 지방세출의 경직성을 초래하고 있다. 국고보조율이 너무 낮아 지방비 부담액이 없어 보조사업을 반납하는 사례가 발생하기도

한다. 결국 이러한 이유로 인해 지방자치단체가 자유롭게 지출할 수 있는 세출의 규모는 줄어들고 경직성은 높아진다.

③ 한계성(限界性): 중앙정부의 세출이 전국적 또는 광역적인 행정 수요에 대응하는 지출인 데 비해, 지방자치단체의 세출은 그 지역의 주민생활과 직결되는 지역적 한계성을 가질 수밖에 없다. 그러나 오늘날 지방자치단체의 사무와 기능이 점점 확대되어 지역적인 한계성이 희박해지고 전국적 또는 광역적 성격이 강화되고 있다. 이에 따라 지방자치단체 지출의 지방적·특수적 성격이 점차 희박해지고, 따라서 지방경비와 국가경비의 구분 한계가 모호해지고 있다.

④ 중앙의존성(中央依存性): 국가경비는 궁극적으로 국가 자신의 권위와 신용에 근거하여 자급자족되는 데 반해, 지방자치단체 세출은 원칙적으로 지방자치단체에 의해 지출되지만, 실제로는 그 상당한 부분이 중앙 또는 상급 자치단체로부터의 지원에 의해 지출됨으로써 의존성을 갖고 있다. 특히 오늘날에는 지방세출 효과의 역외 확산 경향, 중앙과 지방 사이의 보완 내지 조정의 필요성, 지방자치단체 간 재정력 격차 해소의 필요성 등으로 인해 지방 세출의 중앙의존성이 더욱 촉진되고 있다. 극단적으로는 지방재정의 중앙재정에의 예속화 내지 종속화의 위험성마저 있다고 할 정도다.

2 지방세출의 당위성

지방자치단체 세출의 당위성은 지방자치의 의의와 지방재정과 지역경제와의 관계를 통해 파악해 볼 수 있다. 즉 지방자치단체의 세출이 지방자치의 기본적 요건이 된다는 사실이고, 다른 하나는 그것이 지역경제와 기능적으로 연계되어 있다는 사실이다(최창호, 1994: 322-323).

1) 지방재정과 지방자치의 관계

지방자치는 지방자치단체가 독립적인 재원을 갖고 독자적인 판단에 따라 자율적인 지출 활동을 하는 것을 기본적 조건으로 한다. 따라서 각 지방자치단체가 자율적인 세출 권한을 가지지 못한다면, 실질적인 지방자치가 이루어지지 않고 있다고 볼 수 있다. 또한 반대로 지방자치단체의 지출은 지방자치를 전제로 해서만 그 의미를 가지는 것이다. 따라서 지방자치 없는 지방재정이란 있을 수 없고, 또한 지방자치단체의 자율적인 세출 없는 지방자치 또한 그 정당성을 확보할 수 없게 된다.

2) 지방세출과 지역경제와의 관계

지방세출과 지역경제와의 관계는 지방세출이 지역경제에 직접적인 영향을 미치고, 지역경제가 활성화되면 이는 다시 지방재정의 재정수입으로 환원되는 상호 관련성을 가진다는 점에서 명백하다.

즉, 지역경제는 지역의 민간경제와 공공경제(지방재정)으로 구성되는 바, 지방재정은 개발사업에의 투자 및 경비 지출 그리고 각종 공공 서비스를 위한 인적·물적 자원의 구매 등을 통해 지방의 산업 기반 및 경제활동에 막대한 영향을 주고, 이를 통해 지역경제의 성장과 구조적 변화를 의도적으로 유도하게 되며, 반대로 지역 경제는 지방세의 세수 등을 통해 지방재정 규모와 구조를 결정하게 되는 것이다.

3 지방세출의 결정 요인

각 지방자치단체 세출은 어느 요인에 의해 결정되는가? 각 자치단체별로 적정한 세출 규모는 존재하는가? 또한 각 지방자치단체별로 바람직한 세출구조는 존재하는가? 이러한 문제는 많은 학자의 관심거리로 실증적인 연구가 계속되고 있다. 여기서는 결정론적인 입장(deterministic approaches)과 체제론적 입장(systematic approaches)[2]에서 파악해 본다.

1) 결정요인론적 접근 방법

지방세출 수준이나 구조는 지방정부 기능 변화와 밀접하게 관련된다. 이는 주로 정책결정자들이 통제할 수 없는 사회경제적인 요인과 정치·행정적 요인들에 의해 영향을 받는다(ICMA, 1987). 따라서 여기서는 이러한 요인들을 간략히 파악해 본다.

(1) 사회·경제적 요인

사회·경제적 요인은 주로 경제학자와 재정학자들에 의해 주장된 것으로 지방정부의 지출 규모와 수준은 무엇보다도 지방정부를 둘러싼 사회·경제적 요인에 의해 결정된다고 보는 입장이며, 주로 이용된 변수로는 주민 소득, 공공재의 가격 수준, 인구

2) 지방정부 지출의 결정 요인에 관한 연구는 1952년 패브리칸트(S. Fabricant)에 의해 시작되었으며, 그 후 키(V. O. Key, Jr.)와 수많은 학자에 의해 수행되었다.

수 및 인구밀도, 도시화 수준, 산업화 수준, 교육 수준, 연령 분포 등을 들 수 있다. 이러한 요인들을 좀 더 설명하면 다음과 같다(심정근 외, 1997: 309-310).

소득 수준이 향상되면 민간재와 마찬가지로 공공재에 대한 수요도 증가한다고 보는 것이 일반적이다. 소득 수준의 변화와 지출 간의 관계를 설명한 것으로는 와그너의 법칙(Wagner's law)이 있다. 소득 수준 변화율과 지출 변화율 간의 관계는 지출의 소득탄력성으로 측정된다.

지출의 또 다른 요인은 공공 서비스의 단위당 가격으로, 인건비 · 물건비 등의 생산 요소 가격 변화는 전반적인 인플레이션과 함께 지출을 증가시키게 되는데, 가격 변화율과 지출 변화율 간의 관계는 지출의 가격탄력성으로 측정된다.

인구 증가는 공공재 수요의 양적 증대를 초래한다. 또한 인구 증가에 따른 인구밀도의 향상은 주택, 교통, 상 · 하수도 등 새로운 수요를 창출한다. 이러한 요인들과 관련해서는 지출의 인구탄력성과 규모의 경제(economies of scale) 효과 및 집적이익(agglomeration economies)의 여부가 중요한 문제로 대두된다.

산업화가 진전됨에 따라 사회구조가 변하게 되고 이에 따라 주민들의 생활양식도 변하게 되어 새로운 행정 수요가 나타나며, 산업구조 조정을 위한 지출과 환경오염을 방지하기 위한 지출도 늘어나게 된다. 교육 수준과 연령 분포의 변화도 지출구조의 변화를 가져올 것이다.

이 밖에 공공 서비스는 생산 요소들의 양과 질뿐만 아니라, 정부의 관리 방식에 따라 달라지기도 한다. 행정장비의 수준, 공무원의 능력 수준 등이 서비스 수준에 영향을 미쳐 행정 기술 진보나 노동생산성의 향상이 지출 변화에 영향을 미친다. 특히 공공 생산에서 기술 진보가 늦어 임금 수준이 생산성보다 높게 되어, 이것이 공공지출을 증대시킨다는 '보몰의 병리(Baumol's disease)'는 이들 간의 관계를 설명한다(심정근 외, 1997: 309-311).

(2) 정치 · 행정적 요인

지방자치단체의 세출은 단순한 개인적 선호의 반영이 아닌, 집단적 의사 결정의 과정인 정치 과정을 거치기 때문에 정치 · 행정 체제 내의 요인을 무시할 수 없다. 공무원 수, 정책결정 행태, 지방자치단체의 주민 대표성, 중앙과 지방 간의 권력 배분, 교부금, 보조금, 선거, 지방자치단체의 기능과 책임 등의 요인이 지방세출에 영향을 미치는 것으로 간주되어 왔다(심정근 외, 1997: 311-312).

공무원 수는 인건비 지출에 직접적인 영향을 미치며, 공무원들의 예산 결정 행태는 니스카넨의 모형에서 보듯이 지출에 영향을 미치는 것으로 가정되어 왔고, 점증주의 이론에서 보듯이 정책결정 체제도 지출에 영향을 미치는 것으로 분석되어 왔다. 지방자치단체 간에 경쟁 관계가 존재할 경우, 이웃 지방자치단체의 지출이 다른 지방자치단체의 지출에 영향을 미치는 지방자치단체 간 전시효과(demonstration effect)도 있는 것으로 생각되어 왔다.

지방자치단체의 재원 중 특별교부세나 국고보조금 등 중앙정부의 의도에 따라 지출이 결정되는 수입은 지방자치단체의 지출구조에 영향을 미치게 된다. 특히 의존수입은 자체수입을 확보하려는 노력에 영향을 미치기도 하는데, 중앙정부의 지원이 있는 경우 자체수입 확보 노력(예: tax efforts)이 줄기 때문이다. 또한 "지방교부세나 국고보조금같이 중앙정부의 지원이 공공지출에 미치는 효과는 중앙정부가 의도하는 대로, 주민들의 조세 부담을 감소시키기보다는 지방정부의 공공재 공급 수준을 증가시키게 된다"는 *끈끈이 효과*(flypaper effects)가 나타나는 것으로 알려져 있다(하연섭, 1996: 449).

표 11-1 지방세출의 요인과 변수 및 가설

요인	변수	이론 및 가설과 측정지표
사회 · 경제적	소득 수준 공공재 가격 수준 인구(밀도) 도시화 수준 산업화 수준 교육 수준 연령분포 기술 진보	와그너의 법칙, 소득탄력성 가격 탄력성 인구탄력성 규모의 경제, 집적이익 생산성, 보몰의 병리
정치 · 행정직	공무원 수 정책결정 행태 지방정부 체제 수요 제약 교부금/보조금 선거 지방정부 기능	 관료모형, 점증주의 전시효과 재정적 자주성 재정적 환상, 끈끈이 효과 정치적 경기순환 사무재배분
기타	재해 전국적 행사	

자료: 심정근 외(1997: 310).

선거가 있는 해의 공공지출이 다른 해보다 크게 증가한다는 정치적 경기순환이론(political business cycle)은 선거와 지출이 관련되어 있음을 지적한다.

마지막으로 지방자치단체가 어떤 기능을 하느냐, 즉 지방자치단체가 어떤 공공 서비스를 제공하느냐에 따라서도 지출이 달라질 것이다.

이러한 결정 요인들을 요약하면 앞의 <표 11-1>과 같다.

이들 요인 중에서 어떤 것이 더 중요한 지출 변화의 주요한 요인이 될 것인가? 이는 지방자치단체가 처한 사회 · 경제 · 정치 · 행정적 상황에 따라 다를 것이다. 근래에 와서 지방자치단체의 지출 요인을 실증적으로 규명하려는 노력이 상당히 진행되고 있다(손희준, 1999).

2) 체제론적 접근 방법

지방세출의 결정 요인들을 수요와 공급의 틀 속에서 생각해 볼 수 있다.

(1) 수요 측면에서의 요인

수요의 측면에서 볼 때 인구, 국가경제, 서비스의 상대가격, 소득 수준 등이 중요한 요인들이다.

첫째, 자연적인 인구 증가뿐 아니라 인구 이동에 의한 인구 구성의 변화는 새로운 행정수요를 창출하여 예산 규모를 증가시킬 것이다. 특히 발전 지역에서는 산업화와 그에 따른 인구 유입으로 인해 도시 하부구조(urban infrastructure)에 대한 수요가 급증할 것이고, 부유한 주민들이 이주해 오는 경우 더욱 양질의 서비스를 요구할 것이기 때문에 인구 증가 속도보다 더 빠른 지방세출의 증가율을 요구할 것이다.

둘째, 국가 경제 여건이다. 만약 국가의 경제 발전 속도가 느리고, 높은 인플레이션을 겪고 있다면, 주민들은 소득재배분보다는 조세 및 재정 규모에 더욱 관심을 기울일 것이고, 그 반대는 더 많은 공공재의 공급이나 소득재배분에 대한 수요가 증대될 것이다.

셋째, 공공재 상대가격의 변화는 수요량의 변화를 낳게 된다. 즉 특정 공공재의 가격이 상승하면 그 서비스에 대한 수요량은 감소할 것이다.

넷째, 지역 주민의 소득 수준이 상승하면 주민들은 더 좋은 교육, 공원, 도로 수준을 원함으로써 경비의 규모는 커질 것이다. 즉 지방세출은 소득탄력적이다(한국지방자치학회, 1995: 415-416).

(2) 공급 측면에서의 요인

공급 측면에서는 노동과 자본가격, 규모의 경제, 물가지수, 자본적 투자 수준 등을 들 수 있다.

첫째, 노동과 자본가격이 지방세출 규모에 영향을 미칠 수 있다. 만약 지방공무원의 임금상승률이나 지방자치단체 활동의 자본가격이 상대적으로 높다면, 지방자치단체가 공급하는 공공 서비스의 상대가격은 상승할 것이고, 결과적으로 지방세출 규모는 커질 것이다.

둘째, 규모의 경제가 발생한다면 지방자치단체가 공급하는 서비스의 한계비용을 감소시킨다. 그러나 대부분의 지방 서비스는 노동집약적인 성격이 강하기 때문에, 규모의 경제가 발생하는 경우가 중앙정부나 광역지방자치단체와 비교해 볼 때 상대적으로 적다.

셋째, 복지와 의료 서비스 등 공공 서비스의 비용은 물가 상승에 따라 오르기 때문에 지방세출의 규모도 물가가 상승하면 따라서 증가할 것이다.

넷째, 지방자치단체의 자본적 투자 규모가 크면 클수록 총 지방세출의 규모도 커질 것이다. 예를 들어 새로운 하부구조에 대한 투자가 이루어지면 미래의 부채 상환을 위한 경비, 시설유지비 등으로 인해 장기적으로 볼 때 지방경비의 규모는 커질 것이다.

(3) 환경적 요인

수요와 공급적 측면외 다른 환경적 요인도 지방세출 규모에 영향을 미친다. 예를 들어 중앙정부 또는 상위 지방자치단체들의 재정정책 변화가 지방재정 규모에 큰 영향을 미치기도 한다. 만약 중앙정부가 이전 재정의 규모를 줄인다면, 지방재정의 규모도 작아지게 될 것이다(한국지방자치학회, 1995: 415-417).

특히 우리나라는 지방자치의 환경 변화가 지방행정 수요의 변화를 초래하고 있다. 지방자치의 실시와 함께 지방자치단체에 대한 지역 주민들의 기대 수준이 크게 높아져 지방재정 수요의 팽창이 예상되는 이유는 다음과 같다(권형신 외, 1998: 224-226).

첫째, 지방선거의 실시와 주민의 행정참여 욕구 상승이 재정 수요를 유발하고 이에 따른 공급도 확대된다. 더 나은 생활 수준과 지역 주민들의 각종 욕구 분출이 지방선거 과정에서의 공약과 연결되어 재정 수요를 증가시킨다.

둘째, 자치단체 상호간의 경쟁과 정보 공개 등이다. 예컨대, 어느 지방자치단체의 시설이 근대화되면 다른 지방자치단체에게 영향을 미치고 연쇄적으로 파급되어 주민들은 일정한 수준의 서비스를 요구하게 된다.

셋째, 지역이기주의의 팽배와 광역행정 수요의 발생이다 지역별 · 분야 별 · 계층별로 조직화된 이익집단들의 이기주의가 표출되고 있다. 예컨대, 상수원 보호구역 설정, 공업단지 조성, 문화 · 체육시설 등 공공시설의 공동 이용 문제와 쓰레기 처리장(소각장), 하수 및 분뇨처리장, 공동묘지 및 화장장 · 납골당, 각종 사회복지시설(장애인시설, 고아원, 양로원 등), 핵발전소 및 폐기물 저장시설 등 각종 혐오시설을 둘러싸고 이 시설들을 회피하려는 님비(NIMBY) 현상과 지역 발전에 유익한 각종 시설을 경쟁적으로 유치하려는 핌피(PIMFY) 현상 등에서 지역이기주의가 팽배하고 있고, 이로 인해 재정 수요와 지출이 유발된다.

제 2 절 지방세출의 분류

1 회계별 분류

지방자치단체의 회계는 일반회계와 특별회계로 분류된다. 일반회계는 일상적인 정부의 유지 및 관리를 위한 회계이고, 특별회계는 일반회계와 분리하여 계리할 필요가 있는 경우에 특별히 분리하여 운영하는 회계다. 지방재정법에 의하면 지방자치단체의 회계는 일반회계와 특별회계로 구분하도록 되어 있고, 특별회계는 공영기업 기타 특정 사업을 운영할 때 또는 특정 자금이나 특정 세입 세출로써 일반 세입 · 세출과 구분하여 경리할 필요가 있을 때에 한해 법률 또는 조례로 설치할 수 있다고 규정하고 있다(지방재정법 제9조).

일반회계는 조세수입을 주된 재원으로 하여 보편적인 공공 서비스를 공급하는 회계로, 지방자치단체의 일반회계는 지방세 수입과 세외수입 등 자체 재원과 지방교부세, 국고보조금, 지방양여금 등 의존재원으로 구성되는 세입과 세출로 구성되어 있다.

지방자치단체의 특별회계는 공기업 특별회계와 기타 특별회계로 나뉘는데, 공기업 특별회계는 지방자치단체가 직접 설치 · 운영하는 상수도사업, 하수도사업, 지역개발사업, 공영개발사업, 지하철 운수사업, 주택건설사업 등 6개 특별회계로 구성되어 있고, 지방공기업법이 적용된다. 반면에 기타 특별회계는 도시철도사업, 도시개발사업

표 11-2 회계별 지방세출 현황 및 추이

(단위: 억 원, %)

연도	합계		일반회계		공기업특별회계		기타 특별회계	
	세출액	비중	세출액	비중	세출액	비중	세출액	비중
1990	217,681	100.0	153,206	70.4	31,937	14.7	32,536	14.9
1992	344,552	100.0	220,407	64.0	55,268	16.0	68,876	20.0
1994	424,832	100.0	303,404	71.4	53,454	12.6	67,972	16.0
1996	580,494	100.0	429,346	74.0	71,688	12.3	79,460	13.7
1998	674,693	100.0	515,205	76.4	71,298	10.5	88,190	13.1
2000	749,861	100.0	578,145	77.1	67,250	9.0	104,465	13.9
2002	1,008,557	100.0	803,151	70.6	84,295	8.4	121,110	12.0
2004	1,195,030	100.0	967,640	81.0	91,108	7.6	136,282	11.4
2006	1,377,895	100.0	1,109,479	80.5	105,548	7.7	162,867	11.8
2008	1,668,018	100.0	1,366,250	81.9	113,764	6.8	188,002	11.3

주: 결산 총계 규모임.
자료: 내무부・행정자치부(매년도).

특별회계 등 다양하며, 동일한 상수도사업도 지방자치단체에 따라 공기업특별회계로 운영되기도 하고 기타 특별회계로 운영되기도 한다. 이는 동일한 사업이라고 해도 지방공기업법 및 지방공기업법시행령에서 정한 요건을 충족시키지 못하는 경우에 지방공기업법의 적용을 받지 못하기 때문이다.

지방자치단체의 세출결산 규모를 회계별로 비교하면, 2008년도 결산 총계 규모는 일반회계가 136조 6,250억 원으로 전체 결산 규모의 81.9%를 차지하며, 공기업특별회계는 6.8%, 기타 특별회계는 11.3%를 차지한다. 특징은 일반회계의 비중이 1992년 이후 최근 계속 증가하고 있다는 것이다.

2 기능별 분류

지방정부 세출의 기능별 분류는 지방자치단체의 활동 내용과 성격을 파악하는 데 유용하다. 이는 지방자치단체가 어떠한 사무를 얼마만큼의 경비로 수행하고 있는지를 잘 보여 주는 것으로 목적별 분류라고도 한다.

현행 우리나라의 지방세출은 1996년부터 그 기능에 따라 일반행정비, 사회복지비, 산업경제비, 지역개발비, 문화체육비, 민방위비, 지원 및 기타 경비로 분류된다. 이러한 지방세출의 기능별 분류 체계는 1960년대부터 도입되었으며, <표 11-3>과 같이 수차례의 변천을 겪어 왔다.

이러한 기능별 분류는 주로 지방자치단체의 예산 및 결산서의 장, 관, 항, 세항의 과목 구분 시 기준으로 사용되며, 각 항목의 구성은 다음과 같다.

우선 일반행정비는 지방자치단체의 조직을 유지하기 위한 일상적인 경비 지출로 ① 입법 및 선거관리, ② 일반행정비로 구성된다.

사회개발비는 지방자치단체의 교육과 문화예술 및 사회복지 지출로 ① 교육 및 문화, ② 보건 및 생활환경 개선, ③ 사회보장 등의 과목으로 구성되어 있다.

경제개발비는 지역 경제 개발을 위한 지역산업 육성과 국토자원의 보전과 개발을 위한 경비들로 ① 농수산 개발, ② 지역 경제 개발, ③ 국토자원 보존 개발 등으로 구성되어 있다.

민방위비는 재난이나 비상에 대비하기 위한 민방위 활동과 소방 대책을 위한 경비로 ① 민방위관리비, ② 소방비로 구성되어 있다.

지원 및 기타 경비는 주로 직접적인 지방행정 업무의 수행이라기보다는 이를 지원하거나 예측 불가능한 경비 부족에 대비하기 위한 지출 항목으로, ① 지방채 상환비, ② 제 지출금, ③ 교부금, ④ 예비비 등으로 구성되어 있다.

기능별 지방세출 규모와 추이를 파악하면 <표 11-4>와 같다. 2007년 일반회계와 특별회계의 순계 결산 기준으로 총 세출액은 150조 7,893억 원이며 이 중에서 일반행

표 11-3 지방세출 기능별 분류 체계의 변천

1970년대	1975년부터	1986년부터	1988년부터	1996년부터
일반행정비 공익사업비 산업경제비 사회복리비 지원 제비	일반행정비 공익사업비 산업경제비 사회복리비 민방위운영비 지원 제비	일반행정비 사회복지비 산업경제비 지역개발비 문화체육비 지원 및 기타	의회비 일반행정비 사회복지비 산업경제비 지역개발비 문화 및 체육비 지원 및 기타	일반행정비 사회개발비 경제개발비 민방위비 지원 및 기타

자료: 해당 지방재정연감 및 지방자치단체 예산편성지침서.

표 11-4 기능별 지방세출 현황 및 추이

(단위: 억 원, %)

구분	1991	1993	1995	1997	1999	2001	2003	2005	2007
합계	218,501 (100.0)	288,745 (100.0)	366,642 (100.0)	509,589 (100.0)	539,793 (100.0)	675,048 (100.0)	821,860 (100.0)	955,835 (100.0)	1,507,893 (100.0)
일반행정비	34,405 (15.8)	45,269 (15.7)	72,185 (19.7)	89,846 (17.5)	88,898 (16.5)	113,093 (16.8)	134,379 (16.4)	165,707 (17.3)	196,503 (13.0)
사회개발비	29,487 (13.5)	45,631 (15.8)	58,224 (15.9)	200,293 (39.3)	232,210 (43.0)	323,029 (47.9)	376,090 (45.8)	468,640 (49.0)	771,593 (51.2)
경제개발비	141,923 (64.9)	189,689 (65.7)	225,141 (61.4)	202,771 (40.0)	198,455 (36.8)	213,071 (31.6)	280,707 (34.2)	287,285 (30.0)	412,126 (27.3)
민방위비	3,874 (1.7)	4,941 (1.7)	6,329 (1.7)	11,294 (2.2)	10,253 (1.9)	12,793 (1.9)	17,096 (2.1)	20,013 (2.0)	23,189 (1.5)
지원 및 기타	8,802 (4.1)	3,210 (1.1)	4,758 (1.3)	5,383 (1.0)	9,977 (1.8)	13,061 (1.9)	13,586 (1.6)	14,188 (1.4)	104,480 (6.9)

주: 1996년의 의회비는 일반행정비에, 사회복지비와 문화 및 체육비는 사회개발비에, 산업경제비와 지역개발비는 경제개발비에 합산했음.
자료: 행정안전부, 『지방재정연감』, 각 연도.

정비는 13.0%인 반면, 사회개발비는 전체의 51.2%로 가장 높은 비중을 차지하고 있으며, 경제개발비가 27.3%를 차지하고, 민방위는 1.5%, 지원 및 기타 경비는 1.4%를 차지한다.

그러나 모든 자치단체의 세출예산이 2008년부터 사업예산제도로 변경되면서, 분류체계 역시 <표 11-5>와 같이 변화되었다.

이에 따라 예산 과목이 과거 '장-관-항-세항-세세항-목-세목'에서 '분야-부문-정책사업-단위사업-세부사업-편성비목-통계비목'으로 변화되었으며, 여기서 분야·부문은 기능별 분류에 해당하고, 편성비목·통계비목은 품목별 분류로서 성질별 분류에 해당한다(전상경, 2011: 123).

또한 변경된 분류 체계에 의한 세출 추이는 <표 11-6>과 같다.

2011년 현재 총 세출 규모는 141조 393억 원인데, 이 중에서 사회복지가 28조 4,632억 원으로 20.1%를 차지하여 가장 큰 비중을 나타내며, 이러한 사회복지 수요의 증가가 최근 지방재정의 가장 큰 재정 부담으로 작용하고 있다.

표 11-5 현행 기능별 분류 체계

분야	부문	명칭	분야	부문	명칭
010		일반 공공행정(4)		089	사회복지 일반
	011	입법 및 선거관리	090		보건(2)
	013	지방행정 · 재정 지원		091	보건의료
	014	재정 · 금융		093	식품의약 안전
	016	일반행정	100		농림해양수산(3)
020		공공질서 및 안전(2)		101	농업 · 농촌
	023	경찰		102	임업 · 산촌
	025	재난방위 · 민방위		103	해양수산 · 어촌
050		교육(3)	110		산업·중소기업(6)
	051	유아 및 초중등교육		111	산업금융 지원
	052	고등교육		112	산업기술 지원
	053	평생 · 직업교육		113	무역 및 투자 유치
060		문화 및 관광(5)		114	산업 진흥 · 고도화
	061	문화예술		115	에너지 및 자원 개발
	062	관광		116	산업 · 중소기업 일반
	063	체육	120		수송 및 교통(5)
	064	문화재		121	도로
	065	문화 및 관광 일반		123	도시철도
070		환경보호(6)		124	해양 · 항만
	071	상하수도 · 수질		125	항공 · 공항
	072	폐기물		126	대중교통 · 물류 등 기타
	073	대기	140		국토 및 지역개발(3)
	074	자연		141	수자원
	075	해양		142	지역 및 도시
	076	환경 보호 일반		143	산업단지
080		사회복지(8)	150		과학기술(3)
	081	기초생활 보장		151	기술 개발
	082	취약계층 지원		152	과학기술 연구 지원
	084	보육 · 가족 및 여성		153	과학기술 일반
	085	노인 · 청소년	160		예비비(1)
	086	노동		161	예비비
	087	보훈	900		기타
	088	주택			합계

표 11-6 변경된 기능별 지방세출 예산 순계(일반회계+특별회계)

(단위: 억 원, %)

구분	2009년 (최종 예산)	2010년	2011년
합계	1,567,028 (100.0)	1,398,564 (100.0)	1,410,393 (100.0)
일반 공공행정	118,293(7.5)	119,619(8.5)	125,034(8.8)
공공질서 및 안전	26,516(1.6)	21,757(1.5)	23,366(1.6)
교육	83,366(5.3)	81,384(5.8)	90,143(6.4)
문화 및 관광	83,535(5.3)	77,948(5.5)	69,872(4.9)
환경 보호	168,942(10.7)	149,025(10.6)	150,305(10.6)
사회복지	291,648(18.6)	265,342(18.9)	284,632(20.1)
보건	24,264(1.5)	22,250(1.6)	20,082(1.4)
농림해양수산	109,547(6.9)	97,236(6.9)	97,944(6.9)
산업·중소기업	41,631(2.6)	30,171(2.1)	30,437(2.1)
수송 및 교통	220,058(14.0)	164,648(11.7)	151,118(10.7)
국토 및 지역 개발	166,516(10.6)	128,439(9.1)	116,385(8.2)
과학기술	7,670(0.4)	4,374(0.3)	3,293(0.2)
예비비	19,841(1.2)	21,964(1.5)	23,125(1.6)
기타	205,193(13.0)	214,400(15.3)	224,657(15.3)

자료: 행정안전부, 『지방자치단체예산개요』, 각 연도.

3 성질별 분류

지방자치단체 세출의 성질별 분류는 지방정부가 구입하는 재화와 서비스에 대한 정보를 제공하기 위한 지출 단위로 나타내기 때문에 품목별 분류라고도 하며, 세출예산 편성의 기초가 될 뿐만 아니라 예산집행의 회계적 기초가 된다. 지방세출을 품목별 분류 기준에 따라 나누면 인건비, 물건비, 이전경비, 자본지출비, 융자 및 출자비, 보전재원, 지방자치단체 내부거래, 그리고 예비비 및 기타 경비로 구분한다.

인건비는 지방정부의 직원 고용과 관련된 비용으로 급여, 상여금, 수당 등을 포함하고, 물건비는 일반운영비, 관서당 경비, 여비, 업무추진비, 특수활동비, 의회비, 복리후생비 등이 이에 포함된다. 인건비와 물건비는 대표적인 경상적 경비다.

이전경비는 지방정부로부터 국가 또는 다른 지방자치단체, 가계, 기업 등의 민간에 이전되는 비용으로 일반보상금, 이주보상금, 포상금, 연금부담금, 배상금출연금, 민간이전, 사회단체 이전, 경상 전출금, 해외 이전, 차입금 이자 등으로 구성된다.

자본지출비는 자본 형성과 직결되는 투자적 경비로서 시설비와 민간 및 지방자치단체에 대한 자본이전비, 자본전출금, 자산취득비, 고정자산비, 해외자본이전 등이 포함된다.

융자 및 출자비는 지방정부가 민간, 기업 및 양곡관리기금 등 비금융공기업, 자치단체, 금융기관에 대해 융자해 주거나 출자하는 비용으로 융자금과 출자금으로 구성된다.

보전재원비는 차입금 상환, 지방채 상환 유가증권 매입 등으로 구성되고, 자치단체 간 내부거래비는 회계 간, 계정 간 전출금과 예탁금, 예수원리금 상환, 감가상각비, 적립금 등으로 구성된다.

<표 11-7>은 성질별 지방세출의 현황과 추이를 분석한 것이다.

표 11-7 성질별 지방세출 현황 및 추이

(단위: 억 원, %)

구분	1991	1995	1997	1999	2001	2003	2006	2007	2009
합계	218,501 (100.0)	366,642 (100.0)	509,589 (100.0)	539,793 (100.0)	675,048 (100.0)	821,860 (100.0)	1,033,038 (100.0)	1,507,893 (100.0)	1,496,588 (100.0)
인건비	27,543 (12.6)	47,598 (13.0)	59,167 (11.6)	59,205 (11.0)	67,349 (10.0)	80,523 (9.8)	134,051 (12.9)	139,267 (9.2)	175,000 (11.7)
물건비	24,131 (11.0)	45,078 (12.3)	60,374 (11.8)	64,788 (12.0)	71,115 (10.5)	82,622 (10.0)	71,803 (6.9)	77,179 (5.1)	91,630 (6.1)
이전 경비	13,716 (6.3)	41,585 (11.3)	63,192 (12.4)	97,641 (18.1)	136,067 (20.2)	155,569 (18.9)	270,621 (26.2)	507,417 (33.7)	419,701 (28.0)
자본 지출	131,905 (60.4)	204,182 (55.7)	281,019 (55.1)	265,571 (49.2)	304,388 (45.1)	384,784 (46.8)	430,623 (41.7)	554,621 (36.8)	665,979 (44.5)
융자 및 출자	6,262 (2.9)	5,993 (1.6)	10,546 (2.1)	9,395 (1.7)	12,594 (1.9)	11,630 (1.4)	13,354 (1.3)	35,114 (2.3)	17,866 (1.2)
보전 재원	8,817 (4.0)	15,060 (4.1)	16,417 (3.2)	25,078 (4.6)	25,797 (3.8)	18,848 (2.3)	26,379 (2.5)	32,541 (2.2)	21,208 (1.4)
내부 거래	3,292 (1.5)	6,583 (1.8)	15,986 (3.1)	15,855 (2.9)	5,4775 (8.1)	84,437 (10.3)	81,474 (7.9)	15,514 (10.2)	94,289 (6.3)
예비 및 기타	2,832 (1.3)	560 (0.2)	2,885 (0.6)	2,257 (0.4)	2,960 (0.4)	3,443 (0.4)	4,730 (0.5)	6,607 (0.4)	10,911 (7.3)

주: 결산 순계 규모임(일반회계+특별회계)

자료: 행정안전부, 『지방재정연감』, 각 연도.

2009년의 세출 결산을 보면 인건비는 17조 5,000억 원으로 전체의 11.7%를 차지하고 있으며, 물건비는 9조 1,630억 원으로 6.1%를 차지하고, 이전경비는 41조 9,701억 원으로 28.0%를 차지하여 경상적 경비 비중은 전체의 45.8%를 차지했다. 특히 이전경비의 증가율이 최근 매우 높은 것을 알 수 있으며, 이를 통해 세출의 경직성이 강화되고 있음을 알 수 있다. 자본 지출은 66조 5,979억 원으로 44.5%를 차지하고 있으며, 2001년부터 내부거래의 비중이 크게 증가했다가 2007년 감소하더니 최근 다시 9조 4,289억 원으로 6.3%를 차지하여 물건비의 비중을 압도하고 있다.

또한 추이 분석을 통해 인건비 비중이 계속 감소하다가 2006년에 급증했으며, 자본 지출의 비중 역시 전반적으로 감소하고 있다는 것을 알 수 있다. 그러나 이전경비와 내부거래가 지속적으로 증가하고 있으며, 물건비의 비중은 1995년까지 증가 추세를 보이다가 최근 감소하기 시작했으며, 융자 및 출자비는 일정한 비중을 유지하고 있으나, 내부거래는 2001년부터 상당히 증가했음을 알 수 있다.

제 3 절 지방세출 분석의 의의와 지표

1 지방세출과 공공 서비스와의 관계

1) 공공 서비스의 비용 요소

지방정부는 하나의 생산 단위로서 인적·물적 요소를 결합하여 지방 공공 서비스를 공급하고 주민들은 이러한 공공 서비스를 소비·향유함으로써 편익과 만족을 얻는다. 결국 지방정부가 이러한 공공 서비스를 생산·공급하는 데 필요한 비용과 경비는 곧 지방정부의 세출이 되는 것이다 그러나 이러한 공공 지출과 공공 서비스의 관계는 생산 및 공급에 미치는 여러 요인 때문에 매우 복잡하다.

이러한 관계를 상술하면 다음과 같다

어느 한 시점에서 지방자치단체가 제공하는 공공 서비스는 보통 일정하며, 이를 흔히 '행정의 수비 범위'라고 한다. 수비 범위 내에도 지방자치단체 지출과 주민들의 공공 수요 충족 간에는 여러 요인들이 개입한다(심정근 외, 1997: 306-309).

첫째, 지방자치단체는 활동에 필요한 인적·물적 자원을 구입하기 위해 지출을 한다. 이런 지출은 품목별 분류 체계를 통해 알 수 있다.

둘째, 지방세출은 인적·물적 생산 요소의 양과 단위 가격의 곱으로 나타낼 수 있다. 세출(expenditure)을 E, 인력과 자본의 양을 각각 L, K, 이들의 단위 가격을 각각 w, c라고 하면 세출은 다음과 같다.

$$E = wL + cK$$

셋째, 공공 서비스를 좌우하는 것은 단순한 명목적 지출이 아니라 서비스 생산에 투입되는 생산 요소다. 공공 서비스는 생산 요소의 양과 질에 따라 변하기 때문이다. 이들 투입 요소들과 생산되는 공공 서비스의 관계를 생산함수로 파악하면 다음의 생산함수와 같다.

$$Q = q(L, K, Xi)$$

여기서 Q는 직접적인 생산량이고, Xi는 기타 다른 생산 요소들이고, q는 생산함수의 형태를 나타낸다.

넷째, 공공 서비스는 생산 요소들의 양과 질뿐만 아니라, 생산함수 형태의 한 부분인 정부의 관리 방식에 따라 달라지기도 한다. 즉 행정장비, 공무원의 기술 수준, 운용 형태 등이 서비스 수준에 영향을 미친다.

다섯째, 이렇게 생산된 공공 서비스에 대한 주민의 만족은 환경에 의해 큰 영향을 받는다. 동일한 횟수의 방범 순찰도 우범지대와 고급 주택가에서 느끼는 서비스 수준은 다르며, 동일한 쓰레기 수거 방식도 쓰레기 배출량과 지역에 따라 차이가 발생한다. 따라서 공공 서비스의 양만으로 주민들의 편익을 측정하는 것은 무리가 있다. 주민이 받는 편익 수준은 다음과 같은 공식으로 나타낼 수 있다. 여기서 G는 주민의 편익 수준 또는 만족 수준이며, N은 공공 서비스를 공유하는 사람 수, Ri는 여러 다른 환경적 요인들이다.

$$G = g(Q, N, Ri)$$

이처럼 지방정부의 세출은 지역 주민들이 요구하는 공적 수요를 충족시키기 위해 공공 서비스를 생산하고 공급하기 위해 쓰이는 재원이다. 따라서 지방 세출의 바람직한 규모와 구조는 생산되는 공공 서비스의 양과 질을 통해 평가되어야 한다.

2) 공공 서비스 비용 산출의 한계

일반적으로 공공 서비스는 최종 산출물을 측정하기 어렵기 때문에 공공지출의 적정성과 그 효과를 판단하기가 매우 어렵다. 따라서 우선 공공 서비스에 투입되는 생산 요소와 이들로부터 파생되는 중간 생산물, 그리고 최종적인 산물의 관계를 파악할 필요가 있다.

예를 들어 교육의 경우 최종 산출물은 학생들의 교육 수준 향상이나 이는 학습량, 시험 성적, 진학율 등을 통해 측정 가능하며, 이를 위해 교원 수, 교실, 교재 등에 지출이 이루어져 중간 생산물인 학급의 크기, 수업 시간 수, 학습 과목 수 등이 결정된다.

소방의 경우 최종 산출물은 화재 예방과 진화인데 이를 위해 소방수, 소방 장비 등이 투입되고, 그 결과 소방 인원이나 화재 점검 횟수 등이 중간 생산물이다. 이러한 공공 서비스의 투입, 산출, 소비를 예시하면 <표 11- 8>과 같다.

이처럼 정부의 최종 생산물을 무엇으로 볼 것인가가 모호할 뿐만 아니라, 주민들의 편익이나 만족도 수준을 측정하기도 매우 어렵다. 이런 이유로 정부의 세출 자체와 중간 생산물이 정부 산출물로 간주되기도 한다. 즉 ① 서비스의 산출에 쓰여진 지출 금액, ② 정부에 의해 제공된 중간 생산물의 양, ③ 주민들의 편익 수준 등 세 가지 모두가 정부 산출물의 측정에 사용되고 있다.

이러한 공공 지출과 공공 수요 충족 간의 복잡한 관계가 세출분석을 어렵게 한다. 생산 요소의 가격과 생산함수 및 공공 수요와 환경에 대한 정확한 정보 없이 세출 그

표 11-8 공급 서비스의 투입, 산출, 소비

공공 서비스	투입 요소	중간 생산물	최종 소비(편익)
교육	교사 수 교실 교재	학습 크기 수업 시간 수 학습 과목 수	학습량 시험성적 진학율
소방	소방수 소방서 소방장비	소방수 수 소방장비 수 화재 점검 횟수	화재 예방 화재 진화
경찰	경찰관 경찰서 경찰장비 수	순찰 횟수 경찰관서 최신장비 수	범조의 예방과 처벌 질서 유지

자료: 피셔(Fisher, 1996: 149); 심정근 외(1997: 308)에서 재인용.

자체에 대한 분석은 지방자치단체 간의 비교뿐만 아니라 당해 자치단체 내에서의세출에 대한 효과 및 그 영향 등을 분석하는 데 커다란 장애 요인으로 작용한다.

2 지방세출의 생산성 분석

1) 생산성 개념

생산성에 대한 개념은 관심 영역과 적용 분야에 따라 매우 다양하게 규명되어 왔다. 정부 부문의 생산성 연구는 1970년대부터 시작되었으며, 특히 퀸(R. Quinn)은 생산성 개념의 유형화를 시도했는데(Quinn, 1978: 41-45), 경제학자나 산업공학도들은 생산성을 투입-산출비 또는 품질을 포함하는 범위가 비교적 좁고 명백한 개념으로 이해하는 반면, 행정가들은 생산성을 더 나은 업무 성과(better performance)와 같이 좀 더 넓고 모호한 개념으로 파악한다고 주장했다.

일반적으로 정부 부문의 생산성(productivity)이란 효과적인 서비스의 전달을 위해 자원을 얼마나 능률적으로 사용했느냐를 의미한다(유훈, 1995: 338). 이처럼 행정학자들이 가장 자주 사용하는 생산성 개념은 효율성과 효과성을 합친 개념이다(Hatry, 1978). 효율성은 투입 대비 산출의 비율이며, 효과성은 정부가 생산하는 산출물의 양과 조직 목표의 달성도를 의미한다. 즉 효과성은 단순한 비용보다는 공공 서비스의 수준이 더 중요한 고려 요소이므로 다분히 대응성의 개념을 포함한다.

실제로 생산성은 어느 특정 분야에만 적용되는 절대적 개념이 아니라 예산 및 재무행정, 행정관리, 인사관리, 민영화 등 행정학의 수많은 분야와 관련되기 때문에 시대와 상황에 따라 강조점과 그에 따른 개념도 달라진다(이영균, 1994).

2) 지방세출과 생산성

지방세출의 효율성과 효과성이라고 할 수 있는 생산성은 결코 세출과 동일하지 않다. 그러나 이러한 생산성을 투입비용 대비 산출로 계산할 경우 다음과 같은 문제가 발생한다. 즉 사람들은 흔히 정부의 산출과 세출을 동일시하는 경향이 있다. 지방자치단체가 환경이나 복지정책에 지출한 예산 그 자체를 바로 환경이나 복지 부문의 산출로 간주하는 것이 그 예로, 이럴 경우 투입 대비 산출은 언제나 1일 수밖에 없고 따라서 생산성 지표는 무의미해진다. 그러므로 각 기능별 세출은 그 부문에 대한 산출보다는 비용으로 파악하는 것이 타당하다.

그러므로 지방정부의 생산성을 측정하기 위해서는 예산 지출과는 별도로 산출(output)과 최종 결과(outcome)에 대한 계산이 필요하다. 예를 들어 환경정책의 경우 하수처리량, 공해업소에 대한 점검 횟수 등이 산출이라면 수질오염이나 대기오염의 감소가 최종 결과에 해당한다. 결국 생산성은 산출 또는 최종 결과를 비용으로 나눌 때 비로소 의미를 가진다.

공공 서비스의 생산성과 비있는 값을 가용에 관해 보몰(W. Baumol)은 다음과 같은 가설을 발표했다.

> 경제의 한 부문에서 생산성이 증진될 경우 다른 분야의 임금에도 영향을 미치며, 이로 인해 생산성이 향상되지 못한 부문도 비용이 증가하는 효과가 나타난다. 지방자치단체와 같은 노동집약적 생산구조의 경우는 쉽사리 생산성을 향상시키거나 대체재를 구할 수 없기 때문에 서비스 수준을 낮추거나 그렇지 않으면 전과 같은 수준을 유지하기 위해서는 세금을 증액해야만 한다.

'보몰의 가설'은 주로 정부예산 팽창에 대한 설명으로 알려져 있지만, 지방자치단체의 생산성에 관해서도 중요한 의미를 갖는다. 그의 가설에 의하면 지방자치단체가 민간기업의 생산성 향상에 상응하는 생산성 향상 노력을 하지 않는 한, 정부는 서비스 수준을 줄이거나 그렇지 않으면 증가된 비용을 감당하기 위해 세수를 늘려야 한다는 것이다. 실제로 많은 연구 결과가 이 가설을 뒷받침해 주고 있다. 1960년대 이후 미국의 경우 GNP에서 차지하는 지방예산의 비중은 완만하게 증가했고, 이런 상황 속에서 지방정부는 감축관리와 세수 확충을 시도했으며, 각급 지방정부가 생산성 향상을 위해 활발한 노력을 시도한 것도 이와 관련된다.

우리나라도 그동안 지방재정의 규모가 계속적으로 증가해 왔다. 이는 서비스의 질적 향상과 양적 증가에 의한 것도 있으나, 상당 부분 인건비를 포함한 비용 상승과 생산성 저하에 그 원인이 있다. 예를 들어 인구가 계속 감소하는 지역의 공공 서비스는 인구가 줄어들기 때문에 공공 서비스의 생산량과 산출을 줄여야 하는데, 공공 서비스의 성격상 인구가 줄어든다고 해서 세출을 탄력적으로 줄일 수도 없고 여타의 정치적 요인들로 인해 이들 지역의 생산성이 하락하고 있는 셈이다. 그러나 생산성 지표를 적극적으로 활용하여 인력 배치와 보조금 지급 등을 조정하게 되면 지역 간 자원의 효율적 배분에도 기여할 수 있을 것이다(심정근 외, 1997: 277-279).

3) 생산성 측정지표

지금까지 개발된 생산성 측정지표는 매우 다양하다 이들을 유형화하면 다음과 같다(Grizzle, 1981).

① 비용: 그 사업에 얼마를 썼으며, 배정된 예산은 모두 집행했는가?

② 산출: 무엇을 산출했는가? 또는 시민들의 수요에 부응했는가?

③ 최종 결과: 어떤 결과를 얻었으며, 전년도 수준이나 다른 사업들과 비교해 볼 때 얼마나 효과적이었는가?

④ 비용 대비 산출: 사업은 효율적이었는가?

⑤ 비용 대비 최종 결과: 다른 사업 또는 전년도의 결과와 비교할 때 비용 대비 사업의 결과는 효과적이었는가?

⑥ 배분: 누가 서비스를 받았으며, 형평성은 고려되었는가?

⑦ 품질: 서비스의 질은 어떠했는가?

이러한 생산성 관련 측정지표가 실제 어떻게 사용되는지 파악해 보면 다음과 같다(Hatry, 1978).

① 투입지표: 가장 전통적인 생산성 지표로 투입은 금액이나 연인원에 시간을 곱해서 계산하고, 이를 인시(人時, man-hour) 지표라고도 한다. 산출은 쓰레기 수거량, 교통 위반 스티커 발부 횟수, 교육기관을 통해 배출된 학생 수 등으로 나타낸다. 그러나 이 방법의 산출은 실제 서비스의 최종 결과를 측정하지 못하는 한계가 있다.

② 업무량(work load) 지표: 일종의 산출 지표로 업무 시간이나 순찰 시간 등 생산적 활동에 종사하는 시간의 비율을 가리킨다. 하지만 이 지표 역시 지역적 특성이나 산출과 직접적으로 연계되지 않을 경우 지표로서의 타당성을 상실하게 된다는 문제가 있다.

③ 투입-산출 비율 및 품질 고려: 효율성을 투입-산출 비율로만 측정하면 무분별한 실적만을 생산성으로 간주할 우려가 있다. 그래서 공공 서비스 가운데 품질이 떨어지는 경우는 산출에서 제외한 뒤 효율성을 계산하는데 이 경우 하나하나의 사례를 검토해야 하므로 자료 수집이 대단히 어렵다(심정근 외, 1997: 282).

④ 상대성 지표: 이것은 상대적 지표로서 기준 연도의 생산성을 100으로 하고 다음해의 생산성을 상대적으로 평가하는 방식이다.

4) 생산성 지표의 활용

생산성 지표는 크게 행정관리를 위한 수단과 예산 결정을 위한 자료로 활용될 수 있다(Kull, 1983: 539-564; 심정근 외, 1997: 282-284에서 재인용).

(1) 행정관리 수단

① 목표 설정: 일반적으로 공공조직 목표는 그 성과를 측정하기 어렵다. 하지만 생산성 지표는 이러한 목표를 좀 더 구체적으로 그리고 계량적으로 표시해 준다. 따라서 목표의 설정과 이를 통한 관리를 용이하게 해 준다. 문제는 모든 조직에 대해 일률적으로 몇 퍼센트 향상과 같은 목표 설정은 곤란하다.

② 비교 및 평가 기준: 생산성 지표는 조직의 목표 달성도를 나타내 준다. 따라서 전년 대비 생산성의 증감 또는 성과를 다른 조직과 비교 분석할 수 있다.

③ 통제와 확인: 생산성 지표는 조직의 건전성을 나타내므로 일상적인 관리 수단으로서 유효하다. 생산성 지수가 낮아지면 조직에 대한 위험 신호로 또 그 반대면 건강 신호로 간주하여 적절한 대책을 강구할 수 있다.

④ 책임성 확보: 생산성 지표는 관리자의 책임성을 파악할 수 있는 수단이므로 인사관리의 공정성에도 도움이 된다.

⑤ 동기 부여: 생산성지표는 관리자와 구성원들 모두에게 동기부여의 도구로 사용될 수 있다. 성과에 대한 평가는 조직원들의 생산성을 자극할 수 있기 때문이다. 다만 이의 활용에는 세심한 주의를 요한다.

(2) 예산과의 연계

① 예산 편성의 기준으로 활용: 생산성지표를 통해 업무량, 산출, 주민 만족도 등에 관한 자료를 체계적으로 확보할 수 있으므로 합리적인 예산편성에 도움을 준다.

② 예산 요구의 합리화: 대부분 미국 지방정부는 예산편성 시 생산성 지표를 반드시 첨부하며 이 지표는 예산의 요구를 정당화하는 데 사용된다. 사업 간의 우선순위를 정할 때 생산성 지표는 중요한 평가 기준이 될 수 있다. 현재 우리나라 지방자치단체도 일정 금액 이상의 신규 사업의 시행을 위해서는 재정투·융자 심사분석에서 경제적 효율성, 주민 요구도 등 생산성 지표를 사용한다. 이에 대한 금액 제한을 낮추고 기존의 사업에까지 확대 실시할 경우 위와 같은 효과를 얻을 수 있다.

③ 비용 절감: 생산성 분석을 통한 가장 직접적인 효과는 불필요한 지출을 막고 비용을 절감하는 것이다. 생산성 향상을 초래한 여러 변수와 방안 등을 기록하고 분석

함으로써 지속적으로 조직의 생산성 향상을 꾀하고 비용을 절감할 수 있다.

④ 자원의 효율적 배분: 예산 과정에서 생산성 지표를 사용하게 되면 예산의 모든 과정을 통해 분석의 영역을 확대하여 비생산적인 부분의 자원을 생산적 영역으로 전환하는 등 경제적 효율성을 극대화하게 한다.

3 지방세출 분석지표

특정 지방자치단체의 재정 상태를 파악하고, 다른 지방자치단체와 비교하기 위해 많은 재정지표를 사용한다. 그 중에서 세출지표는 가용재원율, 투자비 비율, 인건비 자체충당 지수, 기본적 세출 소요 비중 등을 사용하는데(서정섭, 1996), 일반적으로는 세출 규모, 세출구조, 세출 능력 등으로 구분해 제시할 수 있다(심정근 외, 1997: 316-319).

1) 세출 규모

기본적으로 각 자치단체별로 세출 총액(일반회계+특별회계)을 들 수 있는데, 단순한 세출 총규모보다는 이를 인구 수로 나눈 주민 1인당 세출 규모가 단체 간 비교를 위해 주로 사용된다.

또한 표준 세출 규모를 사용할 수 있는데, 이는 지방자치단체의 일반회계 세출 규모를 말하며, 이 역시 인구 수로 나누어 파악한다. 이를 식으로 나타내면 다음과 같다.

$$\text{1인당 세출 규모} = \frac{\text{세출 총액}}{\text{인구 수}}$$

$$\text{1인당 표준 세출 규모} = \frac{\text{일반 회계 세출 총액}}{\text{인구 수}}$$

2) 세출구조

세출구조는 경상적 경비 비율과 투자적 경비 비율이 많이 사용되는데, 이는 세출구조의 경직성과 건전성 등을 파악하기 위해서다.

경상적 경비는 지방자치단체의 조직 및 인력을 유지·관리하기 위해 매년 지속적으로 소용되는 경비로서, 일종의 고정적 경비이며 이 경비가 세출 총액에서 차지하는 비중이 낮을수록 재정의 경직성이 낮다. 경상적 경비의 항목은 인건비, 물건비, 경상이전비(출연금, 이자보전, 교부금, 투자적 경비분을 제외한 부담금), 보전재원 중 지방채원리금 상환금, 관서당 경비 등을 합한 금액이다.

투자적 경비는 지출 효과가 자본 형성 등으로 나타나는 자본투자비로서, 이 경비가 세출 총액에서 차지하는 비중이 높을수록 세출구조의 신축성이 높다. 투자적 경비는 자본 지출, 융자 및 출자, 보전재원, 내부거래 등의 해당 항목으로 구성되어 있으며, 이는 자치단체의 지역개발사업에 대한 투자비를 말한다.

이 밖에 경상적 경비 자체충당 비율이 사용되는데, 이는 자주재원인 지방세수입과 세외수입을 통해 경상적 경비를 어느 정도 충당하느냐를 나타내는 지표다. 즉 이러한 경상적 경비 자체충당 지수가 높을수록 그 단체는 자주적인 세출구조를 가지고 있다고 할 수 있다.

이를 식으로 나타내면 다음과 같다.

$$\text{경상적 경비 비율} = \frac{\text{경상적 경비}}{\text{세출 총액}} \times 100$$

$$\text{투자적 경비 비율} = \frac{\text{투자적 경비}}{\text{세출 총액}} \times 100$$

$$\text{경상적 경비 자체충당 비율} = \frac{\text{경상적 경비}}{\text{자주재원}} \times 100$$

3) 세출 능력

세출 능력은 지방자치단체의 지불 능력뿐만 아니라 세출 압력(expenditure pressure)에 대처할 수 있는 능력을 보여 준다. 그러나 그 개념이 명확하지 않아 지표 구성이 용이하지 않다. 주로 사용되는 지표는 가용재원율, 인건비 비율, 자주재원에 대한 인건비 비율 등이다(심정근 외, 1997: 317).

가용재원율은 세출 총액 중에서 자체사업비가 차지하는 비중으로, 이는 지방자치단체의 세출 중에서 기관 운영에 필요한 필수경비, 의무적 부담 경비, 채무상환비를 제외한 지출의 크기를 나타내는 것으로 지방정부가 자주적으로 처리할 수 있는 재원의 크기를 말한다.

인건비는 대표적인 의무적 경비로 경직성 경비를 대표한다. 따라서 인건비 비율이 증가하면 재정이 경직되고, 감소하면 재정 운영의 탄력성을 확보하게 된다.

자주재원에 대한 인건비 비율은 자주재원으로 인건비를 어느 정도 충당하느냐를 반영한다. 특히 우리나라는 지방세 수입으로 인건비를 충당하지 못하는 단체가 많아 이 지표를 통한 인건비 절감 노력 및 세출구조의 경직성을 파악하는 데 도움이 된다.

이들 지표를 식으로 나타내면 다음과 같다.

$$\text{가용재원율} = \frac{\text{자체사업비}}{\text{세출 총액}} \times 100$$

$$\text{인건비 비율} = \frac{\text{인건비}}{\text{세출 총액}} \times 100$$

$$\text{자주재원에 대한 인건비 비율} = \frac{\text{인건비}}{\text{자주재원}} \times 100$$

제 4 편 지방재정관리

제12장 중기지방재정계획과 투·융자 심사

제 1 절 지방재정과 재정계획

1 지방재정과 계획과의 관계

우리는 개인적 일상생활이나 공동적 조직생활에서 정도의 차이는 있겠지만, 어떤 형태로든 현재 입장에서 다가올 미래를 준비하고 선택하기 위해 수없이 많은 계획(plan)을 세우고 실천하려고 노력한다.

이렇듯 우리가 흔히 사용하는 계획이라는 용어가 과연 어떤 의미를 내포하고 있는 것인가? 우선 계획과 기획이라는 용어에서 완전한 합의가 이루어진 것은 아니지만 일반적인 통설은 계획하는 과정을 기획(planning)이라고 보는 입장이 지배적이다. 다시 말해, 기획은 계획을 수립하고 집행하는 과정이며,[1] 계획은 기획을 통해 산출(output)되는 결과(result)인 것이다. 결국 기획은 절차와 과정을 의미하는 반면에 계획은 대체로 문서화된 활동 목표와 수단을 가리킨다고 할 수 있다(김신복, 1984: 4).

---

1) 워터스턴(Albert Waterston)은 "기획을 장래를 내다보면서 선택하고 목표 달성을 위한 수단을 마련하여 결과에 일정한 한계를 설정하는 활동"(Waterston, 1968: 9)으로, 드로(Yehezkel Dror)는 "기획을 더 나은 수단으로서 목표를 달성하기 위해 장래의 행동에 관한 일단의 결정을 준비하는 과정"(Dror, 1963: 46-58)으로 정의한다.

정부라는 단어의 어원은 "방향을 잡는다"는 뜻을 가진 그리스어다. 정부의 임무가 직접 노를 젓는 것이라기보다는 방향을 잡아 주는 것이라고 이해할 때 예방적 정부는 불가피하다고 여겨진다(삼성경제연구소, 1995: 47). 예방적 정부는 이렇듯 계획이라는 수단적 도구를 통해 수많은 문제를 예방하려 할 뿐만 아니라, 방향 탐지를 위해 미래 예측을 준비하고 있다.

지방재정(local finance)이란 지방자치단체가 그 기능을 수행하기 위해 필요한 재원을 조달·지출·관리하는 것을 의미한다. 중앙재정이 국민경제의 성장·안정 및 소득배분에 주목적을 두고 있다면, 지방재정은 지역적 경제 개발과 지방 주민의 기본적인 욕구 충족 및 복지 증진에 그 목표를 두고 있다. 따라서 지방재정은 지방자치단체의 경제로서 지방자치 및 지역경제와 불가분의 관계를 지니고 있다. 아울러 지방재정은 직·간접으로 국가재정에 크게 의존하며, 이로 인해 복잡한 정치·행정·경제상의 문제를 내포하고 있기도 하다(김동건, 2005: 529).

2 지방재정과 계획의 연계

1) 지방재정과 계획의 괴리

경제 체제에 따라 차이가 있을 수 있지만 지방자치제를 채택·실시하고 있는 경우, 지방재정과 계획은 동전의 양면과 같이 불가분의 관계에 있다. 즉 계획이 없는 지방재정의 운영은 매우 어렵고 지방재정의 현실적 제약이나 재원을 무시하고는 계획을 수립하고 집행할 수 없다.

그럼에도 불구하고 지방재정과 계획은 그 접근 방법, 내용, 목적 등에서 차이점을 보여 준다(Premchand, 1983: 188-190).

첫째, 계획은 5년이나 10년 등 장기간이지만 지방재정은 대개 1년을 회계연도로 하여 근시안적으로 운영된다.

둘째, 계획은 지역의 경제적·사회적 부문에 대한 미래상을 설계하고 이것이 달성될 수 있도록 하는 개념적 접근(conceptual framework)을 하는 반면, 지방재정은 재원 조달 및 자금 사용에 연관되는 운영적 접근(operational documents)을 한다.

셋째, 계획과 지방재정은 의사 결정 과정이 매우 상이한 바, 계획은 통상적으로 지방의회의 심의 대상이 되고 있지 않다는 점이다.

넷째, 지방재정은 계획으로 표현될 수 있을지 모르지만, 모든 계획이 지방재정으로 충당될 수는 없다(Essentially, while all budgets are plan, not all plans are budgets).

그런가 하면 지방재정과 계획은 지방자치단체가 지니고 있는 환경적 · 구조적 · 행태적 측면에서도 실제적인 괴리 현상을 보여 준다(신무섭, 2003: 214-219).

첫째, 환경적 측면에서 지방자치단체의 행정 능력, 예측 능력, 재정 능력 등이 저급한 경우 불확실성이 높기 때문에 지방재정과 계획은 지극히 형식적으로 운영될 수밖에 없다.[2)]

둘째, 구조적 측면에서 계획의 추상성, 지방재정의 재원 부족, 예산 과정의 왜곡, 예산 제도의 결함, 지방재정과 계획 담당기구의 연계 부족 등으로 지방재정과 계획이 일치되기 어렵다.

셋째, 행태적 측면에서 계획과 지방재정을 담당하는 직원들의 사고 및 접근 방식에서 상당한 차이를 보여 주고 있는 바, 계획 부서 직원은 미래 지향적이고 분석적이나 지방재정 부서 직원은 현실 지향적이고 통제적이기 때문에 지방재정의 계획적 운용이 매우 어렵다.

2) 연계 방안 모색: 중기지방재정계획

앞에서 지적한 괴리 요인을 보더라도 지방재정과 계획을 서로 연계시키는 것은 결코 쉬운 일이 아니다. 즉 괴리 요인 중에서도 환경적 요인은 통제나 조작이 매우 어려우며, 구조적 요인이 개선되었다고 하더라도 의도했던 대로 기능을 하지 못하는 경우가 많으며, 행태적 요인의 변화를 위해서는 상당히 오랜 시간을 요하게 된다.

따라서 지방재정과 계획을 연계시키기 위해서는 위에서 지적한 세 가지 요인을 점진적으로 개선하는 노력도 중요하겠지만, 그 차선책으로 전통적인 단년도 예산제도의 제약성을 보완할 수 있도록 하는 재정 운용 정책을 수립하고, 이에 따른 재원 동원 및 배분 방향을 계획하는 지방재정 계획제도를 활용하는 방안을 모색할 필요가 있다.

---

2) 『개발도상국가의 예산과 계획(*Planning and Budgeting in Poor Countries*)』을 연구한 케이든(N. Caiden)과 윌다브스키(A. Wildavsky)는 개발도상국은 가난하기 때문에 예산과 계획이 합리적으로 연계 · 운영되고 있지 못하다고 주장한다. 여기서 가난이란 경제적인 것만을 뜻하는 것이 아니라, 가난 때문에 행정 능력, 예측 능력, 정치적 불안, 의사 전달, 그리고 재정 능력이 저급하다는 것을 의미한다(Caiden & Wildavsky, 1974: 45-63).

제 2 절 중기지방재정계획의 의의와 기능

1 중기지방재정계획의 의의

중기지방재정계획(mid-term local financial plan)이란 지방자치단체가 단년도 예산제도[3]의 제약성을 보완하여 예산의 시계(時界)를 3~5년을 대상으로 하는 재정운영정책을 수립하고, 이에 따라 재원 동원 및 재원배분의 방향을 설정·계획함으로써 예산편성의 합리성을 제고하려는 제도다. 즉, 지방자치단체가 중기에 걸치는 재정운용정책을 수립하고, 이를 기초로 하여 재원 동원 및 배분 방향을 매년 연동화하여 지역개발계획의 실효성을 뒷받침하기 위한 제도로, 다음과 같은 특성을 갖는다.

첫째, 중기지방재정계획의 수립 주체는 지방자치단체이며, 당해 지방자치단체의 지역개발계획을 재정적 측면에서 지원하는 자금배분계획이다.

둘째, 중기지방재정계획은 가변적 계획이며 해마다 변화해 가는 경제 동향, 국가재정 등 환경에 따라 조정·개정해 나가는 성질의 것이다.

셋째, 중기지방재정계획의 주된 내용은 투자사업계획이다. 즉, 지방재정계획은 수입과 지출의 양면에 걸쳐 그 양과 구성 내용을 중·장기적으로 예측하여 재정활동의 계획화를 유도하는 것으로, 그 주된 초점은 행정 수준의 향상에 투입되는 투자재원의 조달과 배분을 계획하는 것이다.

2 중기지방재정계획의 도입 배경과 위상

1) 중기지방재정계획의 도입 배경

우리나라는 중앙정부 차원에서도 1970년대 말까지 통제 위주의 예산 제도에 치중

3) 쉬크에 의하면 예산제도는 통제 지향형, 관리 지향형, 계획 지향형의 세 단계를 거치면서 발달해 왔다. 여기서 계획 지향형 예산제도는 예산을 중·장기적 계획과의 관계에서 인식함으로써 재정이 사업계획을 수립·실시하는 데 효율적으로 뒷받침하도록 하며, 더 나아가서는 재정의 효율적 집행을 도모하는 데 그 목적을 두고 있다(Schick, 1996: 243-258).

하여 예산을 1년 단위로 인식해 왔고, 재정의 계획적 기능은 거의 고려 대상이 되지 못했다. 1981년에 중기재정계획의 필요성을 인식하고 1982년부터 예산요구서를 제출할 때 중기재정 소요(1982~1984)를 첨부하도록 시달했다. 정부가 중기지방재정계획을 도입하게 된 중요한 이유 중의 하나는 앞에서 언급한 바와 같이 경제개발계획과 예산이 괴리되어 왔기 때문이다. 즉, 중기재정계획을 매년 연동화하여 국제경제와 경기 변동 및 국민 욕구의 변화에 대응하면서 계획과 현실의 괴리를 축소하고 재정과 관련된 정책 및 사업 내용이 일관성 있게 하기 위한 것이다(조창현, 1996: 166-167).

이와 같은 취지에서 우리나라 지방재정의 건전성과 계획적 운용을 위해 1988년 지방재정법을 전면 개정하여 중・장기 지방재정계획 제도를 도입한 후, 1990년부터는 국가정책과 국내외 경제 여건 및 투자환경 등 지방재정의 여건 변화에 따른 중기계획에 적절히 반영하기 위해 매년 중기지방재정계획을 수정・보완하는 연동계획(rolling plan)을 수립 운영하고 있다. 중기지방재정계획 제도를 도입한 이유는 현행 단년도 예산제도가 안고 있는 문제점을 극복하고, 좀 더 장기적인 안목에서 계획적인 재정 운용을 하기 위한 의도에서였다(손희준, 2004: 2; 이규환, 1997: 19).

또한 2004년부터 국가재정 운용계획과 총액배분 자율편성 예산제도(top-down)가 도입되면서 국가재정 운용계획에서 제시하는 중・장기 중점재원 투자 방향, 그리고 주요 사업계획을 반영하고 중앙부처의 의견을 수렴하고 국가와 지방의 재정적 연계성을 강화하고 있다. 즉, 지방재정법 제33조 ②에서도 지방자치단체의 장은 중기지방재정계획을 수립하는 때에는 행정안전부 장관이 정하는 계획 수립 절차에 의해 당해 중기지방재정계획이 관계 법령에 의한 국가계획 및 지역계획과 연계되도록 규정하고 있다. 그리고 2007년 이후부터는 중기지방재정계획을 수립할 때는 사업(프로그램) 예산구조 세부사업을 중기지방재정계획 세부사업설명서 작성 기준으로 활용하도록 하고 있다(행정안전부, 2010~2014년 중기지방재정계획 수립지침).

2) 중기지방재정계획의 위상

중기지방재정계획의 위상을 도식화하면 [그림 12-1]에서 보는 바와 같다. 다시 말해서 중기지방재정계획은 국가재정에 대응하면서 지방교부세의 교부, 국고보조금의 지원, 국가균형발전특별회계의 지원 및 지방채 계획을 수립하는 데 상당한 영향을 주고 있다(和田八束・野呂昭朗, 1992: 23-24).

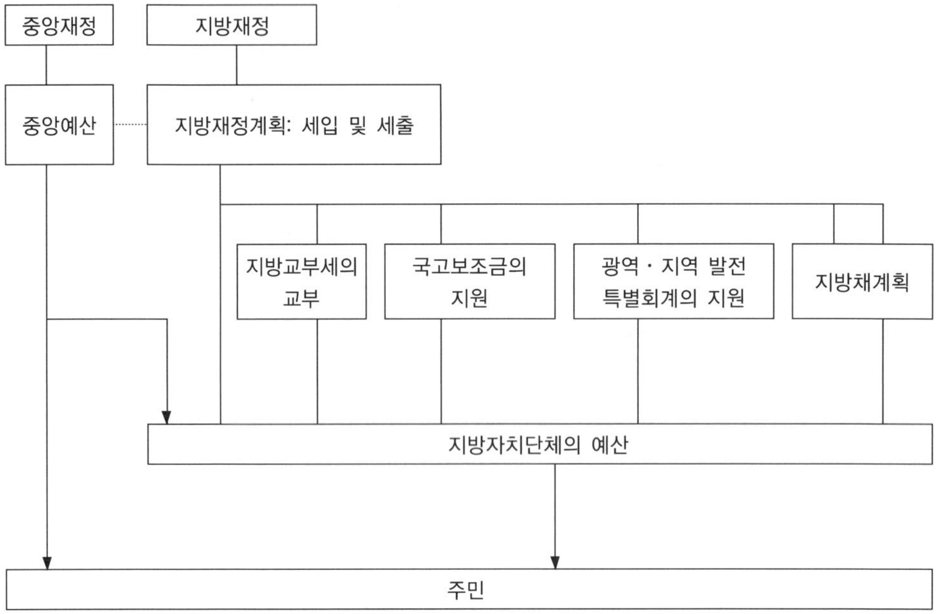

그림 12-1 중기지방재정계획의 위상

3 중기지방재정계획의 기능

중기지방재정계획 제도는 여러 측면에서 주요한 역할을 하고 있는데, 다음과 같은 몇 가지 기능을 중심으로 살펴보기로 한다.

1) 지방재정 규모의 파악

중기지방재정계획을 통해 지방재정을 전체적으로 파악하고 국가 예산과 병행해서 재정 전체의 동향을 명확하게 알 수 있도록 해 준다. 즉 각 지방자치단체의 예산을 일괄적으로 집계하기는 어려울 뿐만 아니라 그 내용도 다양하고 불확실성을 내포하고 있지만, 지방재정계획을 통해서는 지방재정을 거시적 차원에서 전체를 파악할 수 있다는 커다란 의미를 가진다(和田八束・野呂昭朗, 1992: 24).

2) 지방재원의 확보 기능

지방자치단체가 지역사회의 건전한 발전과 지역 주민의 복리 증진 등 그 기능을 수행하는 데 필요한 최소의 경비를 국가가 그 책임 하에 확보해야 할 필요성이 증대하고 있는 바, 이와 같은 지방재원을 지속적·안정적으로 확보하려면 지방재정계획의 수립·실시가 절대적으로 요구된다. 왜냐하면 지방재원을 최종적으로 확보함을 그 기능으로 하는 지방교부세에서 매년 그 총액이 지방자치단체의 재원 부족 총액에 현저하게 미달하는 경우에는 중기지방재정계획을 기초로 하여 지방재정 내지 지방행정에 관한 제도를 개정하거나 지방교부세율을 검토·조정할 수 있기 때문이다(조창현, 1996: 169).

3) 국가 시책의 실현 기능

최근 들어 지방재정 규모가 급격히 팽창하여 재정 문제를 다룰 때에는 국가와 지방자치단체를 함께 검토해야 할 뿐만 아니라, 재정정책 차원에서도 국가가 지방을 통해 통일성을 확보해야 할 필요성이 강조되고 있다. 더욱이 지방자치단체는 공공사업의 주된 실시 주체라는 관점에서 볼 때 국가 시책은 지방재정과 폭넓게 연계되어 있으므로 양자는 협력 관계에서 수행되어야 한다. 다만, 지방자치단체의 재정은 해당 자치단체의 지역경제적·사회적 조건에 따라서 그 규모와 내용이 다르게 운용되는 등 국가재정과는 다른 특징을 지니고 있기 때문에 국가 시책의 결정과 수행 시에는 지방자치단체의 재정적 특성을 감안하여 실정에 부합하는 배려를 할 필요가 있다. 이를테면 국고보조금을 일반재원화한다든지, 국가사업에 대한 지방비 부담을 최소화한다든지, 차등보조율 제도를 효율적으로 운영하여 지방재정계획이 좀 더 합리적으로 운영될 수 있도록 해야 한다(강인재 외, 1993: 497-500).

중앙정부는 중·장기재정계획을 수립하고 이를 토대로 하여 매년 법정예산을 편성하고 이에 따른 국가 시책을 구체화한다.

4) 지방자치단체의 행·재정지표

중앙정부는 매년 재정투자계획을 수립할 때 지방채의 발행 예정액을 결정하거나 중앙예산에 계상되는 국고보조금, 지방교부세, 광역·지역발전특별회계 등을 결정한다. 또한 빈번한 법령의 신설 또는 개·폐가 지방행정사무와 관계되어 지방재정에서 새로운 재정 수요의 증감에 영향을 주기도 한다. 이렇듯 국가재정과 지방재정은 매우 밀접한 관계를 지니고 있다.

그러므로 이와 같은 여러 가지 변수에 의해 지방재정의 수지 상황을 예측・전망하고 지방재정의 전반적 상황과 이에 대처하기 위한 방법과 내용을 제시하고 있는 지방재정계획이야말로 지방자치단체가 매년 재정 운영을 하는 데 매우 중요하다. 다시 말해 중기지방재정계획은 지방자치단체가 재정을 확보하거나 지출하는 재정 운용에서 중요한 지표가 된다(한국지방행정연구원, 1987: 9).

5) 지방자치단체에 대한 재원 조달 조치

지방재원은 우선 중기지방재정계획을 통해 지방재정 규모가 총액적으로 보장되어야 하겠지만, 지방재정이 개별적인 지방자치단체 재정의 총체적인 합(合)이라는 점을 고려하면 이러한 보장은 각각의 지방자치단체의 재정에 대해서도 보장되어야 한다.

지방재정은 매년 다양한 요인으로 인해 변동되는 것이지만 지방자치단체에 대한 재원 조달 조치는 그러한 변동 상황을 요인별로 정확하게 분석・파악해 이에 대응해야 한다. 이를테면 지방교부세의 교부 금액 및 방법, 국고보조금의 신청 규모, 지방채 발행계획 및 그 허가 방침 등이 중기지방재정계획의 내용에 따라 각 지방자치단체의 재정 운영에 지장을 주지 않는 범위 내에서 결정되어야 한다. 이러한 의미에서 중기지방재정계획은 국가가 지방자치단체에 대한 재원 조달 조치를 하기 위한 구체적인 지표이며, 이것은 바로 중기지방재정계획을 통해 달성되어야 할 역할이다.

제 3 절 중기지방재정계획의 수립과 절차

1 중기지방재정계획의 기본 방향

행정안전부가 2010~2014 중기지방재정계획 수립에서 제시하고 있는 기본 방향은 다음과 같다.

첫째, 국가재정 운용계획에서 제시하는 중점 투자 방향과 주요 사업 계획을 반영하여 국가와 지방의 재정적 연계성을 확보하도록 한다. 즉, 국가정책 방향의 큰 틀 속에서 자치단체 실정과 특성에 부합하는 비전과 정책을 실현할 수 있는 재정계획을 수립한다.

둘째, 자치단체 종합발전계획과 충실하게 연계하도록 한다.

셋째, 한정된 재원의 효율적 활용을 위한 합리적인 재원배분과 재정 수요 증가에 따른 자주재원 확충 자구 노력 강화하도록 한다. 모든 가업을 영기준(zero-base)에서 재검토하여 불요불급한 사업 위주의 세출 구조조정을 추진한다.

넷째, 의회, 전문가 등 각계 의견을 수렴하고, 국회 · 감사원 · 언론 등 외부기관의 지적 사항을 반영하여 수립하도록 한다.

행정안전부	• 중기지방재정계획 수립 기준 작성, 자치단체 시달
지방자치단체	• 지방자치단체별 사업계획(안) 수립
지방자치단체	• 자치단체 중기지방재정계획 중 신규 국고보조사업에 대한 관계 부처 의견 조회
지방자치단체	• 관계 부처 의견을 반영, 중기지방재정계획 확정 • 지방의회 보고 및 행정안전부 제출
행정안전부	• 전국 계획 종합, 관계 부처 협의
행정안전부	• 국무회의 보고, 중앙부처 · 자치단체 송부

자료: 행정안전부, 2010~2014년 중기지방재정계획 수립지침.

그림 12-2 중기지방재정계획의 수립 절차

다섯째, 지방재정 운용의 투명성 · 효율성을 제고하고 재정사업의 성과를 높이기 위해 사업예산 제도와 연계하여 수립하도록 한다.

여섯째, 재정공시 및 평가제도와 연계하여 계획의 예산 반영률을 제고하도록 한다.

2 계획 수립의 절차

지방자치단체는 중기지방재정계획을 수립 · 확정하고,[4] 지방의회에 보고 후 행정안전부 장관에게 제출한다. 행정안전부는 지방자치단체 중기지방재정계획을 종합하

4) 지방재정법 제33조는 중기지방재정계획의 수립에 관한 지방자치단체의 장의 자문에 응하기 위해 각 지방자치단체에 지방재정계획심의위원회를 두도록 하고 있으며, 동 위원회의 구성 및 운영 등에 필요한 사항은 당해 지방자치단체의 조례로 정하도록 하고 있다.

여 관계 부처와 협의 후 국무회의에 보고한다([그림 12-2] 참조). 중기지방재정계획 수립의 세부적 일정은 [그림 12-3]에서 보는 바와 같다.

계획 수립 마련 및 지방자치단체 시달 (7월중)	① (행안부) 중기지방재정계획 수립 기준 마련 ② (행안부 → 광역) 중기지방재정계획 수립 기준 시달
지방자치단체 세부 사업조서 입력 (8월)	① (광역) 세부사업조서 입력 ② (기초) 세부사업조서 입력 * 시스템 입력 사항은 지방재정정보화사업단과 협의
중기지방재정계획 수립 (9~11월)	① (자치단체) 중기지방재정계획 작성 ② (자치단체) 지방재정계획심의위원회 심의 · 확정 * 국고보조사업 가내시 확정(10.15) ③ (지방자치단체) 지방의회 보고
중기지방재정계획 종합 및 관계 부처 협의 (12월)	① (행안부) 전국 계획 종합 * 필요 시 합동작업 ② (행안부) 종합 계획 관계 부처 협의 * 2010~2014 국가계획 수립 의견 제시
국무회의 보고 및 자치단체 등 송부 (익년도 3월까지)	① (행안부) 국무회의 보고 ② (행안부) 중앙부처 · 자치단체 송부

자료: 행정안전부, 2010~2014년 중기지방재정계획 수립지침.

그림 12-3 중기지방재정계획 수립의 세부 일정

제 4 절 중기지방재정계획의 과제와 개선 방안

1 중기지방재정계획의 과제

중기지방재정계획 제도를 일찍부터 도입한 선진국에서도 그 효율성을 높이 인정하고는 있지만, 역시 제도의 제약성과 과제가 없지는 않았다. 마찬가지로 우리나라의 경우도 지방자치단체가 수립·운영하고 있는 중기지방재정계획은 그 내용면에서 다음과 같은 몇 가지 과제를 지니고 있다(이규환, 2003: 11-12).

첫째, 중기지방계획제도가 성공하려면 합리화를 지향하는 운용자의 의식구조와 행동양식의 개혁이 전제가 된다.

둘째, 경기가 불안정하고 경제 여건이 여의치 않은 상황에서는 중기지방재정계획상의 모표와 실제로 예산에 계상되는 실적과의 괴리가 발생할 가능성이 크다. 즉, 세입·세출의 부정확성 등 세입·세출 사이에 상당한 격차가 발생할 수 있다.

셋째, 중기지방재정계획은 지방재정 규모의 팽창을 초래할 우려가 있다. 그것은 중기지방재정계획에 포함된 사업은 당연히 집행되어야 하는 것으로 인식하고 있으므로 오히려 재정의 경직성만 높일 뿐만 아니라 신규 재정 수요가 누적적으로 추가되어 재정 규모의 팽창을 유발할 가능성이 있기 때문이다.

넷째, 지방자치단체의 내부조직 단위 간의 할거주의(sectionalism)가 심하고 자기실·국의 이해 관계에만 집착하는 경향 때문에 제도의 효력이 크게 저하될 수 있다.

다섯째, 중기지방재정계획에 대한 인식 부족, 계획기법의 미숙, 기초통계의 부정확성뿐만 아니라, 당장의 예산에는 큰 관심을 보이지만 중·장기 사업이나 몇 년 후의 예산문제는 소홀히 취급되는 경향으로 중기지방재정계획의 중요성이 퇴색될 수 있다.

2 중기지방재정계획의 개선 방안

이상에서 지적했듯이 중기지방재정계획이 성공적으로 운용되기 위해서는 여러 가지 제약과 과제가 뒤따르지만, 이를 위해서는 다음과 같은 점에서 그 미비점을 보완해 나가야 할 것이다.

1) 중기재정계획 수립을 위한 지방 여건 분석

(1) 환경적 · 구조적 · 인적 여건 및 현황 분석

중기지방재정계획을 성공적으로 수립 · 운영하기 위해서는 지방재정 현황에 영향을 미치는 환경적 요인, 구조적 요인, 인적 요인 등에 대한 분석이 필요하다. 즉, 환경적 요인은 지방재정력, 의회와 압력단체, 주민들의 계획에 대한 인식과 태도 및 법적 효력, 구조적 요인은 계획의 수립 과정과 계획의 활용, 운영 방식 등이며, 중기지방재정계획에 구조적인 영향을 미치는 요인으로는 지역개발계획과의 연계성, 재정 운영 시스템, 정보의 양과 질, 예산편성과의 관계, 미래예측 방법, 가용재원, 재원배분의 합리성 등이다.

인적 요인은 중기지방재정계획을 수립하는 행정가들의 자질과 능력 등을 의미하는데, 정책결정자의 인식과 전문 인력과 담당 기구, 실무자의 참여 범위와 수준 등이다(손희준, 2004: 15-16).

표 12-1 성공적인 중기지방재정계획을 위한 구성 요소

구분	요인	조건
환경적 요인	지방재정력	재정력이 좋을수록 계획의 독자성 보장
	의회 · 압력단체, 주민들의 사고행태	계획에 대한 바른 인식과 태도
	법적 효력	법적 효력이 있을수록 계획의 질 향상
구조적 요인	개발계획	지역개발계획과의 연계성
	재정 운영의 시스템	다른 재정관리 제도와의 연계성
	정보의 양과 질	정보의 양과 수준
	예산편성과의 관계	적극적인 반영
	미래예측 방법	예측 방법의 과학성
	가용재원	가용재원의 확보
	재원배분	재원의 합리성
인적 요인	정책결정자의 인식	정책결정자의 계획에 대한 인식의 적극성
	전문인력과 담당기구	전문인력과 담당기구 확보시 계획의 질 향상
	실무자의 참여 범위와 수준	실무자의 참여 범위 넓을수록, 참여 수준 높을수록 계획의 질 향상

(2) 계획 기준 및 기본 지표의 설정

중기지방재정계획을 수립할 때 고려되어야 할 계획 기준으로 ① 계획 범위, ② 계획 기간, ③ 가격 표시 방법, ④ 계획 운용 방식 등에 대한 체계적 검토가 있어야 한다. 이와 같은 재정계획 기준이 설정된 다음에 계획 수립에 일반적으로 적용되는 기본 지표가 국가의 기간적인 계획, 국가재정 운용계획, 지방자치단체의 중장기계획, 지역경제 동향 등에 근거해 설정되어야 한다.

이와 같은 대표적인 기본 지표로는 국민경제지표와 지역경제지표가 있다.

국민경제지표는 여러 국가 상위계획에 의거하여 설정되는데, 이를테면 인구, 1인당 GNP, GNP deflator, 조세부담률, 고정자본 형성, 도매(소비자) 물가상승률, 산업구조, 국민소득, 사회보장 이전, 국내 금리, 내국세, 지방재정교부금 등이 있다. 지역경제지표는 당해 지역의 발전 목표와 잠재력을 고려하여 지방자치단체 스스로가 설정하게 되는데, 이를테면 인구, 가구, GRP 규모, 주민소득, 지역 내 고정자본 형성, 재정부담률, 재정 규모, 산업별 취업구조 등이 있다.

2) 세입 및 세출의 예측

중기지방재정계획은 좀 더 정확한 세입 및 세출의 예측으로 그 실효성을 더 크게 제고할 수 있는 바, 다음과 같은 세입·세출 예측의 필요성을 보더라도 그러하다.

첫째, 국제적 내지는 국가적 경제 여건 변화에 따라 세입세출이 증감되는지 그 여부를 사전에 파악해야만 바람직한 중기지방재정계획과 사업 규모를 확정할 수 있다.

둘째, 정치적 내지는 규범적 토대 위에서 충족되어야 할 목표와 서비스의 수준을 사전에 검토할 수 있게 해서 합리적인 예산편성을 가능하도록 한다.

셋째, 사업비용에 소요되는 비용과 지출을 연계하여 시기별로 배정할 수 있다.

넷째, 균형예산을 유지할 수 있을 뿐 아니라 설혹 적자예산을 편성하더라도 적자를 보전(補塡)할 수 있는 방안들을 사전에 강구할 수 있다.

다섯째, 선거 등 정치적 이유에서 일시적으로 세입이 축소되거나 세출이 증대되는 현상을 방지할 수 있는 근거가 될 수 있다.

여섯째, 다년도 예측(multi-year projections)을 통해 연간 예산 과정에서 종종 금기시되는 근시안적 태도를 극복할 수 있도록 해 준다(Bahl & Schroeder, 1984: 3).

이상에서 지적한 것처럼 중기지방재정계획을 수립하는 데 정확한 세입·세출의 예측은 아무리 강조해도 지나치지 않다. 그렇다면 좀 더 정확한 세입과 세출의 예측을 위해 사용될 수 있는 기법으로는 어떠한 것이 있을까? 넓은 의미에서 볼 때 예측방법론은 크게 두 가지, 즉 질적 방법(qualitative methods)과 양적 방법(quantitative methods)으로 나누어 볼 수 있다. 질적 방법은 계량적 방법을 적용할 만큼 역사적 자료가 축적되어 있지 못할 때, 급격한 변동이 발생하여 수리적 추계를 하는 것이 부적합할 때, 충분한 자료를 축적할 만한 자금이 없을 때 관리적 판단(managerial judgement)으로 이용되곤 한다. 이와 대조적으로 양적 방법은 미래에도 계속되리라고 생각되는 과거의 계량적 자료가 많을 때 미래 가치를 예견하기 위해 구체화된 역사적 자료(historical data)에 근거를 둔다.

전자에는 판단적 기법, 주관적 방법, 역사적 유추법, 위원회 토의법, 델파이 방법 등이 포함되며, 후자에는 시계열 방법, 인과분석 방법, 계량경제적 기법 등이 포함된다(Hyde & Jarocki, 1978: 536). 그러나 중기지방재정계획 수립의 실제상에서는 질적 방법과 양적 방법이 서로 양극에 위치하는 것이라기보다 상호 보완적인 관계로 이용되고 있음을 볼 수 있다(장노순, 1992: 283-304).

3) 중기지방재정계획의 연동화 강화

이미 지적했듯이 각 지방자치단체는 재원 동원 및 배분의 우선순위를 가용재원의 한계로 전제하여 합리적으로 설정하고, 이에 수반되는 각종 재정정책에 대한 조정을 유도함으로써 투자 효과의 극대화와 재원배분의 적정화를 기하며, 더 나아가 재정 운영의 효율성을 제고하기 위해 중기지방재정계획을 수립하게 된다. 이러한 중기지방재정계획에는 변화하고 있는 계획 여건 속에서 당초 계획과 현실 간의 괴리를 가능한 축소 조정하기 위한, 즉 계획집행상의 융통성을 유지하면서 계속적으로 수정・보완하기 위한 제도적 장치로서 연동계획 체제가 요구된다.

여기서 연동계획(rolling plan)이란 중장기계획의 집행 과정에서 매년 계획 내용을 수정・보완하되 계획 기간을 계속하여 1년씩 늦추어 가면서 동일한 연한 계획을 유지해 나가는 계획의 조정 제도이며 이러한 조정 방법은 중기지방재정계획 운영에는 불가피한 요소로 여겨진다. 이렇듯 중기지방재정계획에서는 주요 정책 방향의 변경 및 재정 여건의 변화 등으로 인한 계획 내용 및 전제 조건의 변경에 적응할 수 있는 계획의 탄력성(flexibility)이 확립되어야 하는 바(立田淸士, 1982: 67-68), 이러한 중기지방재정계획의 연동계획이 필요한 이유는 다음과 같다(한국지방행정연구원, 1990: 9-10).

첫째, 중기지방재정계획과 밀접한 관련을 맺고 있는 각종 계획의 수정 및 주요 정책 방향의 변경 사항을 반영시키도록 한다.

둘째, 중기지방재정계획과 예산편성의 연계성을 강화시킬 수 있다.

셋째, 중기지방재정계획의 실효성을 확보할 수 있다.

4) 중기지방재정계획의 체계적 평가

지방자치단체들은 중기지방재정계획의 작성 형식과 수립 내용 및 기본 틀을 체계적으로 정립하지 못하고 있으며, 미래 지향적인 정책대안 및 전망을 도출하기보다는 단순히 세입·세출 간의 오차를 줄이는 데 많은 시간을 할애하고 있다. 이러한 가운데 행정자치부는 2004년도부터 중기지방재정계획 수립지침을 통해 중기지방재정계획에 대한 평가를 시도하기에 이르렀다. 이러한 방침에도 불구하고 구체적인 평가 방법과 평가 주체, 시기 등의 문제가 확정되지 못하고 평가계획이 수립되지 못하여 중기지방재정계획의 평가가 제대로 이루어지지 못하고 있다(손희준, 2004: 2).

중기지방재정계획이 계획으로서만이 아니라 실제 제도의 운용과 집행 및 그 성과를 성공적으로 기대하기 위해서는 체계적인 평가모형의 개발[5] 및 평가가 필요하다. 이것은 평가를 위한 평가라기보다는 중기지방재정 제도가 갖는 자체의 도입 목적과 지방재정의 책임성과 투명성을 확보하기 위해 평가 결과에 대한 활용이라는 점에서 그 의의가 크다.

5) 관련 지방재정 제도와의 연계 강화

중기지방재정계획은 지방재정투·융자심사(4, 10월), 국고보조금 신청(4 ~5월), 지방채 발행계획(8월), 예산편성(8~10월), 지방재정공시제도(8월), 지방재정분석제도(12월) 등과 밀접하게 관련되기 때문에 계획 수립을 좀 더 철저하게 하기 위해서는 이러한 여러 지방재정 제도들과 연계를 강화하도록 해야 한다.

5) 손희준(2004)은 중기지방재정계획의 평가모형(계획환경, 계획 체계, 계획 목표와 내용)을 제시하고 있으며, 동시에 평가 주체, 평가 시기, 평가 방법 등을 제시하고 있다.

제 5 절 지방재정의 투 · 융자사업 심사

1 투 · 융자사업 심사의 개념과 방법

1) 투·융자사업 심사의 개념과 목적

투 · 융자사업 심사는 지방자치단체의 자본과 자원이 희소하고 재원이 한정된 상황에서 지방재정의 계획적 · 효율적 운용을 보장하고, 투 · 융자사업의 효율을 극대화하기 위한 적정성과 우선순위를 판단하기 위해 사업계획과 관련된 모든 요소와 장래 발생 가능한 여건을 분석 · 검토하는 데 있다. 또한 투 · 융자사업 심사는 경제적 · 사회적 · 재무적 · 기술적 타당성을 사전에 분석 · 평가하여 경제성이 낮은 투자의 억제(또한 중복 투자의 방지)와 그 부실화를 사전에 예방할 수 있도록 해 줄 뿐만 아니라, 가용재원을 고려하여 당해 연도의 부문별 투자 우선순위를 정함으로써 예산편성과 사업 선정의 기초 자료로 활용할 수 있게 해 준다.

투 · 융자사업의 심사분석은 대개 사업 결정자의 판단을 증진시킬 목적으로 정보를 생산하고 제공하기 위한 체계적인 분석으로 이루어진다. 이러한 투 · 융자사업의 심사분석이 결정을 대신하는 것은 아니지만 투자재원을 합리적 · 계획적으로 배분할 수 있도록 해 준다는 점에서 매우 유용한 것이다. 우리나라에서의 투 · 융자사업 심사의 목적은 다음과 같다.

① 국가계획과 지방계획이 연계된 건전하고 생산적인 지방재정 운영
② 한정된 지방재원을 효율적 · 계획적으로 운영
③ 지방자치단체 주요 투자사업의 타당성을 사전 검증
④ 중기지방재정계획과 연계된 계획재정 운영

2) 투·융자사업 심사의 방법

지방재정의 투 · 융자심사 분석 방법은 다양한데, 이는 투 · 융자심사분석의 목적과 사업 성격에 따라 적합한 기법을 선택하는 것이 매우 중요하다. 이러한 투 · 융자 심사분석에는 운영연구(operations research), 체제분석(systems analysis), 비용편익

분석(cost-benefit analysis), 단순비용분석(simple cost analysis), 비용목표분석(cost-goal analysis), 비용제약분석(cost-constraint analysis), 비용효과분석(cost-effectiveness analysis), 재무분석(financial analysis) 등이 이용될 수 있다.

단순비용분석은 여타 심사분석 방법의 비용 계산에 기초가 되며, 비용목표분석 · 비용제약분석 · 비용효과분석은 사업의 효과 및 제약을 계량화 혹은 화폐가치화하기 힘든 경우에 사용된다. 비용편익분석은 사업의 비용뿐만 아니라 사업의 결과를 얻을 수 있는 편익을 화폐가치로 전환하여 비용과 편익을 비교할 수 있다는 점에서 차이가 있다(신무섭, 2003: 226).

(1) 단순비용분석

단순비용분석은 각 지방재정 투 · 융자사업의 비용만을 분석하는 것이다. 따라서 이 분석 방법을 사용하면 각 대안의 비용을 비교할 수 있을 뿐이므로 각 대안의 비용 요소, 비용 산출 방법 등의 차이를 주의 깊게 살펴보아야 한다.

(2) 비용목표분석

비용목표분석은 지방재정 투 · 융자사업에 관련되는 투입과 산출 관계를 구체화하여 사업의 비용곡선을 결정하여 사업의 목표와 수준을 설정하는 분석 방법이다. 이 방법은 투 · 융자사업의 목표가 변화함에 따른 사업비용의 변화를 검토하는 데 주로 이용된다. 즉 비용목표분석은 단일 대안을 대상으로 하며, 이 점에서 비용효과분석과 차이가 있다.

(3) 비용제약분석

비용제약분석은 제약의 비용을 계산하여 투 · 융자사업 결정에 이용하는 방법이다. 제약의 비용이란 투 · 융자사업 비용과 제약이 존재할 때 사업의 적정 비용과의 차이를 말한다. 예컨대 지방재정 투 · 융자사업을 지방의회, 노동조합, 기업가, 시민단체, 농민 등의 관여와 제약 사항 없이 수행할 수 있을 때, 사업을 그러한 제약 속에서 수행할 때와의 차이를 말한다.

(4) 비용효과분석

비용효과분석은 일정한 지방재정 투 · 융자사업의 효과를 달성하기 위한 사업들이 여러 종류가 있을 때, 그 효과를 달성하기 위한 가장 효과적인 투자사업을 결정하는 방법이다. 다시 말해서 사업 효과가 일정하다면 비용을 가장 적게 들이는 방법을 선택하고, 반대로 비용이 일정하다면 사업 효과가 가장 큰 방법을 선택하는 데 비용효과분석이 활용된다. 이 분석은 비용과 편익의 화폐가치화가 곤란한 투자사업의 평가에 주로 적용되는데, 이 경우 사업평가자의 주관성이 개입될 소지가 크다.

(5) 비용편익분석

비용편익분석은 경제적 효율성에 기초하여 투・융자사업이 수행되기 이전에 사업의 비용과 편익을 비교하여 비용보다 편익이 많은 사업을 선정하는 방법이다. 비용편익분석에서는 비용과 편익의 식별과 계산, 그리고 대안선택에 사용되는 결정 기준이 매우 중요한 역할을 한다. 이러한 분석 방법은 가장 객관적이고 명료하게 투・융자정책 판단의 근거를 제시할 수 있으나, 비용과 편익 계량화의 곤란, 공공투자의 외부효과, 할인율 선정 등의 문제가 제기된다.

2 투・융자사업 심사의 기본 방향과 법적 근거

1) 투·융자사업 심사의 기본 방향

투・융자사업 심사는 한정된 투자재원을 계획적이며 효율적으로 운영하고, 주요사업의 투・융자 심사를 통해 사업 효과와 성과를 극대화하기 위해 다음과 같은 기본 방향으로 추진한다.

첫째, 일정 규모 이상의 주요 투자사업은 반드시 투자심사를 거치도록 하고, 투자심사 결과에 따라 합리적인 예산편성을 함으로써 사업의 계획성과 효율성을 제고하도록 한다.

둘째, 한정된 투자재원을 투자 우선순위에 따라 배분하며, 필요 시 현지 확인심사를 거쳐 투자심사의 객관성・타당성・실효성을 제고하도록 한다.

셋째, 중기지방재정계획 반영과 국가재정 운용계획과의 연계 운영으로 고려하고, 투자심사 결과를 토대로 재정 지원 및 예산편성이 이루어지도록 운영한다.

2) 투・융자사업 심사의 법적 근거

① 자치단체장의 투・융자사업 심사 결과를 기초로 한 예산편성 의무화 (지방재정법 제30조 ③, ④)

② 자치단체장은 투・융자사업 심사 대상 사업을 시・도지사 또는 행정안전부 장관에게 심사 의뢰(지방재정법시행령 제30조 ②-⑤)

③ 시 · 도 및 시 · 군 · 구의 투 · 융자 심사 기준 금액의 상향 조정(지방재정법시행령 제41조)

④ 지방재정 투 · 융자사업 심사규칙(행정안전부령)

3 투 · 융자 심사의 기준, 유형, 그리고 절차

1) 투 · 융자사업 심사의 기준

지방사업, 즉 지방재정 투 · 융자사업에 대한 심사는 지방자치단체라는 경제 주체가 지역 발전과 주민의 공공복리 증진을 위해 실시하는 것이다. 2010년도 지방재정 투 · 융자사업 심사 매뉴얼에서 제시하고 있는 지방재정 투 · 융자심사의 기준은 다음과 같다.

① 국가장기계획 및 경제 · 사회정책과의 부합성: 국토종합개발계획, 국가경제사회발전계획, 국가재정 운용계획, 중앙정부의 역점 시책사업 등

② 중 · 장기지역계획과 및 지방재정계획과의 연계성: 지역종합개발계획/도시교통정비기본계획 등의 지역단위계획, 중기지방재정계획 등

③ 소요자금 조달 및 원리금 상환 능력: 국고보조사업의 부담 비율, 지방비 확보능력, 지방채 발행 및 상환 능력 등

④ 재무적 · 경제적 수익성: 지자체에 미치는 내 · 외부효과, 지역경제의 수익성 등

⑤ 사업의 필요성 및 시급성: 사업의 우선순위, 사업의 예상 수요도 등

⑥ 주민 숙원 · 수혜도 및 사업 요구도

⑦ 사업 규모, 사업비의 적정성

2) 투 · 융자사업 심사의 유형

(1) 심사기관별 유형

① 자체심사(자치단체별): 시 · 군 · 자치구/특별시 · 광역시 · 도

② 의뢰심사(시도 · 중앙): 시 · 도 심사/중앙심사

(2) 단계별 유형

① 1단계 심사: 기본계획 수립 이후 실시설계 이전 실시 심사

② 2단계 심사: 1단계 심사(조건부 포함) 및 실시 설계 이후 계획 변동 등의 사유

로 한 번 더 심사

(3) 심사 시기별 유형

① 최초 심사: 신규 투자사업에 대해 처음으로 실시 심사

② 재심사: 최초 투・융자 심사 결과 적정・조건부[6]로 결정되었으나 사업비 증가 등의 사유로 다시 심사

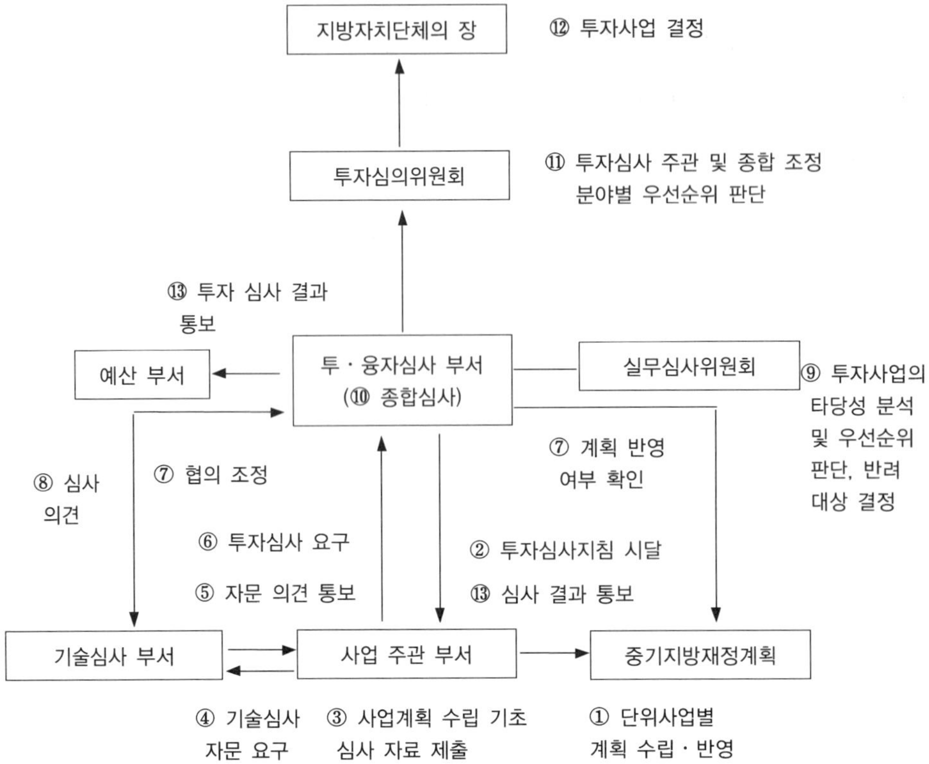

자료: 행정안전부, 2010년도 지방재정 투・융자사업 심사 매뉴얼.

그림 12-4 지방재정 투・융자사업 심사의 흐름도

---

6) 지방재정 투・자 사업심사 규칙 제5조에 따르면 투자 심사 결과는 다음과 같이 네 가지로 구분한다. ① 적정: 사업의 타당성이 인정되고 예산 반영 등 재원 조달 대책이 수립되어 정상적으로 사업 추진이 가능한 경우, ② 조건부 추진: 사업의 타당성은 인정되나 선행 절차 이행 및 재원 조달 대책 등 필요한 조건이 충족되어야만 사업 추진이 가능한 경우, ③ 재검토: 사업의 규모, 시기, 재원 조달 대책 및 채무상환계획 등에 대한 종합적인 재검토가 필요한 경우, ④ 부적정: 사업의 타당성 결여로 사업을 추진해서는 아니 되는 경우.

3) 투 · 융자사업 심사의 절차

지방재정 투 · 융자사업 심사의 절차는 [그림 12-4]에서 보는 바와 같다.

3 투 · 융자 심사의 대상 사업

1) 투 · 융자 심사 대상 사업의 의의

투 · 융자 심사 대상으로서는 일반회계와 특별회계를 구분하지 않고, 세출예산 과목상 사업예산에 반영하여 시행하고자 하는 일반투자사업비와 행사성 경비사업이 포함[7]된다.

총사업비는 보상비 · 설계비 · 입찰공고비 등 부대경비를 포함하며 반드시 기본계획 수립 이후 실시설계 용역 전 단계부터 실시하는 것을 원칙으로 하고, 행사성 경비는 계획 수립 이후 사업 시행 이전에 실시하도록 하고 있다. 다만, 재해복구사업이나 행정안전부 장관이 정하는 심사 제외 대상 사업과 기타 제외 대상 사업은 투 · 융자 심사 대상에서 제외된다.

2) 심사 기관별 투 · 융자의 대상 사업

심사 기관별 지방재정 투 · 융자의 대상 사업은 <표 12-2>와 <표 12-3>에서 보는 바와 같다.

(1) 자체심사(자치단체별)

① 시 · 군 · 자치구 심사
- 총사업비 20억 원 이상 50억 원 미만 신규 투 · 융자사업
- 총사업비 20억 원 이상으로 전액 자체재원(지방채 제외)으로 추진하는 모든 사업(다만, 시 · 군 · 구의 본청 및 의회 청사 신축사업은 시 · 도 의뢰심사)
- 시 · 군 · 자치구의 총사업비 5억 원 이상 10억 원 미만의 공연 · 축제 등 행사

7) 일반투자사업비는 세출예산서상의 투자사업을 말하며, 행사성 사업비는 자치단체가 주최하는 각종 축제, 문화행사, 국제행사 등을 말한다. 행사성 사업의 범위는 ① 시 · 도, 시 · 군 · 구민의 날 행사, ② 공연 · 축제 · 문화행사, ③ 위로 · 위문행사, ④ 공청회 · 설명회 · 보고회, ⑤ 각종 체육대회 행사, ⑥ 교양강좌, ⑦ 각종 기념행사, ⑧ 지자체 주관 국제행사, ⑨ 기타 지자체 주관 행사로 되어 있다.

표 12-2 자체심사의 심사 대상

심사 주체	대상 범위
시·군·자치구	• 총사업비 20억 원 이상 50억 원 미만 신규 투·융자사업 • 총사업비 5억 원 이상 10억 원 미만 공연·축제 등 행사성 사업 • 총사업비 20억 원 이상 전액 자체재원(지방채를 제외한다)으로 부담하여 추진하는 신규 투·융자사업
시·도	• 총사업비가 40억 원 이상 300억 원 미만 신규 투·융자사업 • 총사업비 10억 원 이상 30억 원 미만 공연·축제 등 행사성 사업 • 총사업비 40억 원 이상 전액 자체재원(지방채를 제외한다)으로 부담하여 추진하는 신규 투·융자사업

자료: 행정안전부, 2011년도 지방자치단체 예산편성 운영기준 및 기금운용계획 수립 기준.

표 12-3 의뢰심사의 심사 대상

구분	대상 범위
시·도 심사	• 총사업비 50억 원 이상 300억 원 미만 시·군·자치구 신규 투·융자사업(단, 시·군·자치구 전액 자체재원 추진사업은 제외) • 2개 이상 시·군·자치구와 관련되는 총사업비 10억 원 이상의 신규 투자사업 • 시·군·자치구의 총사업비 10억 원 이상 30억 원 미만 공연·축제 등 행사성 사업 • 전액 자체재원 부담 시·군·자치구의 본청 및 의회 청사 신축사업
중앙심사	• 시·도 또는 시·군·자치구의 총사업비 300억 원 이상 신규 투·융자사업(단, 시·군·자치구 또는 시·도 전액 자체재원 추진사업은 제외) • 2개 이상 시·도와 관련되는 총사업비 10억 원 이상 신규 투자사업 • 외채 발행, 차관 등 외국 자본이 도입되는 총사업비 10억 원 이상 신규 투자사업 • 시·도 또는 시·군·자치구의 총사업비 30억 원 이상 공연·축제 등 행사성 사업 • 총사업비 10억 원 이상을 외국에 투자하는 모든 사업 • 전액 자체재원 부담 시·도의 본청 및 의회 청사 신축사업

자료: 행정안전부, 2011년도 지방자치단체 예산편성 운영기준 및 기금운용계획 수립 기준.

성 사업

② 광역시·도 심사

- 총사업비 40억 원 이상 300억 원 미만 신규 투·융자사업
- 총사업비 40억 원 이상으로 전액 자체재원(지방채 제외)으로 추진하는 모든 사업(다만, 시·도의 본청 및 의회 청사 신축사업은 중앙 의뢰 심사)
- 시·도의 총사업비 10억 원 이상 30억 원 미만의 공연·축제 등 행사성 사업

(2) 의뢰심사(시도 · 중앙)[8)]

① 시 · 도 심사

- 총사업비 50억 원 이상 300억 원 미만 시 · 군 · 자치구 신규 투 · 융자사업(단, 시 · 군 · 자치구 전액 자체재원 추진사업은 제외)
- 2개 이상 시 · 군 · 자치구와 관련되는 총사업비 10억 원 이상의 신규 투자사업
- 시 · 군 · 자치구의 총사업비 10억 원 이상 30억 원 미만의 공연 · 축제 등 행사성 사업
- 총사업비 20억 원 이상으로 전액 자체재원으로 추진하는 시 · 군 · 자치구의 본청 및 의회청사 신축사업

② 중앙심사

- 시 · 도 또는 시 · 군 · 자치구의 총사업비 300억 원 이상 신규 투 · 융자사업(단, 시 · 군 · 자치구 또는 시 · 도 전액 자체재원 추진사업 제외)
- 2개 이상 시 · 도와 관련되는 총사업비 20억 원 이상의 신규 투자사업
- 외채 발행, 차관 등 외국 자본이 도입되는 총사업비 10억 원 이상 신규 투 · 융자사업
- 시 · 도 또는 시 · 군 · 자치구의 총사업비 30억 원 이상의 공연 · 축제 등 행사성 사업
- 총사업비 10억 원 이상을 외국에 투자하는 모든 사업
- 총사업비 40억 원 이상으로 전액 자체재원으로 추진하는 시 · 도의 본청 및 의회 청사 신축사업

---

8) 연도별 중앙심사의 실적은 아래 표에서 보는 바와 같다.

(단위: 억 원)

구분	2004	2005	2006	2007	2008	2009
총대상	329건 278,412	313건 288,054	301건 300,074	365건 405,822	317건 273,849	265건 307,764
적정	276건(81%) 225,244	266건(85%) 243,484	244건(81%) 257,605	338건(93%) 391,685	276건(87%) 240,685	225(85%) 266,204
부적정	53건(19%) 53,168	47건(15%) 44,570	57건(19%) 42,469	27건(7%) 14,137	41건(13%) 33,164	40건(15%) 41,560

주: 적정=적정+조건부 추진, 부적정=재검토+부적정+반려

자료: 행정안전부, 2011년도 지방자치단체 예산편성 운영기준 및 기금운용계획 수립 기준.

3) 투·융자 심사의 제외 대상사업

① 재해 복구 등 원상 복구를 목적으로 하는 사업(지방재정법시행령 제41조에 의한 제외 대상 사업)

② 행정안전부령이 정하는 심사제외 대상 사업(23개 사업)

③ 소방장비, 119구급장비 및 소방용 헬기 구입

④ 공유재산 및 물품 관리법에 따른 공유재산의 대체 취득

⑤ 사업비 전액이 민간자본 또는 외국 자본인 사업

⑥ 사업비 전액이 국가에서 지원한 재원인 사업

제13장 지방자치단체의 자금관리

제 1 절 자금관리의 의의와 중요성

1 자금관리의 의의와 필요성

1) 자금관리의 의의

자금관리 혹은 현금관리(cash management)란 현금의 흐름을 적절히 통제함으로써 지출 수요에 적절히 대처하는 동시에 일시적으로 발생하는 여유자금을 투자함으로써 지방자치단체의 재정 상태를 유리하게 만드는 일련의 과정을 의미한다. 이는 재정 운용과 관련하여 필요한 자금을 확보하고 이를 예산에 기초하여 지출하는 활동으로 세계(歲計) 현금, 세입·세출외 현금, 기금 등 지방자치단체의 모든 수입 및 지출 과정을 대상으로 한다. 이를 관리 과정으로 보면 수입관리, 지출관리, 수입·지출의 총괄관리, 자금 운용으로 구분할 수 있다(박정수, 1999: 174).

2007년 지방자치단체에 발생주의 회계가 전면적으로 도입됨에 따라 자금관리의 역할이 부정의 방지를 위한 행정절차나 법적인 규제에서 자치단체의 부족한 재원을 보완할 수 있는 수익 증대라는 관리적 측면으로 변모하고 있으며 좀 더 종합적인 차원에서 자금관리에 대한 분석이 가능해졌다.

현금은 지방정부의 사업 목적을 달성하거나, 지출을 새로운 용도로 바꾸는 데 사용하기 위해 비교적 신속하게 배정할 수 있는 자금을 말한다. 기업이 아무리 자산과 순이익이 많아도 현금이 부족하여 어음을 결제하지 못하면 부도가 나듯이, 지방자치단체도 잠재적인 세원이나 확정된 세입이 아무리 많아도 이것이 현금 수령으로 실현되지 않으면 예산집행이 곤란해진다.

자금관리는 행정의 기본을 이루는 예산의 적정한 집행을 도모하고 각종 행정의 원활한 추진을 돕고 행정 수행에 필요한 자금의 조달과 여유자금의 운용을 계획적·효율적으로 수행하는 데 목적이 있다. 이를 좀 더 세분화하면 다음과 같다.

① 현금 징수 과정의 효율화와 현금 지출 과정의 적절한 통제를 통해 자금 보유 수준을 극대화시킨다.

② 지방정부가 보유하는 현금에 대한 안정성을 확보한다.

③ 현금 지출 수요에 적절하게 대처할 수 있도록 유동성(liquidity)을 확보한다.

④ 수입과 지출의 시간적 격차에 따라 발생하는 여유자금을 투자함으로써 재정수입을 증대시킨다.

2) 자금관리의 필요성

자금관리의 필요성은 다음과 같다.

① 자금관리는 단순히 예산집행에 필요한 현금을 조달하고 현금 부족을 해소하는 소극적인 접근에서 벗어나 고금리의 차입금을 가능한 억제하고, 여유자금을 유리하게 운용하여 재정수익을 극대화하기 위한 종합적인 재정관리의 일환이다. 특히 예산집행 계획에 따라 연간 재정자금의 운용을 어떻게 할 것인가와, 각 시기별로 자금의 과부족 상황은 어떠한가를 정확하게 파악하며 상황에 적합한 자금 운용이 필요하다.

② 사회·경제적 여건의 변동이 심할 경우 금융시장의 금리 변동 등을 반영하여 현금을 효율적으로 운용하기 위해서다.

③ 지방재정의 운용 과정에서 수입·지출의 시간적 차이로 인해 일시적인 자금 부족과 여유자금이 발생하게 되는데, 이 경우 가능한 한 현금 보유를 최소화하고 가용 여유자금을 확대·투자하여 이자 수입을 극대화하기 위해서다. 미래의 사용에 대비해 현금을 보유하는 경우에는 현금을 금융시장에 투자하여 얻을 수 있는 수입을 포기해야 한다. 현금을 어느 정도 보유할 것이냐는 다음과 같은 두 가지 결정 비용을 고려해 결정해야 한다. 즉, 투자하지 않으므로 인해 발생하는 기회비용(opportunity cost)으로 이는 현금 보유의 양이 커감에 따라 증가한다. 투자, 투자의 회수, 차입 등의 결정을 내리고 정보를 구하는 데 드는 비용으로 이는 현금 보유의 양이 커짐에 따

라 감소한다.

자금관리는 유휴자금을 투자하지 않음으로써 발생하는 이익의 손실, 즉 현금의 기회비용과 유휴자금의 투자 관리에 필요한 결정을 하는 데 드는 비용(cost)을 비교해 수익을 극대화하려는 것이다. 즉 자금관리의 목표는 최소한의 현금을 유지하여(minimum cash balance) 기회비용을 최소화하면서 지불 불능 상태를 예방할 수 있는 정도의 유동성을 보유하는 일이라 할 수 있다.

2 자금관리의 중요성

과거 지방자치단체 재무 관련 공무원들의 주된 관심 사항은 공공 서비스를 제공하는 데 필요한 재정 부담을 충족시킬 수 있는 충분한 현금을 보유하는 것이었다. 그러나 이러한 태도는 차입 비용의 증대와 대규모 사회간접자본의 확충에 필요한 자금 수요의 증대에 따라 많은 변화가 야기되었다.

1970년대 후반 미국의 뉴욕시, 클리블랜드 시를 비롯한 많은 지방정부에서 발생한 바 있는 재정 파탄은 기본적으로 지방정부가 공공 서비스를 제공하는 데 소요되는 비용의 증대와 지방세원의 감소에서 기인한 것이나 재정 운용, 특히 자금관리를 잘못한데도 그 원인의 일단이 있었다. 예전에 재무관리 부서에서는 단지 지출원인행위를 감당할 수 있는 충분한 재원(현금)을 보유하는 데만 관심을 두었는데 차입비용의 증가, 투자에 따른 채권수익률의 증대와 같은 상황 변화에 따라 자금관리의 중요성이 지방정부 재무관리의 중요 관심사가 된 것이다.

2006년 6월 홋카이도(北海道) 유바리(夕張) 시가 국가의 관리하에 재정 재건을 추진하는 방침을 발표하자 일본 전역은 충격에 휩싸였다. 유바리 시는 관광사업이나 병원사업에서 안고 있던 적자를 일반회계에서 차입한 일시차입금을 변통하여 흑자처럼 보이게 했던 것이다. 1992년 하수도사업에서 시작된 부적절한 회계 처리가 관광사업이나 병원사업, 택지조성사업, 개호(介護)보험사업 등 대부분의 사업에 적용되고 급기야 제3섹터에까지 같은 수법이 사용된 것이다. 이에 따라 유바라 시 표준 재정 규모(44억 엔)의 8배에 달하는 총 353억 엔의 적자가 발생하게 되었다. 유바리 시가 재정 파탄에 이르게 된 것 가장 큰 요인은 적자가 오랫동안 가능했던 것은 외부 감사나 지방의회의 통제가 전혀 작동할 수 없었던 즉 시장의 독단적인 사업 추진이라는 시정 시스템의 문제가 아닐 수 없다. 또 다른 하나는 현금주의회계의 한계로 현금의 수입과 지출만을 세입과 세출로 파악하는 회계제도의 한계다. 일반회계는 물론 공기업 등 시 전체의 재정 파악을 가능하게 하는 발생주의 도입이 없었기 때문에 거액의 적자를 은폐할 수 있었던 것이다.

우리나라도 2010년 7월 경기도 성남시가 청사를 짓느라 판교신도시 조성을 위한 판교특별회계에서 국토해양부와 LH공사에게 빌려 쓴 5,200억 원을 갚을 수 없다며 지급유예 선언을 해 파문이 있었는데 몇몇 자치단체에서는 공무원 월급을 제때 주지 못하는 상황까지 발생하고 있다(예: 2010년 말 대전시 동구청의 사례).

이와같이 지방자치단체에 대한 재정 수요가 폭발적으로 늘어나는데 비해 재원은 한정되어 있어 투명하고 효율적인 자금관리의 중요성이 더욱 강조되고 있다.

지역의 경제적 기반과 주민의 지출 수요와 같은 외부 요인이 변화하면 정부의 장기적인 재무 상태가 변하지만 단기 자금은 즉각적인 영향을 받지 않는다. 따라서 여기서의 자금관리란 단기적인 측면에 국한된다. 그러나 현금의 수준은 장기적인 요인이 그 배경으로 작용하여 영향을 미치고 있음을 간과해서는 안 된다.[9]

자금관리는 정부 재무관리의 하부 체계다(강인재 외, 1993: 453). 현금관리가 효율적으로 이루어지기 위해서는 ① 전문적인 재무공무원의 충원, ② 재정 관련 법규의 개정, ③ 지방자치단체의 재무 상태에 관한 정보를 제공해 주는 재무회계 정보 체계의 완비, ④ 적정한 금고의 선택, ⑤ 효과적인 투자 제도가 있어야 한다.

아울러 부정의 방지를 위해서는 적정한 내부통제의 유지, 회계 결과의 공제, 제3자에 의한 회계감사가 필요하다. 현금 출납에 대한 부정을 없애기 위해서는 지급명령의 발행, 채권자 계좌 이체 등 회계 업무 처리 절차의 준수가 우선되어야 한다(이경섭, 2011: 32).

3 현금흐름표 및 현금예산

스타이스(Steiss, 1989)는 현금 흐름에 대한 예측을 하려면 현금수입액과 지출액뿐

---

9) 정부의 책임성은 단기적인 측면에서 매년의 현금예산과 펀드통제로 나타나는 재정적 책임성(fiscal accountability)과 단기적인 관점과 함께 중장기적인 관점을 지닌 운영상의 책임성(operational accountability)으로 구분된다(Kravchuk & Voorhees, 2001). 재정적 책임성은 공적 자금의 획득과 사용에 대한 통제에 중점을 두는 책임성인데 반해, 운영상의 책임성은 프로그램의 모든 비용은 물론 세대뿐만 아니라 미래 세대가 부담하는 비용이 얼마인가를 알려 주어 장기적인 관점에서 좀 더 효율적인 관리상의 결정을 내릴 수 있게 한다.

만 아니라 현금 유입의 시점과 현금 유출의 시점까지 정확하게 예측할 필요가 있다고 한다. 이러한 예측을 하기 위해 필요한 것이 현금예산이다. 현금예산은 채권이나 채무의 발생, 지출원인행위 등과는 상관없이 단지 실제적인 현금의 수입과 지출만을 대상으로 편성한다는 데에 특징이 있다. 이렇게 현금 흐름을 추정하여 현금예산을 작성함으로써 일일 단위에 기초한 거래 수요에 필요한 현금의 적기 제공이 가능해지고, 안정적인 여유자금의 운용을 통해 발생하는 수입 증대 효과를 기대할 수 있게 된다.

현금예산(cash budget)은 어느 정도의 자금을 투자에 사용할 수 있는가? 언제 이용 가능한가? 그리고 언제까지 이용할 수 있는가 등등에 대해 알려주고 있다. 현금예산이 없으면 관리자는 장기적인 안목에서 현금 흐름의 패턴이 어떠한가를 알 수 없기 때문에 미래의 현금 소요 및 적정 투자계획을 수립할 수 없다.

사기업이나 공공조직을 불문하고 가장 중요한 경영자원인 현금 흐름을 파악하기 위한 현금흐름표가 주요한 재무제표가 되고 있다. 현금흐름표는 현금의 원천과 사용내역을 파악하기 위한 것으로 기업의 경우 ① 영업활동으로 인한 현금 흐름, ② 투자활동으로 인한 현금 흐름, ③ 재무활동으로 인한 현금 흐름으로 구분해 작성된다.

지방자치단체의 경우 현금흐름보고서는 기존의 세입세출결산서와는 달리, 현재의 현금이 형성된 과정을 정부의 활동별로 제시한다는 점에서 지방자치단체의 기본적인 재무제표로 중요시되고 있다. 현금흐름보고서는 크게 세 부분, ① 경상활동으로 인한 현금 흐름, ② 투자활동으로 인한 현금 흐름, ③ 재무활동으로 인한 현금 흐름으로 구성되어 각각의 활동에서 유입되고 유출되는 현금을 세분하여 표시하고 있다.[10)]

자금관리가 효율적으로 이루어지기 위해서는 세입, 세출예산과 실제 세입, 세출에 관한 역사적인 데이터와 정보를 제시하며 이들을 분석할 수 있는 현금관리정보 시스템이 구비되어야 한다. 현금관리정보 시스템은 예산회계정보 시스템의 하위 시스템이며, 예산회계정보 시스템은 행정정보화에서 가장 중요한 역할을 담당하게 된다.

제 2 절 자금관리의 주요 요소

자금관리는 현금의 예측, 현금 흐름의 동원과 관리, 은행과의 관계, 그리고 여유자금의 투자 등의 네 가지 요소로 구성된다.

---

10) 지방자치단체 회계 기준에 관한 규칙(2007. 12), 제35~37조.

1 현금의 예측

예측(forecasting)은 현재 혹은 과거의 자료를 이용하여 미래의 사건이나 조건을 계산하고, 예견하며 기획할 수 있는 능력으로 정의할 수 있다. 보통 예측은 일 년 미만의 단기간을 대상으로 하는데 때로는 장기간이 고려되는 경우도 있다. 이러한 예측은 현금예산에 기반을 두고 있다. 자금관리라는 측면에서 보면 예측은 궁극적으로 지방정부의 현금 흐름을 더욱 잘 통제하기 위해 시의적절한 관리상의 행동을 유도하는 데 목적이 있다.

필요한 재정정보나 관련 변수들이 예측모형에 모두 포함될 수 없기 때문에 보통 예측과 실제 현금의 흐름과는 차이가 나게 된다.

1) 예산과 결산의 차이

실제 예산 운영 과정에서 예산과 세입·세출결산과의 차이가 많이 나고 있다. 따라서 당초에는 자금의 부족이 예상되어 필요한 사업이 예산에 반영되지 않다가 연말에는 자금이 남아 불필요한 사업에 예산이 낭비되는 사례가 많다.

미국의 경우 예산예측에서 피터스버그(Petersburg) 시는 2%, 포틀랜드(Portland) 시 3%, 내슈빌-데이비드슨(Nashville-Davidson) 카운티에서는 5%의 오차가 허용하는데 비해 우리나라에서 예측이 문제되는 경우는 거의 없다. 현재는 예측의 정확성보다 자금의 부족을 방지하는 것이 중요하기 때문에 세입은 가능한 한 적게, 세출은 가능한 한 부풀려 편성하는 관행이 반복되고 있기 때문이다.

세입결산과 세출결산과의 차이는 <표 13-1>에서 보는 바와 같이 2006년 결산의 경우 지방자치단체 전체적으로 21%에 달한다.

2006년도 세입결산액 174,309,838백만 원 중 137,789,526백만 원을 집행(79%)하고 36,520,312백만 원을 미집행(21%)하고 있는데, 기초자치단체인 시와 군은 미집행률이 높으며 광역자치단체인 도의 경우는 상대적으로 낮다.

2) 월별 세입세출 현황

지방정부에서 자금의 유입과 현금의 지불은 상당한 시차가 있기 마련이다. 세금은 특정한 기간에 집중적으로 유입되고 보조금도 일정한 기간에 걸쳐 지급되고 있다.

표 13-1 지방자치단체 세입 · 세출결산(2006년)

(단위: 백만 원)

단체별	세입결산 (A)	세출결산 (B)	미집행 잉여금 C(A-B)				
			계	%	이월금	순세계 잉여금	보조금 사용 잔액
계	174,309,838	137,789,526	36,520,312	21.0	20,808,075	15,251,178	461,059
특별, 광역시	41,683,243	35,264,443	6,418,800	15.4	2,692,492	3,705,861	20,445
도	41,569,417	36,826,157	4,743,260	11.4	1,815,608	2,905,993	21,659
시	49,803,285	35,542,047	14,261,238	28.6	8,680,735	5,397,437	183,063
군	26,572,851	18,280,747	8,292,104	31.2	6,415,642	1,752,066	124,392
자치구	14,681,049	11,876,132	2,804,917	19.1	1,203,598	1,489,820	111,499

1998년도 일반회계 세입예산을 토대로 분석한 결과 <표 13-2>를 보면 익산시의 경우 일 년 중 세입이 가장 많은 3월이 전체 세입의 25.2%를 차지하며, 무주군의 경우는 그보다 높은 31.9%를 차지한다. 다음으로는 12월 세입 실적이 높게 나타나고 있다. 그 이유는 상대적으로 비중이 높은 세외수입 또는 세계잉여금과 전년도 사업 이월비가 해당 월에 집중적으로 전입되기 때문이다.

<표 13-3>에는 익산시와 무주군의 월별 세출 현황이 나와 있다. 양 시 · 군 모두 11월까지는 많은 차이를 보이지 않다가 12월에는 익산시 전체 세출액의 15.5%, 무주군 전체 세출액의 55.0%가 일시에 지출되는 현상이 나타나고 있다. 특히 자체수입의 비중이 낮은 무주군의 경우 익산시와 비교할 때 많은 자금이 지출되었다. 이는 12월의 경우 발주 공사대금 지급, 계속사업비 지급, 기타 익년도 이월 시 예산 삭감을 고려하여 당해 연도에 지출하려는 자금의 소모 현상이 나타난 것으로 파악할 수 있다. 대부분의 자치단체에서 자체 재원의 부족으로 인해 필요한 사업을 자치단체가 독자적으로 추진할 수 없기 때문에 국비 지원사업에 의존하는 상황에서 자금의 관리는 사실상 단순히 자금을 메우는 수준에 머물 수밖에 없다. 따라서 상반기에는 세원 확보가 어려워 공사와 모든 자금 집행면에서 계획성 있는 사업 시행은 어렵고 대부분의 예산이 연말에 집중적으로 집행되는 현상이 나타나고 있다(갈성로, 2000).

<표 13-4>에는 2010년 세출 실적을 보여 주고 있는데 조기 재정집행으로 인해 상반기 집행이 많으며 연말 집행이 상대적으로 적은 것을 알 수 있다.

표 13-2 월별 세입 실적(일반회계, 1998년)

(단위: 백만 원, %)

구분	익산시			무주군		
	금액	누계	월별 비율	금액	누계	월별 비율
1월	13,739	13,739	4.9	2,467	2,467	2.7
2월	19,831	33,570	7.0	2,626	5,093	2.9
3월	70,693	104,263	25.2	28,998	34,091	31.9
4월	16,715	120,978	6.0	4,188	38,279	4.6
5월	12,687	133,665	4.4	4,364	42,643	4.8
6월	23,222	156,887	8.0	5,046	47,689	5.6
7월	22,345	179,232	8	6,365	54,054	7.0
8월	12,194	191,426	4.4	3,248	57,302	3.6
9월	17,840	209,266	6.4	5,873	63,175	6.5
10월	26,748	236,014	9.6	7,250	70,425	8.0
11월	16,634	252,648	9.0	5,568	75,993	6.1
12월	27,578	280,226	9.8	14,836	90,829	16.3

자료: 익산시 · 무주군 일반회계결산서, 1998.

표 13-3 월별 세출 실적(일반회계, 1998년)

(단위: 백만 원, %)

구분	익산시			무주군		
	금액	누계	월별 비율	금액	누계	월별 비율
1월	7,349	7,349	5.4	657	657	1.1
2월	9,035	16,384	6.7	1,284	1,941	2.2
3월	9,783	26,167	7.2	1,976	3,917	3.4
4월	13,002	39,169	9.6	3,001	6,918	5.1
5월	12,220	51,389	9.0	2,789	9,707	4.7
6월	13,390	64,779	9.8	2,638	12,345	4.5
7월	10,901	75,680	8.0	2,431	14,776	4.1
8월	9,511	85,191	7.0	2,781	17,557	4.7
9월	10,537	95,728	7.8	2,280	19,837	3.9
10월	10,174	105,902	7.5	4,447	24,284	7.6
11월	8,782	114,684	6.5	2,225	26,509	3.7
12월	21,033	135,717	15.5	32,392	58,901	55.0

자료: 익산시 · 무주군 일반회계결산서, 1998.

표 13-4 월별 세출 실적(2010년)

(단위: 백만 원, %)

구분	익산시			무주군		
	금액	누계	월별 비율	금액	누계	월별 비율
1월	35,663	35,663	5.4	9,913	9,913	4.5
2월	67,086	102,750	10.2	16,662	26,575	7.5
3월	89,386	192,136	13.7	45,080	71,656	20.3
4월	41,252	233,388	6.3	15,558	87,213	7
5월	52,900	286,288	8.1	15,809	103,022	7.1
6월	89,684	375,972	13.7	39,886	142,908	18
7월	27,883	403,855	4.3	8,187	151,094	3.7
8월	25,343	429,198	3.9	6,920	158,014	3.1
9월	36,044	465,242	5.5	11,220	169,234	5.1
10월	32,073	497,315	4.9	8,707	177,940	3.9
11월	39,551	536,866	6	10,189	188,129	4.6
12월	117,897	654,763	18	33,488	221,617	15.1

2 현금 흐름의 관리

현금관리에서 우선 필요한 것은 현금 흐름(cash flow)의 분석이다. 주요한 현금 흐름은 다음과 같다.

① 수입 흐름의 유형: 자금원, 자금 규모, 시기, 그리고 관련 요인은 청구 시기, 지불 시기, 경제적 요인 등

② 지출 또는 지불 유형: 자금 규모와 시기

③ 현금수지: 수입과 지출의 흐름, 유동자산, 장기 투자 등

1) 현금의 흐름에 영향을 미치는 행동들

현금의 흐름은 수입과 지출에 관한 관리상의 행동 결과로 나타난다. 현금의 흐름에 영향을 미치는 관리상의 결정은 ① 운영상의 결정, ② 자본지출 결정, ③ 신용 결정, ④ 투자 결정, ⑤ 재원 조달 결정 등이 있다.

운영상의 결정은 서비스 조직을 신설하거나 폐지 혹은 수수료나 세율의 인상, 공무원 봉급의 변화 등 지방정부 정책의 변화에서 유래하는 것이다. 이러한 정책의 집

행은 현금의 출납에 영향을 미친다. 자본지출 결정은 지역사회의 하부구조를 변화시키려는 것으로 현금의 흐름에 영향을 미치게 된다.

신용 결정은 지방정부가 서비스나 재화를 공급하는 자에게 혹은 지방정부에 지불한 책임이 있는 자들이 지방정부에 대해 지불한 시간과 관련된 결정을 말한다. 투자 결정은 여유자금으로 금융자산을 구입하거나 금융자산을 매각하는 결정을 말한다. 재원 조달 결정은 채권을 매각하거나 차입 혹은 세입을 증가시킴으로써 새로운 재원을 얻는 것을 말한다.

2) 현금흐름 관리기법

현금관리는 수집, 예탁, 지불 등 세 가지 기본적인 운영 과정으로 구성되어 있다. 자금을 모으고 투자에 이용할 수 있게 하는 기법을 현금의 동원이라 한다. 지방정부는 ① 모든 세입원을 관리하는 정책이나 절차를 개발하고, ② 주요한 세입 처리 문제를 다루는 예탁 과정을 확립하며, ③ 각각의 세입과 거두어들이는 장소에 따른 예탁 과정을 확립하며, ④ 각각의 지출에 대한 정책과 절차를 수립해야 한다.

추가적인 자금을 제공할 수 있는 잠재력은 수입금의 획득 시간을 단축시키는 데 있다. 법에는 주민들이 세금을 납기 내에 지불하도록 규정하고 있으나, 처벌 규정이 약한 경우에는 일부러 세금의 납부를 지연시키기도 한다.

현금의 수납과 지출의 상당 부분은 예측 가능하기 때문에 현금예산은 일정한 기간 내의 자금 흐름에 대한 일정을 제시해야 한다. 현금 흐름의 문제는 현금 지불 의무를 충족시킬 수 있는 충분한 잔고를 가지고 있느냐 하는 것이다. 따라서 모든 수표, 현금 등은 가능한 한 빨리 예탁해야 한다.

현금예산은 여러 가지 세입원의 기여도, 자금 잉여가 발생하는 시점, 그리고 이용 가능한 자금의 양이 얼마인가에 초점을 둔다. 현금 동원은 ① 수입의 촉진, ② 지불의 통제 등 두 가지 기능을 갖고 있는데, 수입은 지방정부의 금고로 들어오는 자금이고, 지불은 공급자나 서비스의 제공자에게 지불하는 자금이다. 지불에는 공무원에게 대한 봉급이 포함되어 있다. 민간기업에서는 현금의 수불(受拂)에 관한 여러 가지 기법이 개발되어 있는데 공공 부문에서도 현금관리의 중요성이 인식됨에 따라 각종의 정보와 아이디어들을 도입하고 있다.

3 은행과의 관계

1) 은행 관계의 중요성

지방정부에서 여러 은행과 거래하는 소위 "부(富)를 펼쳐놓는 것"은 정치적으로 바람직할지 모르나 경제적인 측면에서는 바람직한 현상이 아니다. 현금관리라는 측면에서 보면 많은 은행과 거래하는 일은 일정한 시점에서 어느 정도의 현금이 이용가능한가를 파악하기가 어렵다. 반면에 한 은행과 거래하는 경우에는 여러 은행과 거래하는 것보다 수익성이 낮을 수가 있다. 현실적으로 지방정부에서 거래은행을 선정하는 일은 관례와 정치적인 고려에 따라 결정되는 경우가 많다.

먼저 2개 이상의 금융기관과 계약을 맺는 방법이 있는데, 이유는 다음과 같다. ① 중소도시의 경우 정치적인 이유에 인해 지역 내 금융기관을 차별할 수 없는 경우다. 미국의 경우 은행의 설립이 쉽기 때문에 지역에 기반을 둔 소규모 은행이 다수 존재한다. ② 은행의 신용도가 떨어지기 때문에 위험을 예방하는 차원에서 다수 은행에 분산 예치하고 있다. 은행이 도산한 경우 지방정부의 자산을 보호할 수 없는 사태를 방지하기 위해 공동 담보를 법으로 규정하는 주가 대부분이다.

서너 개의 은행을 선정하여 1년 또는 2년 단위로 거래 은행을 바꾸는 일은 은행거래 계정을 극소화시켜 현금관리를 단순화시킨다는 점에서 좋은 정치적인 전략이다. 가능하면 거래 은행은 경쟁에 의해 선정하는 것이 바람직한데 이러한 과정을 통해 지방정부는 추가적인 편익을 얻을 수 있다는 장점이 있다.

2) 금고의 지정 문제

최근에 지방재정 분야에서 자치단체의 금고 문제가 주요한 관심사로 등장하고 있다.[11] 자치단체장과 지방의원들이 취약한 지방정부의 수입을 올리기 위한 방편의 하나로 금고 변경에 따른 이자 수입의 증대와 유휴자금의 투자 문제에 눈을 돌린 것이다.

금고는 지방자치단체의 지정 금융기관으로서 공금의 출납 기능을 담당하는 지방재정의 자금 운용기관이다. 지정금고는 이 밖에도 장・단기 금융 업무까지 맡고 있기 때문에 금고의 성격은 지방자치단체의 회계 처리기관으로서 역할은 물론 별개 공금 취

11) 지방재정법 제77조에 금고의 설치에 대한 규정이 있다.

급 대행기관적인 포괄적인 기능을 수행한다.

금고은행이 제공하는 서비스는 다음과 같다(Coe, 1989: 123).

① 계좌 서비스: 예금과 수표의 결재, 잔고의 정리, 일일 계정 잔고 통보, 계좌 자동 이체

② 징수 서비스: 자동 이체 등

③ 보관 서비스: 보관금고 제공, 증권, 채권의 보관

④ 신용 서비스: 신용의 제공, 어음의 결재, 장기채권 인수

⑤ 투자 서비스: 투자 상담, 지방채 관련 업무

4 여유자금의 투자

효율적인 투자가 이루어지기 위해서는 적정 현금 잔고 수준을 추정해야 한다. 현금 잔고 수준에 관한 정보가 없는 경우 어느 정도의 현금을 투자 형태로 전환할 수 있을 것인가 또는 어느 정도의 현금을 차입해야 하는가에 대해 적절한 의사 결정을 하기가 어렵다.

현금 잔고의 수준은 현금 유입과 유출의 속도와 시기에 의해 결정되는데, 이에 대한 예측이 정확할 수 있다면 최적 현금 보유 수준의 설정도 용이하게 이루어질 수 있다. 그러나 이러한 현금 유입과 지출의 패턴 및 시기에 대한 완벽한 예측은 이루어질 수 없기 때문에 불확실성에 대비할 수 있는 현금 보유 수준을 결정할 필요가 있다.

지방정부의 투자와 관련하여 미국 오렌지 카운티의 사례는 시사하는 바가 매우 크다(권순만, 1997).

아래 <표 13-5>에는 오렌지 카운티 세입의 변화가 나타나고 있는데 세입의 주종을 이루었던 재산세의 비중이 급감하고 세외수입인 이자수입의 비중이 크게 증가했다. 이는 캘리포니아의 발의(Proposition) 제13조의 채택에 따라 지방정부의 가장 중요한 세입원인 재산세의 비중이 줄어들고 세외수입의 비중이 커지게 되었기 때문이다.

이자수입이 크게 증가한 이면에는 오렌지 카운티의 재무관(treasurer)인 사이트론(R. Citron)의 역할이 컸다. 그는 이자수입을 높이기 위해 매우 공격적인 투자전략을 택했는데 이러한 전략이 성공을 거둬 투자에 대한 평균 수익률은 연평균 7.23%로 캘리포니아 주, 여타 지방정부의 수익률 4.47%를 훨씬 상회했다. 이러한 성과 때문에 200여 개의 지방정부 및 공공기관이 오렌지 카운티의 투자에 참여하게 되었다.

표 13-5 오렌지 카운티의 재정수입 비율

세입 항목	1991 ~ 92년	1994 ~ 95년
이자수입	3%	35%
재산세	60%	25%
차량등록세	21%	21%
기금 잔액	8%	12%
판매세/기타	3%	4%

그러나 1994년 2월부터 연방준비은행(Federal Reserve Bank)이 이자율을 올리기 시작했는데 이는 미국 경기가 침체에서 벗어나 호전되었기 때문이다. 문제는 사이트론이 미국 경제의 침체가 계속된다고 믿어 공격적인 투자전략을 계속했다는 점이다. 이자율은 계속 상승했으며 이에 따라 장기증권의 수익률은 점점 떨어지게 되었다. 따라서 장기증권의 수익률이 이자율에 미치지 못해 투자의 손실이 발생하게 되어 급기야 오렌지 카운티는 채무 지불(원금 상환 및 이자 지불)에 필요한 유동성을 확보할 수 없었다.

1994년 12월에 발생한 오렌지 카운티의 파산은 엄청난 파장을 몰고 왔는데 170억 달러에 달하는 투자 손실로 말미암아 오렌지 카운티뿐만 아니라 투자에 참여했던 많은 지방정부들이 엄청난 손실을 보게 되었다. 오렌지 카운티의 경우 자금 운용의 안정성과 유동성의 확보보다는 수익성을 우선했기 때문에 파산에 이르게 된 것이다. 지방정부의 재정관리에는 반드시 책임성을 구현할 수 있는 제도적 장치가 필요하다는 것을 시사한다.

지방정부에서 금융기관을 선정한 후에 이 금융기관으로 하여금 지방정부가 보유하고 있는 여유 현금의 투자까지도 대행하게 할 것인지, 혹은 공금을 예치하는 금융기관의 선정과는 별도로 지방정부가 직접적으로 투자를 담당할 것인지를 결정해야 한다.

지방정부가 직접 투자에 참여하지 않는다고 해도 지방정부의 현금관리자는 투자할 수 있는 금융기관을 다양화하고 금융상품의 목록도 다양화할 필요가 있다. 투자 상품의 선택 시 고려해야 할 사항으로는 크게 위험(risk), 유동성(liquidity) 및 수익률(yield)을 들 수 있다. 여기서 위험은 투자 원금의 손실뿐만 아니라 잠재적인 이자 수입의 상실을 포함하는 개념이다. 유동성은 환금성을 의미하는데, 이러한 위험과 유동성의 문제로 말미암아 어느 나라든지 주식 및 부동산에 대한 여유 현금의 투자를 금지하고 있는 것이 일반적이다.

지방정부는 이윤을 추구하는 단체가 아니기 때문에 일반적으로는 현금으로 쉽게 바꿀 수 있는 유동성이 높은 단기 유가증권에 투자하도록 권고받고 있다. 유가증권에 투자하는 경우 투자자는 다음과 같은 유가증권의 특성을 파악해야 한다. ① 수익성, ② 만기, ③ 시장성 혹은 유동성, ④ 위험성, ⑤ 콜(call) 규정, ⑥ 액면 금액의 가능성, ⑦ 과세 여부 등을 고려해야 한다. 그러나 대부분의 경우에 유가증권을 구입하는 데는 수익성, 유동성, 그리고 만기 등을 주로 고려하고 있다. 지방정부에서는 안전을 요구하는 법규의 제한 때문에 위험성은 그다지 큰 고려 대상이 아니다.

제 3 절 자금관리의 개선 방안

효율적인 자금관리를 위해서는 예산회계 시스템과 연계하여 필요한 재정정보를 실시간으로 제공받고 이를 활용할 수 있어야 한다. 또한 합리적인 현금 소요를 기간별로 정확히 예측하고 현금 흐름의 모니터링, 집중 계좌관리, 적절한 금융자산의 선택을 위한 의사결정 지원 시스템이 구비되고, 외부적으로도 금융기관 및 현금 유입과 유출 대상이 되는 기관과의 연계도 이루어지는 것이 바람직하다.

1 현금흐름표와 현금예산 제도의 도입

자금관리를 개선하기 위해서는 현금 흐름의 통제, 투자관리 등의 의사 결정을 할 때 현금 흐름에 관한 정확한 정보가 구비되어야 한다. 이를 위해 현금의 흐름, 즉 일별, 주별, 월별, 그리고 분기별로 현금 수입과 지출을 정확히 예측해야 한다.

현금예산(cash budgeting)은 현금의 수입과 지출 및 이들 간의 수지에 관한 계획으로, 이를 결산과 비교함으로써 자금관리상의 문제점들이 무엇이며, 이를 개선하면 효율적인 자금관리가 가능하게 되는 예산 제도다.

현금예산을 편성하기 위해서는 먼저 과거의 현금 흐름에 관한 자료가 축적되어야 한다. 수년간에 걸친 현금 흐름에 대한 정보가 누적되면 될수록 현금예산의 정확도는 높아진다. 예상치 못했던 사건들에 대한 지속적인 기록이 필요하며 또한 현금예산을 작성할 때의 여러 주변 상황에 대한 기록을 유지할 필요가 있으며, 이를 위해서는 현금관리 정보 시스템(cash management information system)의 활용이 필수적인 것으로 판단된다. 이렇게 현금 유입과 현금 유출의 양과 시점에 대한 예측 정보를 제공하는 현금예산은 여유 자금의 투자계획 수립을 위한 유용한 정보를 제공하게 된다.

2 지방금고의 선정 방식 개선

금고를 지정하는 데는 수익성, 안정성, 제공되는 서비스의 질, 재무관리 체계의 개선 등 여러 가지 사항을 고려해야 한다.

미국의 지방정부에서 금고를 지정하는 방식은 공개경쟁입찰과 지명입찰제도가 있다. 경쟁 입찰 과정은 다음과 같은 네 단계를 거쳐 이루어진다.

첫째, 지방정부에서 필요한 기본적인 요구 사항은 무엇이며, 이러한 서비스에 대한 대가로 지불해야 되는 것은 무엇인가를 결정하기 위해 금융환경을 정확히 평가해야 한다.

둘째, 입찰요구서를 작성하여 경쟁 은행에 우송한다.

셋째, 제출된 요구서는 공개적으로 평가되어야 하는데 선정을 위한 기준이 확립되어야 한다.

넷째, 기준에 가장 합당한 은행을 선정해 계약을 체결한다.

은행은 수수료보다 은행에서 대출할 수 있는 자금원이 되는 보정잔고(補整殘高, compensating balances)를 더욱 선호한다. 그러나 이러한 보정잔고는 지방정부의 입장에서 보면 수익을 극대화하는 데 하나의 제약 요건이 된다. 이 문제는 평균 현금잔고로 이자 수입이 결정되기 때문에 현금관리의 이윤 추구라는 측면에서는 가장 중요한 요인이 된다.

보정잔고는 보통 지방정부와 은행 간의 협상에 의해 결정된다. 협상 이전에 지방정부의 재정 담당자는 다음과 같은 문제에 대해 명확한 결정을 내려야 한다. 즉 ① 지방정부의 운영상의 자금 수요는 어느 정도인가, ② 은행에서 어떠한 유형의 서비스를 받고자 하는가, ③ 이러한 서비스에 대해 어느 정도의 수수료를 지불하고자 하는가 등이다. 은행은 정기적으로 보정잔고에 대한 분석 결과를 제공해야 하며, 이를 토대로 지방정부는 필요한 조치를 취해야 한다.

입찰과 관련하여 ① 지방정부의 과거 재정활동, ② 최소 입찰 자격, ③ 금고 서비스 내용, ④ 금고 자격의 기한, ⑤ 입찰 평가 방법, ⑥ 금고은행의 보상 방법 등이 공개된다. 입찰제안서를 평가할 때는 수익성뿐만 아니라 은행의 관리 능력 및 재정 상태가 면밀히 고려된다.

금고 선정 시 주요한 고려 사항은 다음과 같다.

1) 법률적인 제약 : 안전성의 확보

미국 지방정부의 경우 대부분 주법(州法)에 의해 금고 지정이 제약을 받고 있는데, 주요한 내용은 다음과 같다.

첫째, 지정금융기관의 범위에 관한 것으로 대부분 신탁회사, 단자회사, 보험 등 제2금융권은 제외되고 있다. 한편 많은 주에서는 지역 내 은행만을 금고로 지정할 것을 규정하고 있다.

둘째, 공금의 안전을 위해 유휴자금의 투자 대상에 대한 제한이 있는데, 예를 들면 저축성 예금에 대한 예치의 금지와 특정 은행에 대한 예치 한도액 설정 등을 들 수 있다. 최근 이 규정은 다소 완화되는 경향이 있다.

셋째 공금의 손실을 막기 위한 방안으로 보험 가입의 의무화, 상호 담보의 제공에 대한 규정이 있다.

한편 연방 및 주정부 법규의 제약에 따라 지방정부는 자체의 조례와 규칙에 의해 금고 선정 시의 기준, 투자 기간, 내부통제 제도 등을 규정하고 있다.

우리나라의 경우 금고 설치에 대한 법규정을 보면, 지방재정법 제77조(금고의 설치)에 ① 지방자치단체의 장은 금융기관으로 하여금 소관 현금과 그의 소유 또는 보관에 속하는 유가증권의 출납 및 보관 기타의 금고 업무를 취급하기 위해 금고를 지정해야 한다. ② 제1항의 규정에 의해 금고를 지정하거나 지정한 금고를 변경한 때에는 이를 공고하고, 시・도에서는 행정안전부 장관, 시・군 및 자치구에서는 시・도지사에게 즉시 보고해야 한다고 규정되어 있다. 한편 지방재정법 제79조에 금고에 대한 검사 및 제80조에 금고의 배상 책임이 규정되어 있다.

2) 수익의 증대

입찰 방식은 ① 이자수입의 증대, ② 추가적인 서비스의 제공, ③ 수수료 인하 혹은 보정잔고의 축소, ④ 현금관리의 효율성 증대라는 측면에서 장점이 있다.

3) 지역경제의 고려

지역경제를 활성화시키기 위해 미국의 주법(州法)에 지방정부가 소재한 지역의 은행을 금고로 지정하도록 규정하는 경우가 많으며, 법에 규정되어 있지 않은 경우에도 정치적인 차원에서 지방 은행을 금고로 지정하는 경우가 많다.

지방정부에서 금고 문제를 다루는 데는 첫째, 단기적인 '수익성'이라는 단일의 기준보다는 장기적으로 수익성과 안정성, 금고은행이 제공하는 서비스의 질과 같은 경제외적 요인들을 종합적으로 고려해야 할 것이다. 이는 금고 선정 문제를 어떤 관점에서 파악하느냐와 관련되어 있다. 금고 선정이 단지 재정적인 수익을 증대시키는 수단에 불과한가? 현금관리(cash management)와 확대하여 지방정부의 현금예산, 세입 및 세출예산, 지방채 발행에 대한 자문 등 재무관리 체제의 개선이라는 측면에서 볼 것인가 하는 점이다.

3 투자재원의 집중관리

대부분의 지방자치단체는 일반회계와 특별회계를 위한 계좌, 기금을 위한 계좌를 별개로 운영하는 경우가 있다. 이렇게 이질적인 수입원이나 회계별로 현금을 분산 예치함으로써 계좌의 수가 증가되는 경우에는 현 시점에서 이용할 수 있는 현금 수준을 정확하게 추산하는 데 어려움이 많으며, 적지 않은 관리비용이 소요된다(박정수, 1999: 187).

따라서 지방자치단체의 계좌들을 하나의 계좌로 통합하는 데는 상당한 이점이 있다. 이러한 집중 계좌는 자금관리에서 지불 과정을 통제하고 그에 대한 일정한 계획의 수립을 가능하게 한다. 이러한 집중 계좌(pooling account)는 영 계좌(zero balance accounts)와 함께 운영하며 이는 건전한 계좌관리를 하는 데 필요한 유용한 도구다.

집중 계좌 제도는 모든 수입을 하나의 계좌에 입금시키고, 이 계좌에서 지출 계좌에 대한 자금의 배정과 여유자금의 단기 투자 등을 통합적으로 운용하는 제도다. 현재 이러한 제도가 체계화되지 않고 있다.

영 계좌 제도는 여유자금의 잔액을 최소화하기 위해 자금 지출을 담당하는 부서로 하여금 각각 계좌를 개설하게 하고 집중 계좌에서 지출에 필요한 자금액을 이전시키되, 각 부서의 계좌에는 매일 잔액이 영(零)이 되도록 유지하여 투자할 수 있는 여유자금의 규모를 최대화할 수 있는 이점이 있다. 그러나 집중 계좌와 영 계좌를 통해 여유자금 규모의 확대 및 집중관리, 회계 상호간 일시적인 자금 부족의 보전 등을 도모하기 위해서는 복수의 금융기관을 선정해서는 곤란하며 단일 금고를 선정하는 것이 필요하다.

지방재정법에서는 재정의 통합 지출을 위해 지방자치단체의 장은 재정자금의 효율적인 사용을 위해 관서별 분산 지출을 통합하여 운용하도록 노력해야 하며, 재정지출의 통합적인 운용을 위해 대통령령이 정하는 바에 의해 통합지출관을 둘 수 있다고 규정하고 있다(지방재정법 제90조.). 이는 지출원별로 분산되어 있는 현행의 자금 지출 방식을 통합 지출이 가능하도록 변경함으로써 지방자치단체의 여유자금을 효율적으로 활용하고 재정 집행의 투명성을 확대하려는 것이다.

4 지방 예산의 조기집행

2009년부터 지방자치단체는 침체된 지역경제를 활성화시키기 위한 중앙정부의 정책지침에 의해 예산을 조기 집행했는데 재정이 어려운 지방자치단체는 예산을 조기 집행하기 위해 앞으로 거둬들일 세액 등을 고려해 은행에서 돈을 빌리는데 그에 따른 이자 부담으로 재정 압박이 가중되었다. 은행 차입에 따른 이자율은 4~5% 정도이며, 올해 중앙정부는 2%만 보전해 주었다. 아울러 현금관리 측면에서 예산을 조기 집행함으로써 금융기관으로부터 받을 수 있는 이자 수익은 사실상 사라진다.

재정의 조기집행이란 당초 계획된 재정의 집행 일정보다 예산을 앞당겨 사용함으로써 민간시장에 자금을 조기에 공급하고 공급된 자금이 위축된 기업설비 투자와 소비 등에 활력을 불어넣어 결과적으로 실질GDP 성장률을 끌어올리는 효과를 갖는 정책을 말한다.

제14장 지방재정의 분석 및 진단

제 1 절 재정분석의 의의와 목적

1 재정분석의 개념

지방재정 분석(local finance analysis)은 지방자치단체의 재정 수준 및 상태를 파악하고 재정 운영상의 문제점을 도출하기 위한 활동이다. 그러나 이러한 지방자치단체의 재정 수준 및 상태를 파악하기 위한 방법으로 재정분석(financial analysis), 재정평가(financial evaluation), 재정진단(financial diagnosis) 등의 용어가 혼용되고 있는데, 각 개념을 비교하면 다음과 같다.

일반적으로 재정분석 또는 재정평가란 지방자치단체가 주민이 필요로 하는 재화와 서비스를 공급할 수 있는 재정적인 능력(오연천, 1993)으로, 또는 지방행정 수요를 충족하기 위해 자주재원으로 충당할 수 있는 능력 등 세입과 세출의 양 측면을 고려한 재정 규모의 적정성, 재정구조의 탄력성, 재정 운용의 건전성 등을 평가하는 것으로 이해된다. 그리고 각 지방자치단체가 1회계연도 동안 재정을 얼마나 건전하게 운영했는지를 평가하는 것 등으로 정의한다(이상용, 1993: 3).

외국의 경우 일본은 주로 재정분석을 사용하고 있는데, 재정구조, 재정 운영, 세입 비율, 세출 비율, 공무원 봉급, 서비스 수준 향상 등의 상태를 분석하는 것으로 사용하며, 어법상 일반적 · 개괄적으로 분석하는 경우를 재정분석, 심도 있게 분석하는 경우를 재정(또는 경영)진단으로 구분해 사용하고 있다(板田期雄, 1981).

미국에서는 국제도시경영협회(International City Management Association: ICMA)가 개발하여 중 · 소도시가 스스로 재정 상태를 점검하는 데 사용하는 재정동향 분석 체제(financial trend monitoring system: FTMS)가 자치단체의 현금 지불 능력, 예산상의 지불 능력, 장기 지불 불능 징후의 요인을 진단하는 것으로 정의하고 있다(김종순, 2006).

이상을 살펴볼 때, 재정분석 또는 재정평가의 용어를 일본은 통칭 재정분석으로, 미국의 신용평가기관은 재징평가의 의미로 각각 사용하고 있는데 미국에서 사용하는 재정동향 분석 체제는 우리나라에 도입된 재정분석과 유사하다.

우리나라는 지방재정법시행령에 의해 지방자치단체장이 작성 · 제출한 재정보고서를 기초로 재정 현황과 운용 상태를 객관적으로 검증하는 일련의 과정으로 재정운영 분석과 재정지표 분석 등 두 가지가 있다. 이 가운데 재정운영 분석은 당해 연도의 결산 내용을 토대로 자치단체장이 작성하여 제출한 재정보고서의 내용을 분류 · 집계 · 분석 · 정리하는 것을 말하며, 재정지표 분석은 일정한 기준에 의해 재정 운영의 건전성과 효율성을 분석하는 것이다. 결국 지방재정 실태를 파악하기 위해서는 재정분석과 평가 및 진단 등이 모두 필요하며 사용되고 있다(김홍래, 2005).

우리나라에서 사용하는 지방재정평가는 인구와 산업구조가 비슷한 여러 지방자치단체 간의 재정 상태를 상대적으로 비교 · 분석하는 것이다. 반면 지방재정진단은 재정분석이나 재정평가의 결과 재정 위기가 우려되는 지방자치단체를 선정하여 현지 실사를 하고 재정 위기를 초래한 요인을 추출하는 과정이다(김동기, 2003).

우리나라의 지방재정 분석제도는 지방자치단체장의 민선 이후 지방재정의 건전한 운영을 도모하기 위해 1994년 12월 지방재정법을 개정하면서 도입했다. 1996년에는 기본적인 8개 항목을 내부적으로 분석했고, 1997년에는 재정 능력, 재정 운용, 재정 노력 등을 추가한 3개 분야 총 18개 지표로 확대했다. 이어 1998년에는 지방재정분석 · 진단심의 실시규정(행정자치부 훈령)을 제정하여, 10개 단위 지표를 마련해 분석하고 그 결과를 매년 공표했다.

1999년부터는 한국지방행정연구원에서 개발한 4개 영역 10개 단위 지표를 이용하여 종합분석을 실시하고, 인센티브와 페널티 제도를 적용한다. 즉 특별교부세, 우수 공무원 포상 및 해외연수, 재정진단 및 재정건전화 이행계획서 제출 강제 등의 장치들이 적용된다(곽채기 · 이재원, 2004).

2005년부터는 지방재정 분석을 지방재정의 예·결산, 회계, 통계를 비롯해 지방재정의 산출물(output)뿐만 아니라 성과(outcome)와 관련된 정보를 이용하여 단년도 분석과 다년도 추세분석 등을 함께 적용하여 분석할 수 있도록 확대했다(행정자치부, 2005). 분석지표도 종전의 10개 지표에서 30개 지표로 확대하여 분석의 타당도와 신뢰도를 높였으며, 재정분석 결과 우수 자치단체에 대해서는 재정 인센티브를 종전 20억 원에서 200억 원으로 대폭 늘렸고 분석 결과를 의무적으로 공개하게 했다.

2010년부터는 재정분석지표를 대폭 개선하여 건전성, 효율성, 계획성 등을 측정하는 20개 지표를 바탕으로 재정분석을 시도하고 있다(이희봉, 2011).

2 재정분석의 목적

1) 재정 운영의 건전성 확보

지방자치단체는 재정 운영을 할 때 건전성을 확보해야 할 필요가 있다. 지방재정 운영의 성과는 해당 자치단체뿐만 아니라 국가재정 및 주민생활에까지 영향을 미치기 때문이다. 그래서 지방자치법과 지방재정법에서는 '지방재정의 건전성 확보'를 천명하고 있다. 지방자치법 제113조 1항은 "재정의 균형 유지 원칙에 따라 건전하게 운영"해야 함을 규정하고, 2항은 "지방재정의 자주성과 건전한 운영의 조장과 지방자치단체에 대한 국가 부담의 전가를 금지"를 규정하고, 지방재정법 제2조에서는 "지방자치단체의 건전한 재정 운영과 아울러 국가의 정책에 반하거나 국가 또는 다른 자치단체의 재정에 부당한 영향을 미치게 하여서는 아니 된다"고 규정하고 있다. 이러한 규정에 따라 지방자치단체의 재정 운영은 건전성을 특히 요구하고 있다. 여기서 건전성이란 단순한 수지 균형뿐만 아니라 반드시 써야 할 곳에 자금을 지출하고 지출하지 말아야 할 곳에는 하지 않는 재정 지출의 효율성과 미래의 재정 운영을 위한 재정 능력의 함양과 재원 조달의 잠재력 확보 등 재정의 계획성 등을 필요로 한다.

2) 재정 상태 및 재정 운용 상황 점검

재정분석은 객관적이고 합리적인 분석 방법을 통해 지방자치단체의 재정 현황 및 운영 상태뿐만 아니라 운영 성과를 종합적이고 체계적으로 분석·평가하여 그에 대한 적절한 대응 조치를 모색하는 데 있다. 지방자치단체의 현재 재정 상태를 점검하여 문제를 조기에 발견하고 이에 대한 대응 방안을 제시함으로써 바람직한 지방재정 정책의 방향을 수립하게 하는 데 있다(김동기, 2003: 322).

3) 재정 위기 발생의 사전 예방

지방재정의 파행적 운영 및 재정 위기(fiscal crisis) 발생의 방지를 위한 사전적 예방 조치로서 재정분석 제도가 필요하다. 지방자치단체의 재정 자율권의 신장으로 인해 세입을 고려하지 않은 과다한 지출로 세입·세출의 불균형, 과다한 지방채 사업, 선거를 의식한 사업의 추진으로 방만한 재정 운영이 예상된다. 게다가 경기 침체, 지역 경제의 부진, 시·군 통합과 같은 정치·행성적 변화도 예측된다. 이러한 재정 수요 및 변화를 감안하지 못한 채 지방재정이 방만하거나 파행적으로 운영될 경우 미국(이재성, 1995: 43-59; 내무부 지방행정연수원, 1994)[1]이나 일본[2]의 지방자치단체에서처럼 소위 재정 위기 또는 재정 파산이 발생할 수도 있다.[3]

이러한 상황을 사전에 예방할 수 있는 방안을 강구하고자 하는 수단으로서 지방재정 진단제도를 실시함이 바람직하다.

4) 재정정보의 공개 및 주민통제

재정정보의 공개 및 재정 운영에 대한 주민통제의 일환으로 재정분석을 시행한다. 재정분석 제도의 시행과 같은 맥락에서 정보공개 제도가 시행되어야 한다. 즉, 재정분석 결과에 근거한 적절한 조치를 취함과 동시에 그 결과를 주민에게 공개하여 재정 운영이 불건전한 단체의 경우 재정 운영 전반에 주민통제를 유도해야 한다.

지방자치의 실시와 더불어 지방재정 운영에 대한 관심이 높아지고 있다. 자치단체의 입장에서 재정 운영을 주민에게 공개함은 재정 운영의 투명성을 보장함과 동시에

---

1) 1980년 이후 미 연방정부에 파산 신청을 낸 지방정부는 7개인데, 교육구·항만청 등 특별지방자치단체까지 합치면 70건이 넘는다. 미국의 대표적인 예로 1975년 뉴욕 시, 1991년 첼시 시, 1994. 12월의 오렌지 카운티 등의 재정 위기·파산 등이 있다.

2) 도쿄도(東京都)가 재정 위기로 인해 1976년 기채 제한단체로 전락한 경우가 있으며(박형석, 1995: 97-135), 1994년 663개 시 대상 결산분석 결과 자주재원 비율이 60% 수준으로 자립성에 문제가 있고, 경상수지 비율(경상경비 충당 일반 재원율)이 100% 초과 단체가 1993년 3개 시에서 1994년 15개 시로 증가하여 재정 위기 도래의 대책을 강구할 필요가 있다고 분석하고 있다(日本經濟新聞, 1995. 12. 1 社說).

3) 특히 홋카이도의 유바리(夕張) 시가 2006년 6월 360억 엔에 달하는 적자를 기록해 2007년부터 재정 재건단체로 지정되어 흔히 말하는 '재정 파산' 단체가 되어 경각심을 높이게 되었다(남황우, 2007).

자치의 이념을 실현하는 것이다. 또한 주민의 입장에서는 자기 지역의 재정 운영을 주민들 스스로 통제하여 건전하게 운영되도록 해야 할 의무가 있다. 그러나 이러한 과정은 신뢰성 있고 객관적인 재정분석과 재정진단의 결과를 토대로 이루어져야 한다. 따라서 객관적이고 신뢰성을 확보할 수 있는 재정분석 및 재정진단 제도의 시행이 필요하다.

5) 정책 지원의 판단 근거

1995년 민선단체장 출범 이후 자치단체의 자주재원 확충 및 독자적인 재정 운영의 요구 등 많은 개혁 수단이 강구되어 왔음에도 불구하고 자치단체 간 재정력 격차는 심화되고 있다. 이 문제는 세원(稅源)의 편재(偏在)뿐만 아니라 수도권 인구집중 현상 등에 의해 야기되고 있기 때문에 자치단체의 자주적인 재원 확보 노력만으로 극복하기는 불가능하다. 따라서 중앙정부의 역할이 무엇보다도 중요한데, 중앙정부는 자치단체의 부족 재원 보전, 지역경제 활성화 등에 대한 모든 지원을 함과 동시에 자치단체 간 경제력 또는 재정력의 형평화에도 기여해야 한다. 이러한 관점에서 중앙정부의 각종 정책 지원의 판단 준거를 위해서는 자치단체에 대한 객관적 자료가 필요하다. 즉, 자치단체의 재정 운영, 지역경제 역량을 개별적으로 평가하여 이를 근거로 정책 지원을 해야 한다. 이러한 지방자치단체에 대한 중앙정부의 판단 준거로서 지방재정 분석 결과를 활용함이 바람직하며, 이를 위해 지방재정 분석 및 평가제도가 필요하다.

제 2 절 재정분석의 지표와 방법

1 재정분석의 지표

1) 재정분석지표

다양한 각 지방자치단체의 재정 운영 상황을 종합적으로 분석하기 위해서는 과학적이며 체계적인 분석지표(indicator)의 개발이 요구된다. 2009년까지의 재정분석을 위한 지표는 <표 14-1>과 같이, 세입구조, 세출관리, 재정관리, 채무관리, 재정투명성, 국가정책 이행도 등 6개 부문으로 구분하여 총 30개 단위지표가 사용된다.

표 14-1 지방재정 분석지표의 추이

1999년도 분석지표 (총 1,000점)	
자주성 (300)	① **재정자립도(200점)** $\frac{\text{지방세+세외수입}}{\text{일반회계 세입결산액}}$ ② **1인당 지방세수력(100점)** $\frac{\text{지방세 징수액}}{\text{인구 수}}$
효율성 (300)	③ **투자비 비율(200점)** $\frac{\text{사업비 총액}}{\text{세출결산액}}$ ④ **가용재원율(100점)** $\frac{\text{자체사업비+예비비}}{\text{일반회계 세출결산액}}$
안정성 (300)	⑤ **지방채 상환비 비율(200점)** $\frac{\text{최근 4년간 평균 지방채무 상환액}}{\text{최근 4년간 평균 일반재원 결산액}}$ ⑥ **1인당 채무부담액(100점)** $\frac{\text{지방채무 현재액}}{\text{인구 수}}$
노력도 (100)	⑦ **자체수입 징수율(100점)** $\frac{\text{자체수입 징수액}}{\text{자체수입 징수 결정액}}$

2000년도 분석지표 (총 1,000점)	
자주성	① **재정자립도** (종전과 동일) ② **재정력지수** $\frac{\text{기준재정 수입액}}{\text{기준재정 수요액}}$
생산성	③ **재정계획 운영 비율** $\frac{\text{최종사업 예산액}}{\text{지방재정계획의 사업비}}$ ④ **세입예산 반영 비율** $\frac{\text{세입예산액}}{\text{세입결산액-전년도 이월액}}$ ⑤ **투자비 비율** (종전과 동일)
안정성	⑥ **경상수지 비율** $\frac{\text{경상경비}}{\text{일반재원 결산액}}$ ⑦ **세입·세출충당 비율** $\frac{\text{세출소요액}}{\text{세입결산액-조상충용액}}$ ⑧ **지방채 상환비 비율** (종전과 동일)
노력성	⑨ **자체수입 증감률** $\frac{\text{당해 연도 자체수입결산액}}{\text{전년도 자체수입 결산액}}$ ⑩ **경상경비 증감률** $\frac{\text{당해 연도 경상경비 결산액}}{\text{전년도 경상경비 결산액}}$

2005-2009년 분석지표 (총 1,000점)	
세입구조	1. 지방세수 안정도 2. 지방세 징수율 3. 지방세 징수율 증감률 4. 지방세 체납 징수율 5. 지방세 과오납 비율 6. 지방세수 예측도 7. 경상세외수입 안정도 8. 경상세외수입 징수율 9. 경상세외수입 징수율 증감률 10. 세외수입 체납 징수율 11. 세외수입 과오납 비율
세출관리	12. 경상경비 비율 13. 인건비 비율 14. 행사·축제 경비 비율 15. 민간이전경비 비율 16. 투자비 비율 17. 연말 지출 비율
재정관리	18. 중기재정계획 반영 비율 19. 투융자심사사업 예산편성 비율 20. 추경예산 편성 비율 21. 세입예산 반영 비율 22. 순세계잉여금 비율
채무관리	23. 지방채무 상환비 비율 24. 지방채무 잔액지수
재정투명성	25. 재정정보공시의 적정성 26. 예산편성 운영의 투명성
국가정책이행	27. 사업별 예산제도의 도입·정착 노력 28. 복식부기 회계제도의 도입·정착 노력 29. 사회복지예산 증감률 30. 재정지출 만족도

지표 분석 방법은 표준점수(z-score)를 기본으로 자치단체별 유형과 지표의 특성을 고려하여 계량지표 900점, 비계량지표 100점 등 총 1,000점을 만점으로 하고 있으며, 국가정책 이행도에 대한 지표는 매년 적절한 지표를 적용한다.

2010년부터는 지방재정의 사전 위기 경보 시스템의 구축 및 계획적인 재정 운영을 강조하기 위해 건전성, 효율성, 계획성을 중심으로 총 20개의 지표를 적용하고 있다 (<표 14-2> 참조).

표 14-2 현행 지방재정 분석지표(2010년부터)

<table>
<tr><th colspan="2">분야</th><th>분석지표</th><th>분석 기간</th><th>대상 회계</th><th>비고</th></tr>
<tr><td colspan="2" rowspan="6">건전성
(재정상태지표)</td><td>1. 통합재정수지 비율</td><td>단년도</td><td>통합회계</td><td>국제 기준</td></tr>
<tr><td>2. 경상수지 비율</td><td>단년도</td><td>통합회계</td><td>복식부기</td></tr>
<tr><td>3. 지방채무 잔액지수</td><td>단년도</td><td>통합회계</td><td></td></tr>
<tr><td>4. 지방채무 상환비 비율</td><td>4년 평균</td><td>통합회계</td><td></td></tr>
<tr><td>5. 장래 세대 부담 비율</td><td>단년도</td><td>통합회계</td><td>복식부기</td></tr>
<tr><td>6. 자체세입 비율(증감률)</td><td>2년</td><td>일반회계</td><td></td></tr>
<tr><td rowspan="10">효율성
(재정운용
노력
지표)</td><td rowspan="5">세입</td><td>7. 지방세 징수율 제고 노력도</td><td>2년</td><td>일반회계</td><td rowspan="10">보통
교부세와
연계</td></tr>
<tr><td>8. 지방세체납액 축소 노력도</td><td>2년</td><td>일반회계</td></tr>
<tr><td>9. 경상세외수입 확충 노력도</td><td>4년</td><td>일반회계</td></tr>
<tr><td>10. 세외수입 체납액 축소 노력도</td><td>2년</td><td>일반회계</td></tr>
<tr><td>11. 탄력세율 적용 노력도</td><td>단년도</td><td>일반회계</td></tr>
<tr><td rowspan="5">세출</td><td>12. 인건비 절감 노력도</td><td>단년도</td><td>일반·공기업·
기타 특별회계</td></tr>
<tr><td>13. 지방의회경비 절감 노력도</td><td>단년도</td><td>일반·기타 특별회계</td></tr>
<tr><td>14. 업무추진비 절감 노력도</td><td>단년도</td><td>일반·기타 특별회계</td></tr>
<tr><td>15. 행사축제경비 절감 노력도</td><td>2년</td><td>일반·기타 특별회계</td></tr>
<tr><td>16. 민간이전경비 절감 노력도</td><td>2년</td><td>일반·기타 특별회계</td></tr>
<tr><td colspan="2" rowspan="4">계획성</td><td>17. 중기재정계획 반영 비율</td><td>단년도</td><td>일반·공기업·
기타 특별회계</td><td></td></tr>
<tr><td>18. 예산집행률</td><td>단년도</td><td>일반·공기업·
기타 특별회계</td><td></td></tr>
<tr><td>19. 정책사업 투자비 비율</td><td>단년도</td><td>일반·공기업·
기타 특별회계</td><td>사업예산</td></tr>
<tr><td>20. 투융자심사사업 예산
반영 비율</td><td>단년도</td><td>일반·공기업·
기타 특별회계</td><td></td></tr>
</table>

자료: 행정안전부(2010: 260).

2) 재정분석 지표 체계(예시)

지방재정 분석은 지방자치단체의 재정 운영 결과에 대한 가치를 부여하는 것으로, 지방재정 상태를 정확하게 진단하고 합리적인 재정 운영의 기틀을 마련하기 위한 재정분석의 내용과 기준이 제대로 설정되어야 하며, 이러한 분석 내용과 기준에 적합한 지표를 개발하고, 개발된 지표를 통해 재정 상태를 분석해야 한다.

결국 지방재정 분석은 첫째, 각 자치단체가 처해 있는 재정 상태가 어떠한가? 둘째, 각 자치단체가 재정 운영을 어떻게 했는가? 셋째, 각 자치단체가 재정 운영 결과 그 성과가 어떠했는가를 분석해야 한다. 따라서 이러한 재정분석은 각 자치단체의 ① 재정 상태, ② 재정 운영, ③ 재정 성과를 대상으로 하게 된다.

이러한 지방재정 분석 내용과 분석 기준을 체계화하고, 이에 의거한 지표를 예시하면 <표 14-3>과 같다.

표 14-3 부문별 재정분석 지표 체계(예시)

분석 부문	분석·평가 내용의 기준			사용 가능 지표
	목표 기준 (1차 기준)	분석 내용 (2차 기준)	지표 개발 가능 기준 (3차 기준)	
재정 상태 부문	재정 규모의 적절성	재원 충당 능력(세입)	기본적 행정 수요에 대한 자율적 해결의 잠재력, 재정적 자립 수준 및 경제 능력 실제 세 부담 능력 분석	
		행정 서비스 공급 능력 (세출)	행정 서비스의 총량적 공급 능력, 지역 주민과 직접 관련된 행정 수요의 적극적 대처 능력 분석	주민 1인당 세출 규모 주민 1인당 투자비
	재정구조의 건실성	총재원 및 용도별 재원구조	독자적 시책 추진 여력 재원 정도, 매년도 일정하게 보장되는 세입재원 정도, 의무적·경상적 경비의 자체 수입 충당 재원 정도 분석	일반재원 비율, 경상일반재원 비율, 인건비 자체충당 능력, 경상적 경비 자체충당 능력
		채무구조	차입 금액의 누적 정도, 채무로 인한 주민 부담 가중 및 재정 압박 정도 분석	지방채 잔액 지수, 주민 1인당 채무액
	재정 운영의 안정성	수지 균형 유지 정도	총재정 운영상 감축 곤란한 경비 운영상의 수지 균형 운영 정도 분석	실질수지 비율, 경상수지 비율
		재원 확충의 부채성 정도	재원 확충의 부채성 정도 분석	지방채 수입 비율

		예산 편성, 사업 추진, 계획적 진행 여부	미실행 예산 운영분석	사고이월 사고비 비율
재정 운영 부문	재정 운영의 노력성	재원 확보 노력	자주재원 확보 노력 및 형평성 유지, 여유자금 효율적 관리 여부 분석	세수 증가율, 지방세 징수율, 경상적 세외수입 증가율, 체납세액 정리율, 이자수입 비율
		효과적 재원 지출 능력	효과적 재정지출 여부 분석	투자적 경비 비율
		예산 절감 능력	경상경비의 예산 절감 정도 분석	경상예산 절감률
	재정 운영의 탄력성	행정 수요의 대응 정도	행정 수요에 적극적 대응 수준의 분석	재정 압박 지수
	예산편성의 적절성	재원 사용의 경직화 정도	재원 사용의 경직성 정도 분석	인건비 비율, 의무적 경비 비율, 지방채 부담 비율
		경상경비 운영의 객관성, 합리성 여부	각종 불요불급 경상경비 팽창 운영의 상황분석	각종 경상경비 비율, 비목별 1인당 경비
재정 성과 부문	공공시설 확보 및 행정 수준 향상	주민생활과 양적 · 질적으로 관련된 공공시설 및 기타 행정 서비스의 확보 및 향상 정도 분석		각종 공공시설 충족도-전국적, 단체 계층별로 동일한 기준으로 측정

자료: 권형신 외(1998: 476).

(1) 재정 상태

각 자치단체의 재정 상태를 파악하기 위해서는 재정 규모의 적정성과 재정구조의 건실성을 분석해야 하는데, 재정 규모의 적정성을 분석하기 위해서는 세입 측면의 재원 충당 능력과 세출 측면의 행정 서비스 공급 능력을 분석해야 한다. 그리고 재정구조의 건실성을 분석하기 위해서는 총 재원 및 용도별 재원구조와 채무구조를 분석해야 한다.

이러한 재정 상태를 분석하기 위한 지표와 의미는 <표 14-4>와 같다.

표 14-4 재정 상태 분석지표

평가 기준	평가 지표	산정 방식	지표 의미
재원 충당 능력	재정력 지수	기준재정 수입액/기준재정 수요액 *매년도 지방교부세 산정조서 참조	-지방자치단체가 기본적인 행정 수요를 자율적으로 해결할 잠재력을 갖고 있는가를 파악하는 지표 -재정력 지수가 클수록 재정 운영상의 자율성 정도가 강하다고 볼 수 있다.
	자주재원 비율	(자주재원/세입 총액)×100 *자주재원=지방세+세입수입(지방채 제외)	-지방자치단체의 재정적 자립 수준 또는 경제적 자치 능력을 측정하는 지표·자주재원 비율이 높을수록 재정 기반의 안정성 및 행정활동의 자율성이 있다고 볼 수 있다.
	주민 1인당 지방세 부담액	지방세액/인구 수	-지방세 수입이 많을수록 지방재정의 세입구조는 안정성을 갖고 있으며, 1인당 지방세 부담액을 자치단체 간에 비교해 보는 기준으로 삼을 수 있다.
행정 서비스 공급 능력	주민 1인당 세출 규모	세출 총액/인구 수	-자치단체가 지역 주민을 위해 제공하는 행정 서비스의 공급 능력이 많다고 볼 수 있다. -1인당 세출 규모가 클수록 행정 서비스의 공급 능력이 많다고 볼 수 있다.
	주민 1인당 투자비	투자비/인구 수 *투자비 = 자본지출 + 융자금 + 출자금	-투자비는 지역 개발뿐만 아니라 지역 주민의 복리 수준 향상과 직접 관련되는 비용 -투자비 규모가 클수록 지역 주민의 행정수요에 좀 더 적극적으로 대처할 수 있는 능력이 있다고 볼 수 있다.
총재원 및 용도별 재원구조	일반재원 비율	(일반재원/세입 총액) ×100 *일반재원 = 지방세 + 세외수입(지방채 제외) + 보통교부채	-일반재원은 경비의 비도에 아무런 제한 없이 사용되는 경비 -일반재원 비율이 클수록 자치단체가 독자적인 시책을 추진할 수 있는 여력이 좋다고 볼 수 있다.
총재원 및 용도별 재원구조	경상일반재원 비율	(일반재원/세입 총액)×100 *경상 일반재원 = 지방세+경상적 세외수입(지방채 제외)+보통교부세	-경상 일반재원은 매년도 일정한 세입이 보장되는 재원으로서, 경상 일반재원 비율이 높을수록 재정의 안정성이 높다.
	인건비 자체 충당지수	인건비/자주재원 *인건비 = 급여 + 상여금 + 기타직 보수 + 수당 + 피복비 + 급량비 + 일용 인부	-자치단체가 의무적 경비인 인건비를 자체수입으로 어느 정도 충당하고 있는가를 나타내는 지표로서, 지표값이 낮을수록 인건비 충당 능력이 높다고 볼 수 있다.
	경상적 경비의 자체 충당지수	경상적 경비/자주재원 *경상적 경비 = 인건비 + 물건비 + 경상이전 + 보전재원(지방채 원리금 상환금) + 관서당 경비	-자치단체가 필수적으로 소요되는 경상적 경비를 어느 정도 충당하고 있는가를 나타내는 지표. -지표값이 낮을수록 경상적 경비의 자체 충당 능력이 높다고 볼 수 있다.

채무 구조	지방채 잔액지수	지방채 현재액/일반재원 *지방채 현재액(매년 12월 말 기준)= 원금+ 이자	-자치단체의 표준적인 수입에 대해 어느 정도 차입금액이 누적되어 있는가를 파악하기 위한 지표. -지방채 발행 능력이나 재정 운영의 건전성을 측정할 수 있는 동시에 지방채 발행의 한계를 제시하는 기준으로 활용할 수 있다.
	주민 1인당 채무액	지방채 현재액/인구 수	-자치단체 채무는 지역 주민의 조세로서 상환 -1인당 패무액이 많을수록 주민 부담 가중 및 재정 압박 요인이 된다.

자료: 김종순(2006: 535-537).

(2) 재정 운영

재정 운영을 분석하기 위해서는 ① 재정 운영의 안정성, ② 재정 운영의 노력성, ③ 재정 운영의 탄력성, ④ 예산 편성의 적절성을 평가해야 한다. 재정 운영의 안정성은 수지 균형 정도, 재원 확충의 부채성 정도, 예산 및 사업의 계획적 집행 측면을 평가해야 하며, 재정 운영의 노력성은 재원 확보 노력, 효과적 재원 지출 능력, 예산 절감 노력 측면에서 평가해야 하며, 재정 운영의 탄력성은 행정 수요의 대응 정도와 재원 사용의 경직화 정도면에서 평가해야 하고, 예산편성의 적정성은 각종 경상경비의 예산 편성을 파악하여 그 적정성 여부를 평가해야 한다.

이러한 재정 운영 측면을 나타내는 지표와 그 의미는 <표 14-5>와 같다.

표 14-5 재정 운영 분석지표

평가 기준	평가 지표	산정 방식	지표 의미
수지 균형	실질수지 비율	(실질수지액/일반재원)×100 * 실질수지액= 세입결산액-세출결산액-익년도 이월액(사고이월+ 명시이월+ 국· 도비반납금)	-당해 연도 재정 운영 결과 실질적인 재정수지를 나타내는 지표 -실질수지가 높을수록 재정 운영을 건실하게 하는 여력이 높아졌다고 볼 수 있다.
	경상수지 비율	(경상적 경비/경상 일반재원)×100	-인건비 등 감축하기 곤란한 의무적 성격이 강한 경상적 경비에 경상 일반재원으로 충당되는 정도를 나타내는 지표로서 재정 운영의 건전성을 측정하는 데 유효하다. -보통 지표값이 80%를 초과하게 되면 재정 구조의 탄력성과 건정성이 상실되고, 100%를 초과하면 아주 불건전한 재정 상태를 나타내게 된다.

재원 확충의 부채성	지방채 세입 비율	(지방채 세입액/세입 총액) ×100 *지방채 = 원금 + 이자	–당해 연도 총세입에서 지방채 세입이 어느 정도인지를 나타내는 지표 –지표값이 높을수록 지방재정의 압박 요인
예산 운영 사업추진 계획적 진행	이월 사업비 비율	(이월사업비/세입총액)×100 *이월사업비 = 사고이월비	–이월사업비 비율이 높을수록 예산 운영 및 사업 추진이 계획대로 진행되지 못했다고 볼 수 있다.
재원 확보	세수 증가율	(당해 연도 지방세액–전년도 지방세액)/전년도 지방세액×100	–당해 연도의 자주재원 확보를 위해 얼마나 노력했는지를 나타내는 지표 –지표값이 높을수록 재정 운영에 대한 노력을 많이 했다고 볼 수 있다.
	지방세 징수율	(지방세 징수액/지방세 부과액)×100	–세수증가율의 지표와 동일
	경상적 세외 수입 증가율	(당해 연도 경상적 세외수입–전년도 경상적 세외수입/전년도 경상적 세외수입×100	–사용료 및 수수료 수입은 자체수입의 주요한 세입원 –지표값이 높을수록 자주재원 확충을 위해 노력했다고 볼 수 있다.
	체납액 정리율	(당해 연도 체납액 징수액/전년도말 체납액)×100	–조세의 형평성 유지와 세수 확충을 위해서는 체납액 정리율이 높을수록 바람직하다.
	이자 수입률	(이자수입/세입 총액) ×100	–여유자금의 효율적 관리 여부를 파악하기 위한 지표
효과적 재원 지출	투자적 경비 비율	(투자적 경비/세출 총액)×100* 투자적 경비 = 자본지출 + 융자금 + 출자금	–투자적 경비는 재정 지출의 효과가 자본 형성으로 나타나는 경비 –이 비율이 높을수록 지역 주민의 행정수요에 많이 부응했다고 볼 수 있다.
예산 절감	경상예산 절감률	(경상경비 절감액/예산액)×100 *대상 비목: 국내여비 + 국외여비 + 수용비 및 수수료 + 재료비 기타 + 특별판공비 + 관서당 경비 + 정보비 + 보상비	–각종 경상경비에 대한 예산 절감을 얼마나 했는지를 나타내는 지표 –지표값이 높을수록 예산 절감을 위해 많이 노력했다고 볼 수 있다.
행정수요 적극적 대응	재정 압박 지수	자주재원 증가율/ 세출결산 증가율	–각종 경상경비에 대한 예산 절감을 얼마나 했는지를 나타내는 지표 –지표값이 높을수록 예산 절감을 위해 많이 노력했다고 볼 수 있다.
재원 사용의 경직성	인건비 비율	(인건비/세출 총액)×100	–세출 총액에서 인건비가 차지하는 비중 –지표값이 높을수록 재정 운영의 탄력성이 낮다고 볼 수 있다.
	의무적 경비 비율	(의무적 경비/일반재원)×100 *의무적 경비 = 인건비 + 관서당 경비 + 지방채원리금 상환금 + 징수	–인건비 등 의무적 · 비탄력적 성격이 정도가 높은 경비가 일반 재원 규모에서 어느 정도인지를 나타내는 지표

		교부금(시 · 도) + 시설유지비 + 공과금 + 국고 지원에 따른 지방채 부담분	-지표값이 높을수록 재정 운영이 경직화되어 있다고 볼 수 있다.
	지방채 부담 비율	(지방채 상환액/일반재원)×100 *지방채 = 원금 + 이자	-당해 연도에 상환하는 채무액이 일반재원 규모에서 차지하는 비율이 어느 정도인지를 나타내는 지표 -지방채 부담 비율이 높을수록 재정 운영의 탄력성이 낮다고 볼 수 있다.
예산 편성의 적절성	예산편성 평가지표 및 산출 방식 참조		-각종 경상경비의 전체 세출 부문에서 차지하는 비율과 비목에 따른 1인당 경비가 얼마나 되는지를 판단하는 지표 -경상경비와 기준을 설정하고 예산 운영에 반영할 필요가 있다.

자료: 김종순(2006: 537-539).

(3) 재정 성과

재정 성과의 평가는 각 자치단체별로 투자 대상의 우선순위가 다르기 때문에 재정 성과를 평가하기란 쉬운 일이 아니다. 또한 투자 성과가 단기에 나타나기도 하나 대체로 장기간이 경과된 후에 나타나기 때문에 매년 평가하는 것은 적절하지 못하다.

따라서, 현재 전국적으로 통일된 가장 기본이 되는 것을 대상으로 재정 성과를 분석하고자 하나, 이 또한 자치단체별 특성을 고려하지 못해 적절한 분석이 되지 못한다. 그러므로 각 자치단체별 특성에 따라 분석 내용을 달리해야 하며 매년 분석하기보다는 5년에 한 번 정도 분석하는 것이 바람직하다. 전국적으로 동일한 분석 대상 지표로는 <표 14-6>과 같은 지표를 들 수 있다.

표 14-6 재정 성과 분석지표

평가 지표	산출 방식
1. 도로 연장 비율	(당해 연도 도로 연장-전년도 도로 연장)/전년도 도로 연장×100 *도로 연장(km) = 지방도 + 특별 · 광역시 · 도 + 시 · 군도
2. 도로 포장률	(포장도 연장/도로 연장)×100 *도로: 1번과 동일
3. 상수도 보급률	(급수 인구/인구 수)×100
4. 하수도 보급률 (면적 기준)	(현재 배수구역 면적(㎢)/계획배수 구역면적(㎢))×100
5. 하천 개수율	(기개수 연장(㎞)/요개수 연장(㎞))×100 *하천 개수 = 지방하천 + 준용하천

6. 쓰레기 수거율	(연간 쓰레기 수거량(t)/연간 쓰레기 배출량(t)×100
7. 분뇨 처리율	(연간 분류 수거 처리량(㎘)/연간 분뇨 배출량(㎘))×100
8. 경지 정리율	(경지정리면적(ha)/경지정리 계획면적(ha))×100
9. 1인당 도시공원 면적	도시공원 면적(1,000㎢)/인구 수
10. 노인복지시설 수용률	(노인복지시설 수용 인원/노인 인구(65세 이상))×100
11. 인구 1,000명당 문화시설 확보율	문화시설 면적/인구(1,000명) *문화시설(연면적) = 박물관 + 시민회관 + 미술관 + 문예회관 + 공보관 + 문화원
12. 소방 차량 1대당 인구 수	인구 수/소방차 수

자료: 권형신 외(1998: 482).

2 재정분석의 단계

지방재정분석은 [그림 14-1]과 같이 모든 자치단체에 대한 재정분석과 건전성과 효율성이 현저하게 낮은 단체에 대한 재정진단, 그리고 진단 결과 재정 위기가 우려되는 자치단체에 대한 재정건전화 계획 수립의 단계를 거친다.

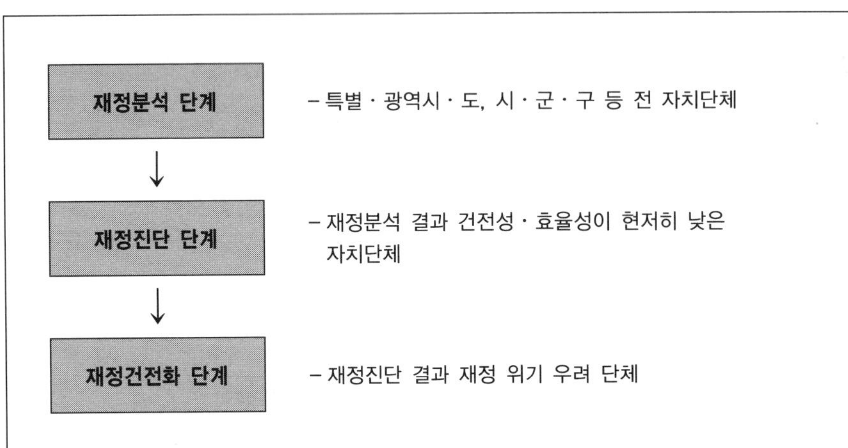

그림 14-1 지방재정 분석의 단계

제 3 절 재정진단의 방법과 재정공시 제도

1 재정진단의 의의

지방재정진단은 재정분석 결과 건전성과 효율성이 현저히 떨어지는 단체를 대상으로 정밀분석을 실시하여 재정건전화를 위한 대책을 강구하는 것이다. 따라서 진단 대상 단체를 선정하는 것이 무엇보다 중요하다.

진단 대상 단체의 선정은 ① 세입예산 중 채무 비율이 세입예산의 행정안전부 장관이 정하는 비율을 초과하거나, 채무 잔액이 과다한 지방자치단체, ② 결산상 세입 실적이 예산액보다 현저히 감소했거나 다음 연도 수입을 앞당겨 충당·사용한 단체, ③ 인건비 등 경상비 성격의 예산 비율이 높아 재정 운용의 건전성이 현저히 떨어지는 단체, ④ 행정안전부 장관이 재정보고서의 분석 결과 재정진단이 필요하다고 인정하는 자치단체를 대상으로 하되, 지방재정분석·진단실시규정에 의해 상세히 규정하고 있다.

2 재정진단의 주체

재정진단 대상 단체의 선정을 객관적이고 합리적으로 하기 위해서는 선정 주체와 과정의 공정성이 매우 중요하다. 따라서 재정분석과 재정진단 주체의 자의적인 판단을 방지하고 진단 방법과 결과 조치 및 활용 방안에 대한 신뢰성을 확보하기 위해 전문가 등으로 구성되는 '재정분석·진단위원회'를 설치·운영할 수 있다(지방재정법 제56조).

3 지방재정 건전화계획의 수립

지방재정 건전화계획은 자치단체의 자구(自救) 노력 강화에 중점을 두되, 정밀 재정진단 결과 지방자치단체의 방만한 재정 운영에 따른 재정 부실의 문제점을 개선하기 위한 조치계획이다. 이에는 조직 개편, 채무 상환, 세입 증대, 신규 사업의 제한 등을 내용으로 ① 재정건전화 기본 방침, ② 세입 확보 방안, ③ 재정지출의 효율성 제고 방안, ④ 조직의 간소화 방안, ⑤ 기타 재정건전화 및 효율화 방안 등을 포함해야 한다(김동기, 2008: 380).

재정분석 결과 건전성과 효율성이 우수한 자치단체와 재정건전화 계획 수립의 이행 결과가 우수한 자치단체에 대해서는 인센티브로 특별교부세를 교부할 수 있다. 물론 권고 및 지도 사항의 이행 결과가 미흡한 자치단체에 대해서는 페널티로 보통교부세를 감액하는 등의 조치를 취할 수 있다.

4 재정분석 기법

1) 재정분석을 위한 비교 기준

항목별 재정정보의 양·불량(良·不良)을 단체별로 비교·분석하기 위해서는 비교 기준이 필요하다. 이 비교 기준에 비추어 보아 특정 지방자치단체의 특정 재정정보가 상대적으로 '좋다'·'나쁘다' 등을 판정하게 되는 것이다. 법적으로는 동급의 지방자치단체라 하더라도 지방자치단체는 각각 역사적 배경, 자연적 특성, 지리적 조건, 사회경제적 상황 등이 상이하므로 행·재정 운영 여건은 모두 다르다. 그러므로 시·군을 평균 개념으로 동일시할 수 없다.

그런데 지방자치단체의 행·재정 운영 상황을 정확하게 진단하고 비교 분석·평가하기 위해서는 유사한 행·재정 여건을 지니고 있는 유사 단체별로 구분하여 분석·평가해야 하므로, 지방자치단체의 유형화(grouping) 작업이 선행적으로 요구된다. 이러한 유형화에 의한 동일 유형 내의 지방자치단체를 대상으로 하여 공간상의 상호 비교·분석과 시간상의 상호 비교인 시계열 분석을 적용해 볼 수 있는 것이다. 이러한 비교·분석을 통해 당해 지방자치단체의 특성이나 문제점을 파악할 수 있게 된다. 비교 기준을 설정하는 방법은 다음과 같다.

① 전국 모든 자치단체의 평균치

② 동급 자치단체의 평균치: 광역시·도별, 시·군 자치구별

③ 동일 지역 내(도나 특별시·광역시)에서 시·군을 재정분석을 하기 위해 해당

지역 내의 시별, 군별 동급 자치단체의 평균치

④ 동급 자치단체를 어떤 기준에 따라 유형화하여 유사 자치단체 간의 비교 기준으로 활용하는 방안 등.

이러한 유형화 기준으로 고려할 수 있는 것은 각 자치단체의 특색을 잘 나타내는 인구, 산업구조, 지역 특색, 재정력 지수, 1인당 재정 규모, GRP 등을 들 수 있다(권형신 외, 1998: 482-483).

2) 재정분석 기법

(1) 규모분석

예컨대, 재정 규모, 지방세 규모, GRP(1, 2, 3차 산업별), 소득 금액, 인구 수, 도로 연면적, 동사무소 등 관공서 수와 같이 절대값, 절대 금액을 평면적으로 단순 비교하는 것이다. 참고로 지방교부세 측정 단위의 산정 기준은 모두 절대치에 해당된다.

(2) 상대분석

인구 수, 행정구역 면적 등 요소를 감안하는 상대적인 비교·분석 방법으로, 측정 단위당 항목별 규모를 서로 비교하는 것이다. 측정 단위당 상대 규모 비교가 필요한 이유는 지역 공간별로 해당 분석 항목의 결정 인자가 상이하여 절대 규모만으로는 당해 지역의 상태가 어떠한지를 정확히 분석·판단하기 어렵기 때문이다. 일반적으로 가장 단순하고 이해하기 쉬운 측정 단위는 인구 수다. 예컨대, 1인당 GRP, 주민 1인당 지방재정 규모와 지방세 부담 규모, 인구밀도, 주민 1인당 공무원 수, 면적당 행정기관 수 등을 들 수 있다.

(3) 구성비 분석

통상 백분율, 비중이라는 용어로 쓰이고 있는 비율을 비교하는 것인데, 자주 활용되는 것으로는, 예를 들면 엥겔(Engel) 계수, 소득 중 교육비 또는 문화비가 차지하는 비중, GNP 중 1차, 2차 또는 3차 산업의 비중, 인구 중 고령자 또는 장애자 비율, 도로율, 포장률, 세입 항목(지방세, 세외수입, 지방채수입, 지방교부세, 보조금)별 구성 비율, 지방재정 자립도,[4] 가용재원 비율 등을 들 수 있다.

---

4) 재정자립도는 일반회계 총 세입액 중에서 자주재원인 지방세 수입과 세외수입이 차지하는 비율을 나타내는 것으로 그동안 가장 많이 사용되어 왔으나, ① 일반회계만을 대상으로 한다는 점, ② 의존재원이라고 해도 보통교부세와 같은 일반재원이 제외되어 있다는 점 등을 이유로 재정 자립의 수준을

(4) 지수분석

지수(index)란 사전적인 의미로 어떤 수 또는 문자를 거듭 곱해 나타낼 때 그 수와 문자의 오른쪽 어깨에 부기하는 문자 또는 숫자를 가리키기도 하고, 어떤 일정한 연도의 월의 물가, 노동, 임금 등을 100으로 하고 이 표준과 비교하여 해마다 또는 달마다의 변동을 표시한 숫자라고 이해하기도 한다.[5)]

예컨대, 물가지수, 주가지수처럼 일정 시점(특정 연도)을 기점(기준 연도)으로 하고 기준 연도의 기준치를 1.00 또는 100으로 하여 그 후 증감 추세를 계수로 표현한 것으로, 지수의 연도별 추세분석은 연도 간 비교를 통해 어떤 경향치를 발견하는 데 도움을 준다. 따라서, 재정계획이나 지방채 발행계획을 수립하기 위해 미래치를 예측하는 데 과거의 시계열 자료는 매우 중요한 자료가 된다.

(5) 입지상 분석

입지상(立地商, location quotient: LQ)은 유사 단체를 고려한 비중 비교 방법으로서 상대적으로 무엇이 더 비중이 높은가, 두드러지는가, 즉 특화 정도를 알 수 있는 분석 방법이다.[6)]

LQ는 다음 식에서 나타내는 바와 같이 당해 단체의 총규모에서 차지하는 특정 항목의 비중을 유사 단체의 해당 항목이 유사 단체의 총규모에서 차지하는 비중으로 나눈 값이다.

$$LQ = \frac{\text{당해 단체의 특정 항목 비중}}{\text{유사 단체의 특정 항목(평균) 비중}} = \frac{\dfrac{\text{당해 단체의 특정 항목 비중}}{\text{유사 단체의 특정 항목(평균) 비중}}}{\dfrac{\text{유사 단체의 특정 항목 규모}}{\text{유사 단체의 총규모}}}$$

LQ가 1이면 당해 단체의 특정 항목의 비중과 유사 단체 특정 항목의 비중이 동일함을 의미하고, LQ가 1보다 크면 당해 단체의 그것이 유사 단체의 그것보다 크고,

---

정확히 나타내지 못한다는 비판이 있다. 따라서 최근에는 보통교부세액을 포함하는 '재정 자주도'가 선호된다.

5) '지수'는 여러 가지 의미로 사용되고 있는데, 예를 들면 ① 제곱 표시, ② 지능지수처럼 여러 지표(indicator)에 가중치를 부여하여 합성시킴으로써 복합적 의미를 갖도록 가공한 것, ③ 물가지수, 주가지수처럼 일정한 때를 기준으로 시기에 따른 증가 변화 등을 표시하고 있다.

6) 몫(quotient)이란 얻어진 값으로서, 어떤 수를 다른 수로 나누어 얻은 값이다.

LQ가 1보다 작으면 그 반대다. 예를 들어, 도로점유율을 국제적으로 비교할 때, 가상 통계치가 서울 18%, 도쿄 20%, 뉴욕 38%, 워싱턴 40%, LA 42% 그리고, 선진국 대도시의 평균 도로 점유율이 만약 25%라고 하면 서울의 LQ는 0.72, 도쿄의 LQ는 0.80, 뉴욕의 LQ는 1.52, 워싱턴의 LQ는 1.6, LA의 LQ는 1.68이 되는 것이다(권형신 외, 1998: 485).

3) 재정분석의 종류

(1) 시계열분석

① 사전적·사후적 과정분석

사전적 분석이란 각종 예측기법을 동원하여 수립된 재정계획 및 예산에 관한 분석으로서, 수입은 어떤 항목에서 얼마나 확보하기로 계획했나, 그리고 지출은 어떤 항목에 얼마나 사용하기로 계획했나 등을 분석 · 평가하는 것이다. 사후적 분석이란 실적분석 · 결산분석으로서 계획 · 예산대로 집행되었나를 평가하는 것이다.

② 단년도 분석과 다년도 추세분석

단년도 분석은 특정 연도에 한한 분석이고 다년도 추세분석은 시계열분석으로, 지방재정을 계획적으로 운영하거나 사전적 계획 수립 및 각종 예측 작업을 하는 데 필수적이라고 할 수 있는 각종 항목별 자료의 경향치 발견에 도움을 준다.

(2) 국가와 지방정부 간 연계 분석

수직적 차원에서 균형 · 불균형을 분석하는 것이 집권도 · 분권도 분석이고, 수평적 차원에서 균형 · 불균형(격차)을 분석하는 것이 지역 간 재정(재정력 · 경제력) 격차 분석이다. 여기서 집권도 · 분권도 분석이란 공공 부문이 담당하는 영역이라 하더라도 중앙과 지방 간의 역할 분담 정도가 어떠하냐 하는 것을 분석하는 것으로서, 예컨대 GNP에서 차지하는 중앙재정과 지방재정의 비중 비교, 중앙과 지방 간의 재정 규모 비교, 국세와 지방세 간의 세원 배분 비율 등을 갖고 평가하는 것이다. 복수 지방정부 간의 비교 및 격차분석에서는 분석의 의미를 살리기 위해 전 지방정부를 유형화하는 작업이 필요하다.

(3) 총계분석과 순계분석

총계분석과 순계분석의 구분은 중복된 예산을 포함시켜 분석했느냐 아니면 제외시켜 분석했느냐에 의한 구분이다. 예산 총계는 중복된 부분이 많기 때문에 실질적인 지방재정을 분석하기 위해서는 순계에 의한 분석이 필요하다.[7] 예산이 중복되는 경우는 자치단체 상호간의 경우와 동일 자치단체 내 회계 간의 경우 두 가지가 있다(권형신 외, 1988: 486-487).

첫째, 자치단체 상호간의 예를 보면, 광역자치단체인 도가 그 관할구역 내의 시·군에 대해 보조금, 교부금, 부담금, 대행사업비, 위탁금 등을 통해 재원을 지원하며, 시·군은 이를 집행하고, 그 잔액이 있을 경우 반환금으로 반납하고 있다. 그리고 여러 자치단체 간에 광역행정의 필요에 따라 어떤 사업을 공동으로 추진하기 위해 재원을 각각 부담하는 경우도 있다. 이 경우 전체 예산으로서 시·군의 예산을 단순 취합할 경우 중복 계상분이 발생하게 된다.

둘째, 동일 자치단체 내 회계 간의 예를 보면, 일반 행정활동에 관한 일반 회계와 특별한 사업 또는 자금을 관리하기 위한 특별회계 간에 중복되는 경우가 있는데, 이는 전입금·전출금 형식으로 양 회계에 계상되고 있다.

순계분석을 하는 것은 지방재정 운용에서 순수한 재원이 얼마나 되느냐 하는 것을 알기 위한 것인데, 특별시·광역시의 경우는 회계 간의 중복이 대부분이고, 시·군의 경우는 단체 간의 중복이 많기 때문이다.

5 재정공시 제도

지방재정공시 제도는 지방자치단체가 1년 동안의 재정 운영 결과와 관심 사항 등을 주민들에게 알려 주는 공시(公示) 행위를 제도적으로 확립하는 것을 말한다. 이는 과거 행정자치부가 지방재정 운영 상황 등에 대한 정보 공개를 통해 지역 주민의 알 권리를 충족시켜 재정 운영의 투명성을 확보하고 지방재정의 방만하고 자의적인 운영에 대한 통제 장치로서 사용했던 지방재정 운영 상황 공개제도를 확대 개편한 것이다.

---

7) 현재 행정안전부의 각종 자료에서 발표되고 있는 순계 예산 규모는 자치단체 간 또는 회계 간 중복 계산된 부분을 공제한 예산으로서. '지방자치단체 총예산 규모'를 나타낼 때는 순계 규모로 사용하고 있다 따라서, 순계 예산 규모의 세입은 받는 단체 또는 회계에 서 공제하고, 세출은 주는 단체 또는 회계에서 공제하는 관계로 회계별·단체별 세입과 세출예산 규모가 상이한 것이다. 그리고 세출예산 총계 규모는 단체 간 또는 회계 간 중복 계산된 부분을 공제하지 않은 예산으로 '지방자치단체별 예산 규모'를 나타낼 때 사용하고 있다(권형신 외, 1998: 486에서 재인용).

과거 재정정보 공개제도는 지방재정법 제118조에 의해 각 자치단체의 조례가 정하는 바에 의해 매 회계연도마다 1회 이상 세입·세출예산의 편성 및 집행 상황, 지방채 및 일시차입금의 현재액 등 재정 운영 상황에 관한 중요 사항을 주민에게 공개하도록 의무화했으나, ① 구체적인 공개 기준이 없어 불리한 자료의 누락과 왜곡이 가능했고, ② 방대한 재정정보의 공개로 주민들의 접근성이 저해받았고, ③ 계획과 실적, 예산과 결산이 상호 연계되지 않아 재정 운영의 성과 측정이 곤란했으며, ④ 주민이나 이익단체의 관심 사항이 표출되지 않은 상태에서 단순 공개에 그쳐 감시와 통제 등 환류(feedback)가 불가능하다는 문제점이 있었다(김혁, 2005: 82).

따라서 현행 지방재정공시 제도는 이러한 문제점을 개선하기 위해 2006년부터 도입된 것으로 각 자치단체는 '지방재정공시심의위원회'(위원장을 포함하여 15인 이내)를 구성하여 재정공시 제도의 기본 사항을 심의하며 공시 사항의 선정 내용을 심의·확정하고 공시 결과에 대한 평가 기능을 담당하도록 했다.

따라서 현재는 공통공시와 수시공시로 구분하여 공시하고 있으며, 전자는 지방재

표 14-7 현행 재정공시 내용

정기공시(8월)		수시공시 (요건 발생 시)
공통공시	특수공시	
① 총량적 재정 운영 결과 -세입세출예산의 집행 상황 -발생주의와 복식부기에 의한 재무보고서 -지방채, 일시차입금 등 채무의 현재액 -채권관리 현황 -기금 운용 현황 -공유재산의 증감 및 현재액 -지방재정법 제59조에 의한 통합재정정보 ② 재정 운영에 관한 중요 사항 -재정분석·재정진단 결과 -감사원 등 감사기관으로부터 받은 감사 결과 -그 밖의 일반적인 재정 운용 상황으로 주민에게 공지할 필요가 있다고 인정하여 행정안전부 장관이 정하는 사항	지방재정법 시행령 제68조 3은 지방재정공시위원회가 정하도록 규정하고 있지만, 2006년의 경우 아래와 같은 사업들이 예시되고 있다 (행정자치부, 2005: 30). ① 핵심지역 숙원사업 또는 특수지역 유치사업 추진 실적 ② 재난 및 안전 관련 주민 관심 사항 ③ 지역전략산업 추진 상황 ④ 저소득층 생활개선 관련 주민 관심 사항 ⑤ 주요 지역 현안 사업 추진 실적	① 세입결손으로 인한 실행예산 운영 또는 내년도 예산을 앞당겨 사용한 경우 등 ② 예산편성 결과, 중기지방재정계획 등(조례규정 내용)

정법에 의해 총량적인 재정 운영 결과와 재정 운영에 관한 중요 사항을 공시하는 것이며, 후자는 지방재정법에 의해 지역특수성을 감안하여 '재정공시심의위원회'에서 결정한 것을 공시하고 있다. 또한 공시 시기에 따라서는 매년 8월에 하는 '정기공시'와 재정공시의 수요가 발생할 때마다 공시하는 '수시공시'로 구분하고 있다.

지방자치단체장은 당해 자치단체의 인터넷 홈페이지 및 당해 지역을 배포 지역으로 하는 일간지 등을 통해 재정공시를 해야 하며, 재정 운용 상황을 공시한 후 10일 이내에 행정안전부 장관에게 보고해야 한다.

앞의 <표 14-7>은 재정공시의 내용을 요약한 것이다.

제15장 지방자치단체의 조달과 계약

제 1 절 지방 조달의 의의와 특징

1 지방 조달의 개념

지방 조달은 지방자치단체가 필요로 하는 재화와 서비스의 소재 파악(locating), 구입, 분배, 저장, 사용 처분 및 대금 지불을 포함한 일체의 행위라 할 수 있는데(Aronson & Schwartz, 1987: 364), 이는 과정에 초점을 둔 정의다. 조달은 행정 업무 수행에 필요한 재화, 즉 소모품, 비품, 시설 등을 적기적소(適期適所)에 적재적량(適材適量)을 적가(適價)로 구입하는 행위로, 바람직한 구매 기능을 강조하는 것이다.

조달(procurement), 구매(purchasing), 물품관리(materials management)란 용어는 보통 상호 교환적으로 사용되고 있는데, 엄밀히 보면 조달은 구매보다 넓은 개념으로 구매가 경제적 교환행위를 강조한 반면 조달은 교환행위와 더불어 자급자족적 행위도 포함하며, 구매가 재화와 용역에 국한된 반면, 조달은 자금관리까지 포함하고 있다. 여기서는 조달을 구매를 포함한 행정 업무로 이 개념 속에는 물자 조달, 시설 공사, 계약사무, 물품관리 등을 포괄하는 것으로 보고자 한다.

효과적인 조달행정의 요건으로는 물품의 표준화와 규격화, 인력의 전문성과 정직성의 확보, 구매 의사 결정의 합리화, 구매 업무의 전산화, 물품비용 관리의 최적화,

정부회계 제도의 개선 및 예산회계 정보 시스템의 구축 등이 있다.

2 조달행정의 특징

기업에서는 생산을 위한 구매를 중심으로 구매이론이 발전되었으나, 정부의 조달행정은 기업의 구매와는 달리 여러 가지 차이가 있는데, 조달행정의 특징으로 재정운용 체계의 한 요소라는 측면과 금전적인 거래를 수반한다는 점을 들 수 있다.

첫째, 정부의 조달행정은 재정 운용의 필수적인 요소로서 예산집행 과정의 핵심이며, 회계 및 감사와 밀접하게 관련되어 있음에도 불구하고 여타의 재정 기능과는 달리 별개의 업무로 간주되었던 것이 사실이다. 그러므로 조달행정의 개념을 명확히 하기 위해서는 정부의 재정 운용이라는 전체적인 시스템의 한 요소로 조달행정을 파악할 필요가 있다. 즉, 기존의 재정관리에서 나타난 소극적인 통제라는 인식에서 벗어나 예산 과정과 정책 과정을 연계시켜 정부의 의사 결정과 집행 및 평가를 종합적으로 고려해야 한다. 조달행정은 재정 운용의 한 요소이기 때문에 조달행정에서는 예산운용을 통해 정부가 달성하려고 하는 목표, 즉 재원 사용의 효율성, 지역·계층 간의 형평성 유지, 혹은 구체적으로 지역 내 특정한 기업의 육성 등을 염두에 두어야 한다. 따라서 조달 업무 개선은 단지 구매 및 계약 부서의 업무에 국한한 것이 아니라 예산 및 회계 제도나 감사와 연결된 종합적인 개선책이 강구되어야 한다.

둘째, 조달행정은 금전적 이해 관계를 수반하는 것으로, 물품 및 재화의 구매이든 시설공사의 계약이든 금전적인 거래를 수반하기 때문에 조달 업무에 대해서는 엄격한 법규의 규제와 함께 관련 공무원에 대한 높은 도덕성이 요구된다. '지방자치단체를 당사자로 하는 계약에 관한 법률'(이하 지방계약법) 제33조에는 지방자치단체의 장 또는 지방의회 의원에 대한 입찰 및 계약 체결의 제한 규정을 두고 있다.[1]

3 지방 조달의 과제

그간 지방 조달행정의 문제점으로 전통적으로 중앙 조달 방식에 따른 조달청에 대

1) '지방자치단체를 당사자로 하는 계약에 관한 법률'은 지방자치단체의 특성을 반영한 계약제도를 마련하여 지방자치단체가 체결하는 계약의 투명성과 효율성을 높이기 위한 것으로 2005년에 제정되어 2006년부터 시행되었다.

한 지나친 집중 현상, 중앙 조달에 따른 지방 소재 업체의 생산성과 경쟁력 약화, 지방화 시대에 따른 지방분권의 관점에서 업무 이관의 제약, 조달 업무 집행에 대한 사후 적발에만 집중하는 문제점 등이 지적되어 왔다(박관삼 외, 2003).

지방자치단체는 중앙 조달의 큰 틀에서 벗어나지 못하고 실질적으로 자체 조달할 수 있도록 위임된 부분도 자체 조달 인력 부족과 전문성의 결여로 조달청에 요청(임의 요청)하여 집행하며, 공개경쟁계약의 경우에는 외지 업체로만 구성된 공공도급체가 공사를 수주함으로써 지역 업체의 참여가 어려워 지역경제 활성화라는 목적을 달성하기가 어려운 경우가 있다. 또한 긴급복구가 필요한 수해 복구일 경우 수의계약에 의할 수 있다는 규정을 악용해 특정 업체와 계약하거나 태풍 피해가 난 후 몇 개월이 지나서 계약하는 긴급하지 않은 복구공사도 수의계약으로 집행하는 경우가 있으며, 규정을 악용해서 대규모 공사를 분할해 특정 업체와 계약하는 경우도 나타나고 있다.[2)]

물품 구매 시에 단체 수의계약에서 나타나는 문제점으로 조합의 일부 업체에 편중된 물품 배정으로 인한 이 과정에서 일부 업체에 편중하여 물품 배정을 함으로써 민원이 제기되는 등 사회적 문제를 야기하고 있다.

이러한 문제를 해결하기 위한 개선책은 주로 공개경쟁입찰의 확대, 수의계약 범위의 축소, 계약 방법의 개선 등이 제시되고 있는데, 이에 대해서는 제4절에서 다시 논의하고자 한다.

1) 신뢰 부족으로 인한 부패 방지에 대한 강조

중앙정부와 지방자치단체 간, 지방자치단체와 주민 간의 신뢰 부족으로 조달 과정에서 자원 운영의 효율성보다 통제에 중점이 주어지고 있다. 중앙정부는 지방자치단체에 더 많은 권한과 재원이 부여되고, 조달 등 예산 운영에 자율성이 확대되는 경우 부패가 늘어나고 전문성의 부족으로 효율적인 재정 운영이 이루어지지 않을 것으로 생각하는 반면에 자치단체는 중앙정부가 권한을 내놓지 않으려는 의도를 분권화에 반대하고 있는 것으로 생각하고 있다. 원가계산, 설계 검토, 설치, 사후관리에서의 전문성이 높은 조달청에 시설공사를 집중화하자는 주장과 지방분권과 자율화 추세에 맞추어 모든 공사를 지방자치단체가 자체 발주하자는 주장도 상호간의 신뢰 부족에서 야기된 대립으로 볼 수 있다.

2) 수의계약이 가능한 경우는 지방자치단체를 당사자로 하는 계약에 관한 법률시행령 제25조에 자세한 규정이 있다.

최근 지방계약법에 명시된 최적가치 낙찰제도는 계약의 투명성뿐만 아니라 계약의 본질인 시공 품질의 향상과 예산 절감을 위한 제도 개선이라 할 수 있다.

2) 비전문성

전문성이 부족하다는 말은 단지 한 분야의 전문지식이 적다는 의미뿐만 아니라 문제에 대한 체계적인 접근이 부족하다는 의미다. 예를 들어 수해가 발생하여 제방이 무너져 마을에 큰 피해가 온 경우 단지 토목적인 측면에서 제방을 축조한다는 의미가 아니라 전체적인 상황-강수량, 지형, 기온-을 고려하는 경우 제방이 바람직한가, 이 경우 어느 곳에 어떤 규모의 공사를 하는 것이 바람직한지를 종합적으로 평가하는 것으로 토목학자, 환경전문가, 기상전문가, 그리고 그 지역에 거주하는 경험자들의 의견을 종합해야 할 것이다. 행정의 전문성이란 기술적 측면의 전문성과 함께 커뮤니케이션 능력, 설득 능력, 조정 능력 등 총체적인 능력을 의미한다.

미국에서는 구매 업무를 담당하기 위해서는 구매 기법에 대한 교육과 함께 특별한 자격증이 요구되는데, 공인 공공구매관(Certified Public Purchasing Officers: CPPOs)이나 전문 공공구매가(Professional Public Buyers: PPBs)가 되기 위해서는 일정한 교육을 이수해야 한다.

제 2 절 지방자치단체의 계약

1 계약의 의의와 특성

1) 계약의 의의

계약은 지방자치단체가 계약 당사자의 일방이 되어 상대방인 사인(私人)과 공사·제조·구매·용역 등의 계약을 체결함으로써 지방자치단체의 제반 수요를 충족시킴과 동시에 사법상 효과 발생을 목적으로 하는 행위를 말한다. 계약은 지방자치단체가 제공하는 각종 재화와 서비스 공급의 기본이 되는 것으로 재정 운영의 효율성 제고, 부패 방지를 위한 가장 중요한 수단이다. 2007년 지방자치단체의 총 계약 실적은 182,102건, 금액은 15조 9,968억 원에 달한다.

2) 지방자치단체 계약의 특성

(1) 사법상의 법률행위

계약은 상호 대등한 입장에서 당사자의 합의에 따라 체결되어야 한다는 규정을 볼 때 지방계약법에 의한 계약은 사경제 주체로서 행하는 사법상의 법률행위라 할 수 있으며, 정부 조달에 관한 국제협정 가입국의 국민 및 이들 국가에서 생산되는 물품 또는 용역을 포함하여 부당한 특약이나 조건을 정해서는 아니 된다.[3]

(2) 민법상 일반 원칙 적용

지방계약법에 의한 계약은 사법상의 계약이므로 민법상의 일반 원칙인 계약 자유의 원칙, 신의성실의 원칙, 사정 변경의 원칙, 권리 남용 금지의 원칙 등이 적용되며, 이에 대한 다툼도 민사소송의 대상이 된다. 다만, 부정당업자 제재 조치는 행정처분으로 보아 이의 다툼은 행정소송 대상이다.

3) 계약 담당기관

지방자치단체의 장은 계약사무를 직접 집행할 수 있으나 필요하다고 인정되는 경우 지방재정법의 규정에 의한 회계 관계 공무원, 중앙행정기관의 장, 다른 지방자치단체의 장 또는 대통령령이 정하는 전문기관에 위임 또는 위탁하여 처리할 수 있다.

2 계약의 종류

1) 계약목적물에 따른 분류

(1) 공사계약

공사계약은 일반공사, 전문공사, 전기공사, 정보통신공사 등을 말하며, 목적물에 따라 공사인지 제조인지의 구분이 확실하지 않은 경우가 있는데, 공사 관련 법령에 규정한 공사가 아닌 경우에는 제조로 본다고 해석한다.

(2) 물품의 제조 · 구매계약

물품의 조달 시 제조와 구매를 명확히 구분할 명문의 규정은 없으며, 다만 제조는

3) '지방자치단체를 당사자로 하는 계약에 관한 법률' 제6조.

표 15-1 계약 목적물별 실적

(단위: 억 원, 건수)

구분	2006년	2007년
공사계약	118,952(75,725)	122,855(82,177)
용역계약	22,762(33,759)	25,648(42,354)
물품계약	11,300(36,850)	11,465(57,571)
합계	153,014(145,334)	159,968(182,102)

* ( ) 안은 건수임.

별도의 주문에 의해 제작 절차를 거치는 것이고, 구매는 이미 제조된 완성품을 그대로 구입하는 것으로 구분할 수 있다.

(3) 용역계약 기타

설계, 감리, 학술 연구, 청소, 시설관리 용역, 엔지니어링 활동 등을 말한다. 2007년의 경우 공사계약이 금액 기준으로 전체의 76.7%, 용역계약이 16.0%, 물품계약이 9.3%에 달하고 있어 2006년에 비해 금액으로는 20.1%, 건수로는 4.3% 증가했다.

2) 계약 체결 형태에 따른 분류

(1) 확정계약과 개산계약, 사후원가검토 조건부계약

① 확정계약

계약 체결에 앞서 미리 예정가격을 정하고 이를 기초로 낙찰자를 결정, 계약을 체결하는 통상적인 방법이며 원칙이다. 예정가격은 계약을 체결할 때 낙찰자 또는 계약금액 결정의 기준으로 삼기 위해 입찰 또는 계약 체결에 앞서 계약 담당 공무원이 미리 작성 비치해 두는 가격이다. 예정가격의 결정 기준은 거래 실제 가격, 원가 계산에 의한 가격, 실적공사비 등이 있다.

② 개산계약

지방계약법 제27조에서는 ① 개발 시제품의 제조계약, ② 시험·조사·연구용역의 계약, ③ 중앙행정기관, 다른 지방자치단체, 정부투자기관, 지방공기업, 지방자치단체 출연·출자기관 또는 지방자치법 제159조에 의한 지방자치단체조합과의 관계 법령에 의한 위탁 또는 대행 등의 계약에 대해 개산계약을 체결할 수 있도록 하는 외에도 시간적 여유가 없는 긴급한 재해복구계약에 대해서도 개산계약을 할 수 있도록 하고 있다. 이는 재해 발생 시 늑장 복구로 주민 불편이 초래되는 것을 방지하기 위한 것으로 개산 가격으로 계약할 수 있으며, 이행 완료 후 예정가격 결정 기준에 따라 정산해야 한다.

③ 사후원가 검토 조건부계약

예정가격을 구성하는 일부 품목에 대한 금액을 거래 실례 가격, 원가 계산 등에 의해 정확하게 결정할 수 없을 때 계약 이행후 동 품목에 대해 사후 정산하는 계약이다. 구획정리 사업 시 지하에 있는 폐기물이 어느 정도인지 불확실한 경우 폐기물 처리비용에 대한 계약이 이에 해당한다.

3) 총액계약과 단가계약

① 총액계약

당해 계약목적물 전체에 대한 총액으로 체결하는 계약이다.

② 단가계약

일정 기간 계속하여 제조, 수리, 매매, 공급, 사용 등의 계약을 할 필요가 있을 때 당해 연도 예산 범위 안에서 단가계약을 체결한다. 지방계약법 제25조에는 지방자치단체의 장 또는 계약 담당자의 단가계약을 제26조에서는 특별시장・광역시장・도지사로 하여금 시・군・구에 공통적으로 소요되는 물자로서 제조・구매 및 가공 등의 계약에 관해 시・구・구의 요청이 있는 경우에는 제3자를 위한 단가계약을 체결할 수 있도록 하고 있다.

4) 단년도계약, 장기계속계약, 계속비계약

① 단년도계약

계약의 기간에 따라 구분하는 것으로, 이행 기간이 1회계연도인 경우로서 당해 연도 예산의 범위 안에서 체결하는 계약이다.

② 장기계속계약

공사・용역・임차・운송・보관 또는 전기・가스・수도의 공급 등 그 성질상 수년간 계속하여 존속할 필요가 있거나 이행에 수년을 요하는 경우 체결하는 계약이며, 이때 수년이라 함은 365일을 기준으로 하는 것이 아니라 회계연도를 기준으로 하는 것으로, 이행 기간이 365일이 되지 않더라도 두 회계연도에 걸치게 되면 복수 연도가 된다. 입찰은 총 공사 금액으로 하되 계약은 예산 범위 안에서 체결하는 것으로 예산의 일괄 확보에 어려움이 있는 경우에 사용된다.

③ 계속비계약

지방재정법 제42조의 규정에 의해 공사나 제조 그 밖의 사업으로서 완성에 수년을 요하는 것은 소요 금액의 총액과 연도별 금액에 대해 지방의회의 의결을 얻어 지출할 수 있다.

5) 단독계약, 공동계약, 종합계약

① 단독계약

계약 상대자를 1인으로 하는 원칙적인 계약이다.

② 공동계약

계약 상대자를 2인 이상으로 하는 계약으로, 중소기업의 수주 기회 확대 및 기술 습득을 지원하기 위해 도입되었으며, 계약의 목적 및 성질상 공동계약에 의하는 것이 부적절하다고 인정되는 경우를 제외하고는 가능한 한 공동계약에 의해야 하고, 공동 이행 방식과 분담 이행 방식 중 한 가지 방식 및 지역 업체의 참여 비율을 입찰 공고해야 한다.

③ 종합계약

동일 장소에서 다른 관서, 지방자치단체 또는 정부투자기관이 관련되는 공사 등에 대해 관련 기관과 공동으로 체결하는 계약으로서, 소요 경비가 절감되고, 공사 기간의 단축으로 지역 주민의 민원이 해소되며, 동일 장소에서 2인 이상의 업체가 시공함에 따른 작업상의 혼잡 방지 등의 장점이 있는 반면, 단점으로 사업 시행기관 간 예산 집행이 복잡해질 우려와 입찰, 계약, 사업 진행 과정상 책임 및 관할 문제가 제기될 우려가 있다. 지방계약법 제29조에는 지역 간의 균형 있는 발전과 건설 공사 등의 효율적인 수행을 위해 대기업과 중소기업 간 또는 중소기업 간의 공동계약에 관해 필요한 사항을 대통령령으로 정하도록 하고 있다.

6) 회계연도 내 계약과 회계연도 개시 전 계약

① 회계연도 내 계약

회계연도 독립의 원칙 등에 의해 회계연도 개시 후에 체결하는 원칙적인 계약이다.

② 회계연도 개시 전 계약

임차, 운송, 보관, 기타 그 성질상 중단할 수 없는 경우 회계연도 개시 전에 당해 연도의 확정된 예산의 범위 안에서 미리 체결하는 계약으로 이 경우에는 지방자치단체의 장의 승인을 얻어야 하며, 계약의 효력은 당해 회계연도 개시일 이후에 발생하게 해야 한다.

3 계약의 방법

1) 일반경쟁계약

모든 계약은 일반경쟁입찰에 부치는 것이 원칙으로 공정성, 경제성, 기회 균등 보장 등의 장점이 있다. 반면에 부실업자 개입, 조달 시기 지연, 과중한 업무 부담 등이 단점이다. 입찰공고에 의해 희망자를 모집하여 지방자치단체에 가장 유리한 상대자를 선정하여 계약을 체결하는 방법이다.

2) 제한경쟁계약

경쟁 참가자의 자격을 계약 실적, 도급 한도액 또는 기술 보유 정도 등 일정한 기준으로 제한하여 입찰에 참가시키는 것으로. 부실업자 배제, 공정성, 경제성 유지 등 장점이 있으나, 객관적 제한 기준 설정에 어려움이 있다. 참가 자격의 제한은 계약 이행의 난이도, 규모의 대소, 수급 상황 등을 적정하게 고려하고, 제한 사항 및 기준은 입찰공고에 명시해야 한다.

3) 지명경쟁계약

특수한 설비, 기술 또는 실적 등이 있는 자를 지명하여 경쟁에 부치는 것으로 절차가 간소하고 부실 업체 배제 등 장점이 있으나 담합의 소지가 있고, 객관성·공정성 확보에 어려움 있다.

4) 수의계약

특정인을 선정 계약 체결하는 것으로, 자본과 신용, 기술, 경험 등이 풍부한 계약 상대자 선택이 장점이나, 계약 담당자의 자의성이 개입될 여지가 있다. 부산경제정의

표 15-2 수의계약 현황

구분	부산	대구	인천	대전	광주	울산
1천만 원 이상 수의계약액 (백만 원)	65,347	22,748	10,529	10,749	6,213	14,404
수의계약 건수	1,561	286	349	212	62	411
총 계약 금액 대비 수의계약 금액 비율	9.5	2.2	4.1	6.6	10.45	3.87
총 계약 건수 대비 수의계약 건수	44.3	35.1	25.3	31.6	12.73	35.28

자료: 부산경실련(2010).

실천시민연합이 2010년 10월 13일 발표한 「6대 광역시 재정공시 비교 분석」에 따르면 지난해 부산광역시의 1천만 원 이상인 계약 3천 527건 중 수의계약은 1천 561건(44.3%)으로 나타났다.

제 3 절 지방계약법의 주요 내용

1960년 지방재정법이 제정된 이래 지방자치단체는 계약사무와 관련하여 국가계약법(1995년 이전에는 예산회계법)을 일관되게 준용해 왔으나 중앙정부와 차별화되는 지방의 특성 때문에 자치단체의 특성에 맞는 지방계약법 제정의 필요성이 지속적으로 제기되었다. 2004년 관련 부처간 합의로 2010년까지 자치단체가 조달청에 계약을 의무적으로 위탁하는 방식을 완전 자율화함에 따라 지방의 특성을 반영한 지방계약법의 탄생이 이루어졌다. 이는 지방계약 제도의 역사적 분기점이라고 할 수 있다.

법의 목적은 지방계약의 투명성·전문성 확대뿐만 아니라 자치단체에서만 발생할 수 있는 특성을 계약 제도에 반영하여 고품질의 공공 서비스를 창출하는 데 있다.

지방계약법이 시행됨에 따라 전자 견적을 통한 수의계약, 수의계약 내역 공개를 통한 투명성의 확대와 수해복구사업의 개산계약 제도 도입을 통한 수해 복구가 2개월 이상 단축이 이루어졌으며 공사의 연간 단가 계약, 조형물 및 공사계약시 '협상계약 제도' 도입을 통해 사업의 특성에 맞는 사업자 선정이 가능토록 하는 등 계약의 투명성과 효율성이 눈에 띄게 향상되었다.

1 지방계약법의 주요 내용

지방계약법령의 적용 대상은 244개 자치단체와 시·도 및 시·군·구의 교육청, 공립 초·중·고등학교이며, 지방공기업법에 의한 지방공기업은 지방계약법 의무적 준용기관이며, 이 밖에 지방자치단체가 50% 이상 출자 또는 출연하는 기관 등이 준용 대상기관에 해당될 수 있다. 지방계약법의 제정 방향과 주요 내용은 <표 15-3>과 같다(최두선, 2010b).

1) 긴급재해 복구공사의 개산계약 제도 도입

개산계약이란 설계가 확정되기 전에 개략적인 금액으로 우선 계약을 체결한 후 사후 정산하여 대가 지급을 하는 계약 형태를 말하며, 그동안 용역이나 물품에 이 제도가 도입·운영되어 왔으나 지방계약법 제정을 계기로 공사 부문에 최초로 도입되었다.

이 제도를 도입하게 된 취지는 경쟁입찰을 통해 재해를 신속하게 복구하고 재정집

표 15-3 지방계약법의 주요 내용

구분		주요 내용
지방 특성에 맞는 계약제도 도입	→	• 긴급 재해복구공사의 개산계약 제도 도입 • 공사의 연간 단가계약 제도 도입 • 주민참여 공사감독자 제도 도입 • 조형물 제작·설치 협상 계약 방법 근거 마련 • 자치단체가 민간계약을 대행 할 수 있는 근거 마련
입찰·계약·시공 과정 투명성 확보 장치 마련	→	• 수의계약 내역 공개 및 절차의 투명화 • 계약심의위원회 구성·운영 의무화 • 주 계약자 관리 방식의 공동도급 제도 도입 • 행안부에 계약분쟁 조정 기능 확대 • 단체장·지방의원 가족 등과의 수의계약 금지 • 전자계약 제도 근거 마련
계약의 전문성·효율성 확대	→	• 계약사무의 일부 또는 전부 전문기관 위탁 • 시·도에 제3자를 위한 단가계약 기능 부여 • 전자계약 체결 근거 마련
지방 계약 자율성 확대 및 중소업체 보호	→	• 자치단체에 낙찰자 결정 기준 제정권 일부 부여 • 공사의 지역 의무 공동도급 제도 법제화

행의 투명성·효율성을 확대하기 위한 것이다.

2) 공사의 연간 단가계약 제도 도입

지방자치단체는 신호등 수리, 차선 도색, 관로 복구, 도로·하천의 보수·복구공사 등 매년 반복적으로 예측할 수 없는 보수·복구공사가 발생되고 있다. 보수·복구 사유 발생 시마다 수의계약을 통해 보수·복구를 하면 절차가 번거로울 뿐만 아니라 신속성·투명성도 떨어질 수밖에 없다. 이러한 문제를 해소하기 위해 공사의 연간 단가계약 제도를 도입했는데 연간 단가계약 제도의 가장 큰 장점은 신속한 보수·복구가 이루어질 수 있다는 점이다. 연초에 경쟁입찰을 통한 연간 단가계약을 체결함으로써 예산 절감 효과와 예산집행의 투명성도 제고할 수 있다.

3) 공사의 주민참여 감독제도 도입

주민생활과 밀접한 관련이 있는 공사에 대해서는 주민의 대표자인 통·리장이 추천하는 국가기술자격 소지자, 감리 업무 종사 경험자 등 대표성과 전문성을 갖춘 자가 시공 과정을 감독하는 제도다.

4) 조형물 등의 제작 시 협상에 의한 계약 체결 근거 마련

그동안 지방자치단체에서는 지방의 문화적·지리적 특성에 따른 여러 가지 조형물이 제작되고 있으나 적정한 계약 방법이 없어 애로를 겪어 왔으며 금번 지방계약법 시행령에서 디자인(설계)+제작(제조)+시공에 해당되는 복합 형태의 계약을 전문가들의 심의를 통해 사업자를 선정할 수 있도록 함으로써 지방자치단체별 계약의 특성을 반영하도록 했다.

5) 수의계약의 선정 절차 투명화 및 공개 의무화

수의계약 대상이라 하더라도 추정가격 2천만 원 초과되는 공사(설계용역은 1천만 원 초과)에 대해서는 3~5일간의 조달청 나라장터 시스템을 통해 전자 견적서 제출 안내 공고 후 심사를 통해 사업자를 선정토록 하여 수의계약의 투명성과 효율성을 더욱 확대하도록 하고 있다.

6) 지방자치단체장, 지방의원 직계 존·비속 등에 대한 수의계약 금지

지방자치단체장, 지방의원의 배우자, 배우자와 본인의 직계존·비속, 계열 회사 등 특수 관계인에 대한 수의계약 체결을 금지하도록 함으로써 계약의 체결, 이행 과정에서 부당한 간섭을 통한 지방계약 체결이 이루어지지 않도록 하는 한편, 이를 위반한 자에 대해서는 1년 이상 2년 미만의 입찰 참가 자격 제한 조치를 취하도록 함으로써 법 제정의 실효성을 확보하도록 했다.

7) 계약심의위원회 구성 · 의무화

지방자치단체별로 경쟁입찰 등에 관한 사항을 심의하기 위해 계약심의위원회의 구성과 운영이 의무화된다.

계약심의 위원은 관련 분야 전문가들로 구성되며 입찰 참가 자격 제한, 계약 체결의 방법, 낙찰자의 결정법, 부정당업자의 입찰 참가 자격 제한 등에 관한 사항을 심의하게 되며, 일반공사 추정가격 70억 원 이상 공사(시 · 군 · 구는 50억 원 이상), 물품 · 용역의 경우(시 · 도는 20억 원 이상, 시 · 군 · 구는 10억 원 이상)에 대해 의무적으로 심의를 해야 하며 부정당업자의 제재, 학술 연구 용역의 특정 업체에 대한 수의계약 등은 금액에 관계없이 계약심의위원회의 심의를 거쳐야 하도록 함으로써 지방계약의 전문성이 보완되고 투명성이 확대되도록 했다.

8) 건설공사의 주계약자 관리 방식의 공동도급 제도

지방계약법 시행령 제88조에 근거하여 주계약자 관리 방식에 의한 공동도급을 도입했는데 주계약자 관리 방식에 의한 공동도급은 원 · 하도급의 수직적 지배구조를 다단계 하도급, 부실 등을 예방하기 위한 방법으로 철강재 등 전문건설업과 일반건설업이 겸업할 수 있는 업종에 한해 일반건설업자와 전문건설업자가 공동으로 입찰에 참여할 수 있도록 하고 있다.

2 지방계약법의 개정

지방계약법의 경험이 축적됨에 따라 계약의 본질인 시공 품질의 향상과 예산 절감을 위한 낙찰제도 도입 등 선진형 계약제도의 구축이 필요성이 제기되었다. 이에 따라 지방계약법에 최적가치 낙찰제도의 법적 근거 명시, 하자보수 보증의 실손보상 제도 도입, 계속비 계약의 초과 시공 근거 마련, 시공 과정 및 시공 품질 등의 평가제도 도입, 국가기관에 의뢰하는 경우 지방계약법 적용 의무화, 조기 재정 집행을 위한 개산계약 제도 확대 적용 등의 개정이 추진되었다(최두선, 2010a).

1) 최적가치 낙찰제도

최고가치 낙찰제도는 발주자가 생애 주기비용(life cycle cost: 즉 설계·시공·유지관리 등 공정의 전 단계 비용을 감안)의 견지에서 최소의 비용을 제공함으로써 투자 효율성을 최대화하는 입찰 방식이다.

지방계약법 제13조 제13조(낙찰자 결정) ② 지방자치단체 재정 지출의 부담이 되는 입찰에서는 다음 각 호의 어느 하나의 해당하는 입찰자를 낙찰자로 한다고 규정하고 있다.

1. 최저가격으로 입찰한 자. 다만, 최저가격으로 입찰한 자 중 계약 이행 능력 또는 입찰 금액의 적정성을 심사하여 낙찰자를 결정할 수 있다.

2. 입찰가격, 품질, 기술력, 제안서 내용, 계약 기간 등을 종합적으로 고려하여 해당 지방자치단체에 가장 유리하게 입찰한 자

3. 상징성, 기념성, 예술성 등의 창의성이 요구되는 설계 용역을 할 때에는 설계 공모에 당선된 자

③ 제2항에 따는 적용 대상, 낙찰자 선정 기준 및 선정 절차 그 밖에 필요한 사항은 대통령령으로 정한다.

개정 이전에는 지방자치단체가 재정지출의 부담이 되는 계약을 체결할 경우 ① 300억 이상 공사는 가장 낮은 가격으로 입찰한 자를 낙찰자로 하는 최저가 낙찰제도를 원칙으로 한다. ② 300억 미만 공사 및 일괄·대안 공사 등의 경우 최저가로 입찰한 자 순으로 계약 이행 능력을 심사(적격심사제도)하도록 규정하고 있으며, 낙찰 하한율을 보장해 주는 방식이라고 할 수 있다. 이 밖에도 협상에 의한 낙찰자 결정, 2단계 경쟁입찰방식, 종합낙찰제 방식, 유사물품 복수 경쟁입찰 방식, 희망수량 경쟁입찰 등 다양한 낙찰자 결정 방식이 있다.

최저가를 제시한 자를 낙찰자로 결정하는 것은 자칫 업체의 과도한 비용절감 경쟁을 유발하여 부실공사를 초래할 우려가 있고 반면, 적격심사와 같이 기술력 등에서 변별력이 없이 낙찰 하한율만 보장해 주는 방식으로는 업체의 능력과는 무관하게 낙찰되는 현상이 발생되고 있다.

최적가치 낙찰제도는 공사에서 설계·시공·유지관리 등 공정의 전 단계에서 소요되는 비용을 감안한다는 측면에서, 시공에 소요되는 단기적 비용만을 고려하는 최저가 낙찰제도와 구별된다. 지방계약법시행령은 이미 협상에 의한 계약 등을 체결할 경

우에는 품질·기술력 등을 고려하여 낙찰자를 결정할 수 있도록 규정하는 등 최적가치 낙찰제도의 요소를 일부 반영하고 있으나 계약의 상당 부분을 차지하는 일반경쟁입찰에는 적용이 배제되며, 제도의 본격적 시행을 위한 명확한 법적 근거도 미흡함에 따라서 법 개정을 통해 이를 보완한 것이다.

2) 하자보수 보증의 실손 보상제도

하자보수 보증의 실손 보상제도는 계약 상대자가 하자 보수 의무를 이행하기 아니한 때에는 이미 납부한 하자보수 보증금 중 하자 보수에 필요한 금액만을 해당 자치단체에 귀속시키도록 하는 제도다. 이는 업체의 과다한 보증금 부담을 경감하고 합리적인 손해배상 문화를 정착시키기 위한 것이다.

3) 계속비 계약

이행에 수년이 걸리는 공사·용역·물품계약을 체결할 경우에는 지방재정법 제42조에 따라 계속비로 예산을 편성하여 낙찰된 금액의 총액에 대해 계약을 체결하는 '계속비 계약'으로 체결하도록 규정하고 있다.

현재는 이행에 수년이 걸리는 공사의 경우 대부분 장기 계속계약을 체결하고 있으나, 장기 계속계약 역시 단년도 계약과 마찬가지로 각 회계연도의 예산 범위 안에서 계약을 체결하고 이행하도록 하고 있다.

따라서 개정안은 사업에 소요되는 총예산을 미리 확보하도록 하는 계속비 계약 제도를 활성화시키기 위한 법적 근거를 마련하여, 사업 추진의 안정성 및 예산의 효율적 배분 등을 도모하려는 데 그 의의가 크다.

4) 시공 과정 및 시공 품질 등의 평가제도 도입

완료되었거나 일보 시공 중인 공사 등에 대해 사업계획·시공 품질 등을 평가할 수 있도록 하고, 이 평가의 결과를 향후 입찰 참가 자격 사전심사나 입찰 참가자의 지명, 수의계약 대상자의 선정, 낙찰자를 결정하는 경우 반영할 수 있도록 하는 '시공 품질 평가제'를 도입하고 있다. 이는 최적가치 낙찰제도의 도입에 따라 시공 품질이 우수한 사업자에 대해 향후 낙찰자를 결정하는 데 유리하도록 함으로써 업계의 기술경쟁을 유인하고 시공의 안전성을 확보하는 데 그 목적이 있다.

제 4 절 지방 조달 및 계약 방법의 개선

지방분권화에 따라 지방자치단체에서 좀 더 자율적으로 조달 업무를 담당해야 하나 선거에 의존하는 자치단체장과 지방의회 의원 등 지역 권력구조와 신뢰의 부족, 그리고 지방 공무원의 전문성 부족으로 중앙정부의 집중 조달이 불가피하다는 주장이 설득을 얻어 지방 조달의 자율성이 상대적으로 신장되지 못했다. 그러나 2006년 지방계약법의 시행과 2010년 자치단체가 조달청에 계약을 의무적으로 위탁하는 방식을 완전 자율화함에 따라 지방계약의 전문성의 향상과 지역의 특성을 반영할 수 있는 터전이 마련되었다. 아울러 지방 조달제도의 기본 정신이 소극적으로 부패의 방지에만 집중되어 부실 공사가 발생하는 것을 막기 위한 최적가치 낙찰제도의 도입으로 지방계약 제도가 새로운 전기를 맞고 있다.

1 분권화

지방자치단체에서는 지역경제 활성화를 위해 모든 공사를 자체 발주하도록 요구하고 있는데 이는 지방분권 측면에서 타당하다고 생각된다. 그러나 설계 검토, 원가 계산 등 전문성이 요구되는 기술적인 분야는 전문인력이 있는 조달청에서 담당하는 것이 타당하며, 장기적으로 지역별 전문기구를 설치하는 방안도 생각할 수 있을 것이다.

아울러 행정안전부 계약 관련 부서의 조직과 인력을 확충하여 지방자치단체의 전문성을 보완하는 역할을 맡도록 해야 할 것이다. 지방재정 환경의 변화에 따라 지방계약 관련 법규의 보완과 개선을 위한 전문학회인 한국지방계약학회가 2008년 출범하여 학제간 연구가 활발히 진행되고 있다.

2 부정의 배제

1) 수의계약의 투명성 확대

지방계약법 제9조에서는 수의계약 대상자의 신청 절차, 그 밖에 필요한 사항을 정하도록 하고, 수의계약을 체결한 경우 내역을 공개하도록 규정하고 있다. 우리는 수의계약이 무조건 나쁜 것으로 인식하고 있는데 반해 외국의 경우는 1990년대 이후 대부분 최저가격보다 최고가치(best value)를 지향하고 있으며 일반 경쟁입찰보다 지명경쟁과 수의계약 제도를 폭넓게 이용하고 있다. 영국은 최저가 낙찰 제도를 폐지했으며, 미국의 경우 최저가 낙찰제도의 경우도 낙찰률이 90%를 상회하는데 비해 우리는 65~70% 정도인데 이는 애당초 예정 가격이 비합리적으로 책정되었음을 나타낸다.

2) 주민 참여에 의한 계약감독제의 도입

지방계약법 제16조에는 상·하수도사업, 마을 진입로 개설 등 주민생활과 직·간접적으로 관련이 있는 공사에 대해 당해 공사와 관련이 있는 주민 대표자 또는 주민대표자가 추천하는 자를 감독으로 위촉하여 감독하도록 하고, 그 감독 업무 수행에 따른 실비를 지급할 수 있도록 하고 있다. 지방 발주공사는 대부분 주민생활과 밀접한 연관이 있으나, 시공 과정에 대한 감독은 해당 자치단체 기술직 공무원이 전담하고 있어 시공 과정에서 잦은 민원이 발생하고 있다. 이러한 점을 고려할 때, 시공 과정에 주민참여 예산제도를 도입하는 것은 주민의 의견을 수렴하여 민원을 최소화하고, 시공 과정에서 있을 수 있는 불법·부당행위에 대한 감시자로 역할을 할 수 있을 것이다.

3) 입찰 및 계약 체결의 제한

지방계약법 제33조는 지방자치단체의 장 또는 지방의회 의원은 그 자치단체와 영리를 목적으로 하는 계약을 체결할 수 없으며, 다음의 어느 하나에 해당되는 자가 사업자(법인의 경우 대표자를 말한다)인 경우에는 그 지방자치단체와 영리를 목적으로 하는 수의계약을 체결할 수 없다.[4]

4) 지방자치단체의 장의 배우자, 지방자치단체의 지방의회 의원의 배우자, 지방자치단체의 장 또는 그 배우자의 직계존·비속, 지방자치단체의 지방의회 의원 또는 그 배우자의 직계 존·비속, 지방자치단체의 장 또는 지방의회 의원과 다음 각목의 관계에 있는 사업자(법인을 포함한다. 이하 같다) 등이다.

3 전문성의 제고 방안

지방계약법 제32조는 대통령령이 정하는 규모 이상의 계약에 대해 계약 체결 방법, 경쟁입찰 참가자의 자격 제한, 경쟁입찰에서 낙찰자 결정 방법, 부정당업자의 입찰 참가 자격 제한, 그 밖에 대통령령이 정하는 계약 관련 사항을 심의하기 위해 계약심의위원회를 설치·운영하도록 하고, 지방자치단체장은 특별한 사유가 없는 한 계약심의위원회의 심의 결과를 반영하도록 하고 있다. 이는 일부 지방자치단체의 계약 관련 의사 결정 과정에 전문성 결여로 계약의 투명성·공정성이 부족하다는 문제를 해결하기 위한 것이다.

지방계약법 제39조에는 지방 계약 공무원의 자질 향상을 위해 행정안전부 장관이 필요한 교육을 실시할 수 있다고 규정하고 있다. 현재 행정안전부 회계공기업과에서 계약 업무를 총괄하고 있는데 앞으로 자치단체 계약 공무원의 전문성을 제고할 수 있는 제도 개선과 인력 충원이 이루어져야 할 것이다.

4 전자정부화

최근 한국 행정에서 가장 진보된 분야가 정보화다. 전자 입찰에 의해 투명성이 제고되고 부정이 많이 감소하고 있다.[5] 선진 국가는 범정부 전자조달 체계의 구축에 주도적인 역할을 담당하고 있는데, 상당수 국가에서 정보혁명으로 인해 탈권위주의와 민주화가 크게 진전되었지만 정보혁명이 어떤 방향으로 나아갈지는 그 사회가 가지고 있는 문화적 특성에 의해 결정되는 것이지 구성원들이 원하고 기대하는 일정한 방향으로만 나아가는 것이 아니다. 즉, 정보혁명 그 자체가 모든 것을 해결해 주는 것은 아니라는 점을 인식할 필요가 있다.[6]

5) 중앙정부뿐만 아니라 지방자치단체도 쉽게 이용할 수 있는 조달청의 나라장터(www.g2b.go.kr)는 계약 요청에서 입찰, 계약 체결, 대금 지급까지 모든 조달 절차를 인터넷으로 처리하는 공공 조달의 단일 창구로 세계 최대의 장터다. 2006년 기준으로 등록기관은 35,338개 이며, 등록업체는 153,947개에 달하고 있으며 전자입찰 이용 건수는 2006년 기준 207,633건이며, 이용 금액은 27조 5,004억 원에 달한다.

5 계약심사제 활성화

계약심사는 지자체에서 발주하는 사업에 대해 사전에 예산 낭비 요소를 제거하고 시공 품질을 향상하기 위해 원가 산정, 설계 변경 등의 적정성을 심사하는 제도다.

설계 (원가계산) ⇒ **원가심사** ⇒ 예정가격 확정 ⇒ **입찰** ⇒ 계약 ⇒ **설계변경 심사**

이 제도의 추진 경위는 다음과 같다.

○ 2003년 서울시에서 계약심사과 설치(연간 8천억 규모 예산 절감 성과)
○ 2008년 8월: 15개 시도에 계약심사 부서 설치 계획 통보
※ '지방자치단체 계약심사 업무처리지침' 제정 · 시행
○ 2009년 1월: 15개 시도 계약심사 부서 설치 완료
○ 2010년 5월 계약 심사기관을 전국 모든 자치단체로 확대 시행
※ (종전) 16개 시 · 도 및 30개 시 · 군 · 구 → (개선) 244개 자치단체

1) 계약심사 대상

○ 원가심사: 설계 단계에서 원가 산정의 적정성 심사

구분	공사	용역	물품
시 · 도	3억 원 이상(종합공사 5억)	2억 원 이상	2천만 원 이상
시 · 군 · 구	2억 원 이상(종합공사 3억)	7천만 원 이상	〃

※ 의무적 심사 대상 이외 사업도 자체적으로 확대하여 계약심사 실시 가능
○ 설계 변경: 20억 원(시군구는 5억 원) 이상 공사의 계약 금액 10% 이상 증액
○ 저가심사: 300억 원 이상 공사의 최저가 심사

---

6) 전자입찰제도 투명성을 제고에 기여한 바 있으나 공사자격 기준이 허가제에서 신고제로 완화되어 무자격자가 양산, 복권 당첨식 낙찰 제도라 일컬어진다.

2) 계약심사 실적

2010년 전체 지방자치단체 중 실적을 제출한 147개 지자체(16개 광역시 · 도 포함, 244개 중 60%)에서 총 16조 8,236억 원의 사업을 심사하여 1조 1,616억 원의 예산을 절감(절감률 6.90%)하는 성과를 거두었다.

2010년 지방자치단체 계약심사 실적을 구체적으로 살펴보면 <표 15-4>와 같다.

자치단체별로 광역자치단체인 시 · 도의 경우 1조 656억 원(전체 절감액의 92%), 기초자치단체인 시 · 군 · 구의 경우 960억 원(8%) 정도를 절감한 것으로 나타났다. 내용면에서는 원가 심사로 1조 1,383억 원, 설계변경 심사로 233억 원을 절감한 것으로 나타났다.

2010년 자치단체의 계약심사 우수 사례로서 ① 서울시에서는 당초 설계시 적용된 공법을 변경하여 불필요한 흙막이 가시설을 제외하여 6개월의 공기 단축과 28억 원 상당의 예산을 절감했으며, ② 경기도에서는 건설폐기물 처리 시 별도의 단가 기준이 없어 관련 업계에서 제안하는 단가를 적용했던 것을 원가계산 전문기관에 의뢰하여 자체적으로 '경기도 건설폐기물 처리 단가 기준'을 마련하여 평균 30% 인하된 단가를 적용했다. ③ 평택시에서는 공사 발주를 하면서 자재의 수급 여건을 고려하여 고가의 친환경 합성목재 대신 강도, 내구성 등이 우수한 천연목재로 변경하여 3천여만 원의 예산을 절감했다.

표 15-4 2010년도 계약심사 실적

(단위: 백만 원, %)

구분		심사 건수	심사 금액	평가 금액	절감액	절감률
합계		25,479	16,823,643	15,662,032	1,161,610	6.90
시 · 도	원가 심사	13,885	13,974,651	12,928,168	1,046,483	7.49
	설계변경 심사	234	383,876	364,749	19,127	4.98
시 · 군 · 구	원가 심사	10,873	2,200,966	2,109,186	91,780	4.17
	설계변경 심사	487	264,150	259,930	4,220	1.60

참고 문헌

국내 문헌

갈성로(2000). 지방자치단체의 효율적인 현금관리 방안. 전북대학교 행정대학원 석사학위 논문.

강신택(2000). 『재정행정론』. 서울: 박영사.

강인재(1992). 지방재정정보와 지방정부의 회계 원칙. 『한국행정학회보』, 25(4).

———(2003). 지방자치단체의 회계개혁: Statement No. 34의 시사점. 『정부회계연구』, 1(1).

——— 외(1993). 『지방재정론』. 서울: 대영문화사.

강인재 · 신종렬 · 배득종(2003). 복식부기회계제도 도입과 적용의 비용편익분석. 『한국행정학보』, 37(1).

강종규 · 김언호(2007). 우리나라 지방세수입의 확충 방안: 경상북도를 중심으로, 영남대학교 영남지역발전연구소. 『영남지역발전연구』, 37.

강태구(1993). 외국의 지방채 운용 사례: 일본의 지방채제도를 중심으로. 『지방재정』, 12(6).

곽채기(2005). 지방재정 확충을 위한 지방세제 확충 방안. 한국재정학회 · 한국지방재정공제회. 한국지방재정학회 하계 세미나 발표 논문.

구정모(1993). 지역 발전을 위한 투자재원 확충 방안. 한국재정학회 · 강원도 공동 주최 지방재정 발전 세미나.

국가균형발전위원회(2005). 국가균형발전특별회계.

국중호(2002). 『한 · 일 지방세 구조와 세부담 특성 비교』. 한국조세연구원.

권강웅(1997). 『지방세강론』. 서울: 조세통람사.

권순만(1997). Financial Distress and Entrepreneurship in Local Government: Lessons from the Bankruptcy of Orange County, California. 『한국정책학회보』, 6(1).

권오성 외(2009). 『현대 지방재정의 주요 이론』. 서울: 대영문화사.

———(2009). 『정부회계의 기초와 원리』. 한국행정연구원 재정·예산 연구총서. 서울: 법문사.

권원용 · 최태호(1998). 『도시 공공서비스 공급 합리화 방안』, 서울: 국토개발연구원.

권형신 · 이상용 · 이재성(1998). 『한국의 지방재정: 이론과 실무』. 서울: 도서출판 해남.
기획재정부(2009a). 광역 · 지역발전특별회계 예산안 작성 세부지침.
———(2009b). 2009년도 부담금운용종합보고서.
김경환(1998). 지방재정 조정재원의 효율적 운영 방안. 『IMF 체제에서의 지방 재정 운영 방안』. 서울: 한국지방재정공제회 · 한국재정학회.
김대영 외(1996). 『지방세 체계의 합리적 조정 방안』. 서울: 한국지방행정연구원.
———(1996). 『지방소득과세의 확충 방안』. 서울: 한국지방행정연구원.
———(2004). 지방소비세 도입에 관한 연구. 『한국지방재정논집』, 9(1): 55-78.
김동건(1986). 도시 및 지역개발을 위한 재원 조달 및 민간참여 방안에 관한 연구. 서울대 행정대학원. 『행정논총』, 24(2).
———(2005). 『현대재정학』. 서울: 박영사.
김동완(2003). 지방분권재정의 패러다임과 발전과제. 『지방재정』, 120.
김석태(1995). 대구시의 탄력세율제 활용. 『시정연구』, 15.
김수희(2010). 지방자치단체 원가회계제도 도입 현황 및 과제. 한국정부회계학회. 『정부회계연구』, 8.
김신복(1984). 『발전기획론』. 서울: 박영사.
김의섭(2007). 공공선택론적 재정관, 한국재정정책학회. 『재정정책논집』, 9(1).
김의효(2010). 『지방세실무』. 서울: 한국지방세연구회.
김재훈(1996). 지방공기업 관리체계의 효율화. 지방공기업과 자치시대의 재원 확보 방안 세미나. 한국지방재정학회.
김정훈(2002). 『국세와 지방세의 조정 방안』. 서울: 한국조세연구원.
김종순(1995). 외국의 지방재정위기와 재정진단제도. 『지방재정』, 74.
———(1997a). 『지방재정론』. 서울: 삼영사.
———(1997b). 지역 간 재정력 격차와 지방교부세 제도의 역할. 『지방재정학보』, 2(1).
김종희(2006). 『지방재정론』. 서울: 범론사.
김지형 역(1988). 『공공경제학』, 서울: 설영출판사.
김철 · 신해룡(1990). 『지방재정학』. 서울: 세명서관.
김학로(1997). 『지방재정의 이론과 실제』. 서울: 박영사.
김형식(1997). 『지방재정의 이해』. 서울: 그린북.
김홍래(2005). 『지방재정의 이론과 실제』 서울: 박영사.
나중식(2007). 『재무행정론』. 서울: 형설출판사.
내무부 · 한국지방행정연구원(1987). 『한국지방행정사』.
박경원(1991). 도시 공공서비스 공급의 민간화에 관한 연구. 연세대 대학원 박사학위 논문.
박완규(2004). 참여정부 지방재정세제 개혁의 평가와 과제. 『지방행정연구』, 18(4): 3-20.
박인태(1991). 『재정학』. 서울: 학문사.

박재희 외(1997. 4). 정부 기능 효율화를 위한 제3섹터 활용 방안: 공공서비스 사업 분야를 중심으로. 서울: 한국행정연구원.
———(1998. 3). 행정서비스 제공 방식의 다원화 방안. 서울: 한국행정연구원.
박정수(1997). 광역자치단체와 기초자치단체 간 재원 조정에 관한 연구. 서울: 한국조세연구원.
———(1999). 지방자치단체의 효율적인 현금관리 방안. 한국지방재정학회 하계 학술대회 논문집.
박형석(1994). 서울시 상수도 사업의 재정 실태. 『도시공기업의 재무관리』, 서울: 법문사.
배득종(2005). 『신재무행정』, 서울: 박영사.
배인명(1995). 법정외세 도입의 필요성과 도입 방안. 『지방세』, 4.
삼성경제연구소(1995). 『정부혁신의 길: 기업가정신이 정부를 변화시킨다』.
서정섭(1996). 『지방재정지표의 합리적 개선 방안』. 서울: 한국지방행정연구원.
소병희(1996). 공공선택론의 이해와 정책 분야에서의 응용. 한국정책학회. 『한국정책학회보』, 5(2).
손희준(1991). 한국 도시 공공서비스의 민영화 성과측정 연구. 성균관대 대학원 박사학위 논문.
———(1992). 도시 공공서비스의 민영화 성과측정 쓰레기 수거 서비스를 중심으로. 『지방행정연구』, 7.
———(1996). 지방의 발전을 위한 지방화 전략. 청주대 사회과학대학. 『사회과학논총』, 15.
———(1999). 지방자치제 실시에 따른 지방재정지출의 결정요인분석. 『한국행정학보』, 33(1).
———(2000). 자동차 세제 개편에 대한 평가와 개선 방향. 『한국지방자치학회보』, 12(2).
———(2003). 지방재정의 실태와 수요 전망. 한국지방재정공제회. 『지방재정』.
———(2004). 중기지방재정계획의 평가모형 개발. 한국지방재정학회. 『한국지방재정논집』, 9(2).
———(2005). 법정외세의 도입 방안. 『지방세』, 2. 통권 88호.
———(2010). 지방자치와 국가발전: 국가재정과 지방재정. 서울대 행정대학원 제494회 『정책&지식』 포럼 발표 논문.
———(2011) 재정분권을 위한 중앙과 지방 간 재원배분 방안. 한양대 지방자치연구소 제41차 지방자치정책 세미나 발표 논문.
송대희(1986). 공공성의 의의와 공기업 관리정책 방향. 『한국개발연구』, 8(3).
———(1989). 정부투자기관 경영평가제도의 발전 방향. 한국공기업학회. 『공기업논총』, 1(1).
———(1990). 『지방공기업의 과제와 발전 방향』. 서울: 한국개발연구원.
———(1992). 세외수입의 현황과 발전 방향, 송대희 · 노기성(편). 『지방자치제 실시에 따른 중앙 · 지방재정 기능의 재정립』. 서울: 한국개발연구원.
송상훈 외(2011). 분권시대 지방교부세의 발전 방향: 제1편 한국의 교부세 제도 개선, 경기개발연구원.

신무섭(2003). 『재무행정학』. 서울: 대영문화사.

심정근(1993). 지방채의 효율적 운용 방향. 『지방재정』, 12(6).

―――외(1997). 『지방재정학: 이론과 실제』. 서울: 박영사.

안종석(1997). 『지방양여금이 지방재정에 미친 효과분석』. 서울: 한국조세연구원.

―――(2002). 『재정의 지방분권화』. 서울: 한국조세연구원.

오연천(1993). 『한국지방재정론』. 서울: 박영사.

오영균 · 김용훈(2007). 지방정부 사업(프로그램) 예산제도에 관한 연구. 한국정부학회, 『한국행정논집』, 19(3).

오희환(1993). 『제3섹터의 활성화 방안』. 서울: 한국지방행정연구원.

오희환 · 박기관(1996). 『사용료 · 수수료의 요율조정 방안』. 서울: 한국지방행정연구원.

원윤희(1994). 지방세에서의 탄력세율제도에 관한 연구. 『한국정책학회보』, 3(2).

―――(1995). 지방소비세 도입 방안에 관한 연구. 『지방세』, 2.

유 훈(2000). 『지방재정론』. 서울: 법문사.

윤두섭(2004). 지방자치단체의 예산편성에 대한 한국·미국간 비교연구. 한국공공관리학회. 『한국공공관리학보』, 18(2).

윤성식(1998). 『공기업론』. 서울: 박영사.

윤성식 · 권수영(1998). 『정부회계』. 서울: 법문사.

윤영진(2010). 『새재무행정학』. 서울: 대영문화사.

이경섭(2000). 『정부회계개혁』. 감사원 해외훈련연구보고서.

―――(2011). 지방자치단체 결산검사 방법의 개선. 한국정부회계학회 춘계학술대회 발표논문집.

이계식 외(1998). 『지방재정개혁론』, 서울: 박영사.

이규환(1993). 지방채의 본질. 『지방재정』, 12(6).

―――(2003). 지방재정의 계획적 운용에 관한 연구: 중기지방재정계획을 중심으로. 중앙대학교 국가정책연구소. 『중앙행정논집』, 17(2).

이달곤(1988). 도시문제의 접근과 민간과 사회 부문의 역할. 서울대 행정대학원. 『행정논총』, 26(2).

이문영 · 윤성식(1995). 『재무행정』. 서울: 학현사.

이방식(1997). 『통일시대 재정제도 개편 방향』. 전주: 도서출판 글마당.

이상용(1993). 지역 특성에 맞는 지방세원의 개발. 『지방세』, 2.

―――(1997). 외국의 지방재정 조정제도: 독일과 프랑스의 제도를 중심으로. 서울: 한국지방행정연구원.

이상희(1992). 『지방재정론』. 서울: 계명사.

이승기(2006). 지방의회 예산심의의 영향 요인에 관한 연구. 충북개발연구원. 『충북개발연구』, 17(2).

이영균(1994). 공공영역의 생산성 측정모형에 관한 소고. 『한국행정학보』, 28(3).
이영조(1987). 지방자치의 측면에서 본 국고보조금제도. 경북대 법학대학. 『법대논총』, 25.
———(1992). 지방자치의 측면에서 본 국고보조금의 실태. 『대구 경북행정학회보』, 4.
———(1995). 『지방재정론』. 서울: 대명출판사.
이영희(1995). 지방자치 시대의 바람직한 지방세제의 발전 방향. 『공청회 발표논문』. 서울: 한국지방행정연구원.
——— 외(1993). 국세와 지방세의 합리적 세원 조정 방안. 서울 한국지방행정연구원.
이우택(1995). 지방세행정의 주요 쟁점과 본질적 개편 방향. 『한국조세연구』, 10.
이윤재(1993). 『현대정부 및 비영리회계』. 서울: 박영사.
이재성(1995). 지방재정정보 공개의 의의와 필요성. 『지방재정』, 76.
이재원(1997). 시군 간 재정조정을 위한 징수교부금제도의 개편 과제: 경기도를 중심으로. 『지방재정학보』, 2(1).
이재은(2005). 『지방분권형 재정체계에 적합한 지방세제 개혁 방안』. 한국지방재정학회 세미나 발표논문집.
———(2008). 『지방소득세의 이론적 배경, 도입 방향, 추진 과제』. 한국지방재정학회 세미나 발표논문집.
이준구(2008). 『재정학』. 서울: 다산출판사.
이창균(1997). 지방교부세제도의 합리적 개선 방향. 서울: 한국지방행정연구원.
이혁주 · 최병대(1995). 지방공기업의 당면 과제와 발전 방안. 『공기업논총』, 7(1).
이　효(1996). 신세원 개발 논의와 전망. 『지방자치』, 92.
이희봉(2011). 『거버넌스 지방재정』. 서울: 사회문화사.
임성일(1992). 새로운 투자재원, 지방채시장의 활성화 방안. 『지방자치』, 49.
———(1996). 지방양여금제도의 개편 방향. 서울: 한국지방행정연구원.
———(2003). 분권시대의 중앙 · 지방 간 재원배분 체계 재구축. 한국지방재정공제회 · 한국지방재정학회. 「2003 지방재정세미나 논문집」.
———(2004). 국고보조금제도의 개편 내용에 대한 검토와 향후 과제. 『지방재정』, 2호(통권 127호).
———(2007). 국가균형발전 특별회계의 문제와 개선 방향. 『지방재정』, 4.
임승빈(2005). 『지방자치론』. 서울: 법문사.
장노순(1984). 예산결정이론. 강원대 『사회과학연구』, 20.
———(1991). 공공선택모형서설: 행정학에 있어서 방법론적 개체주의. 『강원대논문집』, 31.
———(1992). 세입세출 예측의 필요와 기법. 『재무행정논집』(김영훈 편저). 서울: 정훈출판사.
———(1996). 강원도에 있어서 민관공동 출자사업의 활성화 방안. 강원대학교 지역개발연구소. 『지역개발연구』, 제4호.
———(1997. 5). 강원도의 신세원 개발의 정책 방향과 향후 대책. 한국지방재정학회, 강원지

역 발전을 위한 지방재정의 정책과제 세미나.
———(2004). 재정분권화 관점에서 본 부담금제도의 현황과 개선 방안. 강원행정학회. 『한국행정과 정책연구』, 2(1).
———(2006). 한국에서의 주민참여예산제도의 운영 실태 및 성공적 발전 방안. 강원행정학회. 『한국행정과 정책연구』, 4(1).
재정경제부(2003). 『조세개요』.
전상경(2011). 『현대 지방재정론』. 서울: 박영사.
정부혁신분권위원회(2003a). 『재정분권의 실천전략』.
———(2003b). 『참여정부 지방분권 추진 로드맵』.
———(2003c). 『이제는 지방분권시대! 참여정부 지방분권과제 연구자료집』.
정세욱(1995). 『지방행정학』. 서울: 법문사.
———(1997). 지방재정과 지방채 운영. 『지방재정의 과제』. 서울: 한국지방재정공제회.
조기현(2001). 지방채 발행제도의 한계와 정책적 대응. 『한국지방재정논집』, 6(1)
———(2003). 『재정분권화와 지방채정책의 발전 방안』. 서울: 한국지방행정연구원.
조정제(1990). 『도시경영』. 서울: 법문사.
조창현(1956). 『지방재정론』. 서울: 박영사.
조창현 · 강태구(1998). 『지방재정조정제도』. 서울: 한양대학교출판원.
———(1996). 『지방재정론』. 서울: 박영사.
주만수 · 임성일(2004). 지방교부세의 표준행정수요 산정 방식에 관한 연구. 『한국지방재정논집』, 9(1): 5-26.
지방재정발전기획단(1996). 『지방재정발전계획』.
최근열(1991). 한국의 지방교부세 배분 방법에 관한 연구. 영남대 대학원 박사학위 논문.
———(1993). 지방정부간 재정적 격차를 완화하기 위한 지방교부세 배분모형. 『대구 경북행정학회보』, 5.
———(1995). 지방채의 실태와 발전 방향: 대구광역시 사례를 중심으로. 『한국조세연구』, 10.
———(1997). 지방화 시대의 지방세제의 개혁 방향. 『지방재정학보』, 2(1).
———(1999). 지방자치 시대의 지방채제도 개선 방향. 『한국사회와 행정연구』, 10(2): 125-143.
최두선(2010a). 지방계약법의 개정 내용과 의의. 한국지방계약학회. 『지방계약연구』, 창간호.
———(2010b). 지방계약법 제정 배경 및 의의와 그동안 운영 실태, 앞으로의 발전 방향. 한국지방계약학회. 『지방계약연구』, 창간호.
최창호(1994). 『지방자치제도론』. 서울: 삼영사.
하연섭(1996). 『재정학의 기초』. 서울: 다산미디어.
한국지방자치학회(1995). 『한국지방자치론』. 서울: 삼영사.
한국지방재정공제회(1991). 『지방채제도 해설』.

한국지방재정공제회·한국지방재정학회(2005. 7.). 2005『지방재정세미나 사례발표』.
한국지방행정연구원(1987)『지방재정계획제도연구』.
———(1988).『지방재정력 분석지표에 관한 연구』.
———(1989).『중기지방재정계획의 수립 및 운영에 관한 연구』.
———(1990).『중기지방재정계획의 연동화 방안 연구』.
———(1991).『국고보조사업의 기준보조율 조정 방안에 관한 연구』.
———(1993).『지방재정 운영평가의 지표 개발 및 활용 방안』.
———(1996).『지방재정발전계획』.
행정안전부(2009a). 2009 회계연도 지방자치단체 결산 작성 통합 기준.
———(2009b). 2010년도 지방채발행계획 수립 기준.
———(2009c). 지방세외수입 실무편람.
———(2010). 2010년도 지방재정 투·융자사업 심사 매뉴얼.
———(2010a). 2010~2014년 중기지방재정계획 수립 기준.
———. 2011년도 지방자치단체 예산편성 운용지침 및 기금운용계획 수립기준.
———.『지방세외수입연감』, 각 연도.
———.『지방세정연감』. 각 연도.
———.『지방재정연감』. 각 연도.
———.『지방자치단체 예산개요』. 각 연도.
행정자치부(1998).『지방채의 이론과 실무』.
———(2004).『지방세외수입연감』.
———(2005a).『2005년도 지방자치단체 예산개요』.
———(2005b).『지방교부세 산정 해설』.
———(2006a).『지방세정연감』.
———(2006b). 2006년도 지방재정 투·융자사업 심사지침.
———(2007a).『지방세외수입연감』
———(2007b). 2008년도 지방자치단체 예산편성 기준.
———(2007c). 2007회계연도 지방자치단체 결산작성 기준.
———(2007d). 2007~2011년 중기지방재정계획 수립지침.
———(2008a).『2008년도 지방자치단체 예산개요』.
———(2008b).『2008년도 지방교부세 산정 해설』.
———(2008c).『2009년도 지방채 발행계획 수립 기준』.
허명환(1999a). 지방양여금제도의 개편 방안. 한국지방재정학회 춘계학술대회 발표 논문.
———(1999b). 한국 지방자치단체의 공공선택모델, 한국재정학회.『재정논집』, 13(2).
허 훈(1992). 중앙정부 이전재원에 의한 지방재정의 통제와 정책효과. 건국대 박사학위 논문.
———(1994). 자치재정과 지방채의 활용.『지방자치연구』, 6(1).

홍석균・김생수(1998). 도・농통합시의 운영성과 분석에 관한 연구. 한국지방자치학회. 『한국지방자치학회보』, 10(3).

황종규(2005). 『기초의회 예산심의 행태에 관한 연구』. 한국행정학회. 2005년도 하계공동학술대회 발표논문집.

국외 문헌

Ascher, Kate(1987). *The Politics of Privatisaton.* London: Macmillan Education.

Bahl, Roy & Whlliam Duncombe(1993). State and Local Debt Burdens in the 1980s: A Study in Contrast. *Public Administration Review*, 53(1).

Bahl, Roy & L. Schroeder(1984). The Role of Multi-year Forecasting in the Annual Budgeting Process for Local Government. *Public Budgeting and Finance*, 4(1).

Bennett, Roy. J.(1980). *The Geography of Public Finance: Welfare under Fiscal Federalism and Local Government Finance.* New York: Methuen & Co.

Berne, Robert & Richard Schramm(1986). *The Financial Analysis of Governments*, Englewood Cliffs. New Jersey: Prentice-Hall.

Bird, Richard(1993). Threading the Fiscal Labyrinth: Some Issues in Fiscal Decentralization. *National Tax Journal,* XLIV.

Blaug, Mark(1984). Education Vouchers: It All Depends on What You Mean, in Le Grand & Robinson(eds.). *Privatisation and Welfare State.* George Allen & Unwin.

Break, George F.(1980). *Financing Government in a Federal System.* Washington, D. C.: The Brookings Institution.

Bridge, Gary(1997). Citizen Choice in Public Services: Voucher Systems, in Savas(ed.). *Alternatives for Delivering Publics Services.* Westview Press.

Buchanan, James McGill(1950). Federalism and Fiscal Equity. *American Economic Review*, 40(4).

Caiden, Naomi & Aaron Wildavsky(1974). *Planning and Budgeting in Poor Countries.* New York: John Wiley & Sons.

Coe, Charles K.(1989). *Public Financial Management*, Englewood Cliffs. New Jersey: Prentice-Hall, Inc.

Dror, Yehezkel(1963). The Planning Process: A Facet Design. *International Review of Administrative Science*, 29(1).

Etzioni, Amitai(1973). The Third Sector and Domestic Missions. *Public Administration Review*, 17(5).

Feldstein, M.(1976). Compensation in Tax Reform. *National Tax Journal*, 29(2).

Fisher, Ronald C.(1987). *State and Local Public Finance*. Illinois: Scott Foresman and Company.

———(2006). *State and Local Public Finance* (3rd ed.) South-Western College Publishers.

Freeman, Robert J, & Craig D. Shoulders(2003). *Govermantal and Nonprofit Accounting*. New Jersey: Prectice-Hall.

Fukasaku, K. & L. R. de Mello(1999). *Introduction and Overview Chapter of Fiscal Decentralization in Emerging Economies*. OECD.

Gidron, B.(ed.)(1992). *Government and the Third Sector*. San Francisco: Jossey-Bass.

Grizzle, Gloria A.(1981). A Manager's Guide to the Meaning and Uses of Performanc Measurement. *American Review of Public Administration*, 15(1).

Harrison Jr., Walter T. & Charles T. Horngren(2001). *Financial Accounting*. New Jersey: Prentice-Hall.

Hatry, Harry P.(1978). The Status of Productivity Measurement in the Pablic Sector. *Public Administration Review*, 38(1).

Hepworth, N. P.(1979). *The Finance of Local Government*. London: George Allen & Unwin Ltd.

Hill, Peter(1977). On Goods and Services. *The Review of Income and Wealth*, 4.

Hyde, Albert C. & W. L Jarocki(1978). Revenues and Expenditure Forecasting: Some Comparative Trends. In A. C Hyde & J. M. Shafritz(eds.). *Goverrment Budgeting*. Illinois. Moore Publishing Company.

Hyman, David N.(1983). *Public Finance*. Chicago Dryden Press.

International City Management Association(ICMA)(1987). *Management Public in Local Government Finance*. New York.

Jack, Rabin(1989). Five Great Issues in Budgeting and Financial Management. *Handbook of Public Administration*. Marcel Dekker, Inc.

King, Desmond N.(1984). *Fiscal Tiers: The Economics of Multi-Level Government*. London: George Allen & Unwin.

Kirlin, John J., John C. Ries & Sidney Sonenblum(1977). Alternatives to City Departments. In E. S. Savas(ed.). *Alternatives for Delivering Public Services*.

Kolderie, Ted(1986). The Two Different Concepts of Privatization. *Public Administration Review*, 46.

Kravchuk, Robert S. & William R. Voorhees(2001). The New Governmental Financial Reporting Model under GASB Statement No. 34: An Emphasis on Accountability. *Public Budgeting & Finance*, Vol. 21. No.3.

Kull, Donald C.(1983). Productivity Measurement and Studies. In Jack Rabin & Thomas D. Lynch(eds.). *Handbook on Public Budgeting and Financial Management.* New York: Marcel Dekker, Inc.

Layfield Committee(1976). *Local Government Finance*. London: HMSO.

Lynch, Thomas D.(1979). *Public Budgeting in America.* Englewood Cliffs: Prentice-Hall, Inc.

Mikesell, John(1999). *Fiscal Administration*, Florida: Harcourt Brace & Company.

Miller, Gary(1981). *Cities by Contract*. Cambridge Mass: MIT Press.

Mueller, Dennis C.(2003), *Public Choice III*, London: Cambridge Univ. Press.

Mushkin, Selma(ed.)(1972). *Public Prices for Public Products*. Washington D.C: The Urban Institute.

Musgrave, Richard A. & Peggy B. Musgrave(1984). *Public Finance In Theory and Practice*(4th ed.). New York: McGraw-Hill Book Company.

Niskanen, William A.(1975). *Bureaucracy and Representative Government*, New York: Aldine, Atherton.

Oates, Wallace E.(1972). *Fiscal Federalism.* New York: Harcourt Brace.

——(1988). On the Measurement of Congestion in the Provision of Local Public Goods. *Journal of Urban Economics,* 24.

——(1993). Fiscal Decentralization and Economic Development. *National Tax Journal,* XLIV.

OECD(2001). *Revenue Statistics.* OECD.

Osborne, David & Ted Gaebler(1992). *Reinventing Government.* Addision- Wesley Publishing Co.

Premchand, A.(1983). *Government Budgeting and Expenditure Controls: Theory and Practice.* Washington. D. C: IMF.

Prud'homme, Remy(1994). On Dangers of Decentralization, *Policy Research Working Paper*, World Bank.

Quinn, Robert I.(1978). Productivity and the Process of Organizational Improvement: Why We Cannot Talk to Each Other. *Public Administration Review,* 38(1).

Rehfuss, John A.(1989). *Contracting Out in Government.* San Francisco: Jossey-Bass Publishers.

Robson, W. A.(1962). *Nationalized Industry and Public Ownership.* London: George

Allen & Unwin.
Rubinfeld, Daniel(1973). Credit Ratings and the Market for General Obligation Municipal Bonds. *National Tax Journal,* 26(1).
Savas, E. S.(1987). *Privazization: The Key to Better Government.* Chatham House Publishers.
Schick, Allen(1966). The Road to PPB: The Stages of Budget Reform. *Public Administration Review,* 26(4).
Stanford, Cedric(1984). *Economics of Public Finance.* London: Pergamon Press.
Steiss, Alan W.(1989). *Financial Management in Public Organizations.* Pacific Grove.
Tiebout, Charles(1956). A Pure Theory of Public Expenditures. *Journal of Political Economy,* 64.
Wagner, Richard Ⅲ.(1983). *Public Finance.* Boston: Little, Brown and Company.
Waterston, Albert(1968). *Development Planning: Lessions of Experience.* Baltimore: The Johns Hopkins University Press.
Wildavsky, Aaron(1964). *The Politics of the Budgetary Process,* Boston: Little, Brown and Co.
Welch, Jennifer R.(1990). *The Shadow State: Government and Voluntary Sector in Transition.* New York: The Foundation Center.
Wright, Deil S.(1990). Federalism, Intergovernmental Relations, and Intergovernmental Management: Historical Reflections and Conceptual Comparisons. *Public Administration Review,* 50(2).

橋本徹(1988).『現代の地方財政』. 東京: 東洋經濟新報社.
大川政三 · 大森誠司 · 汪川雅司(1994).『地域財政論』. 東京: 創成社.
石原信雄.(1984).『地方財政調整制度論』. 東京: ぎょうせい.
矢野浩一郎(1985).『地方稅財政制度』. 東京: 學陽書房.
日置敏明(1984).『地方債の活用と公債管理』, 東京: 第一法規.
林宣嗣(1987).『現代財政の再分配構造』. 東京: 有斐閣.
林省吾(1986).『地方財政制度』. 東京: 第一法規.
立田淸士(1982).『計劃と財政: 地方團體の場合』, 東京: 良書普及會.
自治省(1997).『地方財政白書』.
自治省財政局 編(1987).『地方財政のしくみとその運營の實態』. 東京: 地方財務協會.
財務省 財務總合政策硏究所(2002).『地方財政システムの國際比較』.
地方財務協會(2000).『地方財政槪要」.
和田八束・野呂昭朗(1992).『現代の地方財政』, 東京: 有斐閣.

찾아보기

ㄱ

ㄴ

ㄷ

ㄹ

ㅁ

ㅂ

ㅅ

ㅇ

ㅈ

ㅍ

ㅎ

저자 소개 (가나다 순)

강인재(姜仁載)

서울대학교 공과대학 졸업
서울대학교 행정대학원 졸업(행정학 석사)
서울대학교 대학원 행정학과 졸업(행정학 박사)
전북대학교 행정학과 교수
서울행정학회, 한국지방재정학회, 한국정부회계학회 회장 역임
현재, 재정공학연구소장(kinjae@chol.com)

손희준(孫熙埈)

성균관대학교 행정학과 졸업
성균관대학교 대학원 행정학과 졸업(행정학 석사)
성균관대학교 대학원 행정학과 졸업(행정학 박사)
한국지방행정연구원 책임연구원 역임
한국지방재정학회 회장(현)
현재, 청주대학교 행정학과 교수(hjsohn9@cju.ac.kr)

장노순(張魯淳)

강원대학교 행정학과 졸업
고려대학교 대학원 행정학과 졸업(행정학 석사)
연세대학교 대학원 행정학과 졸업(행정학 박사)
강원행정학회장, 한국행정학회 부회장 역임
강원대학교 사회과학대장 겸 정보과학행정대학원장 역임
현재, 강원대학교 행정학과 교수(rschang@kangwon.ac.kr)

최근열(崔根烈)

영남대학교 행정학과 졸업
영남대학교 대학원 행정학과 졸업(행정학 석사)
영남대학교 대학원 행정학과 졸업(행정학 박사)
대한지방자치학회 회장, 한국정부학회 회장 역임
한국지방자치학회 회장(현)
현재, 경일대학교 행정학과 교수(kychoe@kiu.ac.kr)

지방재정론
개정 4판

펴낸날 / 제1판 제1쇄 2001년 2월 28일
제2판 제1쇄 2005년 8월 25일
제3판 제1쇄 2008년 8월 31일
제4판 제1쇄 2011년 8월 20일
제4판 제3쇄 2014년 1월 20일
지은이 / 손희준 · 강인재 · 장노순 · 최근열
펴낸이 / 임춘환
펴낸곳 / 도서출판 대영문화사
주소 / 서울 용산구 청파동 1가 178-2 ㊄ 140-869
등록 / 1975년 12월 26일 제3-16호
전화 / (02)716-3883, (02)714-3062
팩시밀리 / (02)703-3839
우체국 온라인 / 011353-02-009106

ISBN 978-89-7644-370-0

〔값 22,000원〕